Charakterkunde

Prof. Dr. Hubert Rohracher

Überarbeitet von
Dr. Edith Konecny
Psychologisches Institut der
Universität Wien

13., überarbeitete Auflage
44 Abbildungen

Urban & Schwarzenberg · München – Berlin – Wien 1975

Frühere Ausgaben:

1.-4. Auflage: Kleine Einführung in die Charakterkunde. Teubner, Leipzig 1934-1940
5.-12. Auflage: Kleine Charakterkunde U & S, Wien 1948-1965

Übersetzungen

ins Italienische
ins Japanische
ins Spanische

CIP-Kurztitelaufnahme der Deutschen Bibliothek

Rohracher , Hubert
Charakterkunde / überarb. von Edith Konecny
([U-und-S-Taschenbücher] U & S Taschenbücher ; 1008)
1.-12. Aufl.u.d.T.: Rohracher , Hubert : Kleine Charakterkunde.
ISBN 3-541-02383-X

ISBN 3-541-02383-X

Satz: Pfaff, Inning/Ammersee
Druck: Wagner, Nördlingen. Printed in Germany

Vorwort zur dreizehnten Auflage

Die vorliegende Auflage ist die erste Auflage, die der Autor nicht mehr selbst durchsehen und bearbeiten konnte, für die er aber eine Anzahl von Aufzeichnungen hinterließ. Bei der Umarbeitung des Buches wurde darauf geachtet, diese Aufzeichnungen zu berücksichtigen und bei den anderen, notwendig gewordenen Veränderungen dem derzeitigen Stand des Wissens und der Forschung zu folgen, ohne dabei die besonderen Intentionen *Rohrachers* zu verlassen.

Wien, im Sommer 1975 *E. Konecny*

Vorwort zur zwölften Auflage

Die neue Auflage enthält zahlreiche Änderungen und Ergänzungen, für die durch Streichungen im alten Text so viel Raum gewonnen wurde, daß der Umfang des Buches, dessen Format etwas vergrößert wurde, nur wenig zugenommen hat. In den neuen Textstellen wird vor allem über Forschungsergebnisse aus den letzten Jahren berichtet, wobei aus der Fülle der vorliegenden Einzeluntersuchungen nur solche Resultate aufgenommen wurden, die für die Theorie der Persönlichkeit oder für die Beurteilung diagnostischer Verfahren von besonders großer Bedeutung sind. Ein neues Kapitel „Physiologisch fundierte Persönlichkeitsforschung“ wurde eingefügt; sieben neue Abbildungen sind hinzugekommen.

Mehr als bisher habe ich in dieser Auflage bei Problemen, für die noch keine gesicherte Lösung vorliegt, meine eigene Auffassung dargestellt. Wenn man die Entwicklung der Persönlichkeitsforschung in der ganzen Welt durch mehrere Jahrzehnte ständig verfolgt hat, gelangt man schließlich zu persönlichen Überzeugungen, denen natürlich nicht wissenschaftliche Sicherheit, aber doch ein gewisser Grad von Wahrscheinlichkeit zukommt. An den vielen Stellen des Buches, in denen von den biologischen Grundlagen des Charakters gesprochen wird, kommen solche Überzeugungen ebenso zur Geltung wie bei der Darstellung der Beziehungen zwischen Ausdruckswirkung und Instinktverhalten oder zwischen Vererbung und Erziehung. Mein grundsätzlicher Standpunkt in der psychologischen Forschung wird am deutlichsten im Bemühen, die Persönlichkeit des Menschen aus seinen individuellen Erlebnisweisen verständlich zu machen – ein Versuch, der in dieser Auflage zum ersten Mal konsequent durchgeführt wurde.

Obwohl ich auf die Umarbeitung des Buches viel Zeit und Mühe verwendet habe, bezweifle ich, daß es mir noch einmal gelungen ist, eine kurze und klare Übersicht über das Gesamtgebiet der Persönlichkeitsforschung zu geben. Die Kürze der Darstellung ist durch das enorme Anwachsen der Literatur, die berücksichtigt werden mußte, gefährdet; und die Klarheit hat leider auch ihre Grenze – nämlich dort, wo die Probleme so kompliziert werden, daß sie sich in einfacher, allgemein verständlicher Form nicht mehr darstellen lassen (z. B. die Methoden der Testkontrolle oder die Auffindung von Persönlichkeitsfaktoren). Auf diese Grenze, die nur in der Spezialliteratur überschritten werden kann, sei ausdrücklich hingewiesen; es war nie meine Absicht, schwierige Probleme einfacher erscheinen zu lassen als sie sind. Aus den angeführten Gründen ist es fast unmöglich geworden, das Ziel zu erreichen, das ich mir gesetzt hatte: in einem kleinen Buch den Leser über die gegenwärtige Persönlichkeits- und Ausdrucksforschung in solcher Weise zu informieren, daß er sich eine selbständige Meinung über dieses Forschungsgebiet und über seine eigene Persönlichkeit bilden kann.

Wien, im April 1969. *H. Rohracher*

Inhalt

Inhalt

Entwicklung der Charakterforschung

Am Anfang einer Einführung in die wissenschaftliche Charakterforschung sollte genau gesagt werden, was das Wort „Charakter" bedeutet. Es hat aber bisher noch keine Definition dieses Begriffes allgemeine Zustimmung gefunden; in letzter Zeit hat sich auch niemand mehr um eine solche Definition bemüht, weil das Wort „Charakter" unmodern zu werden beginnt. In der Wissenschaft wird heute an Stelle von „Charakter" fast immer der Ausdruck „Persönlichkeit" verwendet, ohne daß sich für diesen Wechsel der Begriffe bestimmte Gründe anführen ließen. Sicher spielt dabei der Einfluß der amerikanischen Psychologie eine Rolle, in der seit jeher der Begriff „Persönlichkeit" bevorzugt wurde. In Wirklichkeit ist es ziemlich bedeutungslos, ob man von „Charakter" oder von „Persönlichkeit" spricht; die Probleme bleiben die gleichen, und die Bemühungen, eine Definition des Begriffes „Persönlichkeit" zu geben, waren genauso erfolglos wie seinerzeit die Versuche, den Begriff „Charakter" genau zu bestimmen. Es gibt in der gegenwärtigen europäischen und amerikanischen Literatur etwa 70-80 verschiedene Definitionen von „Persönlichkeit"; keine von ihnen ist vollkommen befriedigend.

Von den Schwierigkeiten einer solchen Begriffsbestimmung kann man sich selbst überzeugen, wenn man versucht, in einer präzisen Formulierung zu sagen, was „Persönlichkeit" ist. Sicher findet man sofort vielerlei Einzelkomponenten, die dazugehören: Triebe und Gefühlsregungen, von denen unser Handeln und unsere Einstellungen zu anderen Menschen abhängen, optimistische oder pessimistische Lebenshaltung, Mut oder Ängstlichkeit, und natürlich auch die geistigen Interessen und Begabungen – diese und viele andere Faktoren bilden in ihrer individuellen Art und Stärke die Persönlichkeit des Einzelmenschen. Wie soll man alle diese verschiedenartigen Komponenten in einer einzigen präzisen Definition zusammenfassen? Man kann es nur, wenn man sich mit der allgemeinsten Begriffsbestimmung begnügt, die sich überhaupt durchführen läßt: *Charakter ist die psychische Eigenart des einzelnen Menschen.*

Diese „Definition" ist zwar richtig, aber überaus dürftig. Sie sagt außerordentlich wenig, weil sie nicht einmal einen Hinweis auf dasjenige enthält, was die Persönlichkeit des Einzelnen zu einer lebendigen

Kraft in der menschlichen Gesellschaft macht – auf die Triebe und Willenserlebnisse, die unser Verhalten bestimmen, auf die Gefühlsreaktionen, Spannungen und Konflikte, die uns zu Stellungnahmen und Entscheidungen zwingen –, kurz, auf alle die vielen Einzelmerkmale, aus denen die individuelle Eigenart des Einzelmenschen besteht. Man würde aber keine bessere, sondern nur eine umständlichere Charakter-Definition erreichen, wenn man alle Bereiche des Seelenlebens, in denen sich die Menschen voneinander unterscheiden, aufzählen wollte – es käme dabei nichts anderes heraus als die Feststellung, daß die psychische Eigenart des Einzelnen in Verschiedenheiten der Triebe, Interessen, Gefühle sowie der Denk- und Gedächtnisleistungen bestehe. Mit solchen Aufzählungen ist das lebendige Kräftespiel, aus dem die menschliche Persönlichkeit besteht, nicht zu erfassen.

Ein Ausweg, der zwar keine vollkommene Definition, aber immerhin eine Präzisierung des Begriffes „Charakter" ermöglicht, ergibt sich aus einer Überlegung über die „Eigenschaften" des Charakters. In der deutschen Sprache soll es mehr als 4 000 Worte geben, die solche Eigenschaften bezeichnen – Eigenschaften wie „intelligent", „ehrlich", „fleißig", „leicht erregbar" usw. Es handelt sich dabei um Merkmale des Menschen, die man nicht an ihm wahrnehmen kann wie die Farbe seiner Haare oder seine Körperlänge, sondern eben um Charaktereigenschaften. Charaktereigenschaften sind unsichtbar wie der Charakter selbst; woher weiß man dann überhaupt von ihnen? Diese Frage ist sehr einfach zu beantworten: die Behauptung, etwas über die Charaktereigenschaften eines Menschen zu wissen, trifft nicht zu, sofern man unter „Wissen" gesicherte, d. h. beweisbare Kenntnis versteht. Im zwischenmenschlichen Verkehr des Alltagslebens, aber auch in der wissenschaftlichen Persönlichkeitsdiagnostik liegt ein solches gesichertes Wissen nur sehr selten vor; in Wahrheit „weiß" man nicht etwas über die Charaktereigenschaften eines Menschen, sondern man nimmt nur an, daß er sie besitzt, weil sein Verhalten zu dieser Annahme Anlaß gegeben hat. Wissenschaftlich ausgedrückt: weil sich ein Mensch in bestimmter Weise verhalten hat, stellen wir zur Erklärung dieses Verhaltens die Hypothese auf, daß er die Charaktereigenschaften besitze, die dieses Verhalten verursachen und es verständlich machen. Bemerken wir z. B., daß jemand imstande ist, schwierige Probleme rasch und sicher zu lösen, dann bezeichnen wir ihn als „intelligent", weil wir annehmen, daß er klar und schnell denken kann, so daß er schwierige Aufgaben leicht bewältigt. Die Eigenschaft „ehrlich" schreiben wir einem Menschen zu, der Gelegenheiten, sich auf unredliche Weise Vorteile zu verschaffen, nicht ausnützt, wobei wir annehmen, daß er durch ethische Gefühle daran gehindert wird. Die Annahme, daß jemand „fleißig" ist, ergibt sich aus der Tatsache, daß er viel und ausdauernd arbeitet; wir vermuten, daß in ihm starke Antriebserlebnisse auftreten, die ihn zur Erreichung seiner Ziele drängen. „Leicht erregbar" bedeutet, daß kritische Situationen in einem Menschen kräftige Affekte erzeugen, so daß er leicht die Selbstbeherrschung verliert. Man sieht aus solchen Beispielen, daß die sprachlichen Bezeichnungen für Charaktereigenschaften in Wirklichkeit verkürzte Beschreibungsformen für bestimmte Erlebnisabläufe wie „schneller und geordneter Denkverlauf", „rasche Affektentstehung", oder für bestimmte Erlebnistendenzen – z. B. ethische Gefühle oder kräftige Handlungsantriebe – darstellen. Charaktereigenschaften, die wir einem Menschen aus seinem Verhalten zuschreiben, sind daher, genau genommen, *Annahmen oder Hypothesen über die Erlebnisgrundlagen dieses Verhaltens.*

Unter diesem Gesichtspunkt könnte man definieren: *der Charakter eines Menschen besteht in der Art und Stärke der Erlebnisse, die sein Verhalten bestimmen.* Mit dieser Formulierung soll zum Ausdruck gebracht werden, daß „Charakter" nicht ein Sammelbegriff für Merkmale des Verhaltens ist – wenngleich nur dieses Verhalten direkt erfaßt werden kann –, sondern für Merkmale der psychischen Vorgänge, aus denen das Verhalten entsteht; der Begriff „Charakter" umfaßt nicht die Art und Weise, in welcher ein Mensch im privaten oder öffentlichen Leben auftritt, sondern die Gefühle, Triebregungen und Willenserlebnisse, aus denen sich dieses Auftreten ergibt. Das Verhalten wird aber nicht nur von diesen „dynamischen" Komponenten des psychischen Geschehens, sondern auch von „funktionalen" Faktoren wie das Gedächtnis oder das Denken, die Intelligenz des Menschen, in hohem Grade mitbestimmt. Unter „Charakter" hat man daher nicht das Verhalten selbst, sondern die Ursachen des Verhaltens zu verstehen.

Aus diesen Überlegungen ergibt sich die Frage, ob Eigenschaften eines Menschen, die sich nicht in seinem Verhalten auswirken, auch zu seinem Charakter gehören. Es kommt sehr oft vor, daß jemand hochfliegende Pläne, phantastische Ideale oder auch unsoziale Gedanken und höchst unmoralische Vorstellungen mit voller Bewußtseinsklarheit erlebt und sich diesen Erlebnissen mit Genuß hingibt, ohne daß in seinem sichtbaren Verhalten etwas davon zu bemerken ist. Niemand wird daran zweifeln, daß die Neigung zu solchen geheimen Phantasien auch zum Charakter des Menschen gehört, obwohl sie sein Verhalten höchstens indirekt bestimmen. Man müßte daher in die Definition von „Charakter" auch die psychischen Merkmale aufnehmen, die sich im Verhalten nicht erkennen lassen; zum Charakter gehören alle Eigenschaften des Erlebens eines Menschen, unabhängig davon, ob man davon in seinem Verhalten etwas bemerkt oder nicht. So bleibt schließlich nichts anderes übrig, als zu der früher vorgeschlagenen Begriffsbestimmung „psychische Eigenart des einzelnen Menschen" zurückzukehren und sie zu präzisieren, indem man sagt: *Charakter ist die Eigenart des Erlebens und Verhaltens des einzelnen Menschen.*

Daß die Untersuchung der menschlichen Persönlichkeit bisher nicht einmal zu einer genauen Definition der wichtigsten Grundbegriffe geführt hat, könnte den Eindruck erwecken, daß die Fortschritte auf dem Gebiete der Charakterforschung sehr gering seien. Besonders groß sind sie wirklich nicht; wenn man aber bedenkt, daß es – abgesehen von der Untersuchung der Intelligenzleistungen – eine empirische, d. h. mit experimentellen und statistischen Methoden arbeitende Persönlichkeitsforschung erst seit etwa 50 Jahren gibt (genau: seit 1921), muß man zugeben, daß viel erreicht wurde. Interessant ist dabei, daß die Wissenschaft, zu deren Aufgaben die Erforschung des menschlichen Charakters gehört – nämlich die Psychologie –, nur in sehr geringem Grade an der Entwicklung der Persönlichkeitsforschung beteiligt war; ihre Begründer waren zum größten Teil „Außenseiter": Psychiater, Pädagogen, Philosophen. Der Grund für diese Tatsache, die der Psychologie oft zum Vorwurf gemacht wurde, liegt vermutlich darin, daß sich die Psychologie, die ja selbst erst um das Jahr 1870 eigene experimentelle Methoden entwickelt hatte, einer solchen Fülle von Problemen gegenübersah, daß sie sich scheute, sofort auch noch mit der Erforschung des menschlichen Charakters zu beginnen.

Man glaubte offenbar, daß zuerst die psychischen Vorgänge, die bei *allen* Menschen in gleicher Art vorhanden sind – Empfindung und Wahrnehmung, Gedächtnis, Denken, Fühlen und Wollen –, untersucht werden müßten, bevor man sich mit den Unterschieden zwischen den Menschen, also mit ihrer Persönlichkeit, beschäftigen könne. Wenn man weiß, wie viele offene Probleme es auf den oben angeführten Gebieten noch gibt, ist es durchaus begreiflich, daß es den meisten Fachgelehrten aussichtslos erschien, das Problem des menschlichen Charakters aufzugreifen, bevor über die allgemeinen Tatsachen des Seelenlebens Klarheit besteht. Jeder Versuch, die Persönlichkeit des Einzelmenschen wissenschaftlich zu erfassen, wurde daher als ein hoffnungsloses und mit wissenschaftlichen Methoden vorläufig nicht durchführbares Unternehmen betrachtet.

Der Beweis, daß dieser Pessimismus nicht berechtigt ist, wurde schon früh auf einem Teilgebiet der Persönlichkeitsforschung – der Untersuchung der Intelligenz – erbracht. Der Engländer *Francis Galton* schlug 1889 vor, die Denkfähigkeit der Menschen dadurch zu untersuchen, daß man ihnen Reihen von nicht ganz leichten Denkaufgaben vorlegt; diese Aufgaben nannte er „*Tests*". Dieser Gedanke wurde von dem Amerikaner *James McKeen Cattell* aufgegriffen, der im ersten Psychologischen Institut der Welt, das *Wilhelm Wundt* in Leipzig 1872 gegründet hatte, Psychologie studierte und auf der Rückreise nach Amerika *Galton* in London besuchte. *Cattell* veröffentlichte 1890 in Amerika ein Buch über „Intelligenz-Tests", mit deren Hilfe man die geistigen Fähigkeiten „messen" könne. Damit war die „Test-Psychologie" begründet. Die erste große, praktisch verwertbare Leistung auf diesem Gebiete wurde 1904 in Frankreich von *Binet* und *Simon* erzielt, die ein „geeichtes" Testverfahren zur Beurteilung der Intelligenz von Schulkindern schufen; die Eichung bestand darin, daß jede der dabei verwendeten Aufgaben an Kindern verschiedener Altersstufen ausprobiert wurde, so daß eine „Normalleistung" für jedes Lebensjahr zur Verfügung stand. Die Testreihen von *Binet-Simon* wurden seither zwar vielfach modifiziert, aber ihr Prinzip wurde bis heute beibehalten. Zur Auswertung der Ergebnisse solcher Testungen hat 1912 der deutsche Psychologe *William Stern* eine Berechnungsformel gefunden, die sich die Welt eroberte: den *Intelligenzquotienten.* Darüber wird später ausführlich berichtet.

Die Intelligenz ist zweifellos eine wichtige, aber keineswegs die entscheidende Komponente des menschlichen Charakters. Wie noch gezeigt werden wird, ist es sehr schwierig, genau zu sagen, was „Intelligenz" ist; sicher ist jedoch, daß sie mit den Denkvorgängen zusammenhängt, weshalb ja auch die Intelligenztests nichts anderes sind als „Denkaufgaben". Das Denken hat aber im Ganzen des seelisch-geistigen Geschehens nur „funktionalen" Charakter, d. h. es setzt erst ein, sobald eine Aufgabe gelöst, ein bestimmtes Ziel erreicht werden muß. Was für Aufgaben ein Mensch sich stellt und welche Ziele er sich setzt, hängt von seinen Trieben und Interessen ab, die ihrerseits Gefühle und Willenserlebnisse entstehen lassen, wogegen die Intelligenz natürlich die Möglichkeiten der Ausführung dieser Vorhaben wesentlich mitbestimmt. Die Triebe, Interessen, Gefühle und Willenserlebnisse – die man als „psychische Kräfte" den „psychischen Funktionen" (Wahrnehmung, Gedächtnis und Denken) gegenüberstellen kann – bestimmen daher in erster Linie das menschliche Verhalten; sie sind in ihrer Art und Stärke von Mensch zu Mensch verschieden und stellen die entscheidenden Komponenten seines individuellen Charakters dar. Persönlichkeitsforschung ist daher keineswegs nur Intelligenzforschung, sondern in erster Linie Erforschung der individuellen „psychischen Kräfte".

Zur Erforschung der psychischen Kräfte hat die wissenschaftliche Psychologie in ihren Anfängen sehr wenig beigetragen. Die methodischen Schwierigkeiten schienen unüberwindlich; Gefühle, Interessen und Triebe lassen sich nur in sehr begrenztem Ausmaß mit Hilfe von Experimenten untersuchen. Die Leistungen der Psychologie auf diesen Gebieten waren sehr dürftig (und sie sind auch heute noch dürftig, soweit es sich um Untersuchungen an Menschen handelt – aus Experimenten mit Tieren hat man viele Erkenntnisse gewonnen, die sich auf uns Menschen übertragen lassen). Die geringe Leistung der Psychologie in der Erforschung der psychischen Kräfte, aus denen die Motive für das menschliche Verhalten entstehen, hat dazu geführt, daß in ihren eigenen Kreisen keine fruchtbaren Ansätze zu einer Charakterkunde entstanden und daß überdies die Bemühungen, die außerhalb der Fachpsychologie unternommen wurden, zunächst auf Mißtrauen und Ablehnung stießen. Dazu kam, daß der erste systematische Versuch, der unter dem Namen „Charakterologie" unternommen wurde, von sehr eigenwilligen, romantisch anmutenden philosophischen Anschauungen ausging und scharfe Angriffe gegen die akademische „Hochschul-Psychologie“ enthielt; es war dies das Buch „Prinzipien der Charakterologie“ von *Ludwig Klages,* das 1910 erschien und dem zahlreiche kleine Schriften desselben Autors über Graphologie vorausgegangen waren. *Klages* (1872 bis 1956) war ein scharfer Gegner der exakten Persönlichkeitsforschung, ein mehr künstlerisch als wissenschaftlich eingestellter Gelehrter, der in zahlreichen geistvollen Büchern und Schriften die Bedeutung der *Ausdruckskunde* verkündete, für die er in seinen graphologischen Arbeiten praktische Richtlinien gab.

Der Begriff *„Ausdruck“* umfaßt alles, was uns einen „Eindruck“ vermittelt. Ausdruck besitzt daher nicht nur das menschliche Gesicht, sondern auch jedes Kunstwerk. Die Wirkung einer gotischen Kirche, eines Gemäldes, einer Sonate oder eines Gedichtes ist Ausdruckswirkung. Aber auch eine Landschaft, eine Wohnung oder ein Kleid können hohe Grade von „Ausdrucksgehalt“ besitzen. Für die Persönlichkeitsforschung sind natürlich die Ausdruckserscheinungen, die am Menschen auftreten, die wichtigsten; sie vermitteln uns die unmittelbarsten Eindrücke über Charaktereigenschaften.

Im täglichen Leben gewinnt man aus dem Aussehen, dem Mienenspiel, der Stimme und Sprechweise eines Menschen einen unmittelbaren Eindruck von seiner Intelligenz, seiner vitalen Kraft, seiner Gefühlserregbarkeit usw.; diese unmittelbare Wirkung, die von den äußeren Merkmalen des Menschen ausgeht und die schon beim ersten Blick einen ungefähren Eindruck von seiner Persönlichkeit vermitteln kann, ist das Hauptproblem der *„Ausdrucksforschung“.* Die Ausdrucksforschung gehört zu den wichtigsten, aber auch schwierigsten Teilgebieten der Charakterologie; es gibt gegenwärtig noch keine Möglichkeit, Ausdruckserscheinungen mit wissenschaftlichen Methoden zu „deuten“. Man ist dabei, wenigstens im großen und ganzen, auf die unmittelbare Wirkung angewiesen, die der Ausdruck eines anderen Menschen – seine Mimik und Gestik, seine Art zu sprechen und sich zu bewegen – auf uns ausübt, eine Wirkung, die jeder kennt und für welche die Sprache den Begriff „Eindruck“ entwickelt hat: „ich habe den Eindruck, daß er sich anders gibt als er ist“, „sein ganzes Verhalten kommt mir nicht echt vor“, „man hat das Gefühl, daß er ein offener Charakter ist“ usw. Die Tatsache der Ausdruckswirkung steht außer jedem Zweifel, aber ihr Zustandekommen ist noch ganz ungeklärt.

Im Jahre 1910 erschien noch ein zweites charakterologisches Werk: die „Lebensformen" von *Eduard Spranger.* Im Gegensatz zu *Klages* stellte *Spranger* „Typen" auf, wobei er von vorherrschenden Interessen – Religion, Wissenschaft, Kunst usw. – ausging. Auch dieses System ist rein theoretischer Art, ausschließlich auf die allgemeine Erfahrung aufgebaut und philosophisch im rein geisteswissenschaftlichen Sinne fundiert.

Der Erste Weltkrieg unterbrach die Entwicklung der Persönlichkeitsforschung in Europa; in Amerika hingegen wurde sie in diesem Krieg zum ersten Male in großem Stile praktisch verwertet. Ein Stab von Psychologen erhielt von der Regierung den Auftrag, eine Testreihe aufzustellen, mit deren Hilfe eine grobe Intelligenzmessung an den Soldaten durchgeführt werden könne, damit man jedem einzelnen die seiner Begabung entsprechenden Aufgaben zuweisen könne. Der *„Army-Alpha-Test",* der auf diese Weise entstand, war die erste umfassende Bewährungsprobe der Intelligenztestung; er wurde an nahezu zwei Millionen Menschen angewendet und hat sehr gute Resultate ergeben, so daß er im Zweiten Weltkrieg in etwas modifizierter Form neuerlich und in noch größerem Umfang Verwendung fand.

Alle bisher erwähnten Bemühungen um die Erfassung der menschlichen Persönlichkeit sind entweder philosophischer oder rein theoretischer Art wie bei *Klages* und *Spranger,* oder sie beschränkten sich auf die Intelligenz. Eine umfassende empirische, auf Experiment und Statistik aufgebaute Persönlichkeitsforschung entstand erst nach dem Ersten Weltkrieg; begründet wurde sie in Deutschland durch den Psychiater *Ernst Kretschmer* und in der Schweiz durch die Psychiater *Hermann Rorschach* und *Carl Gustav Jung.* Die entscheidenden, für die weitere Entwicklung maßgebenden Werke dieser drei Männer erschienen alle im Jahre 1921: das Buch *Ernst Kretschmers* über die Zusammenhänge zwischen Körperbau und Charakter, das Buch *C. G. Jungs* über die beiden Grundtypen der Extraversion und Introversion und die „Psychodiagnostik" von *Hermann Rorschach,* die auf relativ einfache Art die Erfassung der Gesamtpersönlichkeit ermöglichen sollte.

Die Körperbau-Charakter-Theorie von *Kretschmer* gehört in das

Gebiet der biologischen Typenforschung. Seine Fragestellung lautete: Lassen sich bestimmte Formen des Körperbaues bestimmte Merkmale des Charakters zuordnen? Diese alte, seit Jahrhunderten immer wieder gestellte Frage hat *Kretschmer* zum ersten Male nicht auf Grund von allgemeinen Alltagserfahrungen, sondern mit naturwissenschaftlichen Methoden zu beantworten versucht. Es war ihm aufgefallen, daß unter den Geisteskranken in seiner Klinik deutliche Unterschiede im Körperbau bestanden, die sich bestimmten Arten der geistigen Erkrankungen zuordnen ließen. Um diesen Eindruck auf seine Richtigkeit zu kontrollieren, führte er an den Patienten seiner Anstalt genaue anthropologische Körpermessungen durch; es stellte sich heraus, daß tatsächlich bestimmte Arten von geistigen Störungen bei Menschen mit bestimmten Körpermerkmalen in großer, den Zufall weit überschreitender Häufigkeit zu finden waren.

Der nächste Schritt *Kretschmers* bestand in der Anwendung experimentell-psychologischer Methoden als Mittel zur Typendiagnose. Die experimentelle Psychologie, die sich die Untersuchung der für alle Menschen gültigen Gesetzmäßigkeiten des psychischen Geschehens zum Ziele gesetzt hatte, hatte bereits Verfahren ausgearbeitet, mit deren Hilfe man die Empfindungen und Wahrnehmungen, die Leistungen des Gedächtnisses und sogar die Entstehung von Begriffen und Gedanken experimentell untersuchen konnte. Dabei hatte sich gezeigt, daß diese Vorgänge keineswegs bei allen Menschen in gleicher Weise ablaufen; man fand große Unterschiede im Auffassen, Behalten, Denken und überhaupt im gesamten Verhalten. Bei Gedächtnisexperimenten z. B. hatte sich gezeigt, daß manche Menschen auf ein zugerufenes Wort rasch mit vielen anderen Worten antworten konnten, während bei anderen häufig dasselbe Reaktionswort wiederkehrte, woraus man schloß, daß bei den ersteren ein flüssiger, bei den letzteren ein zäher Vorstellungsablauf vorlag; oder bei Versuchen, in denen zwei Tätigkeiten gleichzeitig durchgeführt werden mußten, fand man, daß manche Menschen durch die Doppeltätigkeit sehr gestört wurden, so daß sie keine der beiden Leistungen richtig zustande brachten, während andere solche „Mehrfacharbeiten" leicht bewältigten; waren nacheinander verschiedene Tätigkeiten auszuführen, so konnten sich einige sehr rasch umstellen, während andere lange Zeit brauchten, bis sie sich an die neue Arbeit gewöhnten. Solche Einzelzüge sind nicht zufällig vorhanden; sie haben ihre Wurzeln in der besonderen Eigenart des einzelnen Menschen, und wenn man an vielen Menschen viele solcher Einzelmerkmale experimentell feststellt, so zeigt sich, daß innere Zusammenhänge bestehen; z. B. sind diejenigen, die sich leicht umstellen können, meist auch leicht ablenkbar, sie haben gewöhnlich den flüssigeren Vorstellungsablauf als die anderen und bringen es bei Mehrfacharbeiten zu besseren Leistungen. Diese Feststellungen in psychologischen Experimenten führten dazu, daß man das Experiment nicht mehr nur zur Bearbeitung allgemeinpsychologischer Probleme verwendete, sondern auch für charakterologische Fragestellungen, also zur Untersuchung von Unterschieden zwischen den Menschen bei gleichen äußeren Bedingungen. Auf diese Weise entstand die *experimentelle Persönlichkeitsforschung.*

Einige deutsche Psychologen – z. B. *Narziß Ach, Erich Jaensch, Gerhard Pfahler* – versuchten, aus den experimentellen Einzelresultaten Ansätze zu neuen Typensystemen zu gewinnen. Alle diese Bemühungen blieben Fragmente; aber es ergaben sich dabei wichtige Aufschlüsse darüber, ob man bestimmte Einzelmerkmale als „Grundmerkmale" betrachten könne, aus denen sich andere Charakterzüge ableiten lassen. Die Auffindung solcher „Grundmerkmale" ist auch heute wieder das Hauptziel der experimentellen und statistischen wie auch der theoretischen Persönlichkeitsforschung. Darauf wird später ausführlicher eingegangen.

Daß die Versuche, rein experimentell zu einer umfassenden Charakterlehre zu kommen, fragmentarisch blieben, hat seinen Grund in erster Linie darin, daß sich viele entscheidende Charakterzüge mit experimentellen Methoden nicht erfassen lassen. Dies gilt vor allem für das *Trieb-* und *Gefühlsleben.* An diesem Punkte setzten die beiden anderen der obenerwähnten, im Jahre 1921 veröffentlichten Vorschläge zur Charakterforschung ein: die Typenlehre von *Carl Gustav Jung* und die „psychodiagnostische" Methode von *Hermann Rorschach.* Die Typenlehre *Jungs* – sie wird später ausführlich dargestellt – ist aus allgemeinen Erfahrungen und aus pathologischen und historischen Betrachtungen abgeleitet; ihre große Verbreitung verdankt sie dem Umstand, daß *Jung* zwei Typen einführte und begrifflich sehr geschickt darstellte, denen man im wirklichen Leben ständig begegnet: der „nach innen" und der „nach außen" gerichtete Mensch, „Introversion“ und „Extraversion“. Diese Begriffe sind in die psychologische Weltliteratur eingegangen; allerdings sehr oft in anderem Sinne als sie ihr Urheber verstanden wissen wollte.

Für die Entwicklung der praktischen Persönlichkeitsforschung wurde das Buch „Psychodiagnostik“ des Schweizer Psychiaters *Hermann Rorschach* von entscheidender Bedeutung. Er schlug ein Verfahren vor, mit dessen Hilfe man die Intelligenz, die Erlebnisweise (ungefähr im Sinne von intro- und extravertiert), außerdem aber die Gefühlserregbarkeit und zudem noch einige pathologische Tendenzen wie Gehemmtheit, Labilität, Neigung zu inneren Konflikten, zu Verdrängung und Affektbildung usw. feststellen könne. Das Verfahren selbst besteht im Deuten von 10 Klecksfiguren, die *Rorschach* zusammen mit Anweisungen für die Auswertung der Deutungen veröffentlichte. Mit diesen 10 Klecksbildern war der erste *„Persönlichkeits-Test“* entstanden (Persönlichkeitstests sind diagnostische Verfahren, mit deren Hilfe die Persönlichkeit eines Menschen angeblich in wenigen Stunden in ihren wichtigsten Grundzügen erkannt werden kann). Der *Rorschach*-Test ist nicht nur der erste und älteste, sondern auch der heute noch am meisten verwendete Persönlichkeits-Test; für viele Psychologen in Europa und in Amerika gilt er als das verläßlichste und ergiebigste Instrument zur Persönlichkeitsdiagnose.

Es wird bei der ausführlichen Darstellung der Kontrollmethoden gezeigt werden, daß man den Rorschach-Test und die übrigen zahlreichen, in den letzten Jahrzehnten publizierten Persönlichkeitstests nicht überschätzen darf. Um die Verläßlichkeit eines Tests richtig zu beurteilen, müßte man wissen, ob die durch den Test gewonnene Diagnose wirklich zutrifft (das sog. „Validierungsproblem“). Wie kann man aber feststellen, ob ein Mensch wirklich die Eigenschaften besitzt, die sich bei einer Untersuchung mit einem Persönlichkeitstest ergeben? Wie kann man beweisen, daß die Diagnose stimmt? Wie kann man überhaupt einen solchen Test auf seine Verläßlichkeit prüfen? Diese Frage, auf die später ausführlich eingegangen wird, ist durchaus noch nicht befriedigend beantwortet.

Die weitere Entwicklung der Persönlichkeitsforschung seit dem Gründerjahr 1921 führte in verschiedene Richtungen. Die oben erwähnten Typensysteme von *Jaensch* und *Pfahler* erreichten bei weitem nicht die Bedeutung der Typologie *Kretschmers* oder *Jungs;* die experimentelle Typenforschung erlahmte sehr bald, nachdem sich aus den oft sehr anfechtbaren Experimenten von *Erich Jaensch* eine ungeordnete Mannigfaltigkeit von Typen zu ergeben schien. Mit Erfolg wurde das Experiment in die Ausdrucksforschung eingeführt, wobei klare und zum Teil überraschende Resultate über die geringe Verläßlichkeit der Persönlichkeitsbeurteilung aus dem Gesichtsausdruck erzielt wurden.

Die wichtigsten Fortschritte der Persönlichkeitsforschung wurden in letzter Zeit auf einem Gebiet erzielt, das für die Theorie und für die Praxis von größter Bedeutung ist: in der Frage „Entstehung der Persönlichkeit aus Vererbung und Umwelt“. Der statistische Vergleich von Merkmalen bei Eltern und Kindern, vor allem aber die Zwillingsforschung und in jüngster Zeit auch die molekularbiologische Genetik, lieferten viele Einzelergebnisse, die sich für die Theorie der menschlichen Persönlichkeit verwerten lassen.

So liegt heute auf allen Teilgebieten der Charakterforschung eine kaum noch übersehbare Fülle von Einzeluntersuchungen vor, die viele Spezialprobleme behandeln; aber ihre Resultate sind meist nur winzige Beiträge zur Kenntnis der menschlichen Persönlichkeit – Bruchstücke, die man aus der Fachliteratur der ganzen Welt zusammensuchen muß, um einen Überblick über den gegenwärtigen Stand der Forschung zu bekommen. In manchen Teilgebieten ergibt sich daraus bereits ein erster Ansatz zu einem System, in anderen hat man nur ein zusammenhangloses Nebeneinander von Fragmenten zur Verfügung. Immerhin scheint allmählich aus dem Vielerlei des Einzelwissens ein vorläufiges skizzenhaftes Modell einer „Theorie der menschlichen Persönlichkeit“ herauszuwachsen, die nicht rein spekulativ am Schreibtisch ausgedacht, sondern auf gesicherten empirischen Grundlagen aufgebaut ist. Diese Grundlagen wurden vor allem aus der Vererbungsforschung und aus der statistischen Auswertung des Zahlenmaterials gewonnen, das aus den Testuntersuchungen vorlag. In der Intelligenzforschung scheint es auf diese Weise zu gelingen, „Grundfaktoren“ des intelligenten Verhaltens aufzufinden, aus denen sich die vielen Arten und Formen der Intelligenz, wie man sie in der Wirklichkeit vorfindet, bis zu einem gewissen Grade ableiten lassen. Gegenwärtig sind intensive Bemühungen im Gange, mit der gleichen Methode auch „Persönlichkeits-Faktoren“ aufzufinden, d. h. „Grundeigenschaften" des Charakters, aus deren Vorhandensein sich andere, sekundäre Eigenschaften gesetzmäßig ergeben; aus der Kombination solcher Grundeigenschaften hofft man, die „Struktur" der individuellen Persönlichkeit verständlich machen zu können. Ein sehr altes Problem ist auf diese Weise aufgenommen worden; schon die Begründer der experimentellen Psychologie – *Willhelm Wundt* und *Hermann Ebbinghaus* – haben versucht, durch „Kreuzung" von Grundmerkmalen Charakterstrukturen aufzubauen (so kombinierte z. B. *Ebbinghaus* optimistische oder pessimistische Lebenshaltung mit lebhaftem oder verhaltenem Gefühlsleben, woraus sich die vier Temperamente des *Hippokrates* – sanguinisch, cholerisch, phlegmatisch, melancholisch – ergeben sollten). *William Stern* hat 1911 bereits 15 solche „Strukturschemata" beschrieben. Alle diese Konzepte waren rein theoretische Konstruktionen; aber sie gingen von dem gleichen Grundgedanken aus wie die gegenwärtigen Bemühungen, durch die statistische Auswertung vieler Tausende von Testresultaten mit Hilfe von elektronischen Rechengeräten die Grundfaktoren der menschlichen Persönlichkeit herauszufinden. Im Schlußkapitel werden diese Verfahren ausführlicher behandelt.

Es ist klar, daß man eine umfassende Theorie der Persönlichkeit nicht allein mit Hilfe von Grundfaktoren aufstellen kann; man muß auch die organischen Grundlagen der Persönlichkeit, die körperlichen Ursachen der individuellen Verschiedenheiten feststellen. Viele Wissenschaften – die Physiologie des Nervensystems und der endokrinen Drüsen, die Psychiatrie, die Erbbiologie, die Anthropologie – haben dazu Beiträge geliefert.

Typische Formen der menschlichen Persönlichkeit

In jeder Wissenschaft ist man bemüht, zunächst das Material, mit dem man es zu tun hat, irgendwie zu ordnen, um auf diese Weise einen ersten Überblick über das Forschungsgebiet zu gewinnen. Im Bereiche der Persönlichkeitsforschung ist es besonders schwierig, eine solche

Ordnung zu erreichen; man müßte zu diesem Zwecke Gruppen oder Klassen von gleichartigen Persönlichkeiten bilden können, wie man es in der Zoologie bei den Tieren und in der Botanik bei den Pflanzen machen kann. Da „Persönlichkeit" aber gerade das Eigenartige jedes *einzelnen* Menschen ist, scheint es unmöglich, die Menschen nach ihrer individuellen Persönlichkeit in Gruppen zusammenzufassen. Trotzdem sind solche Gruppenbildungen schon lange vor jeder Wissenschaft durchgeführt worden, indem man bestimmte Merkmale, die vielen Menschen gemeinsam sind, zum Gesichtspunkt der Einteilung machte und auf diese Weise „Komplexe" von Merkmalen gewann, die eine bestimmte Gruppe von Menschen in solcher Weise charakterisieren, daß sich ein „Typus" ergibt. Solche Merkmale gibt es z. B. bei manchen Berufen: die Gelehrten, die Künstler, die Bauern oder die Geschäftsleute haben bestimmte gemeinsame Eigenschaften, die bei manchen von ihnen deutlicher, bei anderen weniger deutlich hervortreten. Gerade dieses „mehr oder weniger" ist für den Typus-Begriff wesentlich; in diesem Punkte liegt der Unterschied zu den Begriffen „Klasse", „Gattung" oder „Art" im biologischen Sinne. Ein Lebewesen, z. B. eine Hummel, gehört zur Klasse der Insekten, zur Gattung der Hummeln und zur Art der Steinhummeln, wenn sie die bei allen Steinhummeln in immer gleicher Weise vorhandenen Eigenschaften besitzt. „Typen" hingegen sind Gruppen, deren Angehörige zwar auch gemeinsame Merkmale haben, die aber bei den einzelnen Angehörigen der Gruppe in ganz verschiedenem Grade vorhanden sein können; ja, es können sogar von den typischen Merkmalen einige ganz fehlen – die Zugehörigkeit zum „Typus" ist immer noch gegeben, wenn die übrigen typischen Eigenschaften in besonderer Ausprägung vorhanden sind. Man könnte also folgende Begriffsbestimmung für „Typus" vorschlagen: *ein Typus ist eine durch einen bestimmten Merkmals-Komplex charakterisierte Gruppe, wobei die Einzelmerkmale in sehr verschiedenem Grade vorhanden sein können.* In einer zweiten Bedeutung verwendet man den Ausdruck „Typus" nicht für Gruppen, sondern für einzelne Menschen; nämlich dann, wenn ein Mensch alle Merkmale seiner Gruppe in besonders ausgeprägter Weise besitzt, wenn also „reine" Vertreter des Typus gemeint sind. In diesem Sinne kann man von einem Menschen sagen, er sei der Typus des Engländers, des Sportlers, des Managers oder des Journalisten.

Immer ist aber mit dem Typus-Begriff nur ein Teilkomplex der Eigenschaften eines Menschen erfaßt; außer dem „typischen" Merkmals-Komplex sind immer noch viele andere Eigenschaften vorhanden, die mit dem Typus nichts zu tun haben, so daß ein Mensch gleichzeitig verschiedenen Typen angehören kann. Ein typischer Journalist kann außerdem ein typischer Junggeselle und ein typischer Franzose oder Schweizer sein.

Mit Hilfe des Typus-Begriffes läßt sich die Vielfältigkeit der menschlichen Charaktermerkmale in eine vorläufige grobe Ordnung bringen; dasselbe läßt sich hinsichtlich der körperlichen Eigenschaften durchführen. Beides hat *Ernst Kretschmer* (1888-1964) versucht, wobei er von der Annahme ausging, daß sich bestimmten körperlichen Merkmals-Komplexen – also Körperbautypen – ganz bestimmte Komplexe von Charaktermerkmalen zuordnen lassen. Zu dieser Annahme gelangte er auf Grund von Beobachtungen an Geisteskranken, bei denen er den Eindruck gewann, daß bestimmte Formen der Krankheit bei bestimmten Körperbau-Typen häufiger auftreten als bei anderen. Um den Gang dieser Untersuchungen verständlich zu machen, müssen zunächst die typischen Formen des menschlichen Körperbaues und die Hauptformen der geistigen Erkrankungen kurz dargestellt werden.

Die Typologie Ernst Kretschmers

Körperbau-Typen

Die Bemühungen, die Menschen nach ihrem Körperbau (Habitus) in Typen einzuteilen, sind sehr alt. Schon um 400 v. Chr. hat der griechische Arzt *Hippokrates* eine Einteilung in habitus phthisicus – schmal und lang – und habitus apoplecticus – breit, kurz und dick – vorgeschlagen. Ähnliche Einteilungen finden sich in der alten indischen Literatur.

In neuerer Zeit wurden vor allem funktionale und rein morphologische Gesichtspunkte zur Typeneinteilung verwendet. Von *funktionalen* Gesichtspunkten gingen die Franzosen *Restan* (1826) und *Sigaud* (1904) aus, indem sie einen Typus cerebralis, respiratorius, muscularis und digestivus unterschieden. Rein *formale (morphologische)* Gesichtspunkte verwendeten z. B. der Amerikaner *Davenport* (1923) in der Einteilung: slender type, medium type, fleshy type, oder der Russe *Galant* (1927): stenosom, mesosom, megalosom. Auch die italienische Konstitutionsforschung von *de Giovanni* (1877) und *Viola* (1909) baute zunächst auf morphologischen Grundlagen auf: Longitypus mikrosplanchnicus und Brevitypus makrosplanchnicus; sie wurde dann aber von *Pende* (1924) nach der funktionellen Seite weiterentwickelt,

Tabelle 1. Konstitutionstypen 300 v. Chr. bis 1940.

Autoren	schmale Typen	mittlere Typen	breite Typen
alte Inder	zart, schlank, fein, Gazellen	kraftvoll ausgeglichen, Hirschkühe	voll, füllig, fett, Elefantenkühe
Hippokrates um 300 v. Chr.	lang, schmal, schwach, habitus phthisicus	–	breit, kurz, dick, habitus apoplecticus
Halle 1797 Frankreich	Kephaler Typ	Muskulärer Typ	Abdominaler Typ
Walker 1823 England	Mentaler Typ Minerva	lokomobil Bewegungstyp Diana	digestiv Ernährungstyp Venus
Restan 1826 Frankreich	Typ cerebral (respiratoire)	Typ musculaire	Typ digestiv
A. de Giovanni 1877	Phthisischer oder langliniger Habitus	Athletischer oder thorakaler Habitus	Plothonischer od. abdominaler Habitus
Huter 1880 Deutschland	Empfindungsnaturell	Bewegungsnaturell	Ernährungsnaturell
Sigaud 1904 Frankreich	Typ cerebral respiratoir	Typ muscularis	Typ digestivus
Viola 1909 Italien	Longitypus	Normotypus	Brachytypus
Brugsch 1918 Deutschland	engbrüstig	normalbrüstig	weitbrüstig

Tabelle 1. (Fortsetzung)

Autoren	schmale Typen	mittlere Typen	breite Typen
Bauer 1919 Österreich	asthenisch (lang, schmal; Herz klein, Gefäße eng, Lunge groß, Darm kurz) Dolichotypus	Normotypus	arthritisch (breit, kurz; Herz groß, Gefäße weit Lunge weit, Darm lang) Brachytypus
Kretschmer 1921 Deutschland	leptosom	athletisch	pyknisch
Davenport 1923 USA	slender typ	medium typ	fleshy typ
Stockard 1923 Amerika	Längstyp, linearer Typ	–	Quertyp, lateraler Typ
Aschner 1924 Deutschland	schmale Individuen	mittlere Individuen	breite Individuen
Mathes 1924 Österreich	Zukunftsform	–	Jugendform
Mac Auliffe 1925	Type plat	–	Type ronde
Galant 1927 Rußland	Stenosom	Mesosom	Megalosom
Sheldon 1940 USA	ektomorph (lange, dünne Knochen, schwache Muskeln)	mesomorph (starke Knochen, harte Muskeln)	endomorph (starke Entwicklung der Verdauungsorgane bei schwachen Muskeln und Knochen)

wobei den innersekretorischen Drüsen, vor allem der Schilddrüse, entscheidende Bedeutung, auch für das psychische Geschehen, zugeschrieben wird. Es gibt noch viele andere Einteilungsversuche; in den meisten von ihnen findet sich wie in den obengenannten die Polarität „lang und mager" gegenüber „kurz, breit und dick". Ich habe die wichtigsten Einteilungen in historischer Folge in Tabelle 1 zusammengestellt. Die gleichen Gesichtspunkte bilden auch die Grundlage der Einteilung *Kretschmers,* die von den Körperformen ausgeht, also morphologisch orientiert ist, wobei aber der Gesichtspunkt der Vererbung eine entscheidende Rolle spielt: obwohl immer von „*Körperbau*“ die Rede ist, ist stets „*Konstitution*“ gemeint – ein Begriff, der zum Gegenstand vielseitiger Diskussionen geworden ist. Im großen und ganzen wird man die Bedeutung des Ausdruckes „Konstitution“ mit der Formulierung, daß damit die *Gesamtheit aller körperlichen Erbanlagen* eines Menschen gemeint sei, richtig bestimmt haben; „Konstitution“ ist nicht dasselbe wie „Körperbau“, denn man weiß nicht, ob im jeweiligen Körperbau alle Erbanlagen zur Entwicklung gekommen sind (der Körper des Jugendlichen zeigt noch nicht die volle Auswirkung seiner Konstitution). Man wird aber keinen sehr großen Fehler begehen, wenn man den Körperbau des Erwachsenen (einschließlich der inneren Organe) als das Ergebnis der dominierenden körperlichen Erbanlagen betrachtet und annimmt, daß in ihm die Konstitution mit genügender Deutlichkeit zur Darstellung kommt.

Wenn im folgenden die Körperbautypen *Kretschmers* beschrieben werden, so ist zu beachten, daß *reine* Fälle geschildert werden, wie sie in der Wirklichkeit nicht gerade selten, aber auch nicht allzu häufig vorkommen. Es werden bei jedem Typus alle wesentlichen Merkmale angegeben, doch sei ausdrücklich erwähnt, daß bei ihren Vertretern in der Wirklichkeit, auch abgesehen von den später zu besprechenden Zwischenformen und Spezialtypen, das eine oder andere Merkmal fehlen kann, ohne daß damit die Zugehörigkeit zu diesem Typus aufgehoben wird. Es kommt auf die Mehrheit der vorhandenen Körperbaumerkmale an. Ebenso sei gleich einleitungsweise bemerkt, daß diese Merkmale in erster Linie an Männern festgestellt wurden und daher auch auf Männer in erster Linie zutreffen; bei den Frauen lassen sich genau dieselben Klassifikationen durchführen, doch sind bei ihnen die Einzelmerkmale meist nicht so scharf ausgeprägt, weil sie durch die allgemeinweiblichen Körpereigenschaften leicht verwischt werden.

In der nachfolgenden Tabelle 2 sind die wichtigsten Merkmale der *Kretschmerschen* Körperbautypen nach ihrem groben Gesamteindruck beschrieben:

Tabelle 2. Die Körperbautypen nach *Kretschmer* (grober Gesamteindruck).

Leptosomer Typus	Athletischer Typus	Pyknischer Typus
Geringes Dickenwachstum bei durchschnittlich unvermindertem Längenwachstum	Starke Entwicklung des Skeletts und der Muskulatur bei geringer Fettentwicklung	Starke Umfangsentwicklung und Fettbildung bei mehr schwächlicher Ausbildung des Knochenbaues
Schmale, hochaufgeschossene Gestalt mit schmalen Schultern und langem, schmalem Brustkorb; dünne Muskeln	Mittel- bis hochgewachsene Gestalt mit besonders breiten Schultern; stattlicher Brustkorb	Mittelgroße, gedrungene Gestalt mit tiefem, sich unten verbreiterndem gewölbtem Brustkorb, mächtiger Fettbauch
Lange, schlanke Beine; magere Arme und zarte, feingliedrige Hände	Die Extremitäten sind eher lang als kurz; sowohl hinsichtlich der Hände als auch der Füße liegt meist eine Hypertrophie vor (die Extremitäten klingen in einzelnen Fällen fast ans Akromegale an); Hand- wie Fußgelenke sind grobknochig	Die eher kurzen Gliedmaßen und Hände sind weich und rundlich; die Gelenke oft ausgesprochen zart
Der Schädel ist zuweilen lang und schmal, zuweilen kurz und nieder und zeigt oft einen steilen Hinterkopf mit nur geringer Rundung	Derber, hoher Kopf	Der Schädel ist meist groß und zeigt eine schöne Rundform

Fortsetzung nächste Seite

Tabelle 2. (Fortsetzung)

Leptosomer Typus	Athletischer Typus	Pyknischer Typus
Das Gesicht ist schmal und fettarm; die Gesichtshaut ist dünn und von fahler Farbe; das Profil ist meist scharf geschnitten – charakteristisch ist das Winkelprofil: fliehende Stirne und zurücktretender Unterkiefer bei hervortretender Nase, das oft sehr dichte Haupthaar wächst an der Stirne und an den Schläfen weit herein; die Brauen sind stark und gehen an der Nasenwurzel nicht selten ineinander über	Das Gesicht ist gleichfalls muskulös und plastisch; die Nase wie der Unterkiefer sind kräftig entwickelt; die Gesichtshaut ist fest und dick; die Behaarung ist dicht, zeigt jedoch nicht die leptosome Neigung, sich in das Gesicht zu verbreiten	Das Gesicht zeigt eine Tendenz ins Breite und ist auf Grund der Fetteinlagerungen durch runde, weiche Linien gekennzeichnet, die Augen sind klein, die Nase ist breit, mit fleischiger bis stumpfer Spitze; das Profil ist unscharf; der Haarwuchs ist oft spärlich; relativ früh auftretende Tendenz zur Glatzenbildung ("glatte, spiegelnde Glatzen")
Eine *Variante* des leptosomen Typs: sehnige, schlanke Männer, die sich durch besondere Eignung zu sportlichen Leistungen auszeichnen. – Dieser Typus grenzt sich nur unscharf gegen den athletischen Typus ab	Eine *Variante* des athletischen Typs: allgemeine Plumpheit, das Muskelrelief ist durch mehr diffuse Fettentwicklung verwischt; die Gesichtshaut ist pastös; kein bemerkenswerter Unterschied hinsichtlich Schulter- und Beckenentwicklung	

Tabelle 2. (Fortsetzung)

Leptosomer Typus	Athletischer Typus	Pyknischer Typus
Die leptosome *Frau:*	Die athletische *Frau:*	Die pyknische *Frau:*
Das Längenwachstum ist bei der Frau kein so sicheres Symptom des leptosomen Körperbaues. 2 Hauptvarianten: a) die langen Hageren mit scharfer Nase und schmalen Lippen b) die kleinen Zarten mit feinen, grazilen Gelenken.	Ungraziler Gesamteindruck; kräftig ausgebildetes Schultern- und Beckenskelett; Großflächigkeit des Gesichts – ein Eindruck, der meist durch das Hervortreten der Backenknochen hervorgerufen wird Vorhandensein einer Fettschicht, welche die im Knochenbau sehr fest und hervortretend angelegten Proportionen nicht stört.	Das Brust-Schulterverhältnis ist ähnlich dem der Männer; hinsichtlich Brust- und Hüftumfang übertreffen sie die athletischen Frauen – jedoch nur relativ im Verhältnis zur Körpergröße.

Als *„dysplastisch"* bezeichnet *Kretschmer* Körperformen mit Unter- oder Überentwicklung einer Körperregion bei normaler Entwicklung des übrigen Körpers (Hypoplasien und Hyperplasien, Infantilismen, männliche Züge bei der Frau, weibliche beim Mann, Hoch- und Fettwuchs, Zwerg- und Kümmerformen). Der größte Teil solcher Entwicklungsstörungen beruht auf einer Unter- oder Überfunktion von endokrinen Drüsen. Hinweise auf Dysplasien findet man oft schon im Bau des Gesichtes: dicke, pastöse Haut, Mangel an Plastik, kurze geraffte Oberlippe, Fehlen der Nasenflügelfalten oder exzessive Behaarung bei Frauen sind solche Anzeichen, die aber als Einzelmerkmale noch nicht das Urteil „abnorm" rechtfertigen, sondern erst bei Bestehen mehrerer Abweichungen die Bezeichnung „dysplastischer Körperbau" begründen.

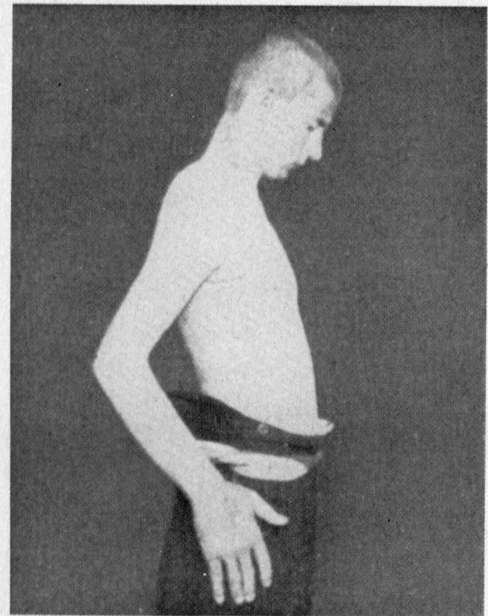

Abb. 1.

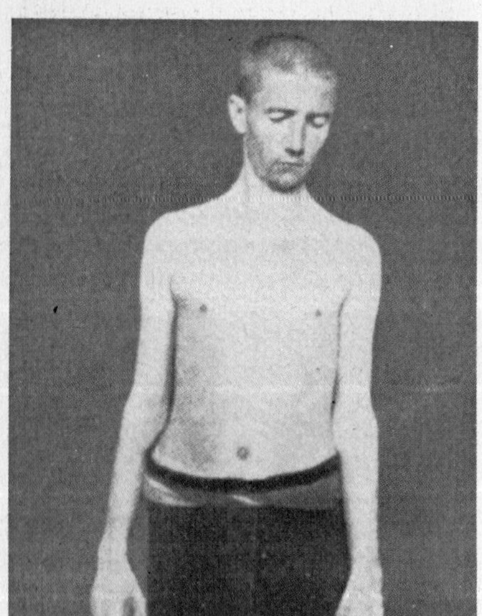

Abb. 2.

Abb. 1 und 2. Leptosomer Körperbau

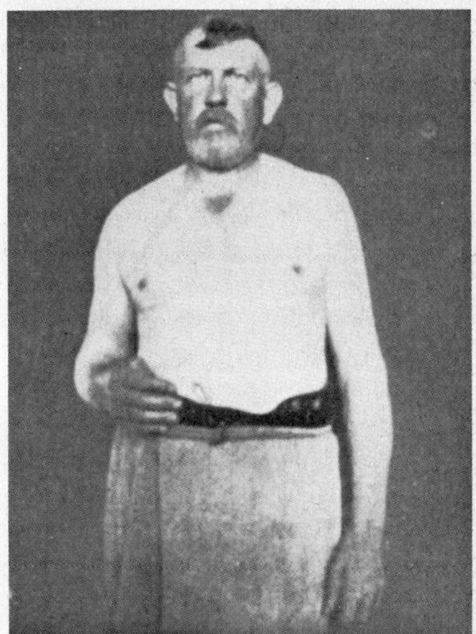

Abb. 3.

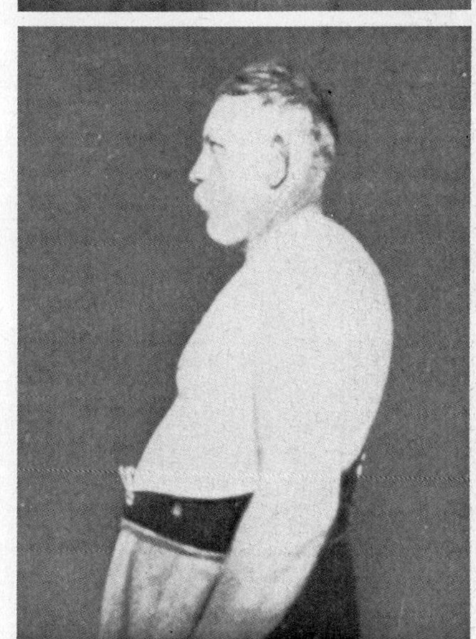

Abb. 4.

Abb. 3 und 4. Pyknischer Körperbau.

Damit sind die wichtigsten Merkmale der *Kretschmerschen* Typen kurz geschildert. Es sei nochmals betont, daß die Zugehörigkeit zu einem von ihnen nicht vom Vorhandensein aller Einzelsymptome abhängig ist, so daß auch das eine oder andere Merkmal fehlen kann, ohne dadurch schon einen anderen Typus zu bedingen. Wir finden z. B. auch bei Leptosomen Glatzen, doch sind diese nicht glatt und rund wie bei den Pyknikern, sondern „höckerig, spitz und wie von Mäusen zernagt" *(Kretschmer);* und man findet nicht selten bei Pyknikern dichten Haarwuchs, doch ist das Haar selbst sehr dünn und fein.

Die Tatsache, daß reine Typen in der Wirklichkeit selten sind – in Mitteldeutschland etwa 10 % der Bevölkerung –, hat das Problem der *„Mischformen"* aufgeworfen. Von den vielen Vorschlägen, die zur Lösung dieser Frage gemacht wurden, ist die „graduelle Abstufung" von *v. Rohden* das zweckmäßigste Verfahren. Wenn man unter Mischformen die Menschen zusammenfaßt, bei denen Merkmale verschiedener Typen vorhanden sind, so kann man sie nach dem Vorwiegen dieser Merkmale in „leptosom-athletische", „leptosom-pyknische", „pyknisch-athletische" usw. einteilen. Dieses Vorgehen erfordert allerdings viel Erfahrung und Übung, weil es dabei auf den „Blick" für Körperformen ankommt. Die überhaupt nicht einreihbaren Fälle bezeichnet *v. Rohden* als „atypisch"; und diejenigen, die reine Komponenten aller drei Konstitutionsformen in gleichmäßiger Kombination aufweisen – die ästhetisch vollendeten Körperformen –, nennt er „harmonische Mischformen". Eine andere Lösung dieses Problems hat *Klaus Conrad* in einer sehr interessanten entwicklungsbiologischen Untersuchung vorgeschlagen, wobei er die Mischformen nach zwei Richtungen variieren läßt. *Conrad* betrachtet den leptosomen und pyknischen Typus als höchste Ausprägung von zwei Wuchstendenzen, die er als „leptomorph" und „pyknomorph" bezeichnet; zwischen ihnen liegt die „metromorphe" Wuchstendenz. Der Athletiker *Kretschmers* wird von *Conrad* als Ergebnis von verstärkten Wachstumsimpulsen betrachtet, die zu einer „Hyperplasie" führen (ein Wort, das sich nur schlecht mit „Überentwicklung" übersetzen läßt). Das Gegenteil der „Hyperplastiker" sind die „Hypoplastiker" mit den Merkmalen der Unterentwicklung einzelner Regionen des Körpers; zwischen ihnen liegt die „metroplastische" Körperform. So kommt *Conrad* zu einem vierpoligen Schema: leptomorph-pyknomorph, hyperplastisch-hypoplastisch. Ein Mensch, der in beiden Richtungen in der Mitte liegt, also metromorph und metroplastisch ist, entspricht nach *Conrad* dem griechischen Schönheitsideal.

Die Hauptformen der geistigen Erkrankungen

Lange Zeit stand man den Geisteskrankheiten nicht nur in ihrer Behandlung, sondern auch in ihrer Unterscheidung vollkommen ratlos gegenüber. Erst der Münchner Psychiater *Emil Kraepelin* hat um die Jahrhundertwende eine erste brauchbare Klassifikation geschaffen, indem er zwei große Gruppen von Geisteskrankheiten beschrieb, die *manisch-depressiven Gemütserkrankungen* und die *Dementia praecox,* für welche später der Schweizer Psychiater *Eugen Bleuler* den Namen *„Schizophrenie"* einführte. Es sei aber ausdrücklich betont, daß es auch noch andere geistige Erkrankungen und krankhafte Reaktionsweisen gibt, deren Symptome sich oft schwer von den beiden *Kraepelinschen* Hauptgruppen unterscheiden lassen. Die folgende Schilderung, die nur skizzenhaft die wichtigsten Hauptsymptome darstellt, dient lediglich dazu, die Lehre *Kretschmers* verständlich zu machen; ausführliche Beschreibungen finden sich in den Lehrbüchern für Psychiatrie. Gegenwärtig sind Bemühungen im Gange, die Kraepelinsche Einteilung zu verbessern. Für das Folgende reicht eine kurze Beschreibung seiner beiden Hauptgruppen aus.

Die *manisch-depressiven Gemütserkrankungen* umfassen zwei Krankheitsbilder: die *Manie* und die *Melancholie.* Die Manie ist charakterisiert durch heitere, optimistische Grundstimmung, erhöhtes Selbstbewußtsein und gesteigerten Betätigungsdrang. Das Entscheidende dabei ist, daß diese Steigerungen der Gefühlserregbarkeit und des Tätigkeitsdranges *grundlos* auftreten, d. h. ohne durch äußere Ereignisse (z. B. Erfolge) ausgelöst zu sein. Die Stimmung kann von stillvergnügter Heiterkeit bis zu lauter Fröhlichkeit und lärmender Ausgelassenheit alle Formen durchlaufen und dabei auch in zornmütige Reizbarkeit umschlagen. Das gesteigerte Selbstbewußtsein führt oft zum völligen Verlust der Selbstkritik; in maßloser Selbstüberschätzung mutet sich der Kranke Leistungen zu, zu denen er niemals imstande ist. Er übersieht bei seinen hochfliegenden Plänen – er wird umwälzende Erfindungen machen, die ganze Welt reformieren, Kunst und Wissenschaft erneuern usw. – alle Schwierigkeiten und verliert sich gänzlich in Phantasien über eingebildete Erfolge. Prinzipiell Unmögliches, also ganz Unsinniges, findet sich in den Überschätzungsideen der Maniker selten – sie bleiben meist im Bereich des Möglichen, überschreiten aber weit die Grenzen dessen, was sie selbst jemals auch bei größter Anstrengung erreichen könnten. Der abnorme Betätigungsdrang äußert sich in ununterbrochenem Redefluß und hastigem, rasch wechselndem Vorstellungsablauf. Die Kranken kommen vom Hundertsten ins Tausendste (Flüchtigkeit, Ideenflucht), ziehen jeden ins Gespräch, sind in ständiger Bewegung und trachten alle Menschen in ihrer Umgebung für ihre Größenideen, die meist nur oberflächlich ausgebaut werden, zu interessieren; sie versprechen hohe Belohnungen, wenn man sie unterstützt, und können durch die Ausdauer und Unermüdlichkeit, mit der sie ihre Umwelt für ihre Pläne zu gewinnen suchen, sehr lästig werden. Widerspruch erregt ihren Unmut, er wird als Schikane oder Konkurrenzneid ausgelegt und ändert nicht das geringste an der Überzeugung des Manikers von seiner enormen Leistungsfähigkeit. Die schweren, anstaltsbedürftigen Fälle sind in den Irrenanstalten durch ihre Unruhe, ihr ständiges Reden, ihre Unfähigkeit, bei einem Thema zu bleiben, und ihre Neigung zu Tobsuchtsanfällen, die meist eine Winzigkeit zum Anlaß haben, leicht zu erkennen. Die Manie ist also im wesentlichen durch gesteigertes Selbstbewußtsein (Selbstwertgefühl), optimistisch gefärbtes Erleben und Flüchtigkeit der Vorstellungen und Gedanken charakterisiert.

Das Gegenteil der Manie ist die *Melancholie.* Während der Manische heiter, beweglich, ablenkbar und optimistisch ist, ist der Melancholiker traurig, bewegungsarm, unablenkbar und bis zur tiefsten Verzweiflung Pessimist. Auch bei der Melancholie ist die Grundlosigkeit der Depression das entscheidende Symptom; sie ist entweder überhaupt nicht durch äußere Anlässe ausgelöst oder steht in krassem Mißverhältnis zur Geringfügigkeit der Ereignisse, die als auslösender Anlaß erlebt werden. An Stelle der manischen Überschätzung der eigenen Person und Leistung besteht beim Melancholiker eine alles eigene Handeln entwertende Unterschätzung, die zu einer gänzlich negativen Selbstbeurteilung führt. Er hält sich für minderwertig, für schlechter als alle anderen, er neigt zu Schuldgefühlen und betrachtet sich oft als Ursache von unheilvollen Ereignissen, an denen er in Wirklichkeit ganz schuldlos ist. In schweren Fällen kommt es nicht selten zu Selbstmordversuchen. Die Kranken neigen ferner zu Umdeutungen der nebensächlichsten Ereignisse in einem für sie ungünstigen Sinne – die Leute reden über sie, machen sich lustig oder weichen ihnen aus. Als Grundstörung ist ein Versiegen des Antriebes (des élan vital) zu beobachten und es kommt zu einer Hemmung aller Antriebe; der Melancholiker ist wortkarg, zurückgezogen, schleppt sich langsam dahin, spricht leise und langsam und wird unfähig, Entschlüsse zu fassen und situationsentsprechend zu reagieren. Sein Gesicht zeigt oft den Ausdruck des „tränenlosen Weinens"; mit bekümmerter und sorgenvoller Miene drückt er sich gebeugt und müde in den Winkeln der Krankenzimmer herum. Manche verfallen in ununterbrochenes Jammern und Klagen, mit unaufhörlichen wortreichen Ergüssen über ihre verzweifelte Situation. Nicht selten wechseln im Laufe der Krankheit beim gleichen Menschen manische und melancholische Phasen miteinander ab; aus diesem Grunde werden die beiden Krankheiten auch unter dem Namen *„zirkuläre Psychosen"* zusammengefaßt.

Die Hauptsymptome für diese Krankheitsgruppen sind also: grundlose heitere oder traurige Verstimmung, verbunden mit erhöhtem Ausdrucksbedürfnis, Ideenflucht bzw. Hemmung des Gedankenganges, Übersteigerung oder Hemmung des Vorstellungsverlaufes und der Motilität, Über- bzw. Unterschätzung der eigenen Person.

Von ganz anderer Art als diese im Bereiche des Gefühls- und Vorstellungslebens liegende Gemütskrankheit ist die zweite große Psychosengruppe, die der Schweizer Psychiater *Eugen Bleuler* als *„Schizophrenie"* – „gespaltenes Seelenleben" – bezeichnet hat.

Es ist unmöglich, jemandem, der nie mit Schizophrenen zu tun hatte, einen richtigen Eindruck von dieser Krankheit zu vermitteln. Ihre Hauptsymptome bestehen in Störungen der Gefühlserregbarkeit und des Denkens. Die schizophrene Gefühlsstörung äußert sich am deutlichsten im Verlust des Kontaktes mit der Umwelt; der Kranke verliert die Beziehungen zu den Mitmenschen, wird kalt und gleichgültig und dadurch einsam und eigenbrötlerisch, er lebt „in sich hinein" (Autismus). Dies zeigt sich häufig auch in seinem Gesichtsausdruck, der gefühlsleer und unbeteiligt wirkt. Affektstumpfheit hat man dieses Symptom genannt, das sich sogar auf die Schmerzempfindlichkeit ausdehnen kann; ein Patient *Bleulers* riß sich die Bart- und Kopfhaare einzeln aus, um damit ein Ornament an der Wand zu verfertigen. Die Denkstörung zeigt sich am klarsten in der Sprache: der Kranke redet gänzlich zusammenhanglose Worte und Sätze, wiederholt oft immer wieder dieselbe unsinnige Wortfolge und läßt sich bei der Verbindung der einzelnen Worte augenscheinlich nicht von ihrem Sinn leiten, sondern von nebensächlichen Äußerlichkeiten – Reimen, Klangähnlichkeiten usw. –, wobei es häufig zu konfusen Wortneubildungen kommt („Ichverstreuung", „Kopfaufwiegelung", „Postbesanftung"). Ebenso sinnlos wie die Gedanken der Schizophrenen erscheinen meist ihre Wahnvorstellungen: der Kranke kann sich einbilden, schon lange gestorben zu sein und gleichzeitig doch noch zu existieren; er trinkt mit jedem Schluck die ganze Welt, er ist ein Vogel und ein Mensch zugleich. Nicht selten sind auch Größenideen vorhanden, der Kranke fühlt sich als Christus oder als Kaiser, aber seine eigene Person ist auch noch irgendwie da; ja sogar mit Dingen kann er sich identifizieren, er ist ein Stuhl oder sogar ein abstrakter Begriff, etwa das Sein oder der Urgrund der Welt usw. Das Denken hat kein Ziel, es „funktioniert ins Leere"; ein belangloser zufälliger Anstoß bringt es in Gang, und dann kommt es zu einem rein assoziativen Vorstellungsablauf ohne inneren Zusammenhang (z. B. Aufsagen von zusammenhanglosen Worten, die sich reimen oder im Klang ähneln). Der Mangel an einem Ziel des Denkens führt auch dazu, daß ein einmal aufgetretener Denkinhalt lange Zeit bestehen bleiben kann, so daß ständig dasselbe Wort oder die gleiche Redensart wiederholt wird. Diese Neigung zum Verharren der dürftigen Erlebnisse der Schizophrenen zeigt sich auch in der Bewegungsweise dieser Kranken: sie führen oft eine sinnlose Bewegung durch lange Zeit in immer gleicher Weise aus (Stereotypie), wobei manchmal der seltsame Eindruck eines erregten Verhaltens entsteht, ohne daß eine wirkliche Gemütserregung vorhanden ist; die Kranken wirken automatenhaft bewegt. Ebenso charakteristisch sind die Haltungsstereotypien: der Kranke nimmt eine bestimmte sinnlose Körperstellung ein und behält sie stundenlang bei. Diese Eigenarten der Bewegung und Haltung bezeichnet man als *„katatone Symptome"*, bei ihrem Vorherrschen spricht man von katatonen Verlaufsformen. Bei diesen kommt es in weit fortgeschrittenen Stadien zu völliger katatoner Erstarrung mit gänzlichem Verlust des Umweltkontaktes; stumm und vollkommen teilnahmslos sitzt der Kranke monatelang in einer Ecke, gleichgültig gegen alles, was sich in seiner Umgebung ereignet.

Vielleicht konnte diese kurze Schilderung wenigstens einen ungefähren Eindruck von der Schizophrenie vermitteln; wenn man derartige Kranke nie gesehen hat, kann man sich von ihnen kaum eine Vorstellung machen. Ich fasse die Hauptsymptome noch einmal kurz zusammen: Affektlahmheit, Stumpfheit und Teilnahmslosigkeit gegenüber der Außenwelt, Neigung zu Stereotypien im Denken, Sprechen und Handeln, phantastische Wahnideen, schließlich Veränderungen in der Gesamtpersönlichkeit, oft im Sinne einer Spaltung, Verdoppelung des Ich, Abschluß von der Wirklichkeit und Sich-verlieren in einer eingebildeten Welt.

Körperbau und Geisteskrankheit

Der entscheidende Schritt in der Lehre *Kretschmers* bestand in der Feststellung, daß sich zwischen den beiden Hauptformen der geistigen Erkrankungen und den Körperbau-Typen statistische Zusammenhänge feststellen lassen. Die *Manisch-Depressiven,* die Kranken also, die durch übersteigerte Gefühlserregbarkeit in der Richtung heiter-ausgelassen, reizbar-zornig oder traurig-verzweifelt charakterisiert sind, *zeigen in ihrem Körperbau vorwiegend die pyknische Tendenz in das Breite, Fettleibige,* die besonders in der Brust-Schulter-Hals-Proportion (im Verhältnis der geringen Schulterbreite zum großen Brustumfang und zum kurzen, dicken Hals) auffällt; die *Schizophrenen,* deren Hauptsymptome verminderte Gefühlserregbarkeit, also Affektlahmheit, ferner Verlust der Sinnzusammenhänge im Denken und die autistische Tendenz zur Absperrung von der Umwelt, zum Insichhineinleben sind, *erweisen sich vorwiegend als lange, schmalwüchsige Menschen mit scharfem Profil, also als Leptosome und Athletiker.* Die folgende Tabelle 3 zeigt die Resultate der ersten *Kretschmerschen* Untersuchung; diese Untersuchung wurde an 260 Geisteskranken angestellt, bei denen die Zugehörigkeit zu einer der beiden geistigen Erkrankungen, dem manisch-depressiven Irresein oder der Schizophrenie, einwandfrei gesichert war: es befanden sich unter ihnen 85 Fälle

Tabelle 3.

	Manisch-Depressive	Schizophrene
Asthenisch	4	81
Athletisch	3	31
Asthenisch-athletisch gemischt	2	11
Pyknisch	58	2
Pyknische Mischform	14	3
Dysplastisch	–	34
Verwaschene und nicht rubrizierbare Bilder	4	13
Insgesamt	85	175

von manisch-depressiven Gemütserkrankungen und 175 Schizophrene.

Heute liegt ein internationales Untersuchungsmaterial zur *Kretschmerschen* Typologie vor, das – wenn man nur die Untersuchungen über Körperbau und Geisteskrankheiten berücksichtigt – nahezu 9 000 (genau 8 824) Fälle umfaßt. Prozentuell dargestellt ergab sich dabei das aus Abb. 5 ersichtliche Bild von *Westphal* (über die damals untersuchten 8 099 Fälle): „Die Manisch-Depressiven enthalten etwa 2 Drittel Pykniker, bei erheblichem Zurücktreten der leptosom-athletischen Gruppe; die Schizophrenen enthalten etwa 2 Drittel Leptosome und Athletiker bei starkem Zurücktreten der Pykniker." Die Dysplastiker fehlen bei den Manisch-Depressiven fast vollkommen (1,1 %), bei den Schizophrenen hingegen sind sie mit 10,5 % vertreten und bei den Epileptikern, über deren psychische Besonderheiten gegenwärtig Untersuchungen im Gange sind, stellen sie ein Drittel aller Fälle.

Auf Grund dieser Ergebnisse kann das Bestehen eines Zusammenhanges zwischen Körperbau und Geisteskrankheit als statistisch gesichert gelten. Es erhebt sich die Frage, ob solche Beziehungen auch zwischen dem Körperbau und dem Charakter des gesunden, normalen Menschen bestehen. Um hierfür eine Antwort zu finden, hat *Kretschmer* eine Theorie über die geistigen Störungen aufgestellt, die unter den Psychiatern heftige Diskussionen auslöste. Die geistigen Erkrankungen sind nach dieser Theorie, verglichen mit dem gesunden Seelenleben, nicht etwas gänzlich Neues und Fremdes, sondern sie sind

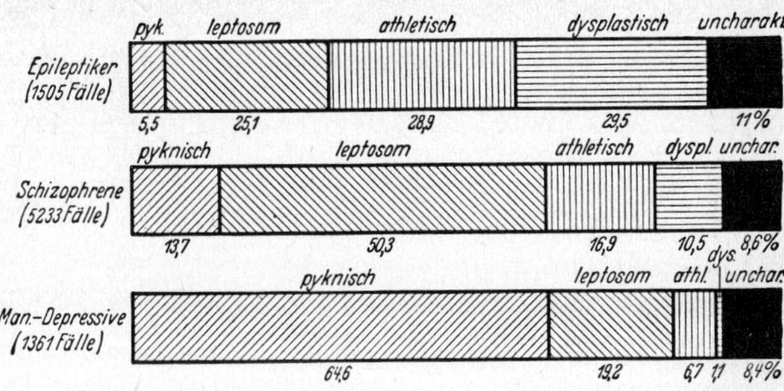

Abb. 5. Verteilung von 8099 Geisteskranken auf die Körperbautypen nach *Westphal (Kretschmer,* Körperbau und Charakter, 1955, S. 39)

Hemmungen, Steigerungen oder Verzerrungen derselben Kräfte und Funktionen, die auch das Seelenleben des Gesunden ausmachen. Wenn eine bestimmte, allgemeinmenschliche psychische Eigenschaft, z. B. die Gefühlserregbarkeit, eine dauernde hochgradige Steigerung zeigt, so daß auf winzige Anlässe mit heftigen Ausbrüchen reagiert wird, so liegt bereits eine geistige Erkrankung im Sinne der Psychiatrie vor; ob dieser Kranke in eine Heilanstalt gebracht wird oder nicht, hängt in der Praxis durchaus nicht nur von der Diagnose „gesund" oder „krank" ab, sondern auch davon, ob der Betreffende in der menschlichen Gesellschaft noch erträglich ist oder nicht. Der Unterschied zwischen gesund und krank ist in seelischer Hinsicht noch viel unschärfer als in körperlicher Hinsicht. Auch der gesündeste Mensch ist manchmal verstimmt oder erregt, aber seine Verstimmungen und Erregungen haben einen Grund: sie werden durch äußere Ereignisse – durch Schicksalsschläge, Mißerfolge oder durch das Verhalten der Mitmenschen – ausgelöst. Krankhafte Verstimmungen und Erregungen hingegen entstehen entweder ohne äußere Ursache oder aus ganz unbedeutenden, geringfügigen Anlässen, die zur Heftigkeit und zur langen Dauer der Gemütsstörung in krassem Mißverhältnis stehen. Die Ursache dieser übersteigerten Gefühlsreaktionen und ebenso die Ursache der schizophrenen Gefühlskälte sind wohl in organischen Vorgängen, in körperlichen Veränderungen innersekretorischer oder nervöser Art zu suchen. Genaueres weiß man darüber noch nicht, doch steht es außer Zweifel, daß ein „konstitutioneller Faktor", eine in den Erbanlagen des Organismus enthaltene Besonderheit, dabei die entscheidende Rolle spielt. Dasselbe gilt auch für die schizophrenen Störungen des Denkens und der ganzen Persönlichkeit. Diese Krankheitsformen stehen dem Gesunden viel ferner als die Gemütserkrankungen, doch lassen sich auch für sie, wie noch zu zeigen ist, fließende Übergänge zu Persönlichkeitsformen auffinden, die noch durchaus in den Bereich des Normalen gehören. Was „normal" ist, läßt sich nicht definieren; und wenn man alle, die auch bei weitherzigster Beurteilung nicht mehr normal, trotzdem aber noch sozial durchaus brauchbar sind, in die Irrenhäuser bringen wollte, so würde auch eine vielfache Anzahl der heutigen Anstalten nicht ausreichen.

Daß zwischen „normal" und „abnorm" in psychischer Hinsicht keine scharfen Grenzen bestehen, wird am deutlichsten an Menschen, bei denen sich eine Geisteskrankheit in Entwicklung befindet; der Übergang von der vollkommenen Gesundheit bis zum vollen Ausbruch der Krankheit ist fließend und kann sehr lange Zeiten ausfüllen. In diesem Zwischenstadium werden die Erkrankten keineswegs sozial unbrauchbar; sie gehen ihrem Beruf nach und erfüllen oft musterhaft ihre familiären und bürgerlichen Pflichten, aber sie fallen der nächsten Umgebung durch ihre Reizbarkeit, ihre grundlos bedrückte oder gehobene Stimmungslage oder durch kleine Verschrobenheiten, Mißtrauen, Ängstlichkeit oder Schwierigkeiten im Kontakt mit anderen Menschen auf. Mit dem Fortschreiten des Krankheitsprozesses steigern sich diese Auffälligkeiten, unter denen die Familienangehörigen oder Berufskollegen oft sehr zu leiden haben, immer mehr, bis sie schließlich solche Grade erreichen, daß an der Abnormität nicht mehr gezweifelt werden kann. Genau dieselben Symptome wie bei den Menschen, in denen sich eine Schizophrenie oder manisch-depressive Psychose entwickelt, bestehen aber auch bei vielen anderen, ohne daß es jemals zu einer Geisteskrankheit kommt; solche Menschen bezeichnet man als *„Psychopathen"* und ihre Abweichungen vom Normalen als *„Psychopathien"* – ein Begriff, der, wenn auch in stark wechselnder Bestimmung und unterschiedlich gebraucht, eine sehr große Gruppe von psychischen Abnormitäten und auch viele ungeklärte Persönlichkeitsdefekte bezeichnet. Auf diese vielfältigen, begrifflich schwer faßbaren Abweichungen von der seelisch-geistigen Norm kann hier nicht eingegangen werden; sicher ist, daß die Schizophrenen und die Manisch-Depressiven in den Anfangsstadien ihrer Krankheit und ebenso viele Menschen, die niemals geisteskrank werden, aber doch aus dem Normalen herausfallen, die psychischen Hauptsymptome der Schizophrenen, der Manischen oder Melancholischen in leichten Graden aufweisen. *Kretschmer* nennt solche Menschen, die zwar nicht geisteskrank sind, aber doch deutlich von der Durchschnittsnorm abweichen, nach den beiden Hauptgruppen der Psychosen *„zykloide"* und *„schizoide" Psychopathen* und will damit gegenüber den voll entwikkelten Psychosen den Gradunterschied zum Ausdruck bringen.

Theoretisch bereitet es keine Schwierigkeiten, diese graduellen Unterschiede noch weiter in die Richtung des Gesunden zu vermindern. Was bei den Schizophrenen als vollkommener Verlust des Kontaktes mit der Umwelt in Erscheinung tritt, kann bei den schizoiden Psychopathen als zurückhaltendes, distanziertes Verhalten wirken; die krankhafte Selbstüberschätzung und motorische Unruhe des Manikers zeigt sich beim zykloiden Psychopathen als kritiklose Plänemacherei mit zielloser Geschäftigkeit und Betriebsamkeit, sie wird in leichteren Graden als betont optimistische, die eigene Person und ihre Leistung in den Mittelpunkt stellende, unermüdlich regsame Lebenshaltung erscheinen. Jedermann weiß, daß Menschen, die solche „gemilderte" Züge des zykloiden oder schizoiden Temperaments aufweisen, in der Wirklichkeit des täglichen Lebens gar nicht selten vorkommen. *Kretschmer* schildert die Überlegungen, die ihn vom Pathologischen in das Normale führten, in folgender Weise: „Erst wenn wir die gewonnenen Gesichtspunkte ins Normalpsychologische hinein unermüdlich weiterverfolgen, wird das Konstitutionsproblem in der ganzen Weite seines Horizontes sich uns aufrollen. Wir machen mit diesem Hinüberschreiten ins Normalpsychologische keinen Sprung, sondern, indem wir die Beziehungsfäden zwischen Körperbau und seelischer Anlage aus dem Psychotischen heraus Schritt für Schritt in alle Varianten psychopathischer Persönlichkeiten hinein weiterspinnen und dadurch den massiven Geistesstörungen als dem ersten Ausgangspunkt unserer Untersuchungen immer ferner rücken, stehen wir unversehens mitten unter gesunden Menschen, unter lauter bekannten Gesichtern. Wir erkennen darin als wohlvertraute normale Prägung dieselben Züge wieder, die wir dort in Verzerrung kennengelernt hatten. Wir finden dieselben Typen des Gesichtsbaues, dieselben

Stigmen der körperlichen Verfassung und wir finden, daß hinter derselben äußeren Architektur auch dieselben psychischen Triebkräfte wohnen. Hier als feine sinnvolle Regulative gesunder seelischer Einstellung dieselben Anlagen, die dort, das Gleichgewicht heftig durchbrechend, sich vernichten und stören."

Die zyklothymen und schizothymen Durchschnittstypen

Die Frage, ob auch unter den ganz Gesunden ein innerer Zusammenhang zwischen Körperbau und Charakter bestehe, suchte *Kretschmer* zunächst aus den Erfahrungen des täglichen Lebens zu beantworten. Er untersuchte 150 ganz gesunde Menschen, deren Charakter ihm näher bekannt war, auf ihren Körperbau und fand seine an Geisteskranken gefundenen Resultate bestätigt: die erhöhte Gefühlserregbarkeit der manisch-depressiven Pykniker, die Eigenart des Denkablaufes und die autistischen Neigungen der Schizophrenen ließen sich auch, freilich in viel geringerem Grade, bei gesunden Leptosomen und Pyknikern nachweisen. Damit war ein erster Ansatz für die Aufstellung zweier Hauptgruppen menschlicher Eigenart gegeben, die in nachweisbarem Zusammenhang mit dem Körperbau stehen: des *zyklothymen* und des *schizothymen Temperamentes.*

Hauptcharakteristika des *Zyklothymen* sind in erster Linie die leichte Ansprechbarkeit des Gefühlslebens und das Aussichhinausleben. Die meisten anderen, den Zyklothymen kennzeichnenden Wesenszüge sind mehr oder minder als Folge beider bzw. einer dieser beiden Grundzüge zu verstehen, so z. B. die Labilität der Stimmungslage und die aus ihr resultierende geringe Konsequenz in der Durchführung von Willenszielen sowie deren rascher Wechsel; die Tendenz zu impulsiven Entscheidungen; der Mangel an Objektivität; das Aufgehen in der Situation, das Sich-Hingeben an das momentan Interessierende; die Aufgeschlossenheit gegenüber der Umwelt und schließlich das sehr starke, vor allem die Gefühle betreffende Ausdrucksbedürfnis. Der Zyklothyme verbirgt nicht – wie der später zu besprechende Schizothyme – sein Inneres hinter einer Fassade. Aus den Wesenszügen des Zyklothymen bzw. aus seinem Verhalten bildet sich eine „Oberfläche“, aus der die „Tiefe“ unschwer ablesbar ist.

Die hohe Gefühlserregbarkeit hat zur Folge, daß jedes Einzelerlebnis, jeder von der Umwelt kommende Eindruck eine Gefühlsbetonung erfährt und mit einer gewissen Lust- oder Unlustkomponente in das Bewußtsein tritt. Dieser Umstand bewirkt den für den Zyklothymen charakteristischen raschen Wechsel der Stimmungslage, das leichte Umschlagen des Gemütszustandes. Ruft ein bestimmter Eindruck heftige Mißstimmung hervor, so evoziert der nächste das Gegenteil: der Zyklothyme gerät z. B. über einen nur geringen Anlaß in heftigen Zorn, der im Moment darauf, unter dem Einfluß eines neuen Eindrukkes, in größte Gutmütigkeit umschlägt, doch werden ihn weder diese noch die sein zorniges Verhalten betreffenden Selbstvorwürfe daran hindern, sich unmittelbar darauf erneut in Erregung zu steigern. Seinem starken Äußerungsbedürfnis entsprechend werden zornige Erregung wie nachfolgende überschwengliche Versöhnung lautstark zum Ausdruck gebracht. Eine andere Folge seines starken Bedürfnisses nach Gefühlsäußerung ist z. B. die Lockerung der natürlichen und konventionellen Hemmungen: der Zyklothyme redet viel und ohne viel Rücksicht auf seinen jeweiligen Gesprächspartner; ist sein Bedürfnis nach Aussprache befriedigt, erlahmt sein Interesse an der Fortführung des Gespräches.

Häufig auftretende Einzelzüge des zyklothymen Temperamentes sind z. B. seine Religiosität, die aber nie fanatische Züge trägt; ferner seine Ängstlichkeit, die bereits bei kleinsten Gefahren große Erregung auslöst; schließlich das Verkünden großer, Erfolg versprechender Planungen und Projekte, die trotz ernstgemeinter Vorsätze selten zu Ende geführt werden.

Entsprechend der Unterschiede der Gemütslage können die Zyklothymen eingeteilt werden in: *„hypomanische“*, *„heiter-melancholische“* (oder ambivalente) und in *„depressive“* Zyklothyme.

Die *hypomanischen* Zyklothymen – meist klein und rundlich – erweisen sich als erstaunlich bewegliche und aktive Menschen, die sich im Leben infolge ihrer unproblematischen, grundsätzlich lebensbejahenden Einstellung sehr gut zu behaupten wissen. Zu ihren hervorstechendsten Eigenschaften zählen ihr Realitätssinn, ihre geradezu mitreißende Betriebsamkeit, ihre Unermüdlichkeit und Ausdauer – (sie erfüllen eine Menge beruflicher und gesellschaftlicher Verpflichtungen) – und schließlich ihre sehr intensive Zuwendung gegenüber allen sogenannten „irdischen Genüssen". Trotz ihrer eher heiteren Grundstimmung ist ihr Leben nicht frei von depressiven Phasen. Gegenüber Enttäuschungen oder dem Erleiden von Not zeigen sie eine nur geringe Toleranz und geraten dann sehr schnell an die Grenze der Verzweiflung, die jedoch relativ bald wieder überwunden wird und keine nachhaltigen Eindrücke hinterläßt.

Die *heiter-depressiven* Zyklothymen sind weniger laut und betriebsam als die hypomanischen Zyklothymen. Sie zeigen zwar sowohl in ihrem Privat- als auch in ihrem Berufsleben eine eher freundliche und gesellige Haltung gegenüber ihren Mitmenschen, leiden jedoch im Grunde an einer (beinahe) permanenten Unzufriedenheit, die sich nicht selten als Gereiztheit äußert und vor allem als Folge der Unfähigkeit, das Leben ungetrübt zu genießen, auftritt, deren letzte Ursache jedoch in der Tendenz dieser Menschen zu gemischten Stimmungen zu suchen ist. Bei dieser Variante des zyklothymen Temperamentes treten heitere und melancholische Phasen entweder in Verschränkung gleichzeitig auf oder sie lösen einander in mehr oder minder rascher Folge ab. (Ein häufiger Vertreter dieser Katagorie ist der zornmütige „Polterer" und Schreier.)

Die *depressiven* Zyklothymen sind stille, gemütvolle Menschen, deren Leben von einer gewissen Traurigkeit überschattet zu sein scheint und die an ihrem Mangel an Frohsinn leiden. Das zyklothyme Ausdrucksbedürfnis äußert sich bei ihnen in Form von Jammern und Klagen oder beschaulichen, pessimistisch gefärbten Betrachtungen. Im Alter leben sie – ohne jedoch menschenfeindlich zu sein – zurückgezogen und repräsentieren die von *Kretschmer* als „umgängige Einspänner" bezeichneten Typen, die am Stammtisch oder in Vereinen als stille Zuhörer teilnehmen oder höchstens über die schlechten Zeiten in resignierten Bemerkungen klagen.

Der Zyklothyme im *Alter* ist ein besonders klarer Vertreter der jeweiligen Variante: der Hypomanische wird zum ruhigen Humoristen oder bequemen Genießer; der Ambivalente zum soliden, besorgten und zurückgezogenen Hausvater, der sich aus jeder Diskussion heraushält; der Depressive zum stillen, resignierten Weltbetrachter.

Ganz anders verhält es sich mit dem *Schizothymen.* Aus der Vielfalt der Formen und Kontraste, welche die schizothyme Wesensart umschließt, heben sich nur einige wenige gemeinsame, im engen Zusammenhang miteinander stehende Grundzüge, welche die Zuordnung dieser Menschen zu demselben Formenkreis rechtfertigen, ab, so z. B. die innere Zwiespältigkeit; das Insichhineinleben; die Gefühlskälte oder zumindest die Beschränkung des Gefühlslebens auf sehr enge, scharf abgegrenzte Erlebnisbereiche und schließlich die Errichtung einer das Innere vor dem Blick der Außenwelt abschirmenden „Fassade". Die Fassade ebenso wie das Insichhineinleben besitzen zum Teil – wie aus später aufzuzeigenden Zusammenhängen verständlich werden wird – die Funktion eines sehr komplizierten Schutzmechanismus.

Die „Oberfläche" des Schizothymen läßt kaum Schlußfolgerungen hinsichtlich seiner „Tiefe" zu. Die „Fassade" kann, farblos und nichtssagend, ein überaus schillerndes Inneres verbergen – diese Menschen sind, meint *Kretschmer,* wie kahle römische Häuser, die ihre Läden vor der grellen Sonne verschlossen halten; in ihrem gedämpften Innenlicht aber werden Feste gefeiert. Es kann jedoch auch das Gegenteil der Fall sein: die Fassade verbirgt nur eine seelische Leere. Diese Variante, meist ruhig oder langweilig, repräsentiert einen großen Teil der schizothymen Durchschnittsmenschen, die interesselos in irgendeinem beliebigen Beruf, der sich ihnen zufällig geboten hat, das Notwendigste leisten und ihr Privatleben leidenschaftslos in stumpfer Nachahmung der übrigen Menschen gestalten. Die dritte Variante schließlich zeigt ein Auseinanderklaffen zwischen Oberfläche und Tiefe bis zu deren extremen Gegensätzlichkeit: schneidende Kälte nach außen, mimosenhafte Empfindlichkeit innen; beißender Zynismus und unaufhörliches Spotten der Umwelt, tiefster Ernst jedoch dem eigenen Selbst gegenüber; oder das Gegenteil – nach außen lebhaftes Interesse, innen vollkommene Gleichgültigkeit oder Abneigung. Es gibt tausendfältige Formen solcher Gegensätze und vielfach ist es nur ein einziger Grundzug, der die Zugehörigkeit eines Menschen zum schizothymen Formenkreis erkennen läßt.

Eine das schizothyme Wesen und Verhalten am stärksten bestimmende Eigenschaft ist die eingangs erwähnte innere Zwiespältigkeit, aus der z. B. die bereits bei der Beschreibung der Schizophrenie hervorgehobene Affektlahmheit zu verstehen ist: Gefühle, die der ständigen, aus einem Teil der eigenen Persönlichkeit stammenden Kritik und Verhöhnung ausgesetzt sind, verlieren allmählich an Stärke – es kommt zu einer zunehmenden Gemütsverarmung und Teilnahmslosigkeit dieser Menschen. Infolge ihrer Gefühlskälte, vor allem jedoch ihres Zynismus wegen, der sich keineswegs nur auf die eigenen Ge-

Tabelle 4. Gegenüberstellung der entscheidenden Merkmale des zyklothymen und schizothymen Formenkreises.

	Zyklothyme	*Schizothyme*
Gefühlserregbarkeit	leichte Ansprechbarkeit des Gemütslebens	Gefühlskälte, Gefühlsmangel oder in einigen, scharf abgegrenzten Gefühlsbereichen ein bis zu den höchsten Graden gesteigerter Gefühlsüberschwang
Verhalten zur Umwelt	bestimmt durch die Tendenz des „Aussichherauslebens“; starkes Äußerungs- und Anlehnungsbedürfnis, verbunden mit Offenheit und der Neigung, die eigene Person und die eigenen Angelegenheiten in den Vordergrund zu stellen	bestimmt durch die Tendenz des “Insichhineinlebens“, des Sich-Ververschließens; der Errichtung einer Fassade, die keine allzu persönlich gehaltenen Lebensäußerungen zuläßt
Entscheidungs- und Willenserlebnisse wie Konsequenz in der Durchführung	meist aus der Impulsivität gesteuerte Entscheidungen; starke wirkungsvolle Willenserlebnisse bei geringer Konsequenz hinsichtlich der Durchführung und raschem Wechsel im Willensziel	oft generelle Willensschwäche oder, wieder in abgegrenzten Gebieten, extrem starke Willenserlebnisse mit langer und nachhaltiger Wirkung und äußerster Zähigkeit und Konsequenz in der Durchführung

Tabelle 4. (Fortsetzung)

Denkweise	ein reiches, in allem persönlich gefärbtes Denken, das sich eher in anschaulichen Vorstellungen bewegt und dessen Assoziationsverlauf rasch und flüssig ist, jedoch zu vielfachen Abschweifungen wie zu Mangel an Objektivität neigt	ein auf wenige Gebiete beschränktes, dafür jedoch unpersönlich und objektiv eingestelltes, eher zur Abstraktion tendierendes Denken mit mehr kurzen, stoßartigen Assoziationen und der Tendenz, einen einmal als wichtig erkannten Gedanken beizubehalten und ihn konsequent zu vertreten
Konstitutionstyp	*Pykniker*	*Leptosomer*

fühlserlebnisse beschränkt, sondern nicht selten auch auf [illegible] der Mitmenschen zielt, zieht sich die Umwelt allmählich von ihnen zurück.

Die Affektlahmheit kann eine generelle, eine alle Regionen des bewußten Erlebens umfassende, sie kann jedoch auch eine nur partielle, einzelne abgegrenzte Erlebnisbereiche ausschließende, sein. Diese partielle Affektlahmheit ist ein nicht nur bei Schizophrenen, sondern häufig auch bei gesunden Schizothymen anzutreffendes charakteristisches Phänomen. Ich habe die engen Persönlichkeitsregionen, in denen die Gefühlserregbarkeit erhalten geblieben ist, als *„psychische Reservate“* oder *„Gefühlsoasen“* bezeichnet. Die Heftigkeit der affektiven Reaktionen, die diesen Erlebnisregionen entstammen, legt die Vermutung nahe, daß es sich hierbei um stark gefühlsbetonte Erlebnisgebiete handelt, welche die Funktion eines Refugiums besitzen, in das sich der Schizothyme, um Ruhe zu finden, zurückzieht. Aus dieser Sicht wird das Absperren von der Außenwelt als ein Teil der diesen Gefühlsgebieten geltenden Verteidigungsstrategie verständlich: gelingt es einem Menschen, der in sich zwiespältig ist, einige wenige gefühlsbetonte Inhalte, denen gegenüber er nicht gleichgültig ist, gegen

alle in ihm selbst möglichen Angriffe zu verteidigen und zu erhalten, so wird er bemüht sein, sie auch gegen die von außen auf sie eindringenden Störungen zu schützen. Eine mögliche Schutzmaßnahme, die „seelischen Schutzwinkel" jeder Fremdeinwirkung zu entziehen, ist, dem zudringlichen Blick der Mitmenschen mit einer Außenseite zu begegnen, die zu einer Distanz zwingt, die jede Einflußnahme ausschließt. Das Insichhineinleben ist, wie bereits angedeutet wurde, als Flucht vor den störenden Außenreizen in die innere, widerspruchsfreie, harmonische Welt zu begreifen.
Alle diese Eigenschaften und Gegensätze treten nur selten in einer Konstellation auf, die den reinen, typischen Charakterbildern des zyklothymen und schizothymen Formenkreises entspricht; sie bilden vielmehr durch das Ausmaß ihrer Teilnahme am jeweiligen Persönlichkeitsbild einen Zwischengrad.

Die Begabten und die Genialen

Wenn im folgenden einige Beispiele genialer Menschen angeführt und die Beziehung zwischen ihrem Körperbau und ihrer seelischen Eigenart dargestellt werden, so ist zu bemerken, daß nur wenige, besonders typische Fälle herausgegriffen wurden.

Betrachtet man zunächst das Gebiet der *Wissenschaft,* so kommt man – unternimmt man den Versuch, die zyklothymen und schizothymen Merkmale in ihrer Beziehung zu den einzelnen Fakultäten zu untersuchen – zu dem Schluß, daß die Tätigkeit der Philosophen, der Theologen und Juristen vor allem an Fähigkeiten und Neigungen geknüpft ist, welche die schizothyme Persönlichkeit kennzeichnen.

In der *Philosophie* steht die schizothyme Fähigkeit zu Abstraktion und Spekulation, zu scharfem Denken und konsequenter, vor keiner Folgerung haltmachender Durchführung eines Systems so sehr in Übereinstimmung mit den Grundzügen philosophischer Denkweise, daß unter allen großen Philosophen vorwiegend Repräsentanten des schizothymen Formenkreises anzutreffen sind. *Sokrates,* der als Ausnahme angeführt werden könnte, war zweifellos eine dysplastische Zwischenform mit eunuchoidem Fettwuchs, wie er als Folge von Drüsenstörungen entsteht. Es gibt kaum Zyklothyme in der Philosophie, kaum Pykniker, dafür aber genug Leptosome von seltener Reinheit, eine Bestätigung für die *Kretschmersche* Lehre, wie man sie sich beweiskräftiger kaum denken kann. Die Gesichter von *Descartes* und *John Locke* sind vollkommene Beispiele leptosomer Gesichtsbildung; und das Antlitz eines *Spinoza, Böhme, Kant, Schopenhauer, Hegel, Lotze* und *Nietzsche* weist so viele leptosome Merkmale auf, daß an der Typenzugehörigkeit kein Zweifel möglich ist.

In der *Theologie* treten – zumindest was die großen Religionsstifter betrifft – nahezu ausschließlich Angehörige des schizothymen Formenkreises in Erscheinung. – Der Zyklothyme, diesseitsgebunden und realistisch, läßt sich in keine bis zur letzten Konsequenz gehende Auseinandersetzung mit Gott und dem Jenseits ein. Allerdings gibt es auch hier Ausnahmen: derjenige Mann, der in meisterhafter Weise eine Umformung der christlichen Lehre nicht nur in der Sprache, sondern auch im Ideengehalt vollzogen hat, der die Härten milderte, das streng Formale ausmerzte und auch das Irdische zu seinem Recht kommen ließ, dieser realistische, zu jähzornigem Aufbrausen und kräftigem Poltern neigende Reformator mit seiner derben und wirklichkeitsnahen Sprache war vorwiegend zyklothym; und dementsprechend ist *Martin Luther* auch Pykniker. Die meisten Begründer einer neuen religiösen Lehre oder Richtung sind, soweit wir verläßliche Bilder haben, leptosom; besonders reine Typen in dieser Hinsicht sind *Calvin* und *Savonarola.*

In der *medizinischen* und *naturwissenschaftlichen* Forschungstätigkeit hingegen ist vorwiegend der Zyklothyme mit seiner Vielseitigkeit, seinem weiten Aufmerksamkeitsumfang und seiner in anschaulichen Vorstellungen sich bewegenden Denkungsart anzutreffen. *Kretschmer* hat eine Bildnissammlung von Gelehrten aus dem Jahre 1802 und die Illustrationen eines Ärztelexikons aus dem 19. Jahrhundert auf die Merkmale „leptosom“ und „pyknisch“ untersucht und gefunden, daß tatsächlich bei den Theologen, Philosophen und Juristen der leptosome Körperbau überwiegt, während bei den Ärzten und Naturforschern der pyknische Habitus besonders stark vertreten ist. Die folgende Tabelle 5 zeigt das Resultat dieser Untersuchung.

Scholl erwähnt ebenfalls, daß er unter Studierenden der Theologie, besonders unter den evangelischen, auffallend viele Schizothyme und

Tabelle 5.

	Gesamt	Leptosom	Gemischt	Pyknisch
Theologen, Philosophen, Juristen	59	35 (59%)	15 (25%)	9(15%)
Ärzte und Naturforscher	118	11 (9%)	39 (33%)	68(57%)

unter solchen der Medizin auffallend viele Zyklothyme gefunden habe.

Was die *Dichtung* betrifft, wurde zwar hinsichtlich der Phantasie, deren Ausbildungsgrad und Art jede dichterische Begabung entscheidend mitbestimmt, noch keine Differenzierung hinsichtlich schizothym und zyklothym getroffen, doch bestehen augenfällige typische schizothyme und zyklothyme Verschiedenheiten im Hinblick auf die Darstellungsweise.

Der Zyklothyme bevorzugt, seiner Neigung zu einer eher in die Breite gehenden Gestaltung folgend, die epische Darstellungsweise, die unstilisierte, ungekünstelte Prosa. Sein Realitätssinn und sein Humor nehmen nicht selten prägenden Einfluß auf seinen Stil. Infolge seiner Weitschweifigkeit verliert er sich gerne in unwesentliche Details, die er dann seiner Tendenz zur Anschaulichkeit entsprechend, besonders reich und liebevoll schildert. Aus seiner allgemeinen subjektiven Einstellung heraus rückt er das persönliche Erleben in den Vordergrund, bringt er bevorzugt sein eigenes Schicksal zur Darstellung, färbt er alles in Übereinstimmung mit der Tönung der eigenen Gefühle und stellt schließlich alle seine Betrachtungen von seinem subjektiven Standpunkt aus an. Die guten Erzähler mit liebevoller Schilderung aller Einzelheiten werden sich im zyklothymen Formenkreis finden müssen, wenn die *Kretschmersche* Lehre richtig ist, und sie werden körperbaulich, ihrem Temperament entsprechend, vorwiegend den pyknischen Habitus aufweisen müssen.

Als Beispiele für diese Dichterkategorie seien angeführt: *Gottfried Keller,* dessen Werke durch die Köstlichkeit und den Reichtum ihrer lebendigen Detailschilderungen berühmt geworden sind, wobei persönliches Erleben immer in die Handlung verquickt ist, *Fritz Reuter* (Abb. 7), bei welchem gerade die Darstellungen einer eigenen Schicksale – Stromtid, Festungstid, Franzosentid – besonders populär ge-

Abb. 6. Adalbert Stifter

Abb. 7. Fritz Reuter

worden sind, ferner *Adalbert Stifter* (Abb. 6) mit seinen bis in alle Einzelheiten gehenden Naturbeschreibungen und feinen Stimmungsbildern, weiterhin *Peter Rosegger,* dessen dichterisches Werk in erster Linie eine kunst- und gemütvolle Darstellung seiner eigenen Erlebnisse ist. Von den Franzosen wird man vor allem *Balzac* und *Zola* in diese Gruppe einreihen müssen. Alle diese Dichter haben pyknischen Körperbau, der besonders bei *Keller, Reuter, Balzac* und *Zola* in nahezu reiner Form hervortritt. Zyklothyme Pykniker mit deutlichen schizothymen Einschlägen sind *Wilhelm Busch* und *C. F. Meyer* (Abb. 8 u. 9).

Der Schizothyme hingegen gibt seiner Neigung zu konsequenter Durchführung und klarem Aufbau seiner Gedanken entsprechend den formalbetonten Dichtungsformen den Vorzug – etwa dem Sonett, dem Drama oder dem in das Vollkommene gesteigerten lyrischen Gedicht: im Sonett wird das Formbedürfnis, im Drama das Tragische und Problematische, in der Lyrik das Feine und Zarte, wie es sich in den empfindlichen, abgezirkelten Gefühlsreservaten des Schizothymen abspielt, zum Ausdruck kommen. In der Darstellung tritt das persönliche Erleben in den Hintergrund, die Sache selbst rückt ins Zentrum der dichterischen Auseinandersetzung, die – im Gegensatz zum Zyklothymen – in die Tiefe geht. Nur einige dieser Dichterkategorie an-

Abb. 8. C. F. Meyer

Abb. 9. Wilhelm Busch

gehörende Namen: *Shakespeare* und *Tasso, Kleist* und *Hölderlin, E. T. A. Hoffmann* und *Strindberg, Voltaire* und *Heine, Grabbe, Hebbel, Grillparzer* und viele andere gehören hierher. Bei allen diesen Dichtern findet man das Formelement besonders beachtet, man findet bei ihnen aber auch den Kontrast zwischen Ich und Außenwelt, den Hang zum Problematischen und die Neigung zu Empfindsamkeiten und zum Unpersönlichmachen des persönlich Erlebten.

Dem schizothymen Formenkreis entspricht der leptosome und athletische Habitus. Wenn man, um wieder nur einige Beispiele anzuführen, das Äußere Shakespeares betrachtet oder dasjenige Tassos oder Strindbergs, so findet man die Beziehung schizothym-leptosom neuerdings bestätigt. Die Züge *Schillers* (Abb. 10) sind fast rein leptosom; *E. T. A. Hoffmann* und *Eichendorff* (Abb. 11 u. 12), in deren Werken die weltfernen und wirklichkeitsfeindlichen Tendenzen der Romantik wirken, zeigen typische Symptome des leptosomen Körperbaues. Dasselbe gilt von *Kleist* und *Novalis* und weitgehend auch von *Hölderlin,* der die letzten Jahrzehnte seines Lebens in schwerer Schizophrenie verbrachte. Leptosom sind auch die Spötter und Zyniker unter den Dichtern, die ihre Zwiespältigkeit und seelische Dissonanz in beißendem Hohn zum Ausdruck brachten, also z. B. *Voltaire* und Heinrich *Heine* (Abb. 13), von den Modernen vor allem Bernard *Shaw.*

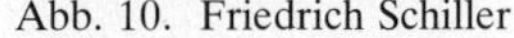

Abb. 10. Friedrich Schiller

Abb. 11. J. v. Eichendorff

Auf dem Gebiet der *Politik* finden wir beide Temperamente. Die pyknischen Monarchen haben sich immer mit impulsiven Entscheidungen oder kompromißlerischem Herumlavieren mehr oder weniger durchgesetzt; ihr üppiges Privatleben, ihre oft rücksichtslose, genieße-

Abb. 12. E. T. A. Hoffmann

Abb. 13. H. Heine

Abbildung 6 – 13 aus *Könnecke,* Bilderatlas zur Geschichte der deutschen Literatur, 2. Aufl., Marburg 1895.

rische oder auf Luxus und Prachtentfaltung ausgehende Lebenshaltung hat dem Volk immer Gelegenheit zu Witz und Spott gegeben, ohne sie dadurch unpopulär zu machen; es war selten eine scharfe Scheidung zwischen ihnen und den Untertanen; sie sahen sich selbst als Menschen mit menschlichem Gefühl und sie machten daraus kein Hehl.

Ganz anders der schizothyme Regent und Politiker. Hier findet man maßlosen Ehrgeiz, despotische Härte und schärfste Trennung zwischen Volk und Machthaber. Die Welteroberer Alexander und Caesar waren leptosom, Napoleon war kein Pykniker, sondern zeigt dysplastische Symptome. Am klarsten läßt sich alles dies an zwei Gestalten der Französischen Revolution illustrieren, die *Kretschmer* besonders ausführlich geschildert hat: an *Mirabeau* und *Robespierre.* Mirabeau, ein temperamentvoller, hervorragender Redner voll Schwung und Witz, extrem materialistisch eingestellt, alle Möglichkeiten sofort erfassend und skrupellos benützend, dazu ein ausgelassener Lebemann, ein Spieler und Schuldenmacher, der es sich immer gut gehen ließ, dabei aber nicht neidisch war und allen Menschen ein angenehmes Dasein wünschte. Das Gegenteil von all dem war Robespierre: ein weltfremder Verehrer Rousseaus, ein Bücherwurm, der einen Tugendstaat wollte und den Weg, der ihn dazu zu führen schien, mit blinden Augen für Grausamkeit und Unrecht beschritt, ein fleischgewordenes Prinzip, wie ihn ein Biograph nennt, ein Mensch, der nichts anderes kennt als sein Ziel und eiserne Konsequenz; die Menschheit muß tugendhaft werden, dazu hat sie der Staat zu zwingen, und deshalb wird mit unbarmherziger Pedanterie jeder geköpft, der im Wege steht. Dies der revolutionäre Robespierre; der Mensch Robespierre war ein kränklicher, weltferner Phantast, schüchtern in Gesellschaft, ein Stubenhokker, der auf der Straße mit zuckenden Schultern wie eine Drahtpuppe dahinstolzierte, die vom Lesen entzündeten Augen mit einer grünen Brille geschützt, ein Mensch aber auch, der seine kleinen persönlichen Gefühle in sentimental-schwärmerischen Gedichten zum Ausdruck brachte, dessen scharf gezeichnete Lippen bei der geringsten Erregung in nervöse Zuckungen gerieten und der, wenn von ihm selbst die Rede ging, leicht bis zu Tränen gerührt war. Aber alles das war verschwunden, wenn es sich um seine Idee handelte: um den Staat, in welchem jeder glücklich zu sein hat, weil er nach festen moralischen Grundsätzen leben muß.

Kontrolluntersuchungen zur Typologie Kretschmers

Gegen die Typenlehre *Kretschmers* wurden – besonders von angelsächsischen Autoren – viele Einwände und Bedenken vorgebracht; sowohl die Existenz der Körperbau-Typen wie ihre Beziehung zu den Geisteskrankheiten und die Übertragbarkeit dieser Beziehung auf die gesunden Menschen wurden bestritten. *Kretschmer* selbst hat zu der Kritik an seinem System ausführlich Stellung genommen und eine „Theorie des Typus" aufgestellt, über die die Diskussion noch nicht abgeschlossen ist *(Kretschmer* 1955).

Die Existenz der drei Körperbau-Typen wurde mit der Behauptung angefochten, daß sie in erster Linie auf Grund des „allgemeinen Eindrucks", d. h. durch bloßes „Anschauen", gewonnen worden seien; der einzig verläßliche Weg bestünde jedoch in der exakten Messung der einzelnen Körperregionen nach den Methoden, die von der Anthropologie zu diesem Zweck entwickelt wurden. Mit Hilfe dieser Methoden kann man nicht nur die einzelnen Körpermaße – Größe, Gewicht, Brustumfang, Handlänge usw. – genau feststellen, sondern auch die gewonnenen Zahlenwerte in verschiedenen „Indizes" verrechnen, so daß man auch Merkmals-*Komplexe* in einer einzigen Zahl ausdrükken kann (z. B. die „Körperfülle" durch den Pignet-Index: Körpergröße minus Summe von Brustumfang und Gewicht). Einen Index, der alle Körpermaße enthält, gibt es noch nicht.

Kretschmer hat seine Typen nicht nur nach dem optischen Eindruck beschrieben, wobei ein sehr ausführliches, alle Körperbereiche umfassendes Beobachtungsschema benützt wurde, sondern auch immer die Körpermaße mitbenützt und sie ebenfalls in ein Maß-Schema eingetragen; daraus wurden für jeden seiner Typen Mittelwerte errechnet, die er für die 10 wichtigsten Körpermaße (getrennt nach Männern und Frauen) anführt. Er betont jedoch, daß manche Merkmale (z. B. Haut- oder Haarfarbe, Muskelzustand, Haardichte usw.) mit Hilfe von Messungen nicht erfaßt werden können und daß manche Feinheiten der Proportionen, d. h. des Verhältnisses der einzelnen Körpergegenden zueinander, optisch-beschreibend klarer dargestellt werden können als durch das Maß; „das Bandmaß sieht nichts". Im übrigen wurden die charakteristischen Unterschiede zwischen den Typen nicht nur in einzelnen Körpermaßen, sondern auch in Merkmalskomplexen durch die Berechnung von Indizes bestätigt, z. B. durch den oben erwähnten Pignet-Index für die Körperfülle, aber auch durch mehrere andere *(Henckel* 1925, *Rohden-Grünler* 1926).

Daß der optische Eindruck ausreicht, um brauchbare Unterscheidungen nach Körperbau-Typen durchzuführen, und daß sich diese Unterscheidungen mit Meßresultaten weitgehend bestätigen lassen, hat eine große amerikanische Untersuchung bewiesen, die aus einer scharfen Kritik der Typologie *Kretschmers* hervorging; sie stammt von *William H. Sheldon* und seinen Mitarbeitern. Die an 4 000 Studenten (im Alter von 18 Jahren) durchgeführte Studie bestätigte das Vorhandensein von drei Haupttypen, die im großen und ganzen den drei Körperbautypen *Kretschmers* entsprechen. Für diese Typen führte *Sheldon* – auf Grund einer entwicklungsbiologischen Theorie, auf die hier nicht eingegangen werden kann – neue Namen ein: *endomorph* (starke Entwicklung der Verdauungsorgane bei schwachen Knochen und Muskeln), *mesomorph* (starke Knochen- und Muskelentwicklung, fester Körper, dicke Haut); „Das wichtigste Kennzeichen der Mesomorphie ist Geradheit und Festigkeit der Struktur, wie das der Endomorphie Weichheit und Rundheit ist;" *ektomorph* („Der Ekto-

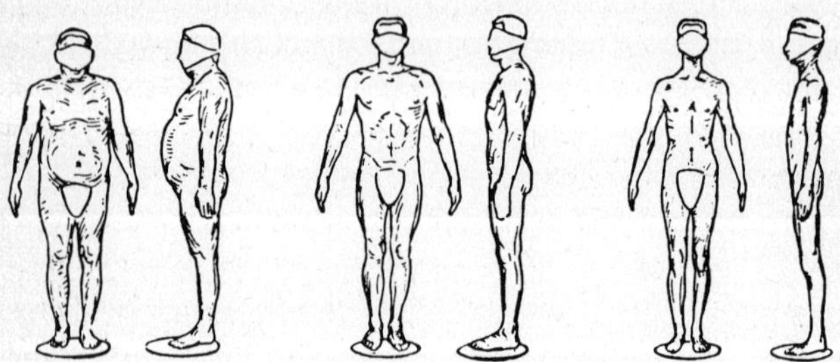

Abb. 14. Die Typen von *Sheldon,* gezeichnet von *F. Kiener* nach Photos von *Sheldon.* Links endomorph, Mitte mesomorph, rechts ektomorph (aus *F. Kiener,* Physiognomik der Gesamtleibestektonik, in Handbuch der Psychologie, Bd. 5, S. 491), (Verlag Hogrefe, Göttingen 1965).

morphe hat lange, dünne Knochen, Extremitäten mit gering entwikkelten Muskeln und feinen ‚Pfeifenröhrl'-Knochen.") (Abb. 14).

Eine zahlenmäßige Darstellung des individuellen Körperbaues erreichte *Sheldon* auf folgende Weise: der Körper wird in 5 Regionen eingeteilt (1. Kopf und Hals, 2. Rumpf, 3. Arme und Hände, 4. Bauch, 5. Beine und Füße); jede dieser Regionen wird nach dem Grad ihrer pyknischen, athletischen und leptosomen Merkmale geschätzt, wobei 7 Gradstufen zur Verfügung stehen (7 ist der höchste Grad). Es ergeben sich somit für jede Körperregion 3 Schätzungen (z. B. Kopf und Hals: pyknisch 5 Grade, athletisch 2, leptosom 3); addiert man die 3 Schätzungen aller fünf Körperregionen in der Reihenfolge pyknisch, athletisch, leptosom, so erhält man drei Summen, die man durch 5 zu teilen hat, um einen Mittelwert zu bekommen (dessen Dezimalstellen auf die ganze Zahl auf- oder abgerundet werden). Die drei Ziffern, die man mit dieser Methode erhält, stellen eine körperbauliche Charakteristik dar; extrem pyknisch wäre 711, athletisch 171, leptosom 117 (Abb. 15).

Leider ist die psychologische Ergänzung von *Sheldons* Körperbauuntersuchungen unbefriedigend. An 200 jungen Männern wurden auf Grund persönlicher Bekanntschaft und psychoanalytischer Interviews Persönlichkeitsmerkmale festgestellt und zum Körperbau in Beziehung gesetzt. Sehr dürftig ist auch die Beschreibung der drei Typen, die *Sheldon* dabei fand und mit neuen Namen bezeichnete: „*Viszerotone*" (Hang zu Bequemlichkeit und Lebensgenuß, realistisch und sozial eingestellt, gemütlich, entspannt sich leicht, sehr auf eigene Wohlfahrt bedacht), „*Somatotone*" (Dominanz von Kraft- und Machtstreben, energisch und aktiv), „*Zerebrotone*" (zurückhaltend, gehemmt, bleibt gerne im Hintergrund, überempfindlich, unterdrückt körperliche Ausdruckserscheinungen des Gefühlslebens). Man sieht aber auch schon aus diesen spärlichen Angaben, daß dabei entscheidende Merkmale der *Kretschmerschen* Typen vorkommen; und ebenso entspricht der Typologie *Kretschmers* die Zuordnung, die *Sheldon* zwischen Körperbau und psychischen Merkmalen fand: endomorph-viszeroton, mesomorph-somatoton und ektomorph-zerebroton. So ergab sich aus der Untersuchung *Sheldons* trotz ihrer sehr kritischen Einstellung zur Lehre *Kretschmers* zum mindesten eine Bestätigung der drei Körperbau-Typen.

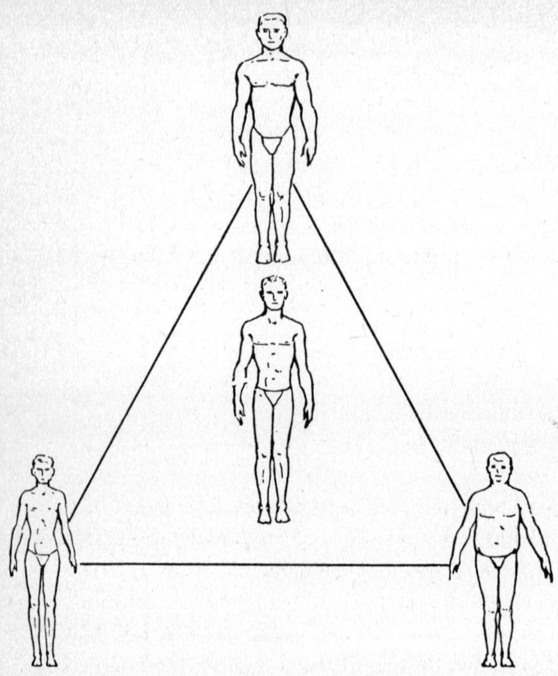

Abb. 15. *Sheldon*sches Dreieck. Die Extremtypen mit den Kennziffern 171 (mesomorph, oben), 711 (endomorph, links) und 117 (ektomorph, rechts) bilden die Eckpunkte eines gleichseitigen Dreiecks, in dessen Mitte der „harmonische“ Mensch (Kennziffer 444) zu liegen käme. In diesem Dreieck kann jeder Typus untergebracht werden (ausgenommen die nichtexistenten 777 und 111) (aus *J. P. Guilford,* Persönlichkeit, übers. v. *H. Kottenhoff* u. *U. Agrell,* Beltz-Weinheim 1964, S. 115).

Einen zweiten Angriffspunkt bildete die von *Kretschmer* behauptete Beziehung zwischen Körperbau und Geisteskrankheit. Es wurde eingewendet, daß die statistische Beweisführung nicht ausreiche, weil keine Berechnung der „Signifikanz“ durchgeführt worden sei; d. h. es sei nicht festgestellt worden, ob das gleichzeitige Vorkommen von leptosom-schizophren und pyknisch-manisch-depressiv die Möglichkeit eines zufälligen Zusammentreffens in genügend hohem Grade überschreite. *Peter Hofstätter* hat an den Zahlenwerten von *Westphal* (s. S. 31, Abb. 5) eine solche Signifikanz-Berechnung mit den üblichen statistischen Methoden durchgeführt; es ergaben sich so hohe Zufalls-Überschreitungen, daß die Annahme, es bestehe keine Beziehung zwischen leptosom-schizophren und pyknisch-zirkulär „mit größter Bestimmtheit" abgelehnt werden kann *(Hofstätter-Wendt* 1966).

Zu einer Bestätigung der *Kretschmerschen* Feststellungen an Geisteskranken führte eine amerikanische Kontrolluntersuchung von *E. M. Burchard,* jedoch nur, wenn der Körperbau der dabei verwendeten 125 Schizophrenen und 125 Manisch-Depressiven nach dem optischen Eindruck beurteilt wurde (unter den Manisch-Depressiven ergaben sich dabei 63,2 % Pykniker und 28,0 % Leptosome); wurden anthropologische Indizes benützt, so verwischten sich die Unterschiede vollständig. Da es dabei – wie oben ausgeführt – sehr auf die Art der verwendeten Indizes ankommt, sind solche Widersprüche zwischen dem bloß beschreibenden und dem messenden Verfahren kein Gegenbeweis.

Der dritte Angriffspunkt – und zweifellos die schwächste Stelle der Typologie *Kretschmers* – ist die Übertragung der Zuordnung Körperbau-Charakter auf die gesunden Menschen. Ein statistisch einwandfreier Nachweis für die Existenz des schizothymen und zyklothymen Charaktertypus ist sehr schwer zu führen. Man müßte dazu eine Methode zur Verfügung haben, die sichere Diagnosen von Persönlichkeitsmerkmalen ermöglicht; und die Ergebnisse dieser Diagnosen müßten mit genauen Körperbau-Beschreibungen oder noch besser mit umfassenden anthropologischen Messungen korreliert werden. Die gegenwärtig verfügbaren Persönlichkeits-Tests – von denen später ausführlich berichtet wird – sind zur Feststellung von Zyklothymie und Schizothymie nur in engen Grenzen brauchbar, weil sie höchstens Hinweise zu liefern imstande sind. *Kretschmers* eigenes Vorgehen – er hat 150 Personen, die ihm „durch persönlichen Umgang in ihrem körperlichen und psychischen Habitus genau bekannt" waren, nach Körperbau und Temperament zugeordnet – war als erster informativer Probeversuch zweifellos sehr wertvoll; er entspricht aber an Genauigkeit der Persönlichkeits-Diagnose keineswegs den Anforderungen, die an eine wissenschaftliche Beweisführung gestellt werden müssen. Dasselbe gilt von *Sheldons* Zuordnungen, bei denen die Persönlichkeit in erster Linie auf Grund von psychoanalytischen Interviews beschrieben wurde.

Eine einwandfreie wissenschaftliche Erfassung des ganzen Merkmals-Komplexes der beiden *Kretschmerschen* Typen ist – wie bereits erwähnt – mit Hilfe der gegenwärtig verfügbaren Testmethoden nicht zu gewinnen; hingegen ist die Feststellung von *einzelnen* Persönlichkeitsmerkmalen wenigstens in beschränktem Rahmen durchführbar. Zu diesem Zwecke stehen die Methoden zur Verfügung, welche die *experimentelle Psychologie* zur Untersuchung der psychischen Vorgänge ausgebildet hat.

Zu den ersten Untersuchungen der experimentellen Typologie gehören die von *Munz, Kibler, Enke* u. a. in der Klinik *Kretschmers* ausgeführten Versuchsreihen. Sehr bald folgten Arbeiten aus anderen Instituten – vor allem aus denjenigen von *O. Kroh* in Tübingen und von *N. Ach* in Göttingen –, die zwar von selbständigen Fragestellungen ausgingen und eigene Untersuchungsmethoden ausbildeten, ihre Resultate aber auch zur *Kretschmerschen* Typenlehre in Beziehung brachten. Ebenfalls experimentell fundiert ist die Typologie von *E. R. Jaensch,* von der ihr Begründer erklärte, daß sie nach ganz anderen Gesichtspunkten orientiert ist und zum System *Kretschmers* in vieler Hinsicht „in entschiedenem Gegensatz" steht.

Im folgenden soll an einigen Beispielen gezeigt werden, auf welche Weise experimentelle Feststellungen von einzelnen Persönlichkeitsmerkmalen überhaupt durchführbar sind und welche Art von Merkmalen mit diesen Methoden erfaßt werden kann.

Experimentalpsychologische Ergänzungen zur Lehre Kretschmers

Das psychomotorische Tempo

Besonders charakteristisch für einen Menschen ist die Art und Weise, in welcher er sich *bewegt.* Sein Gang, seine Gesten, sein Mienenspiel, die Art seiner Gesamtbewegung beim Betreten eines Zimmers oder beim Ergreifen eines Gegenstandes sind ebenso „typisch" für ihn wie sein Händedruck oder das Tempo seines Sprechens. Der Grund für die besonders große Ausdrucksbedeutung der motorischen Funktionen dürfte in dem Umstand zu suchen sein, daß in der Bewegungsweise des Menschen angeborene, nicht dem Willen unterliegende

Komponenten der zentralnervösen Steuerung am unmittelbarsten zur Auswirkung gelangen.

Die Untersuchung der menschlichen Motorik ist von sehr einfachen Experimenten ausgegangen. In der Klinik *Kretschmers* hat als erster *van der Horst* und bald nach ihm *Kibler* das „*psychomotorische Tempo*", d. i. die Art „des Rhythmus, mit dem eine Persönlichkeit eine gewollte Bewegung in der ihr angenehmsten, am meisten adäquaten Form ausübt", untersucht. *Enke* hat später die Ergebnisse an einem größeren Material überprüft. Die einfachste Versuchsanordnung bei diesen Experimenten bestand darin, daß die Versuchsperson aufgefordert wurde, mit einem Metallstift, den sie in der rechten Hand hält, in dem ihr angenehmsten Tempo auf eine Platte zu klopfen. Die folgende Tabelle 6 zeigt die Ergebnisse:

Tabelle 6. Durchschnittszahl des Klopfens in 10 Sekunden

	Pykniker	Leptosome	Athletiker
van der Horst (48 Versuchspers.)	12,0	27,0	–
Kibler (43 Versuchspersonen)	11,7	16,4	–
Enke (239 Versuchspersonen)	12,8	28,1	22,8

Eine weitere Versuchsreihe wurde von *Enke* mit Hilfe des Ergographen durchgeführt, einem Apparat, an welchem die Versuchsperson ein Gewicht in die Höhe zu ziehen hat, wobei die Größe der einzelnen Züge durch eine Schreibvorrichtung registriert wird. Aus den Größenschwankungen der Einzelzüge ließ sich feststellen, daß die Leptosomen gleichmäßiger und exakter arbeiten als die Pykniker. Wird das Tempo des Ziehens durch ein Metronom vorgegeben, so fügen sich – wie dies schon früher *Liepmann* am Klopftest gezeigt hatte – die Pykniker dem Fremdtempo viel leichter als die Leptosomen. Wird an den Ergographen ein sehr schweres Gewicht gehängt, so daß das Hochziehen bedeutende Kraftleistungen erfordert, so ergibt sich, daß die Pykniker mehr *allmählich,* die Leptosomen, die auch das schnellere Arbeitstempo aufweisen, eher *plötzlich* ermüden.

Die *Feinmotorik* wurde von *Enke* mit dem *Tremometer* untersucht, einer Vorrichtung, bei welcher die Versuchsperson den Umrissen einer in Metall ausgestanzten Figur mit einem Metallstift nachfahren muß, ohne die Ränder zu berühren; jede Berührung, also jeder Fehler, wird durch ein elektrisches Zählwerk registriert. Bei diesem Experiment schnitten die Athletiker mit einer durchschnittlichen Fehlerzahl von 42,7 bei einem Zeitaufwand von 54,7 Sekunden gegenüber den Pyknikern mit 34,4 Fehlern in 39 Sekunden und den Leptosomen mit 26,7 Fehlern in 35,6 Sekunden am schlechtesten ab.

Am geschicktesten in feinen Handbewegungen sind also die Leptosomen, obwohl bei ihnen im allgemeinen das Handzittern besonders häufig auftritt; sie zittern aber in so feinen Ausschlägen, daß es dadurch nicht zu Fehlern in der Arbeit kommt. *Enke* deutet diesen „feinschlägigen Tremor“ als Ausdruck einer starken inneren Spannung; darüber ist noch später zu sprechen.

Wahrnehmung und Aufmerksamkeit

Mit Hilfe des psychologischen Experimentes ist es auch gelungen, einige typologisch bedingte Unterschiede in der Wahrnehmung, im Vorstellen und in der Auffassungsweise festzustellen.

Die erste dieser Untersuchungen wurde von *R. Scholl* mit einer Versuchsanordnung durchgeführt, bei welcher die Versuchspersonen den Auftrag hatten, aus verschiedenen Figuren, die in verschiedenen Farben dargeboten wurden, eine bestimmte, vorher gezeigte Figur herauszufinden. Der Versuch verlief so, daß der Versuchsperson zunächst eine bestimmte Figur, z. B. ein Trapez, von bestimmter Farbe und Größe 10 Sekunden lang gezeigt wurde; 10 Sekunden später wurde der Versuchsperson mittels eines Projektionsapparates eine Figurengruppe von 8 bis 16 verschiedenen Einzelfiguren dargeboten, jedoch nur 2 Zehntelsekunden lang; in dieser Figurengruppe befand sich auch die vorher gezeigte Figur, jedoch in einer anderen Farbe, sowie die Farbe der vorher gezeigten Figur, jedoch bei einer anderen Form. Die Versuchsperson erhielt die Anweisung, sich bei der Darbietung der ersten Figur diese gut einzuprägen, damit sie sie später bei der Darbietung der Figurengruppe wiederfinden könne. Es sollte festgestellt werden, wovon eine Versuchsperson den stärkeren Eindruck erhielt: von der Form oder von der Farbe. Wird bei der Darbietung der

Figurengruppe die Form trotz der anderen Farbe herausgefunden, so spricht man von *Formreaktion,* wird nur die Farbe wiedergefunden, von *Farbreaktion;* dementsprechend nennt man eine Versuchsperson, die sich mehr von der Form angezogen fühlt und sie deshalb leichter wiederfindet als die Farbe, *Formseher,* eine Versuchsperson, die sich von der Farbe angezogen fühlt, *Farbseher (Scholl* 1927).

Nach Durchführung solcher Experimente untersuchte *Scholl* seine Versuchspersonen auf ihre Zugehörigkeit zu den *Kretschmerschen* Typen mit Hilfe der *Selbstdiagnose:* es wurden die Haupteigenschaften des zyklothymen und schizothymen Temperamentes in Frageform dargestellt, so daß man die Versuchspersonen nach der Beantwortung dieser Fragen im Sinne der *Kretschmerschen* Typologie einteilen konnte. Eine andere Art der Selbstdiagnose war schon vor *Scholl* von *van der Horst* und *Kibler* in der Weise verwendet worden, daß die Hauptmerkmale der zyklothymen und schizothymen Persönlichkeiten in zwei Listen zusammengestellt und die Versuchspersonen um Angaben gebeten wurden, „zu welcher Liste sie sich vorwiegend rechnen".

Von 77 Versuchspersonen (36 Pykniker, 41 Leptosome) diagnostizierten sich als:

Tabelle 7.

	Zyklothym	Gemischt oder unbestimmt	Schizothym
Pykniker	94,4 %	2,8 %	2,8 %
Leptosome	12,2 %	17,1 %	70,7 %

In einer Kontrolluntersuchung von *K. Neweklowsky* durch wiederholte Befragung ergab sich allerdings, daß von den 18 *Schollschen* Fragen nur 12 genügend „stabil" sind.

Überhaupt sind Methoden, bei denen die untersuchten Personen über ihre eigenen Charaktereigenschaften Auskunft geben sollen, sehr fragwürdig, weil man sich selbst gegenüber niemals objektiv ist und weil es dabei überdies notwendig ist, Vergleiche mit anderen Menschen oder mit dem „Durchschnitt" zu ziehen, was ebenfalls fast immer zu Fehlern führt. Experimente über die Verläßlichkeit solcher Selbstbeurteilungen werden später besprochen.

Tabelle 8. Es diagnostizierten sich von den 30 Versuchspersonen als:

	Schizothym	Schizothym-zyklothym	Zyklothym-schizothym	Zyklothym
Formseher	5	2	1	–
Form-Farb-Seher	1	4	–	1
Farb-Form-Seher	–	1	5	–
Farbseher	–	1	1	8

(In dieser Tabelle bedeutet „schizothym-zyklothym" bzw. „zyklothym-schizothym", daß bei der Selbstdiagnose das schizothyme bzw. zyklothyme Moment merklich überwog; ebenso verhält es sich mit „Form-Farb-Seher" bzw. „Farb-Form-Seher".)

Nachdem *Scholl* seine Versuchspersonen sowohl mit den *van-der-Horst-Kiblerschen* Eigenschaftslisten wie mit seinem Fragebogen nach dem Kretschmerschen Typensystem klassifiziert hatte, stellte er seine Resultate hinsichtlich der Form-Farb-Beachtung denjenigen der Selbstdiagnose gegenüber und kam zu oben genanntem Ergebnis. *Enke* hat in Zusammenarbeit mit *Kretschmer* dieses Resultat an 184 Versuchspersonen auf Grund körperbaulicher Untersuchungen mit einer anderen Versuchsanordnung – es wurden verschiedenfarbige Silben durch ganz kurze Zeiten dargeboten und das Zahlenverhältnis der Farb- und Buchstabenantworten festgestellt – nachgeprüft und bestätigt. Zu dem gleichen Ergebnis führte eine weitere, besonders genau mit einigen Modifikationen der *Schollschen* Anordnung durchgeführte Untersuchung von *A. Lutz* an 30 Versuchspersonen. Als Gesamtresultat dieser und anderer, hier nicht erwähnter experimenteller Arbeiten läßt sich die Hypothese vertreten, *daß sich der schizothyme Mensch mehr von der Form, der zyklothyme Mensch mehr von der Farbe angezogen fühlt.*

Die erwähnte Arbeit von *Lutz* verfolgte aber noch einen weiteren Zweck. *Van der Horst* hatte mit gesunden und kranken Versuchspersonen folgendes Experiment durchgeführt: es wurde der Versuchsperson eine Gruppe von 5 bis 9 großen lateinischen Buchstaben, die so angeordnet waren, daß sie nie ein Wort bildeten, durch eine Fünfzehntelsekunde dargeboten und nach Durchführung dieser Experimente an 24 Leptosomen und 21 Pyknikern festgestellt, wie viele Buchstaben im Durchschnitt jeder von ihnen auffassen konnte. Es zeigte sich, daß *der Auffassungsumfang der Zyklothymen größer ist als derjenige der Schizothymen.* Die obige Arbeit von *Lutz* brachte dasselbe Resultat, wobei sich die Personen mit einem engen Auffassungs-Umfang als Form-Beachter, diejenigen mit weitem Umfang als Farb-Beachter erwiesen.

Der enge Aufmerksamkeits-Umfang der Schizothymen und der weite Umfang der Zyklothymen sollte in einer Untersuchung von *Vollmer* noch zu der Auffassungs*weise* – mehr ganzheitlich oder mehr das Einzelne erfassend – in Beziehung gesetzt werden. Die Zahl der Versuchspersonen (14) war jedoch viel zu klein, um gesicherte Ergebnisse zu erzielen; die Feststellungen *Vollmers* sind daher höchstens als Hinweise zu werten. Hinsichtlich des Aufmerksamkeits-Umfanges wurden die früheren Untersuchungen bestätigt. Bei den Schizothymen ließ sich außerdem eine Neigung zur Begrenzung des Gebotenen und Nichtbeachtung alles außerhalb dieser Grenze Liegenden feststellen, während die Zyklothymen trachteten, möglichst alles aufzufassen und keinerlei Abgrenzungen vornahmen. Auch mit dem sogenannten *Bourdon*-Test, bei welchem die Versuchsperson in bestimmter Zeit aus einer großen Menge wirr durcheinandergewürfelter Buchstaben bestimmte auszustreichen hat (Abb. 16), wurden Versuche durchgeführt, wobei sich ergab, daß *die Zyklothymen quantitativ ausgezeichnete, qualitativ aber schlechte, oberflächliche Leistungen lieferten, während die Schizothymen quantitativ schlecht, dagegen qualitativ sehr gut abschnitten,* ein Resultat, das nach dem Vorhergesagten nicht überrascht. Eine sehr genaue Überprüfung der *Vollmerschen* Versuche durch *Sterzinger* und *Reiter* ergab die Wahrscheinlichkeit des Bestehens der dargestellten Zusammenhänge zwischen Aufmerksamkeitsumfang und den *Kretschmerschen* Typen; hinsichtlich der Aufmerksamkeitsverteilung, also bezüglich der mehr abgrenzenden oder mehr ganzheitlichen Auffassung, konnte ein solcher Zusammenhang jedoch nicht nachgewiesen werden.

Aus der amerikanischen Forschung liegen zu diesem Thema zwei Arbeiten vor, die beide als methodisch einwandfrei bezeichnet werden müssen; sie kamen aber zu widersprechenden Ergebnissen. Die ältere dieser Untersuchungen wurde von *Mohr* und *Gundlach* an 89 „reinen“ Typen (19 Leptosome, 26 Athletiker, 44 Pykniker) durchge-

```
n i e r e g n u j e p p a l r e d h c i
d g a j l e g o v d n a f e b ß e i t s
l e k n i w f p u l h c s s e n i e n e
t a r t m e d n e g n u j b e i l b s t
n i e s r h e w e g f u a s a d r e i t
n e t h c a r b s e h c u a r e i v e s
n e d n e r ä b n e g e l u z m u s a d
f u a n e d n e h c i l k ü l g n u n e
e t z t e l n h i r h e s r e w h c s ß
m e n i e n e t l l ü f r e b ü g u z f
e t h c u s r e v n i e r e g n u j n n
n e g h c i l h c ä s t a t r a w n e b
n n a m h c o n n i e z t a l p i e r f
m e s e i d g i t l ä f g r o s t e t ü
```

Abb. 16. Ein Stück aus einem Bourdon-Durchstreich-Test.

führt, die aus 600 Strafgefangenen auf Grund von Körpermessungen herausgesucht worden waren. Im *Bourdon*-Test zeigten die Pykniker sehr signifikant schlechtere Leistungen als die zwei anderen Typen (sie arbeiteten langsamer und machten mehr Fehler). In einem zweiten Experiment, das ebenfalls die Aufmerksamkeitsleistung prüft (von 10 kreisförmig angeordneten Lampen leuchten einzelne nacheinander auf – es ist anzugeben, welche aufleuchteten und in welcher Reihenfolge) waren die Leistungen der Pykniker sehr signifikant schlechter als die der Athletiker. Im Widerspruch zu diesen Resultaten, die mit den deutschen, methodisch meist nicht so sorgfältigen Untersuchungen weitgehend übereinstimmen, stehen die Ergebnisse von *Klineberg, Asch* und *Block,* die unter 115 20jährigen Studenten auf Grund von Körpermaßen 56 relativ reine Pykniker und 59 Leptosome feststellten und sie mit verschiedenen Tests untersuchten. Im *Bourdon*-Test und in einem zweiten Versuch zur Feststellung des Aufmerksamkeitsumfanges ergaben sich zwischen Pyknikern und Leptosomen keinerlei statistisch verläßliche Unterschiede (1934).

In neuerer Zeit wurde das Thema „Typus und Aufmerksamkeit" in Deutschland von *Süllwold* im Rahmen von denkpsychologischen Untersuchungen noch einmal aufgegriffen. Von 100 Studenten wurden auf Grund des *Schollschen* Fragebogens (nach Ausscheidung der von *Neweklowsky* als unverläßlich festgestellten Fragen, s. S. 55) je 25 mit den meisten zyklothymen bzw. schizothymen Antworten ausgewählt; sowohl im *Bourdon*-Test wie in einem zweiten Aufmerksamkeits-Versuch – auf einer Tafel wurden wirr durcheinandergewürfelte Ziffern und Buchstaben gezeigt, es war möglichst schnell herauszufinden, welche Ziffer und welcher Buchstabe mehrmals vorhanden war, dann noch, wie oft er sich auf der Tafel findet – ergab sich eine volle Bestätigung (Signifikanz an 2 %-Grenze) der früheren Resultate: *der Aufmerksamkeitsumfang der Zyklothymen ist weiter als derjenige der Schizothymen (Süllwold* 1954).

Assoziation und Perseveration

In der allgemeinen Psychologie versteht man unter *„Assoziation"* die Tatsache, daß gleichzeitige oder aufeinanderfolgende Erlebnisse sich miteinander verbinden, so daß sie sich später wechselseitig „in das Bewußtsein" rufen; wenn eines dieser Erlebnisse bewußt wird, wird auch das andere bewußt. Dies gilt von Gedanken, Vorstellungen, Gefühlen, Wahrnehmungsinhalten usw. Unter *„Perseveration"* hingegen versteht man die Tatsache, daß eine Vorstellung „von selbst" immer wieder in das Bewußtsein tritt, ohne daß sie mit einem anderen Erlebnisinhalt verbunden wäre und durch dessen Bewußtwerden geweckt würde. Schon bei den Gedächtnisuntersuchungen von *Müller* und *Pilzecker,* dann bei den denkpsychologischen Experimenten *Külpes,* schließlich bei den Willensuntersuchungen von *Ach* hatte sich herausgestellt, daß große individuelle Unterschiede zwischen den Menschen insofern bestehen, als bei den einen die Assoziationstendenzen, bei anderen die Perseverationstendenzen stärker sind, eine Tatsache, die in ihrer Bedeutung für die Denkweise eines Menschen von größter Bedeutung ist. Nach dem Vorwiegen der Assoziations- oder Perseverationstendenzen ergeben sich, wie *Külpe* schon vor aller Typenforschung ausgesprochen hat, zwei Menschenarten, von denen die eine durch fließenden, leichten Erlebnisablauf und rasches Abschweifen von einem Inhalt zum anderen, die andere durch zähen Erlebnisablauf mit langem Nachwirken der Einzelerlebnisse charakterisiert ist.

In einem einfachen Assoziationsexperiment – auf ein gebotenes Wort mußte mit den nächst einfallenden Worten reagiert werden – fand *van der Horst* an 45 Personen, die nach Körpermaßen in Pykniker und Leptosome eingeteilt worden waren, große Unterschiede in der Zahl der Wiederholungen gleicher Reaktionswörter; sie waren bei den Leptosomen viel häufiger als bei den Pyknikern. Daraus ergab sich die Vermutung, daß der Vorstellungsablauf der Zyklothymen reicher und flüssiger sei als derjenige der Schizothymen, die offenbar stärkeren Perseverationstendenzen unterlagen.

Ein verläßlicheres Verfahren zur Feststellung des Perseverationsgrades wurde von *E. Mittenecker* in Wien entwickelt; es besteht im Prinzip in der Zählung der Wiederholungen von Wörtern und Wortteilen und der zwischen den Wiederholungen bestehenden Abstände (die genauere Methodik wird später im Rahmen der Stilanalyse dargestellt). An sprachlichen Produktionen von Schizophrenen und Manisch-Depressiven und von Dichtern und Schriftstellern ergab sich eindeutig, daß die Schizophrenen und Schizothymen eine stärkere Perseverationstendenz aufwiesen als die übrigen; das gleiche Ergebnis zeigte sich bei 56 gesunden Versuchspersonen. Diese Resultate sind statistisch gesichert *(Mittenecker* 1953).

Erregbarkeit

Das Gefühlsleben läßt sich mit experimentellen Methoden begreiflicherweise am schwersten untersuchen. Es ist schwierig, Gefühle im Laboratorium zu erzeugen, weil sie in hohem Grade mit dem privaten Leben des Menschen in Zusammenhang stehen und weil man zu Versuchszwecken niemanden in Situationen bringen darf, in denen starke unlustbetonte Affekte entstehen. Gefühle sind außerdem schwer zu beschreiben, so daß die Gefühlspsychologie auch in theoretischer Hinsicht bis heute eines der unerforschtesten Gebiete geblieben ist.

Viel leichter als das Gefühlsleben selbst läßt sich die Gefühls*erregbarkeit* experimentell untersuchen, weil schon bei schwachen Affekten körperliche Veränderungen auftreten, die man mit geeigneten Apparaten registrieren kann: der Schlag des Herzens, der Rhythmus der Atmung und die Durchblutung der Haut verändern sich im Zustand der Freude, der Angst, des Zornes usw. Als die sicherste Methode zur Untersuchung der affektiven Erregbarkeit gilt der sogenannte „psychogalvanische Reflex“ (PGR), der auf folgende Weise registriert werden kann: an den Zeigefingern jeder Hand wird eine Elektrode angelegt (z. B. eine Metallklemme); durch diese beiden Elektroden wird ein schwacher elektrischer Gleichstrom von 1 bis 2 Volt Spannung in den Körper geschickt. In diesen Stromkreis wird ein empfindliches Meßinstrument eingeschaltet, das auftretende Spannungsschwankungen durch Zeigerausschläge anzeigt oder sie auf einem abrollenden Papierstreifen aufzeichnet. Wenn nun Gefühlserlebnisse auftreten, so verändert sich der elektrische Widerstand der Körpergewebe, vor allem der Haut, deren elektrische Leitfähigkeit von der Schweißsekretion abhängt; da diese Sekretion auf Erregungszustände, wie man ja auch aus der Alltagserfahrung weiß, sehr empfindlich reagiert, wirkt sich jeder Affekt in einer Veränderung der Hautfeuchtigkeit und damit immer auch in einer solchen des elektrischen Leitungswiderstandes aus, so daß bald mehr, bald weniger Strom durch den Körper fließt, was am Galvanometer in entsprechenden Ausschlägen zum Ausdruck kommt (s. Abb. 44, S. 283).

Die psychogalvanischen Ableitungen, die *Enke* und *Mall* an 100 Personen – ungefähr je ein Drittel Pykniker, Leptosome und Athletiker – durchführten, zeigten vor allem, daß schon die bloße Versuchssituation eine gewisse Erregung auslöst, die auch noch dann auftritt, wenn der Versuchsperson versichert wird, es werde nichts Unangenehmes geschehen, sie solle sich nur möglichst ruhig verhalten. Diese Erwartungsspannung ist bei den Leptosomen am stärksten, bei den Athletikern mittelstark und bei den Pyknikern am kleinsten; sie hält bei den Leptosomen am längsten an, während sich die Pykniker und die Athletiker rascher, und zwar nahezu gleich schnell, beruhigen. Hingegen war die *Anstiegszeit* der Erregung bei den Leptosomen und Pyknikern ungefähr gleich groß – im Durchschnitt 55 bis 56 Sekunden –, bei den Athletikern jedoch größer, nämlich durchschnittlich 62 Sekunden. Dieses Ergebnis scheint mit der früher behaupteten Gefühlskälte der schizothymen Menschen in Widerspruch zu stehen; in Wahrheit ist aber mit diesem Versuch gar nicht die Ansprechbarkeit des Gefühlslebens untersucht, sondern dasjenige, was man ungenau als „Nervosität" bezeichnet, ein Zustand von Unruhe und Spannung, der sich schon bei kleinen Reizen zu Erregungszuständen steigert. Am wenigsten „nervös" sind nach diesen Versuchen die Athletiker; bei ihnen dauert es am längsten, bis die Erregung ihr Maximum erreicht.

Erregungsbeherrschung

Wenn die Schizothymen auch am empfindlichsten reagieren, so sind sie doch in der *Beherrschung* ihrer Erregungszustände den Zyklothymen überlegen; sie bleiben nach außen kühl und gleichgültig. Dies hat *Sondergeld* im Institut von *Ach* in einem Versuch nachgewiesen, in dem – mit der Intention, den Zorn der Vpn zu provozieren – der Schwierigkeitsgrad von gestellten Aufgaben bis zu deren Unlösbarkeit gesteigert wurde. Während die zyklothymen Versuchspersonen sehr rasch zornig wurden und ihren Ärger in lauten Zwischenrufen zum Ausdruck brachten, blieben die Schizothymen äußerlich viel ruhiger und gleichmütiger; sie konnten ihren Ärger besser beherrschen und brachten es daher auch zu besseren Leistungen bei der Lösung der Aufgaben.

Beziehung zu Gegenständen (Objektion)

Eine Reihe sehr aufschlußreicher Untersuchungen aus dem Institut von *N. Ach* behandelte die Beziehungen des Menschen zur Gegenstandswelt. Da die Ergebnisse dieser experimentellen Arbeiten ebenfalls die Typenlehre *Kretschmers* in wichtigen Punkten ergänzen – *Ach* vertritt dabei die Auffassung, daß zwischen den Typen *Kretschmers* und den später zu besprechenden (s. S. 82 ff) von *Jung* nach der psychologischen Seite kein wesentlicher Unterschied bestehe –, müssen sie trotz der Eigenart ihrer Fragestellung und ihrer Methodik im Zusammenhang mit der Lehre *Kretschmers* besprochen werden.

Es ist eine bekannte Tatsache, daß Gegenstände die Gefühlsbetonung der mit ihnen verbundenen (positiven oder negativen) Erlebnisse annehmen. – So wird z. B. der Bohrer des Zahnarztes zum unsympathischen Gegenstand. – Solche Verlegungen seelischer Tatbestände auf ein Objekt bezeichnet *Ach* als *Objektion,* wobei sich diese Übertragung von Gefühlen nicht auf Gegenstände beschränkt, sondern sich auch auf abstrakte Inhalte oder Sachverhalte beziehen kann. Den Begriff *Objektionsfähigkeit* definiert *Ach* als „die Eigenschaft eines Menschen, rascher oder langsamer den Prozeß der Objektion zu vollziehen, d. h. innere Erlebnisse, Verhaltungsweisen und dergleichen in entsprechender Gestaltung auf die Dinge zu verlegen oder auch eine Umgestaltung solcher Tatbestände, z. B. eine Verschiebung der Objektionsgefühle von der Qualität des Angenehmen in die des Unangenehmen, zu vollziehen".

Die Objektionsfähigkeit als typologisches Kriterium wurde von *Mierke* an 20 Knaben untersucht, bei denen die Kenntnis ihres psychologischen Typus durch die Tatsache, daß *Mierke* 4 Jahre ihr Klassenlehrer war, von Anfang an gegeben war. Die Versuchsanordnung, auf die wegen ihrer Kompliziertheit hier nicht eingegangen werden kann, führte zu Übertragungen von Gefühlsqualitäten auf verschiedenfarbige Stäbchen, mit denen bald angenehme, bald unangenehme Tätigkeiten auszuführen waren. Die Zyklothymen erwiesen sich als bedeutend objektionsfähiger; bei ihnen kam es viel schneller zum „Sympathischwerden" eines Gegenstandes als bei den Schizothymen, bei denen aber dafür die Gefühlsbetonung stärkere Beharrung zeigte, also nicht so leicht wie bei den Zyklothymen in das Gegenteil zu verändern war. Bei den letzteren vollzogen sich überdies die Objektionsprozesse mehr sprunghaft, während sie sich bei den Schizothymen allmählich und gleichmäßig entwickelten.

Ach sieht in der Objektionsfähigkeit des Menschen auf Grund vieler Versuchsreihen eine seelische Grundveranlagung, aus welcher sich viele Einzelzüge der beiden Haupttypen ableiten lassen; die letzte Ursache der Objektion sieht er im „Entlastungstrieb" des Menschen, der ihn dazu drängt, „die Ichseite des Bewußtseins zu entlasten, sie infolgedessen freizumachen für andersartige Aufgaben". Die früher besprochene Perseverationstendenz des Schizothymen hemmt die Wirksamkeit des Entlastungstriebes, weshalb er die geringere Objektionsfähigkeit aufweist. *Ach* bezeichnet ihn daher auch als den „belasteten Menschen" im Gegensatz zum „entlasteten" Zyklothymen.

Spannung

Psychische Spannungen lassen sich mit experimentellen Hilfsmitteln nur indirekt feststellen. Man kann auf ihre Größe schließen, indem man Apparate benützt, die anzeigen, wieviel Muskelspannung bei der Durchführung bestimmter Bewegungen aufgewendet wird. Ein solcher Apparat ist die *„Schriftwaage"*, die der deutsche Psychiater *Kraepelin* zur Untersuchung des Schriftdruckes konstruieren ließ. Die Schreibfläche, auf welcher das Papier aufgelegt wird, ruht auf Metallfedern, die durch die Schreibbewegung mehr oder weniger zusammengedrückt werden; die dadurch entstehenden Schwankungen der Schreibfläche werden mit Hilfe einer Hebelvorrichtung auf einem abrollenden Papierstreifen registriert. *Enke* sammelte 440 Schriftdruckkurven von 220 Personen, deren Konstitutionstypus vorher bestimmt worden war. Es zeigte sich, daß die Druckschwankungen bei Pyknikern und Leptosomen ganz verschieden sind: der Pykniker erreicht hohen Maximaldruck, der aber während des Schreibens immer wieder auf ein Minimum herabsinkt – er „schwingt aus"; der Leptosome hingegen erreicht fast ebenso hohen Maximaldruck, sinkt aber nicht auf das Minimum, sondern während des ganzen Schreibverlaufes nur etwa auf das Doppelte des pyknischen Minimalwertes, d. h. der Schriftdruck behält dauernd eine beträchtliche Höhe, während derjenige des Pyknikers ständig in weiten Grenzen auf und ab schwankt und dabei immer wieder fast Null wird. Druckabfall bis zur Nullinie, also bis zum vollständigen Aufhören des Druckes, fand sich bei 56 % der Pykniker und bei nur 12 % der Leptosomen bzw. 8 % der Athletiker. *Enke* und *Kretschmer* schlossen daraus, daß es beim Pykniker immer wieder zu Entspannungen komme, während bei schizothymen Leptosomen eine psychische Dauerspannung bestehe, die nicht zur Lösung gelangt. Die Athletiker verhalten sich ähnlich wie die Leptosomen.

Über die Schrift selbst schreibt *Enke:* „Bei den Pyknikern finden sich vorwiegend gleichmäßige, abgerundete, weiche Buchstaben, die Leichtigkeit, Ungezwungenheit und Flüssigkeit des Bewegungsablaufes verraten. Das Schriftbild als Ganzes weist bei ihnen gewöhnlich eine größere Verbundenheit der Worte untereinander sowie gleichmäßigere Wortabstände auf. Bei den schizothymen Körperbaugruppen hingegen sind die Buchstaben im allgemeinen unregelmäßig und ungleichmäßig in Größe und Form, von eckigem und wenig flüssigem Bewegungsablauf. Es findet sich weniger Einheitlichkeit im ganzen Schriftverlauf, Schriftcharakter – abgesehen von stereotypisierten oder stilisierten Handschriften – und die Worte weisen untereinander eine stark ausgesprochene Unverbundenheit auf."

Fr. Steinwachs hat in neuerer Zeit mit einer verbesserten Apparatur an je 30 reinen Vertretern der drei Typen (ausgewählt aus 3 000 Studenten) die Druckverhältnisse beim Schreiben untersucht und den Durchschnitt des Minimal- und Maximaldruckes berechnet.

Die folgende Tabelle 9 gibt die Resultate:

Tabelle 9. Rahmenwerte der konstitutionellen Grundkurven des Schreibdrukkes nach *Steinwachs*

	Leptosome	Athletiker	Pykniker
Minimaler Anfangsdruck	184,4 g	170,7 g	99,0 g
Maximaler Anfangsdruck	249,8 g	193,8 g	143,4 g
Minimaler Enddruck	199,1 g	223,0 g	113,0 g
Maximaler Enddruck	269,2 g	253,7 g	158,0 g

Leistung

Einen berufspsychologisch wichtigen Unterschied hat *Marie Neeb* zwischen schizothymen und zyklothymen Mädchen gefunden. 305 Berufsschülerinnen (Verkäuferinnen, Schneiderinnen, Friseusen usw.) im Alter von 14 bis 18 Jahren wurden nach sehr genau durchgeführten Erhebungen bei den Eltern, den Lehrerinnen, den späteren Arbeitgebern sowie nach den Ergebnissen einer Aussprache auf „vorwiegend zyklothym" und „vorwiegend schizothym" beurteilt. Die Gegenüberstellung von Typus und den Leistungen in der Schule, im Beruf und bei Intelligenztests zeigte, „daß die Leistungen des zyklothymen Temperamentstyps überwiegend durchschnittliche sind, der schizothyme Temperamentstyp dagegen teils über-, teils unterdurchschnittliche Leistungen aufweist". „Dieser Zusammenhang zwischen Temperament und Leistungsfähigkeit tritt am wenigsten klar bei den intellektuellen Testleistungen, nicht viel stärker bei den Schulleistungen, dagegen verhältnismäßig deutlich bei der beruflichen Leistungsfähigkeit zutage." Am deutlichsten trat diese Tendenz in der Gruppe der ungelernten Arbeiterinnen (Haushaltangestellten und Fabrikarbeiterinnen) in Erscheinung.

Verschiedene Einzelzüge

Eine Reihe von weiteren Untersuchungen aus dem *Achschen* Arbeitskreis behandelte verschiedene Einzelzüge der beiden Haupttypen. So wurde von *O. Schulz* eine Versuchsreihe über die Beziehung zwischen Typus und Aufrichtigkeit mit folgender Anordnung durchgeführt: mit Hilfe eines besonderen Vorführungsgerätes wurden der Versuchsperson auf einem ruckweise fortbewegten Papierstreifen einstellige Zahlen in solcher Weise geboten, daß sie immer nur eine Zahl sehen konnte; die Versuchsperson sollte die nacheinander erscheinenden Zahlen addieren und nach je 5 Darbietungen die Summe nennen. In Vorversuchen wurde ihr gezeigt, daß am Rande des Streifens nach je 5 Zahlen die Summe immer angegeben war; in den Hauptversuchen mußte jedoch der Rand von der Versuchsperson mit einer Karte zugedeckt werden, damit sie die angegebenen Summen nicht sehen könne. Da die auf dem Streifen angegebenen Summen zum Teil falsch waren, konnte man in längeren Versuchsreihen leicht feststellen, ob die Versuchsperson wirklich auftragsgemäß addierte oder ob sie das Resultat heimlich ablas. Das wahrheitsgemäße oder lügenhafte Verhalten wurde in einem nachfolgenden „Verhör" festgestellt. Mit dieser und einigen anderen ähnlichen Anordnungen wurden 48 Schüler aus Fach- und Mittelschulen im Alter von 14 bis 22 Jahren geprüft. Nur 6 von ihnen verhielten sich wahrheitsgemäß, alle anderen logen. Dabei waren 12 von den 48 Schülern auf Grund der Lehrerurteile und des allgemeinen Eindrucks als besonders wahrheitsliebend eigens für diese Versuche ausgesucht worden; von ihnen blieben nur 3 bei der Wahrheit. Die Prüfung der Typenzugehörigkeit mit Hilfe eines Perseverations- und Objektionstests zeigte, daß die „lügenhaften" Versuchspersonen eine stärkere Objektionsfähigkeit und eine geringere perseverative Veranlagung besaßen (also vorwiegend zyklothyme Charakteristika aufwiesen).

Ein anderer, sehr charakteristischer Unterschied zwischen den beiden Haupttypen wurde von *E. Kirsch* festgestellt. In einer Untersuchung über die Aufmerksamkeit zeigte er, daß der Zyklothyme die Aufmerksamkeit leichter verteilen kann als der Schizothyme, während der letztere in der Konzentration dem ersteren überlegen ist. Bei Aufgaben von verschiedener Schwierigkeit beginnt der Schizothyme mit den schwereren, der Zyklothyme mit den leichteren. Bei der Lösung einer Aufgabe erweist sich der Zyklothyme, wie *H. Haier* feststellte, als findiger und wendiger als der Schizothyme; der erstere neigt dabei zu Ganzheitsbildungen, während der letztere vom Einzelnen ausgeht.

Ach selbst zeigte in Versuchen mit 5 erwachsenen und 10 jugendlichen Versuchspersonen, daß die Suggestibilität und Hypnotisierbarkeit bei denjenigen Personen, die eine hohe Objektionsfähigkeit besitzen, größer ist als beim gegenteiligen Typus.

Zusammenfassung

Faßt man die wichtigsten experimentellen Ergebnisse zur *Kretschmerschen* Typologie in einer Übersicht zusammen, so ergibt sich folgendes Bild:

Tabelle 10.

	Zyklothym	Schizothym
Persönliches Tempo	langsam	rasch
Arbeitsweise	ungleichmäßig	gleichmäßig
Ermüdung	allmählich auftretend	plötzlich auftretend
Form–Farbe	Farbbeachter	Formbeachter
Auffassungsumfang	groß	klein
Aufmerksamkeitsleistung	quantitativ gut, qualitativ schlecht, synthetisch; mehr auf das Ganze verteilt	quantitativ schlecht, qualitativ gut, analytisch, mehr auf das Einzelne konzentriert

Fortsetzung nächste Seite

Tabelle 10. (Fortsetzung)

	Zyklothym	Schizothym
Intrapsychische Spannung	rasch wechselnd	verharrend
Vorstellungsverlauf	assoziativ	perseverativ
Umstellbarkeit	leicht umstellbar	schwer umstellbar
Verhalten:		
a) zu Gegenständen	rasche Objektion mit schwacher Nachwirkung	langsame Objektion mit starker Nachwirkung
b) in neuen Situationen	schwache Anfangserregung mit kurzer Nachwirkung	starke Anfangserregung mit langer Nachwirkung,
c) in Erregung	explosiv	„nervös“
d) zu Aufgaben	mit den leichteren beginnend	beherrscht mit den schwereren beginnend

In dieser Tabelle fehlt die Charakterisierung des *athletischen* Konstitutionstypus. Dies hat seinen Grund darin, daß die Athletiker charakterologisch bisher am wenigsten genau untersucht werden konnten, weil bei ihnen keine eindeutigen Übersteigerungen ihrer Hauptmerkmale in pathologischen Formen bestehen; Athletiker finden sich sowohl unter den Schizophrenen, besonders in katatonen Varianten, wie unter Epileptikern. Die bisher vorliegende Charakterisierung erfolgte daher in erster Linie aus experimentellen Feststellungen und aus Alltagsbeobachtungen. Die Perseverationstendenz ist beim Athletiker am stärksten von allen Typen; die Anfangserregung im psychogalvanischen Versuch steigt bei ihm am langsamsten an. Gegen ablenkende Reize ist er wenig empfindlich, in der Motorik erweist er sich als ruhig und schwer; im Rorschach-Test (s. S. 202 ff) zeigt er wenig Phantasie. Aus diesen Feststellungen schließt *Kretschmer,* daß das Temperament des athletischen Typus durch zähflüssiges Denken, ruhige Bedächtigkeit, Unerschütterlichkeit in erregenden Situationen mit gelegentlichen kurzen Affektexplosionen, trockene, schlichte Art im Umgang mit anderen – kurz, durch Stabilität, Zähigkeit und geringe Wendigkeit im Denken und Fühlen charakterisiert sei; daher wurde der athletische Mensch von *Kretschmer* als *„viskös"*, von dem schwedischen Anthropologen *Strömgren* als *„ixothym"* bezeichnet (von ixos=Vogelleim).

Die tabellarische Übersicht gibt eine Zusammenfassung von experimentellen *Einzel*ergebnissen, die als solche gewiß wichtig und interessant sind; viel bedeutsamer aber wird diese Zusammenstellung, wenn man sie unter dem Gesichtspunkt der Persönlichkeits*struktur* betrachtet. Dann zeigt sich nämlich, daß die verschiedenen Einzeleigenschaften nicht *zufällig* in dieser Zusammensetzung vorhanden sind, sondern zueinander in einer inneren Beziehung stehen und sich gegenseitig bedingen. Die perseverative Veranlagung des Schizothymen, das „Hängenbleiben" an einzelnen Bewußtseinsinhalten, macht es z. B. verständlich, daß diese Menschen sich nur schwer auf etwas Neues umstellen; das einmal Beachtete nimmt das Bewußtsein so sehr in Anspruch, daß nicht so leicht etwas Neues eindringen kann. Daher kommt es auch, daß der Schizothyme weniger ablenkbar ist und größere Konzentrationsfähigkeit besitzt als der Zyklothyme. Auch die geringere Objektionsfähigkeit sowie die lange Nachwirkung von Gefühlserlebnissen, das langsame Abklingen von Erregungen und sogar das gleichmäßige Tempo bei der Arbeit und der plötzliche Ermüdungseintritt werden dadurch bis zu einem gewissen Grade begreiflich; denn auch das Arbeitstempo wird, sobald einmal der richtige Rhythmus gefunden ist, zu einer perseverierenden Funktion, die bei einfachen Bewegungen automatischen Charakter annehmen kann und gleichmäßig weiterwirkt, solange die Muskelkräfte ausreichen.

Es ist klar, daß man nicht alle Eigenschaften einer Persönlichkeit aus einer einzigen Grundeigenschaft wird ableiten können; es ist aber auch sicher, daß nur *struktur*psychologische Deduktionen auf der Grundlage gesicherter Einzelergebnisse dazu führen können, den Aufbau der Persönlichkeit aus dem Zusammenhang seiner Einzelkomponenten wirklich zu *verstehen*. Davon ist später noch ausführlich zu berichten.

Physiologische und kriminologische Konstitutionsforschung

Die Feststellung, daß zwischen dem Körperbau des Menschen und seiner charakterlichen Eigenart ein Zusammenhang besteht, läßt nur zwei Hypothesen zu, die diesen Zusammenhang erklären könnten: entweder wird der Charakter durch den Körperbau bestimmt oder beide – Körperbau und Charakter – haben eine gemeinsame biologische Grundlage. Beim gegenwärtigen Stand unseres Wissens gibt es mehr Argumente für die zweite Hypothese – für die Annahme, daß biologische Faktoren existieren, die bestimmte Körperformen mit „dazugehörigen" psychischen Merkmalen entstehen lassen. Viele Ergebnisse der physiologischen und klinischen Forschung beweisen, daß von den vegetativen Hirnzentren, die ihrerseits unter dem Einfluß der endokrinen Drüsen stehen, außer den Stoffwechselfunktionen auch das Wachstum, die Gewebsbeschaffenheit, die Sexualentwicklung mit den sekundären Geschlechtsmerkmalen gesteuert und reguliert werden, so daß das Aussehen des Menschen – die Größe, der Körperumfang, die Beschaffenheit der Haut und deren Durchblutung, die Behaarung usw. – die sichtbare Auswirkung physiologischer Gegebenheiten darstellt; daß andererseits das psychische Geschehen von den Vorgängen im Gehirn bestimmt wird, steht außer Zweifel. Man kann daher – als Arbeitshypothese – die Annahme vertreten, daß sowohl der Körperbau in seinen entscheidenden Merkmalen wie auch die psychischen Merkmale, die den Charakter eines Menschen ausmachen, im individuellen Aufbau und in der Entwicklung des Gehirns und der innersekretorischen Drüsen ihre gemeinsame organische Grundlage haben. Der hervorragende französische Psychologe *Ribot* hat schon 1894 behauptet, „daß die Nervenprozesse, die in ihrer Gesamtheit das körperliche Leben bilden, die eigentliche Grundlage der Persönlichkeit sind". In den letzten Jahren wurden unter dem Einfluß der *Kretschmerschen* Typologie Untersuchungen begonnen, die zu „*typenphysiologischen*" Ergebnissen führten und ein ganz neues Arbeitsgebiet begründeten: die Erforschung von Zusammenhängen zwischen Körperbau, Charakter und Lebensgeschehen. So zeigte sich, daß auf Zufuhr von Schilddrüsenhormon die Pykniker zu einer Erhöhung, die Leptosomen zu einer Senkung des Blutzuckerspiegels neigen *(Mall);* die Blutdruckkurve der beiden Typen bei medikamentöser Beeinflussung (Sympatol) verläuft sehr verschieden *(Kuras),* Blutdruck, Pulsfrequenz, Herzleistung und Grundumsatz sind bei den Leptosomen niederer als bei den Pyknikern. Alle diese Feststellungen weisen darauf hin, daß auch die Heilwirkung von Medikamenten bei den beiden Typen nicht dieselbe ist, so daß durch diese von *Kretschmer* angebahnte *physiologisch-pharmakologische Konstitutionsforschung* vielleicht die aus anderen Gründen längst geforderte „konstitutionstypologische" Therapie innerer Krankheiten eine exakte Grundlage erhält.

Unerwartet waren ferner Resultate, die sich aus der Anwendung der Typologie *Kretschmers* in einem ganz anderen – leider im allgemeinen sehr vernachlässigten – Forschungsgebiet ergaben: in der *Kriminalpsychologie.* Dabei wurde sowohl statistisch vorgegangen wie auch – was viel wichtiger ist – der Zusammenhang zwischen der Persönlichkeit und der Art des Verbrechens untersucht. Um die Verteilung der einzelnen Konstitutionstypen innerhalb der Kriminellen richtig beurteilen zu können, muß man ihre Verteilung im Ganzen der Bevölkerung kennen; nur wenn unter den Kriminellen eine Abweichung von der allgemeinen Verteilung feststellbar ist, lassen sich Beziehungen zwischen Verbrechen und Konstitution vermuten. In Mitteleuropa finden sich in der Durchschnittsbevölkerung nach einer an 7 481 Fällen (vor allem in Deutschland) durchgeführten Einteilung ungefähr 20 % Pykniker, 40-50 % Leptosome und Athletiker, 5-10 % Dysplastiker; der Rest von etwa 30 % besteht aus Mischformen.

Die Verteilung der Konstitutionsformen unter Verbrechern zeigt die folgende Tabelle 11 über 3 052 Verbrecher verschiedener Art (untersucht von *Schwab* 1929) und über 800 Gewohnheitsverbrecher (untersucht von *Riedl).*

Man sieht, daß die Prozentzahlen der Leptosomen, Athletiker und Dysplastiker ungefähr denjenigen der Durchschnittsbevölkerung entsprechen, während der Prozentsatz der Pykniker beträchtlich niedriger ist (9-12 % gegenüber 20 %). Man kann darin eine Auswirkung der guten sozialen Anpassungsfähigkeit des Zyklothymen, die nicht leicht zu Konflikten führt, sehen. Zu einem wesentlich anderen Ergebnis gelangten in den USA *Sheldon* und *Eleanor Glück,* die unter 500 jugendlichen Rückfallverbrechern 60 % Mesomorphe (= Athletiker) fanden, während in der USA-Bevölkerung nur etwa 30 % me-

Tabelle 11. Verteilung der Konstitutionstypen.

a) in einem unausgelesenen Verbrechermaterial, b) bei Gewohnheitsverbrechern (in Prozent)

	a) *Schwab* 3052 Fälle	b) *Riedl* 800 Gewohnheitsverbrecher
Pykniker	9,7	12,5
Leptosome	33,7	32,6
Athletiker	13,4	24,6
Dysplastiker	7,1	nicht ausgewertet
Mischformen	36,2	30,3

somorph sein sollen. Es könnte sein, daß dabei die sozialen Verhältnisse eine große Rolle spielen – 60 % der Jugendlichen waren wegen Diebstahls verurteilt worden.

Untersucht man die Beteiligung der einzelnen Typen an den verschiedenen Verbrechens*arten,* so zeigt sich nach *Schwab,* daß unter 693 Dieben die Pykniker verschwindend kleine, die Athletiker und Dysplastiker recht geringfügige, die Leptosomen hingegen hohe Prozentsätze stellten, während bei Gewaltverbrechen die Athletiker und bei Sittlichkeitsdelikten die Dysplastiker in besonders hohen Anteilen vertreten waren. Auch diese Verteilungen lassen hypothetische Erklärungen aus den Charakterzügen der Einzeltypen zu. (Allerdings ist hier zu bedenken, daß es sich bereits um ältere Untersuchungen handelt, die in letzter Zeit nicht mehr wiederholt wurden.)

Zur Kritik der Typologie Kretschmers

Gegen die Typenlehre *Kretschmers* wurden verschiedene Einwände erhoben, deren Berechtigung sich heute – 40 Jahre nach seiner ersten Publikation – schon ziemlich gut beurteilen läßt. Es wurde immer wieder eingewendet, daß die erwiesene Zweidrittel-Korrelation zwischen leptosom-schizothym und pyknisch-zyklothym zu gering sei, um gesetzmäßige Beziehungen vermuten zu lassen. Dazu ist zu sagen, daß der Körperbau und noch viel mehr der Charakter eines Menschen sehr komplexe, aus vielen Komponenten bestehende Gebilde sind; bei der fast unübersehbaren Vielfältigkeit der Varianten in den Körperbauformen und Charaktermerkmalen ist die Auffindung von statistisch relevanten Beziehungen von vornherein unwahrscheinlich. Wenn man bedenkt, wie vielerlei Einzelkomponenten an der Körperform „leptosom" beteiligt und wie vielfältige Einzelzüge in der Wesensart „schizothym" vereinigt sind, so muß man der Zweidrittel-Korrelation hohe Beweiskraft zusprechen. Es ist mit ihr bewiesen, daß bestimmte Körpermerkmale in auffälliger, die Wahrscheinlichkeit übersteigender Häufung mit bestimmten psychischen Merkmalen verbunden sind. Diese Feststellung bedeutet – von anderen Folgerungen abgesehen –, daß zwischen Körperbau und Charakter naturgesetzliche Zusammenhänge bestehen, zu deren Erklärung es nur zwei Möglichkeiten gibt: entweder wird der Charakter durch den Körperbau bestimmt oder beide haben eine gemeinsame Grundlage. Auf die Frage, welche der beiden Möglichkeiten zutrifft, läßt sich gegenwärtig – wie bereits kurz erwähnt – nur antworten: wahrscheinlich die zweite. Im innersten Teil des Gehirns befindet sich, durch Knochenwände besonders geschützt, eine Drüse, nicht größer als eine kleine Kirsche (ca. 0,7 Gramm schwer), die *Hypophyse* (oder Hirnanhang); diese Drüse erzeugt eine ganze Reihe verschiedener Sekrete (Hormone), von denen eines das Wachstum des Körpers, ein zweites die Entwicklung der Sexualdrüsen und ein drittes die Tätigkeit der Schilddrüse steuert. Der Körperbau des Menschen und seine Sexualentwicklung hängen somit in hohem Grade von der Hypophyse ab, deren Beschaffenheit durch die Vererbung bestimmt ist; es ist daher sicher, daß auch die Konstitution des Menschen (d. h. das Ergebnis der von der Hypophyse gesteuerten Körperentwicklung) von den Erbanlagen abhängt (was nie bezweifelt wurde und schon dadurch bewiesen wird, daß die Umwelt auf die Konstitution nur sehr geringen Einfluß hat, sofern nicht dadurch die Drüsensekretion gestört wird). Da nach den bisherigen Untersuchungen zwischen Konstitution und Charakter gesetzmäßige Zusammenhänge zu bestehen scheinen und der Körperbau nicht vom Charakter, sondern nur dieser von jenem bestimmt werden kann, muß man annehmen, daß die mit dem Körperbau korrelierenden Charaktereigenschaften durch konstitutionelle Faktoren hervorgebracht werden; dabei steht außer Zweifel, daß dafür in erster Linie das Gehirn und die innersekretorischen Drüsen entscheidend sind. Somit ergibt sich, kurz formuliert, folgende Kausalreihe: die Hypophyse (und außerdem wahrscheinlich noch andere, unbekannte Faktoren) bestimmen durch ihren Einfluß auf das Wachstum den Körperbau, der Körperbau, d. h. das Gehirn und die inneren Drüsen, bestimmen eine Reihe von Charaktermerkmalen (vor allem das sogenannte „Temperament").

Die bisherigen Untersuchungen haben nur drei Typen des Körperbaues mit „dazugehörigen" Eigenschaften des Temperamentes ergeben. Trotzdem hat kein Typenforscher jemals die Behauptung aufgestellt, daß mit diesen drei „Biotypen" die Gesamtheit der Menschheit erfaßt werden könne. Es könnte z. B. sein, daß der „massige" Körperbau – der schwere, ziemlich große Mensch, bei dem eine Neigung zu Fettwuchs mit kräftiger Muskelentwicklung verbunden ist, wobei das Knochensystem im Verhältnis dazu eher zart bleibt – einen weiteren Typus bildet. Man findet solche Menschen als Fabrik- oder Bankdirektoren, vor allem in Unternehmerkreisen, wo sie sich gegen die Konkurrenz ziemlich rücksichtslos durchzusetzen suchen; die Gegner des Kapitalismus haben diesen Typus oft in karikierter Form dargestellt – mächtiger Bauch, dazu breite Schultern und ein großer, massiger Kopf, bei dem die Kinn- und Nasenpartie gut entwickelt sind und dadurch den Eindruck des Energischen und Brutalen erzeugen. Auf die Existenz eines solchen Typus weist auch eine Untersuchung von *Mengarelli,* der in Italien Gewicht und Körpergröße von 94 374 Versicherten einer Krankenkasse feststellte, um die Durchschnittsmaße des Italieners zu ermitteln; es ergab sich eine Körpergröße von 166,5 cm bei 73,3 kg Gewicht. Mit diesen Durchschnittszahlen verglich *Mengarelli* die entsprechenden Durchschnittswerte von 1 858 Personen, die er „Männer der Theorie" nannte (109 Künstler, 1 749 Wissenschaftler), wobei er zu einer Durchschnittsgröße von 170,3 cm bei 70,2 kg Gewicht kam; bei 425 „Männern der Praxis" (311 Abgeordnete und Beamte, 114 große Geschäftsmänner, Bankpräsidenten, Industrielle) fand er Durchschnittswerte von 171,3 cm für die Größe und 73,1 kg für das Körpergewicht. Es waren also die Männer der Theorie beträchtlich größer als der Bevölkerungsdurchschnitt, aber durchschnittlich um 3 kg leichter; die Männer der Praxis waren bei ungefähr gleichem Gewicht noch größer als der Durchschnitt. Man könnte darin einen Hinweis auf die Möglichkeit sehen, daß zu Kunst und Wissenschaft eher große und leichte, also leptosome Personen neigen, während die Großen und Schweren im praktischen Leben erfolgreich sind.

Abschließend läßt sich auf Grund der bisher durchgeführten Untersuchungen folgendes behaupten: es ist sicher, daß auf eine ziemlich große Zahl von Menschen – aber eben keineswegs auf alle – die *Kretschmersche* Typologie anwendbar ist und daß innerhalb dieses Bereiches die Korrelation zwischen Körperbau und Charakter tatsächlich besteht. Dies berechtigt aber nicht dazu, einem Pykniker sofort alle zyklothymen und einem Leptosomen ohne weiteres alle schizothymen Eigenschaften zuzuschreiben; es gibt unter den Zyklothymen und Schizothymen sehr große und tiefgreifende individuelle Unterschiede und es kommt immer wieder vor, daß man auch bei ziemlich reinem Körperbautypus psychische Merkmale des anderen Temperamentes findet. Man darf sich also die praktische charakterologische Arbeit nicht unter Berufung auf die *Kretschmersche* Lehre leicht machen; wohl aber darf man sich auch in der Praxis von typologischen Gesichtspunkten leiten lassen, wobei man feststellen wird, daß sich vom Hintergrund der *Kretschmerschen* Feststellungen das Individuelle und Einzigartige der Einzelpersönlichkeit besonders scharf und sicher abheben läßt.

Einwände gegen die *Kretschmersche* Typologie wurden auch von seiten der Rassenforschung erhoben. Die Rassenbeschreibung bedient sich vieler Merkmale, die in der Körperbau-Typologie *Kretschmers* überhaupt nicht verwendet werden; z. B. Augenfarbe, Hautfarbe, Beschaffenheit der Haare usw. Aber auch die typologisch verwerteten Merkmale – Größe, Wuchsform, Schädelaufbau usw. – werden zur Rassenbeschreibung verwendet, so daß es zu Überschneidungen der Körperbautypen und der Rassetypen kommt: die vorwiegend hoch und schlank gewachsenen Rassen, wie sie z. B. bei den nordischen Völkern vorherrschen, müßten als Leptosome vorwiegend schizothyme, die südländischen kleinen Pykniker der mediterranen Rasse vorwiegend zyklothyme psychische Eigenschaften aufweisen. Daß es rassentypische *psychische* Merkmale gibt, darf trotz der grauenhaften Ereignisse, zu denen ihre einseitige Bewertung geführt hat, als sicher gelten; neben der politisch-tendenziösen, manchmal bis in die Zahlenwerte von Versuchsergebnissen gefälschten „rassenpsychologischen" Literatur der nationalen Propaganda bestehen rein wissenschaftliche, von keiner politischen oder weltanschaulichen Einstellung geleitete Untersuchungen – z. B. die amerikanischen Intelligenzuntersuchungen an Negern und Weißen oder die Gedächtnis- und Phantasie-Experimente englischer Psychologen an Indern und Europäern usw. –, die zeigen, daß es rassenbedingte Varianten der allgemeinmenschlichen seelisch-geistigen Kräfte und Funktionen wirklich gibt. Die Rolle der Konstitution innerhalb der Rasse bedarf noch vieler Untersuchungen; einige Feststellungen liegen bereits vor. Die früher oft geäußerte Meinung, daß der leptosome Typus der nordischen, der pyknische Typus der alpinen und der athletische Typus der dinarischen Rasse entspräche, ist durch genaue anthropologische Messungen und Beobachtungen von *Henckel* und *v. Rohden* widerlegt; nach dieser Auffassung müßte sich bei den Leptosomen ein hoher Prozentsatz von blauäugigen und langschädligen Menschen finden, was in Wirklichkeit nicht zutrifft. Außer den von verschiedenen Seiten angegriffenen Arbeiten *Weidenreichs* und den neueren Untersuchungen von *W.Jaensch* und *v. Eickstedt,* die sich ebenfalls gegen die Gleichsetzung von Rasse- und Konstitutionstypen wenden, liegen besonders beweiskräftige Messungen aus Japan vor: *Saza* hat an 528 und *Ikemi* an 2 000 Japanern den Nachweis erbracht, daß die *Kretschmerschen* Konstitutionstypen in Japan in ungefähr gleicher Verteilung vorkommen wie in Europa; außerdem wurde die Korrelation zwischen leptosom-schizothym und pyknisch-zyklothym bestätigt. Konstitutions- und Rassetypen sind also nicht identisch; sie sind aber auch nicht gegensätzlich. *Kretschmer* formuliert diese Ergebnisse zusammenfassend mit der Behauptung, daß in einzelnen Rassen bestimmte Konstitutionsgruppen stärker oder schwächer hervortreten können, wodurch dann im Durchschnittsbild der Rasse bestimmte Temperamentsanteile bestimmender oder nebensächlicher werden können.

Zusammenfassend kann man sagen: die Typenlehre *Kretschmers* trifft nicht auf alle Menschen zu – d. h. nicht alle Menschen lassen sich mit ihr erfassen – und sie stimmt auch bei den körperlich reinen Typen nur in etwa zwei Drittel der Fälle. Daraus ergibt sich schon, daß die theoretische Bedeutung dieser Typologie – der Umstand, daß sie auf innere Beziehungen zwischen körperlichen und psychischen Merkmalen hinweist und der Forschung neue, empirisch fundierte Probleme stellt – größer ist als ihre praktische. Ihre weitgehend objektive Methodik macht sie besonders geeignet, die Arbeitsweise der wissenschaftlichen Typenforschung darzustellen; ihre bisherigen, das Gebiet des Gesunden und Krankhaften und der Zwischenstadien umfassenden Ergebnisse zeigen, wie weitreichend biologisch gut gesicherte Gesichtspunkte sein können. Aus diesem Grunde habe ich diese Untersuchungen ausführlich dargestellt und versucht, dabei auch bereits die großen inneren Zusammenhänge und ihre Problematik anzudeuten.

Die Typenlehre von E. R. Jaensch

Der deutsche Psychologe *Erich Jaensch* (1883-1940) hat eine Typenlehre begründet, die von experimentellen Untersuchungen ausging und weit in das Gebiet der Philosophie vorzustoßen suchte. Er sah in seiner Lehre den Anfang einer umfassenden „psychologischen Anthropologie“ und erlag in der nationalsozialistischen Zeit Deutschlands der Verlockung, sein Typensystem mit politischen Aspekten zu vermengen. Viele seiner Auffassungen sind infolgedessen wissenschaftlich wertlos geworden; immerhin hat *Jaensch* auch eine große Zahl rein psychologischer Untersuchungen durchgeführt, von denen einige experimentelle Methoden unabhängig von seiner Lehre für die weitere Entwicklung der Persönlichkeitsdiagnostik von Bedeutung sein können.

Der Grundgedanke der Typologie *Jaenschs* ist die Tatsache, daß sich die Menschen in einer Eigenschaft sehr stark voneinander unterscheiden, die er mit dem Begriff „*Integration*“ zu erfassen suchte. Integration ist das Zusammenwirken der einzelnen psychischen Vorgänge und Zustände. Ein bekanntes Beispiel dafür ist das Zusammenwirken von Wahrnehmungen und Vorstellungen: es soll Menschen geben, die imstande sind, sich den Inhalt von komplizierten, detailreichen Bildern so deutlich vorzustellen, als ob sie diese Bilder noch vor sich hätten; bei solchen Menschen – *Jaensch* bezeichnete sie als „*Eidetiker*“ – bestehen fast fließende Übergänge zwischen Wahrnehmung und Vorstellung. Solche bis ins kleinste Detail richtige „wahrnehmungshafte“ Erinnerungsvorstellungen (z. B. unmittelbar nach Betrachtung eines Bildes mit sehr vielen Einzelheiten) scheinen allerdings nur in ganz seltenen Fällen – am häufigsten bei Kindern und Jugendlichen – aufzutreten; aber auch wenn solche „echte Eidetiker" nicht oft vorkommen, darf man schon auf Grund von Alltagserfahrungen annehmen, daß in der Fähigkeit zu bildhaften, farbenreichen und wirklichkeitsgetreuen Erinnerungsvorstellungen sehr große individuelle Unterschiede bestehen. Bei Menschen, deren Vorstellungsinhalte an Deutlichkeit den Wahrnehmungen ähnlich sind, sind Wahrnehmung und Vorstellung miteinander eng „integriert", während sie bei Menschen mit blassen, ungenauen und mehr begrifflich abstrakten Erinnerungen „desintegriert" sind. So ergeben sich zwei Extreme mit sehr starker und sehr schwacher Integration: die „Integrierten" und die „Desintegrierten", die *Jaensch* als „Grundformen menschlichen Seins" bezeichnete. Der Grad der Integration zeigt sich am deutlichsten in den Beziehungen zur Umwelt: bei starker Integration bereitet die Anpassung an die jeweilige Umgebung keine Schwierigkeiten, sie geht rasch und glatt vor sich, so daß eine sehr enge „Kohärenz mit der Außenwelt" entsteht. Der Desintegrierte hingegen hat wenig Kontakt mit seiner Umwelt, er erlebt alles, was von außen auf ihn eindringt, als fremd und wie durch eine Wand von sich getrennt. Der desintegrierte Mensch ist von der Schule *Jaenschs* am wenigsten untersucht worden, weil er an deutschen Universitäten nur sehr selten zu finden sei; nach der Meinung *Jaenschs* sind die Nordamerikaner besonders stark desintegriert (was nie bewiesen wurde und auch nicht wahrscheinlich erscheint).

Mit den Integrierten und Desintegrierten sind aber erst die zwei Grundformen der menschlichen Eigenart festgestellt. Von ihnen aus kann man leicht zu Unterformen kommen, wobei sich die verschiedensten Kriterien anwenden lassen. So ist es z. B. möglich, die extrem starken Integrationsgrade von den schwächeren „normalen" zu scheiden; den übersteigert Integrierten repräsentiert in der Typologie von *Erich Jaensch* der *„basedowoide"* Mensch, bei dem neben besonders lebhaften Vorstellungen auch Symptome der Basedowschen Krankheit – vor allem erhöhte Erregbarkeit – vorhanden sind. *Jaensch* benutzt zur Typenbezeichnung Buchstabensymbole und nennt den basedowoiden Menschen den *B-Typus.* Neben diesem übersteigert Integrierten, der den wichtigsten Unterfall des Integrierten darstellt, steht der *Normalfall des Integrierten,* bei dem die Innenintegration schwächer als beim B-Typus, dagegen die Kohärenz zwischen dem Subjektiven und dem Objektiven besonders eng ist: der *allgemein und nach außen Integrierte;* er wird als *I_1-Typus* bezeichnet. Eine weitere Abschwächung der Integration ergibt einen Menschen, der zwar noch mit der Außenwelt in Verbindung steht, aber nur mehr mit gewissen festen Innenkomplexen, die auf äußere, ihnen entsprechende Reize reagieren: diese Menschen sind nur *bedingt* und *zeitweilig integriert* und stellen den *I_2-Typus* dar. Eine dritte Form schließlich hat mit der Außenwelt überhaupt keine engeren Beziehungen, dafür sind aber die Funktionen des Innenlebens besonders innig und fest miteinander integriert; diese Form ergibt den *nach innen integrierten* Menschen, der als *I_3-* oder *I_i-Typus* bezeichnet wird.

Die Unterschiede zwischen B-Typus und I_1-Typus sind also in erster Linie solche des Integrationsgrades, diejenigen zwischen I_1 und I_3 solche der Integrationsrichtung, während I_2 eine Teilintegration nach innen und außen darstellt, sich also von den übrigen in der Struktur der Integration unterscheidet.

Experimentelle Grundlagen

Die Experimente, mit denen *Jaensch* seinem System eine empirische Grundlage zu geben suchte, sind sehr verschiedener Art. Viele von ihnen sind methodisch anfechtbar, andere sind zu wenig genau beschrieben, um ihren Wert beurteilen zu können. Im folgenden gebe ich einige Beispiele der wichtigsten, von *Jaensch* durchgeführten und dann auch zur „Typendiagnose" benutzten Experimente, wobei ich solche bevorzuge, die auch von anderen, nicht der Schule *Jaenschs* angehörigen Psychologen verwendet wurden.

1. Die *Müller-Lyersche* Täuschung (Abb. 17) wirkt auf Integrierte stärker als auf Desintegrierte. Man gibt der Versuchsperson eine Vor-

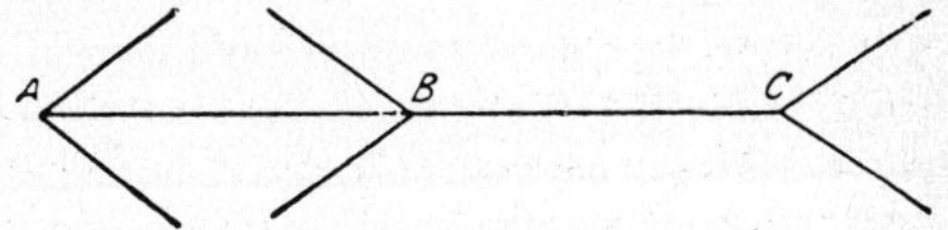

Abb. 17. *Müller-Lyersche* Täuschung A-B = B-C

Abb. 18. *Exnersche* Scheibe (nach *W. Ehrenstein)*

richtung, bei welcher sich der kürzer erscheinende Teil verlängern und die Täuschung auf diese Weise „korrigieren" läßt. Man kann dabei den Täuschungsbetrag in Millimetern ablesen. *Zietz* fand, daß bei Integrierten das Täuschungsmaß manchmal 50 % erreichte, während es bei Desintegrierten 10 % nicht überstieg.

2. Die *Exnersche* Scheibe (Abb. 18 im Original 27 cm Durchmesser) läßt bei Drehung den Eindruck der „Einrollung" der Spiralen entstehen; außerdem entsteht ein Bewegungsnachbild, in welchem sich die Spirale in der Gegenrichtung dreht. Integrierte fühlen sich beim Anblick der rotierenden Scheibe körperlich beteiligt, als ob sie in die Spiralbewegung „hineingezogen" würden, während die Desintegrierten die Bewegung unbeteiligt und rein optisch erleben. Das Bewegungsnachbild kann bei Integrierten bis zu 30 Sekunden andauern, bei Desintegrierten fehlt es häufig oder ist nur ein paar Sekunden zu bemerken.

3. Der *Farbscheiben-Versuch*. Durch einen Spalt blickt die Versuchsperson auf drei 180 cm entfernte Papierscheiben; eine rote, eine grüne, eine blaue. Der Hintergrund ist grau. Obwohl die Scheiben in einer Ebene aufgestellt sind, scheinen für den Integrierten bestimmte Farben vor- oder zurückzutreten, und zwar in Abständen von 10 bis 80 cm, während Desintegrierte nur Verlagerungen bis etwa 2 cm sehen; für sie spielt auch die Farbigkeit eine viel geringere Rolle – häufig nennen sie gar nicht die Farbe, sondern sprechen von der „rechten" oder „linken" Scheibe. Am häufigsten tritt bei Integrierten die rote Scheibe stark hervor.

Diese „Typen-Tests“ wurden von *Zietz* nachgeprüft und bestätigt. Andere von *Jaensch* viel verwendete Tests sind folgende:

4. Der *Prismenbrillen-Versuch.* Die Versuchsperson bekommt eine Brille mit Prismengläsern aufgesetzt, durch die sie eine biegsame, gerade aufgehängte Eisenstange anzusehen hat. Die Stange erscheint durch die Prismen verbogen; mit Hilfe einer Schraubenvorrichtung hat die Versuchsperson die Stange wieder „gerade“ zu machen (wodurch sie nun objektiv verbogen wird). Die stark Integrierten machen dabei viel größere Fehler als die schwach Integrierten.

5. Der *Masselon-Test.* Er besteht darin, daß der Versuchsperson drei Wörter geboten werden, aus denen sie in einer vorgegebenen Zeit eine möglichst große Zahl von Sätzen zu bilden hat, die alle drei Wörter enthalten (z. B. Spiegel, Mörder, Freude). Die Integrierten bringen es zu viel besseren und phantasievolleren Leistungen als die schwach Integrierten.

Ferner wurden der *Rorschach-Test* (sinnlose Klecksfiguren, s. S. 202 ff), Aufsatztests sowie viele bei den Berufseignungsprüfungen benützte Tests verwendet; außerdem neue Versuchsanordnungen zur Behandlung von Spezialproblemen, z. B. der Synästhesie, d. h. des Auftretens von Empfindungen aus zwei Sinnesgebieten bei einem einzigen Reiz, z. B. Hören von Tönen beim Anblick von Farben.

Auf Grund der experimentellen Resultate allein wäre *Jaensch* nie zu seiner reich gegliederten Typologie gekommen. Die Grundlagen seiner Persönlichkeitsschilderungen liegen in der *Deutung* seiner experimentellen Ergebnisse; er ist dabei weit über das Maß hinausgegangen, das man vor ihm in der experimentellen Psychologie für erlaubt gehalten hat. Mit dem Tode *Jaenschs* im Jahre 1940 hat auch die Arbeit über Integrations-Typen ihr Ende erreicht; es fand sich niemand, der sie weitergeführt hätte – offenbar war man sich darüber im klaren, daß man auf der schmalen Basis eines einzigen Merkmals keine umfassende Typenlehre aufbauen kann. Einige Experimente *Jaenschs* wurden später in der experimentellen Persönlichkeitsforschung unter ganz anderen Gesichtspunkten wieder aufgenommen.

Die Typensysteme von C. G. Jung und H. Rorschach

C. G. Jung

Zum Abschluß sind noch kurz zwei Typensysteme darzustellen, die gleichzeitig mit der Lehre *Kretschmers* im Jahre 1921 begründet wurden. Der Züricher Arzt *Carl Gustav Jung* (1875–1962), ursprünglich ein Anhänger der Psychoanalyse *Freuds,* hat den Begriff „Libido" in einer erweiterten Bedeutung verwendet, ohne ihn allerdings scharf zu präzisieren; er meint mit „Libido" ungefähr dasselbe wie *Schopenhauer* mit dem „Willen in der Natur", also eine zielgerichtete „psychische Energie". Je nachdem, ob diese Energie in einem Menschen mehr nach außen oder mehr nach innen wirkt, unterschied *Jung* zwei Hauptformen der menschlichen Persönlichkeit: die *Introvertierten* und die *Extravertierten.* Die Grundzüge dieser Typen gibt *Jung* in folgender Beschreibung: der Introvertierte „ist, wenn normal, gekennzeichnet durch ein zögerndes, reflexives, zurückgezogenes Wesen, das sich nicht leicht gibt, vor Objekten scheut, sich immer etwas in Defensive befindet und sich gerne versteckt hinter mißtrauischer Beobachtung"; der Extravertierte hingegen ist charakterisiert „durch ein entgegenkommendes, anscheinend offenes und bereitwilliges Wesen, das sich leicht in jede gegebene Situation findet, rasch Beziehungen anknüpft und sich oft unbekümmert und vertrauensvoll in unbekannte Situationen hinauswagt unter Hintansetzung etwaiger möglicher Bedenken". Der Introvertierte wird daher in seinen Handlungen und Entschlüssen vorwiegend durch subjektive Momente, der Extravertierte in erster Linie durch objektive Verhältnisse bestimmt; infolgedessen lebt der Extravertierte so, wie es den Forderungen der äußeren Umstände entspricht, während der Introvertierte durch persönliche Motive geleitet wird. Das Verhältnis zwischen der „Auswärtswendung" und „Einwärtswendung" der psychischen Energie kann zu neurotischen Störungen führen, so daß in der Lehre von der Intro- und Extraversion zugleich eine Möglichkeit zur Erklärung der psychogenen Erkrankungen liegt. *Jung* führte neben dieser Hauptscheidung nach der Einstellung der seelischen Energie noch eine Unterteilung nach den einzelnen psychischen Funktionen durch, auf die hier nicht eingegangen wird, weil sie keine Bedeutung gewann.

Obwohl die Typen *Jungs* ohne jede experimentelle oder statistische Grundlage nur auf Grund eines theoretischen Ansatzes sozusagen am Schreibtisch konstruiert worden sind, sind die Begriffe extra- und introvertiert in die Weltliteratur eingegangen; offenbar werden mit ihnen sehr charakteristische und relativ leicht erkennbare Persönlichkeitsmerkmale erfaßt, die für das Verhalten der Menschen zueinander von entscheidender Bedeutung sind. Dieser Eindruck mag die Ursache dafür gewesen sein, daß Bemühungen einsetzten, die physiologische Grundlage der Extra- und Introversion aufzufinden. Von *Eysenck* in London und später von amerikanischen Autoren wurde der Versuch unternommen, zwischen extra- und introvertiertem Verhalten und den Beobachtungen des russischen Physiologen *Pawlow* bei der Erzeugung bedingter Reflexe Beziehungen herzustellen. *Pawlow* ist bekanntlich durch die Feststellung berühmt geworden, daß zwischen verschiedenen äußeren Reizen und bestimmten organischen Vorgängen (die normalerweise nur bei ganz bestimmten, sogenannten biologischen, Reizen auftreten) durch oftmaliges gleichzeitiges Vorkommen feste Verbindungen entstehen, so daß später der betreffende (nicht biologische) Reiz allein den organischen Vorgang auslöst. So beginnt z. B. bei einem hungrigen Hund, der während der Fütterung einige Male einen Glockenton zu hören bekam, die Speichelsekretion auch dann, wenn er nur den Glockenton hört, ohne Futter zu erhalten, obwohl die Speichelsekretion normalerweise durch den „biologischen" Reiz des Anblicks bzw. Geruches des Futters ausgelöst wird. Die Koppelung von organischem Vorgang und nicht biologischem Reiz (in obigem Beispiel Speichelfluß bei Ertönen einer Glocke) bezeichnet man als *„bedingten Reflex"*. *Pawlow* fand, daß bei den Hunden, mit denen er experimentierte, in der Entstehung solcher bedingter Reflexe sehr große individuelle Unterschiede bestanden; bei manchen bedarf es sehr vieler gleichzeitiger Darbietungen von Futter und Glocke, um einen bedingten Speichelfluß zu erreichen, bei anderen genügen wenige Versuche; bei manchen bleibt der bedingte Reflex durch lange Zeit bestehen, bei anderen klingt er rasch ab. *Pawlow* hat versucht, auf Grund solcher Verschiedenheiten unter seinen Versuchstieren typische Gruppen zu bilden, wobei er Erregungs- und Hemmungsprozesse im Gehirn annahm und sie als Grundlage für die Einteilung verwendete. Daß das Funktionieren des Zentralnervensystems auf einem Wechselspiel von Erregungs- und Hemmungsvorgängen beruht, hat man auf Grund einzelner gesicherter Beobachtungen (z. B. des extrapyramidalen Systems) seit langem vermutet. Über die Natur der Stoffwechselvorgänge in den Ganglienzellen, die dieses Wechselspiel bedingen, war bisher wenig bekannt, erst in den letzten Jahren hat die hirnphysiologische Forschung sie aufzuklären begonnen. Was zur Zeit *Pawlows* eine bloße Hypothese war, ist durch die neuere Forschung im wesentlichen bestätigt worden. *Pawlow* nahm an, daß Hunde, bei denen sich bedingte Reflexe rasch und leicht ausbilden lassen und lange Zeit bestehen bleiben, eine hohe Erregbarkeit und ein leistungsfähigeres Nervensystem besitzen („Erregungs-Typen"), während bei den Tieren mit den gegenteiligen Eigenschaften die Hemmbarkeit überwiege und ein „schwaches", d. h. weniger leistungsfähiges Nervensystem vorliege („Hemmungs-Typen"); außerdem unterschied er ausgeglichene und unausgeglichene sowie bewegliche und träge Versuchstiere.

Amerikanische Autoren haben *Pawlows* Beobachtungen bestätigt und ergänzt. *W. T. James* behauptet auf Grund seiner Versuche, daß sich beim Hund vom sogenannten „Erregungstyp" leicht starke bedingte Reflexe ausbilden lassen, daß von solchen Tieren Änderungen der Umgebung schwer ertragen werden und daß sie sich nur sehr langsam an fremde Personen gewöhnen, während der „Hemmungstyp" nur schwache und wenig stabile bedingte Reflexe ausbildet, sich schnell an Umgebungsveränderungen anpaßt und sich leicht entspannt, was vor allem in reichlichem gutem Schlaf zum Ausdruck kommt.

Gewisse Ähnlichkeiten mit den menschlichen Extra- und Introvertierten sind leicht zu erkennen: der anpassungsfähige, rasch entspannte Hemmungstyp – auch „inhibitorischer" Typus genannt – entspricht dem Extravertierten, der „exzitatorische" oder Erregungstypus mit seiner Neigung, sich vom Umweltkontakt zurückzuziehen, entspricht dem Introvertierten. Experimentelle Untersuchungen an Menschen, mit denen Beziehungen zwischen bedingten Reaktionen und Persönlichkeitsmerkmalen gefunden werden sollten, ergaben nur einige Hinweise, aber keine verläßlichen Zusammenhänge.

H. Rorschach

Der Schweizer Psychiater *Hermann Rorschach* (1884 bis 1922) hat 1921 eine „Psychodiagnostik" veröffentlicht, bei welcher aus den Deutungen von Klecksfiguren nach den Inhalten, die man dabei „heraussehen" kann, eine Charakterdiagnose gestellt wird. Der „Rorschach-Test" wird in Europa und Amerika außerordentlich viel verwendet; auf Einzelheiten wird später eingegangen werden. *Rorschach* hat im Anschluß an seine Methodik eine Typologie skizziert, die zwischen *„extratensiven"* – „Drang, nach außen zu leben, erregliche Motilität, labile Affektivität" - und *„introversiven"* Menschen unterscheidet; der Introversive ist charakterisiert durch „Vorwiegen der Innerlichkeitsarbeit, des intensiven Rapports, stabilisierte Affektivität und Motilität, linkisches Wesen, mangelhafte Anpassungsfähigkeit an die Realität, mangelhafter extensiver Rapport". Mit dem „Introvertierten" *Jungs* hat der „Introversive" nach der Meinung *Rorschachs* „eigentlich fast nur noch den Namen gemeinsam"; er ist nicht introvertiert, sondern „introversionsfähig", er vollzieht zwar „den Vorgang des Sich-in-sich-Kehrens", verfällt ihm aber nicht als dauerndem Zustand (wie z. B. der schizophrene Katatoniker). Trotzdem bestehen zweifellos zwischen den *Jung*schen und den *Rorschachschen* Typen Gemeinsamkeiten. *Rorschach* ist allerdings von einem anderen – und zwar sehr fruchtbaren, noch zu wenig beachteten – Gesichtspunkt ausgegangen: er bezeichnet seine Typen als „Erlebnistypen" – d. h. sie geben an, „wie der Mensch *erlebt,* nicht aber wie er *lebt*". „Der Erlebnisapparat, mit dem der Mensch erlebt, ist ein viel weiteres, ausgedehnteres Gebilde als der Apparat, mit dem er lebt"; man müßte zwischen „Erlebnistypus" und „Verhaltenstypus" unterscheiden – ein Gedanke, der in gegenwärtigen Diskussionen um die Begriffe „Charakter" und „Persönlichkeit" von Bedeutung werden kann. Der Klecksbilder-Test von *Rorschach* wird später bei den Persönlichkeits-Tests ausführlich behandelt.

Theorie des Typus

Vergleicht man die gegensätzlichen Pole der Typensysteme, die von *Jung, Kretschmer* und *Rorschach* unabhängig voneinander aufgestellt wurden, so findet man weitgehende Ähnlichkeiten; auch die in den folgenden Jahren entstandenen, von sehr verschiedenen Gesichtspunkten ausgehenden Typenlehren halten sich auf der einmal begonnenen, zweifellos stark von *Kretschmer* beeinflußten Linie. Die folgende Gegenüberstellung zeigt das polare Schema:

Jung (1913, 1921)	extravertiert	introvertiert
Kretschmer (1921)	zyklothym	schizothym
Rorschach (1921)	extratensiv	introversiv
Jaensch (1929)	integriert	desintegriert
Ach (1932)	entlastet	belastet
Pfahler (1932)	fließende Gehalte	feste Gehalte
Ehrenstein (1935)	ganzheitlich	einzelheitlich
Sheldon (1948)	viszeroton	zerebroton

Alle diese Systeme sind im einzelnen und in ihren Ausgangspunkten voneinander verschieden; trotzdem besteht aber kein Zweifel, welcher Typus jedes einzelnen dieser Systeme den Typen der anderen zuzuordnen ist. Bei aller Verschiedenheit ist in der Polarität ein gemeinsamer Zug: der eine Pol liegt bei den Menschen, deren Seelenleben sich unmittelbar nach außen auswirkt, während der andere Typus „in sich hinein lebt". Es wird kaum ein Zufall sein, daß dieser Gesichtspunkt von so verschieden eingestellten Forschern übereinstimmend als entscheidend betrachtet wurde; worin liegt aber die Ursache für die Polarität „extravertiert-introvertiert"? Auf diese Frage gibt es gegenwärtig noch keine Antwort.

Man kann Typen aus wenigen Grundmerkmalen auf relativ einfache Weise konstruieren. Die Theorie, die diesem Vorgehen zugrunde liegt, besteht in folgender Annahme: die Mannigfaltigkeit der menschlichen Persönlichkeiten entsteht dadurch, daß einige wenige Grundeigenschaften, die den Charakter des Menschen bestimmen, in verschiedenen Verbindungen und Stärkegraden vorkommen und daher verschiedene Kombinationen ergeben können; die extremen Varianten dieser Kombinationen sind die „Typen". Ein gutes Beispiel für dieses Verfahren der Typenbildung bietet *Gerhard Pfahler*, der aus den Hauptzügen der *Kretschmer*-Typen vier „Grundfunktionen" abzuleiten suchte: Aufmerksamkeit (eng oder weit, fixierend oder fluktuierend), Perseveration (stark oder schwach), Ansprechbarkeit des Gefühl und vitale Energie. Schon die Kombination der zwei ersten Grundfunktionen ergibt nach *Pfahler* zwei eindeutig differenzierte Charaktertypen: enge und fixierende Aufmerksamkeit mit starker Perseveration den *„Typus der festen Gehalte“*, weite und fluktuierende Aufmerksamkeit mit schwacher Perseveration den *„Typus der fließenden Gehalte“* (die Kombination mit den übrigen Grundfunktionen führt zu insgesamt 12 Typen).

Eine umfassende Theorie der menschlichen Typen dürfte sich aber mit solchen einfachen Merkmalskreuzungen, die zunächst ja nur leblose Schablonen liefern, nicht zufrieden geben; sie müßte auch die Frage beantworten, welche der möglichen Typenkonstruktionen in der Wirklichkeit tatsächlich vorhanden sind – und zwar in solcher Anzahl, daß sie als Typen auffallen – und warum gerade diese bestimmten Fälle sich zu Gruppen lebendiger Menschen entwickelt haben, während andere, theoretisch gleich mögliche Kombinationen fast oder ganz fehlen. Eine Theorie der Charaktertypen, die diese Aufgabe in vollkommener Weise löst, gibt es noch nicht. Bei dieser Situation bleibt nichts anderes übrig als die Feststellung, daß die bisher aufgestellten Typensysteme in ihren polaren Gegensätzen weitgehende Ähnlichkeiten aufweisen, so daß man sie als Resultate zweier verschiedener Entwicklungstendenzen betrachten darf.

Philosophisch begründete Charaktersysteme

Die Lehre von Ludwig Klages

Die allgemeinen Grundlagen

Ludwig Klages (1872–1956) hat seine Charakterologie von einem allgemeinen philosophischen Standpunkt aus begründet, ohne den sie nicht verständlich ist. Gleich im voraus sei dazu betont, daß eine kurze Schilderung der Philosophie von *Klages* nur einen ganz ungefähren

Einblick in diese hauptsächlich von *Nietzsche* beeinflußte Lehre zu geben vermag.

Klages unterscheidet am Menschen zwei gegensätzliche „Wesenszüge“: das Seelische und das Geistige.

Am besten läßt sich das mit „Geist“ Gemeinte als Entwicklungsprodukt verstehen. Sowohl die Tiere wie der ursprüngliche Mensch sind *ichlos;* sie besitzen nur die vitalen Funktionen und stehen daher in einem ganz anderen Verhältnis zur Umwelt als der seiner selbst bewußte Mensch, bei welchem alles von seinem „ich“ dirigiert wird. Ein Beispiel: „Die Biene, die ihren Stock verläßt, um Honig zu sammeln, hat keine Entschlüsse gefaßt, keine Pläne geschmiedet, verfolgt keinen Zweck. Sie überlegt nicht, daß es die und die honigreichen Blüten gebe, kennt keine Aufgaben, keine Pflichten, keine Maximen. Sie setzt sich in Bewegung aus dem Erlebnis eines Mangels, einer Bedürftigkeit und, wodurch sie von innen her getrieben wird, das ist von solcher Beschaffenheit, daß die Bewegungen und Vorgänge, zu denen es antreibt, mit der Erreichung des Zieles, d. i. mit der Aufhebung des Mangels, der Bedürftigkeit enden. Das können wir entweder gar nicht oder wir müssen es so verstehen: der Duft der Lindenblüte, des Kleefeldes, der Erika *zieht* die Biene. Ohne jede Dazwischenkunft eines Wollens setzt sich der Zug des Zieles in die Flugbewegung der Biene um und führt die fliegende schließlich ans Ziel.“ Der wesentliche Unterschied zwischen diesem Vorgang und dem Verhalten der Menschen liegt darin, daß der Zusammenhang zwischen der tierischen Seele und den Dingen der Außenwelt ein *unmittelbarer* ist, so daß es gar keines Bewußtseins bedarf, um das zum Leben Notwendige zu finden, weil der Anblick desjenigen, was zur Bedürfnisbefriedigung geeignet ist, also z. B. das durch die Sinnesorgane erzeugte *Bild* der Blume, sofort und unmittelbar die zu seiner Erreichung notwendigen Bewegungen auslöst. Zwischen den „Bildern“ der Außenwelt und der Seele besteht, wie *Klages* es ausdrückt, ein „lebensmagnetischer Zusammenhang“; der Sinneneindruck wirkt ebenso elementar und unbedingt auf den Bewegungsapparat wie etwa der positive Pol eines Magneten auf den negativen. „Ein lebensmagnetischer Zug verbindet das dürstende Pferd mit dem Anblick des Wassers, die hungernde Kuh mit dem Eindruck des Grases, den jagenden Adler mit der Erscheinung von Hühnern, Zicklein, Hasen und ebenso ein jedes von ihnen mit der Seite der

Bilder und dem Ausschnitt der Welt, die es bewußtlos zu erkennen, zu wählen die Gabe hat als Element und Behausung." Diese „Bilder", denen die Tiere „als lebensmagnetisch von ihnen gezogen, nachtwandlerisch zustreben", werden für *Klages* zur Grundlage des Wirkens der Triebe; „man redet vom Triebe und betont am Trieb mit Recht die Bedürfnisseite, den Mangel. Es genügt jedoch ein Blick auf jedes beliebige Beispiel, damit man erkenne, daß ein Bedürfnis niemals zur Bedürfnisbefriedigung zu führen vermöchte ohne bewußtloses Dasein einer Zugkraft des stillungsverheißenden Bildes in ihm. Wir mögen die Durstempfindung physiologisch, wir mögen sie psychologisch zergliedern, wir finden nichts in ihr von entferntester Ähnlichkeit mit der Erscheinung des Wassers... und wir blieben für immer außerstande, auch nur eine einzige Angabe über das Dursterlebnis zu machen, bevor wir uns nicht entschlössen, es – mit *Aristoteles* – einen Drang zur Vereinigung mit dem Flüssigen zu heißen; womit wir denn aber in das Bedürfnis des Dürstens als bewußtlose Zugkraft hätten hineingenommen das Flüssigkeits*bild.*" Bei allen diesen Behauptungen von *Klages* ist das Wesentliche immer wieder, daß diese Vorgänge *ohne Bewußtsein* vor sich gehen – aber nicht etwa unbewußt oder „unterbewußt", sondern so, daß man das, was man tut oder erlebt, nicht auch noch bewußt feststellt, beurteilt, kontrolliert (es ist einfaches „bloßes" Erleben und Geschehen, was *Klages* damit meint); und dieses „bewußtlose" organische und psychische Geschehen ist zugleich das, was er im Worte „Leben" und „Seele" zum Ausdruck bringen will. Man wird einen Begriff von der Größe des hier gemeinten Unterschiedes bekommen, wenn man sich vorstellt, wie verschieden ein Mensch, der mit Bewußtsein und Absicht planmäßig an die Ausführung einer vorher genau überlegten Handlung geht, von einem Tier ist, welches von den Bildern, die es auf dem Sinnenwege von der Außenwelt bekommt, einfach angezogen, bewußt- und willenlos geführt wird. Auf der Seite des Tieres herrscht die „Seele", die von selbst alles so fügt und leitet, wie es der Art des Tieres entspricht; auf der Seite des Menschen aber dominiert der „Geist", der seinen krassesten Ausdruck im „ich will" hat, weil das Wollen jene Funktion ist, die dem „Ich" zur Behauptung seiner selbst verhilft. Es ist ungemein schwer, von diesem Gegensatz in einer kurzen Darstellung einen richtigen Begriff zu geben und seine Bedeutung für das erlebende Wesen klarzumachen. Durch die Lehre von der Kraft und Wirklichkeit der Bilder gelangt *Klages* zu einem vorlogischen, magisch-dämonischen Weltbild, das außerhalb aller wissenschaftlich-philosophischen Bemühungen steht; was er „Bilder" nennt, sind unmittelbar durch ihren Ausdruck wirkende Kräfte der sinnlich wahrgenommenen Dinge – und dadurch, daß der „Geist" diesen Ausdruck nicht versteht (er wirkt nur auf die Seele), hat der Mensch die „kosmische Verbundenheit" verloren. Vielleicht wird man die Wichtigkeit dieser Unterschiede für den Menschen und damit auch schon für charakterologische Betrachtungen am besten verstehen, wenn man bedenkt, daß auch der heutige Mensch hin und wieder in einen Zustand verfällt, der dem ichlosen Dahinleben des ursprünglichen Menschen nahekommt; Zustände, wie sie *Goethe* meinte, wenn er schrieb „all unser redlichstes Bemühen glückt nur im unbewußten Momente" oder „in allen angenehmen Zuständen verläßt die Seele das Bewußtsein ihrer selbst und wird nur durch unangenehme Empfindungen wieder an sich erinnert". Alles dies und vieles andere, was hier unberücksichtigt bleiben muß – so das Verhältnis des Menschen zur Zeit , das Unsterblichkeitsbedürfnis und die Angst vor dem Tode u. a. m. – führte *Klages* zu einem *wertenden* Standpunkt, der seine ganze Philosophie und Psychologie beherrscht: die Seele ist das einzige Wertvolle, der „Geist" ist das Wertvernichtende.

Damit ist nur das Allernotwendigste zum Verständnis der *Klages*schen Lehre, die das Fundament seiner charakterologischen Arbeiten bildet, gesagt. Die Ausführungen dieser Ideen findet man in seinem großen Werk „Geist als Widersacher der Seele".

Das System der Triebfedern

Das Wesentliche im psychischen Dasein des Tieres und des ursprünglichen Menschen ist der unmittelbare Zusammenhang zwischen Seele und Natur, das „Gezogenwerden" durch die „Bilder", welche die Außenwelt hervorbringt. Dieses „Gezogenwerden" ist dasjenige, was im Subjekt als „Trieb" auftritt: wenn die Blume die Biene „anzieht", so ist dies auf seiten der Biene ein „Getriebenwerden", ein „Trieb" zur Blüte. Ein solcher Trieb hat weder ein Ich noch ein Bewußtsein zur Voraussetzung, er ist eine Lebensfunktion, die unabhängig vom Bewußtsein seiner selbst das Verhalten leitet. Ganz anders verhält es sich beim ichbewußten Menschen: er erlebt nur ganz selten solche unmittelbare Lebenszusammenhänge; an die Stelle der Triebe sind bei ihm die Willensziele getreten, die ihren Ursprung im Ich haben und sich vor allem auf die Stellung dieses „Ich" zu den anderen Menschen und zur übrigen Welt beziehen: Ehrgeiz, Eitelkeit, Herrschsucht usw. gehören hierher. *Klages* nennt diese ichgebundenen psychischen Erscheinungen, die in den Willenserlebnissen als Motive auftreten und dadurch das Handeln des Menschen bestimmen, *Interessen oder Triebfedern.* Sie stehen im Gegensatz zu den *„Trieben"*, die nur der subjektive Ausdruck für eine elementare Beziehung im Lebenszusammenhang sind, während die Interessen ein Bewußtsein und ein Ich voraussetzen.

Im gleichen Gegensatz wie „Trieb" und „Triebfeder" stehen zueinander „Seele" und „Geist". Die Seele repräsentiert das Element des Lebens, der Geist „das seiner selbst bewußte ‚Ich' ". Und nun muß man sich den Gegensatz zwischen beiden in seiner *Dynamik* klarmachen: Die „Seele" äußert sich im Drange, in der Natur zu versinken und aufzugehen, sie ist das einfache Dahinleben, ganz der übrigen Natur Zugehörige. Der „Geist" hingegen ist dasjenige, was den Menschen der Natur gegenüberstellt: auf der einen Seite alles, was ist und lebt, auf der anderen Seite das „Ich". Er ist Träger des Strebens nach Erkenntnis und Macht, die Seele hingegen trägt „den Hingebungstrieb, den entselbstenden Drang, schauend zu verfluten. Die Seele ohne den Geist ist erlebbar, mag rhythmisch pulsieren in den atmosphärischen ‚Elementen' und mindestens vorwalten in der Tierwelt. Der Geist ohne die Seele dagegen wird weder gedacht noch vorgestellt, liegt als akosmisch vielmehr außerhalb des Bewußtseins überhaupt und wird nur erschlossen aus den freilich unablässigen Wirkungen auf das Element in uns selbst, das unter seinem Strahl vereist und zerfällt. Er ist das ‚absolute' oder ‚exzentrische' *Außen,* die Seele das natürliche *Innen;* daher dem Dunkel und der Nacht verwandt, wie jener der dämmerungslosen Klarheit. Aus dem Kampf ihrer beider im Zwitterbereich des Personseins erwächst das spezifisch *menschliche* Bewußtsein mit dem unterscheidenden Symptom des Selbstgefühls. Die Philosophie der Romantik nannte es ‚Tagesbewußtsein' und seinen Gegenpol ‚Nachtbewußtsein', von dem in uns nur noch Ausnahmezustände, in den Tieren aber ganze Erscheinungsgruppen, wie ein rätselhafter Ortsinn, gleichsam magische Witterungen und übervernünftige Fürsorgeinstinkte zeugen ..."

Klages hat nach diesen Gesichtspunkten ein Einteilungsprinzip aufgestellt, das die Menschen nach dem *Vorwiegen* von Seele oder Geist, von denen immer beide vorhanden sind, zu unterscheiden erlaubt. Der Bereich der Seele läßt sich als derjenige der *Hingebung,* der Bereich des Geistes als derjenige der *Behauptung* bezeichnen und damit eine Kategorisierung der Triebfedern in *Hingebungstriebfedern* und in *Behauptungstriebfedern* durchführen. Zu den ersten gehören, um nur einige Beispiele anzuführen: Naturliebe, Heimatliebe, Pietät, Aufopferungsdrang, Wohlwollen, Güte, Treuherzigkeit, Mitleid und Mitfreude, Selbstlosigkeit, Geduld und Langmut, Ehrfurcht usw. Zu den Behauptungstriebfedern hingegen sind zu zählen: Sachlichkeit, Kritikbedürfnis, Unparteilichkeit, Unternehmungsgeist, Eigennutz, Erwerbssinn, Herrschsucht, Ehrgeiz, Gefallsucht, Berechnung, Argwohn, Verschlagenheit, Heuchelei und Listigkeit, Eigensinn, Unfügsamkeit, Vergeltungssucht, Neid, Schadenfreude, Nüchternheit und Trockenheit, Strenge und Kälte, Gefühls- und Teilnahmslosigkeit, Genußsucht usw. Auf die Unterteilungen von *Klages* einzugehen, würde zu weit führen.

Alle diese als Beispiel angeführten Eigenschaften bringen nur bestimmte Einzelzüge zum Ausdruck. Viel wichtiger als diese Einzelheiten ist die *Gesamttendenz* eines Menschen: das allgemeine, alles durchdringende und färbende Vorwiegen von Seele oder Geist. Die Grundeinstellung des einzelnen Menschen zu dem, was um und außer ihm vorhanden ist, ist das Wesentliche; und diese Grundeinstellung läßt sich nach den Prinzipien von *Klages* in eine seelische und eine geistige scheiden.

Der Aufbau des Charakters

Hat man die Seele-Geist-Lehre von *Klages* einmal verstanden, so erscheint seine übrige charakterologische Arbeit nur mehr als Ausführung und Ergänzung eines allgemeinen Systems nach der charakterologischen Richtung. Er unterscheidet *fünf Zonen* von Charaktereigenschaften: den Stoff oder die Materie, das Gefüge oder die Struktur, die Artung oder die Qualität, den Aufbau oder die Tektonik und den Aspekt oder die Haltungsanlagen des Charakters.

Den *Stoff* des Charakters bilden die Fähigkeiten und Begabungen: Gedächtnis, Auffassungsvermögen, Scharfsinn, Willensstärke, Klarheit, Feinfühligkeit usw., also Eigenschaften des Gefühles wie des Willens und des Verstandes. In allen diesen Eigenschaften unterscheiden sich die Menschen voneinander in der Quantität; sie sind *Mengen*eigenschaften.

Das *Gefüge* des Charakters umfaßt die Anlagen, die den Ablauf der psychischen Vorgänge bestimmen. Wo es sich um einen Ablauf handelt, muß ein Antrieb vorhanden sein und ein Widerstand angenommen werden, gegen welchen der Antrieb aufzukommen hat; wie man die Stoffeigenschaften als Mengen darstellen konnte, so kann man die Gefügeeigenschaften durch das Verhältnis einer Antriebsgröße zu einer Widerstandsgröße darstellen, weshalb sie *Klages* auch *Verhältnis*eigenschaften nennt. Es handelt sich hier also um die Charakterzüge, die man im Begriff des Temperamentes zu vereinen suchte, also um Gefühls- und Willenserregbarkeit und um das Ausdrucksbedürfnis der Menschen.

Die *Artung* des Charakters braucht nicht mehr näher besprochen zu werden; sie ist die Zone der *Triebfedern,* also der Kern des Charakters, der in der vorwiegend seelischen, hingebenden, oder geistigen, behauptenden Grundhaltung zum Ausdruck kommt.

Die *Tektonik* des Charakters ergibt sich aus der Harmonie oder Disharmonie der übrigen Eigenschaftsbezirke. Einheitlichkeit und Zerrissenheit, Festigkeit und Labilität, Reife und Unreife gehören hierher.

Die *Haltungsanlagen* schließlich umfassen alles, was mit dem Verhalten des Menschen zusammenhängt: Schüchternheit, Ausgelassenheit, Dreistigkeit, Schwatzhaftigkeit, Bescheidenheit usw.

Gegen diese Einteilung wird sich nicht viel sagen lassen. Sie ist so gut wie jede andere, die alle Bezirke des Charakters umfaßt. Eine Einteilung ist immer erst die Grundlage für die Einzelarbeit; und in dieser Hinsicht ist, wie *Klages* selbst betont, noch sehr viel zu leisten. Man muß wissen, *warum* ein Mensch feinfühlig oder harmonisch, schüchtern oder bescheiden ist; zum Verständnis solcher Eigenschaften hat *Klages* in feinen Analysen einzelner Züge, wie des Ressentiments, der Eifersucht, der Hysterie usw., viel Wertvolles beigetragen.

Die heute auch in wissenschaftlichen Kreisen nicht mehr bestrittene Bedeutung der *Klagesschen* Arbeiten liegt in erster Linie darin, daß er die letzten Wurzeln der Charaktereigenschaften aufzufinden suchte und mit dem Gegensatz von Seele und Geist zwei psychische Grundrichtungen darstellte, die in jedem Menschen in verschiedenem Stärkeverhältnis vorhanden sind und dadurch nicht nur die Verschiedenheit der Charaktere verständlich machen, sondern auch eine wertende Beurteilung erlauben. Über die Wissenschaftlichkeit des Systems von *Klages* zu streiten, hat nicht viel Sinn, weil *Klages* selbst gar nicht auf Wissenschaftlichkeit ausgeht, sondern nur hin und wieder in sehr spärlichem Ausmaß Ergebnisse der Einzelwissenschaften zur Stützung seiner allgemeinen philosophischen Grundhaltung heranzieht.

Abschließend sei noch einmal betont, daß das Ausgeführte in keiner Weise das Studium der *Klagesschen* Bücher ersetzen kann, sondern nur einen ganz allgemeinen und deshalb auch nur ungefähren Einblick in seine Lehre geben sollte. Es mußte nicht nur vieles – vor allem auch seine *Ausdrucksforschung,* die durch seine graphologischen Arbeiten besonders bekannt geworden ist – unberücksichtigt bleiben; es kommt bei der Philosophie von *Klages* ungemein viel auf die sprachliche Ausdrucksweise, auf den Unterton und den Gefühlsinhalt der Worte an, auf Darstellungsmomente also, die in einer gedrängten Schilderung ganz verlorengehen. Demjenigen, dessen charakterologischer Eigenart die *Klagessche* Lehre entspricht, vermitteln seine Bücher mit ihrer oft leidenschaftlichen Sprache leicht ein sicheres Gefühl für die Unterscheidung des aus der „Seele“ und des aus dem „Geiste“ Stammenden; freilich machen sie ihn auch zum Pessimisten, denn wenn nicht, wie *Klages* einmal sagt, ein Wunder geschieht, wird die heutige zivilisierte Menschheit rettungslos dem „Geiste“ und damit dem Untergang verfallen.

Die Lehre von Eduard Spranger

Die allgemeinen Grundlagen

Bei der Darstellung der *Kretschmerschen* Typen wurden bereits einzelne Züge angegeben, die sich auf das Verhalten des Menschen zu seiner Umwelt beziehen. So wurde der Zyklothyme als gesellig, der Schizothyme als ungesellig oder elektiv gesellig bezeichnet; vom Zyklothymen wurde allgemein gesagt, daß er den Kontakt mit den Mitmenschen sucht und leicht findet, während der Schizothyme sich nur schwer an andere Menschen anschließt. Hingegen wurden die Interessenrichtungen in ihrer Verschiedenheit wohl in der Lehre von *Klages* berührt, ohne daß dabei aber eine Einteilung nach den in der Menschheit bestehenden Interessengebieten durchgeführt wurde. Eine solche Einteilung wurde von dem deutschen Pädagogen *Eduard Spranger* (1882–1964) geschaffen und zu einem System ausgebaut.

Jeder Mensch befindet sich immer in einer bestimmten Umwelt, die sich in dasjenige, was von Natur aus vorhanden ist, und in dasjenige, was von den Menschen geschaffen wurde, scheiden läßt: in eine *natürliche* und in eine *kulturelle* Umgebung.

Die kulturelle Umgebung enthält nicht nur das *Sinnenfällige,* also z. B. die Bauten, Maschinen, die Kunst- und Gebrauchsgegenstände, sondern auch *geistige Richtungen,* Ideen, Weltanschauungen usw. Weil hinter allen diesen Kulturleistungen der Mensch als ihr Schöpfer steht und weil dieses Schaffen nicht das körperliche, sondern das geistige Leben des Menschen zur Grundlage hat – „geistig" in einem nicht nur allgemeineren, sondern ganz anderen Sinne als vorhin bei *Klages* zu verstehen –, nennt *Spranger* die Kulturgüter *„Gebilde der Geisteswelt";* und weil diese Gebilde außerhalb des Menschen liegen, also in Gegensatz zu seinem subjektiven Sein stehen, spricht er von Kultur auch kurzerhand als vom *„objektiven Geist"*.

Schon daraus, daß die Kulturgüter von Menschen geschaffen sind, ergibt sich die Tatsache, daß der Mensch zu ihnen in einer besonderen Beziehung steht. Das Tier oder der Mensch auf niederer Entwicklungsstufe ist beherrscht vom Trieb zur Selbsterhaltung und Lebensgenuß; der Mensch von höherer Entwicklung kennt noch andere Ziele. Was aber für den Menschen ein Ziel darstellt, ist für ihn auch ein

Wert; deshalb ist ihm alles, wonach zu streben in seiner Natur liegt, *wertvoll.* Wenn die Menschen Künste, Religionen, wissenschaftliche, soziale und politische Ideen usw. hervorbrachten, so geschah dies deshalb, weil sie darin einen Wert erblickten oder, psychologisch ausgedrückt, weil ein Streben danach in ihnen vorhanden war. *Spranger* nennt daher die Kulturgüter „objektive Wertgebilde".

An diesen im historischen Prozeß entstandenen Wertverwirklichungen hat jeder in einer Kultur lebende Mensch mehr oder weniger Anteil, weil sie ihm mehr oder weniger wertvoll sind. Das „Mehr-oder-weniger" aber bedeutet nichts anderes, als daß sich im Menschen selbst individuell sehr verschiedene, mehr oder weniger starke Strebungen oder Wertrichtungen vorfinden, die, miteinander verflochten und durch die Einheit des Ichbewußtseins aufeinander bezogen, sich in den Erlebnissen des Menschen auswirken.

So kommt es zu einer „Sinnbeziehung" zwischen den objektiven Wertgebilden und den subjektiven Werterlebnissen. Nimmt man dabei an – und die Wirklichkeit berechtigt dazu –, daß im einzelnen Menschen eine bestimmte Wertrichtung *vorherrsche,* so wird man aus der Tatsache, daß an jedem seelischen Vorgang der ganze Mensch, also die Gesamtheit seiner Eigenarten und damit auch seiner Wertrichtungen, beteiligt ist, erwarten müssen, daß die vorherrschende Wertrichtung die übrigen Wertrichtungen irgendwie färbt und in ihrem Sinne beeinflußt.

Damit ist die Grundlage für die *Sprangersche* Typeneinteilung gegeben. Da sich die objektiven Wertgebilde, die Kulturgüter, in Einzelbereiche (Kunst, Wissenschaft, Religion usw.) einteilen lassen, so werden sich, ihnen entsprechend, auch die subjektiven Wertrichtungen und mit ihnen die Menschen, in denen sie vorherrschen, einteilen lassen. Auf diese Weise kommt *Spranger* zu zeitlosen „Idealtypen, die als Schemata oder Normalstrukturen an die Erscheinungen der historischen und gesellschaftlichen Wirklichkeit angelegt werden sollen".

Die idealen Grundtypen der Individualität

Bei der Aufstellung der Typen geht *Spranger* von seiner psychologischen Totalitätsauffassung aus, nach welcher in jedem Menschen alle

Wertrichtungen vorhanden, jedoch von der dominierenden in ihrem Sinne gefärbt sind. Teilt man die Kulturwerte in bestimmte Klassen und unterscheidet man die Menschen nach den Wertrichtungen, die diesen Klassen entsprechen, so muß man auch noch zeigen, wie die vorherrschende, also typenbestimmende Richtung die übrigen im Menschen ebenfalls vorhandenen Strebungen beeinflußt. Nach der Lehre *Sprangers* lassen sich die Kulturwerte in sechs Kategorien teilen, denen sechs ideale Grundtypen des Menschen entsprechen. Diese Typen sind: 1. der theoretische Mensch, 2. der ökonomische Mensch, 3. der ästhetische Mensch, 4. der soziale Mensch, 5. der politische oder Machtmensch und 6. der religiöse Mensch.

Der *theoretische* Mensch ist charakterisiert durch seine Vorliebe für das Gebiet des Abstrakten, in welchem er in unpersönlicher Weise scharfe und präzise Unterscheidungen und Einteilungen vornimmt, um auf diese Weise zu einem sauberen, logisch klaren und einwandfreien System zu kommen. Alles Persönliche und damit auch das Fühlen und Begehren tritt dabei zurück; er kennt nur eine Leidenschaft, nämlich diejenige des objektiven Erkennens. „Die Welt wird für ihn ein Fächerwerk von allgemeinen Wesenheiten und ein System allgemeiner Abhängigkeitsverhältnisse. Dadurch aber überwindet er die Gebundenheit an den Moment. Er lebt in einer mehr zeitlosen Welt; sein Blick umspannt eine weite Zukunft, bisweilen ganze Erdepochen, und in dieser Besonnenheit verschlingt er Vergangenes und Künftiges zu einer gesetzlichen Ordnung, die er mit seinem Geiste meistert. Sein Ich hat teil an der Ewigkeit, die von der ewigen Geltung seiner Wahrheiten ausstrahlt.“ So schildert ihn *Spranger*.

Von den übrigen Wertrichtungen liegt dem theoretischen Menschen das ökonomische Verhalten am fernsten; er ist gegenüber den praktischen Lebensbedürfnissen ungeschickt und hilflos. Aber auch der ästhetischen Einstellung steht er recht fremd gegenüber; Einfühlung und Intuition sind für ihn sinnlose Schwärmereien. Nicht viel anders steht es mit der Beziehung zum Sozialen und Politischen: der Theoretiker hat wenig Mitgefühl, er kann sich in andere Menschen nicht einleben; für das politische Gebiet ist er ungeeignet, weil ihm der Sinn für das Konkrete und Praktische fehlt.

Was schließlich das Religiöse anlangt, so gibt es hier zwei Möglichkeiten: Die positivistische Variante des theoretischen Menschen hat für Religion nichts übrig, weil sie voraussetzungslos und wertfrei zur Wahrheitserkenntnis kommen will; die metaphysische Variante hingegen hat nicht selten einen tief religiösen Zug, der sich in der Ehrfurcht vor den unlösbaren letzten Fragen und im Vertrauen auf eine überirdisch gelenkte Menschheitsentwicklung äußert.

Der *ökonomische* Mensch ist derjenige, der immer den Nützlichkeitswert voranstellt. „Alles wird für ihn zu Mitteln der Lebenserhaltung, des naturhaften Kampfes ums Dasein und der angenehmen Lebensgestaltung. Er verfährt sparsam mit dem Stoff, mit der Kraft, mit dem Raum, mit der Zeit, um ihnen ein Maximum nützlicher Wirkungen für sich abzugewinnen. Wir Neueren würden ihn vielleicht auch als den praktischen Menschen bezeichnen, schon weil das ganze Gebiet der Technik ... ebenfalls unter dem Gesichtspunkt des Ökonomischen steht. Aber der Wert seines Tuns liegt nicht in den Tiefen einer wertentscheidenden Gesinnung, sondern in dem ganz äußerlichen Nutzeffekt."

Für die erkennende Tätigkeit hat der ökonomische Mensch viel übrig; aber nicht, weil es ihm um die Wahrheit geht, sondern weil er das Wissen finanziell verwerten will. Erkenntnisse, die keinen Nutzen bringen, sind ihm wertlos. Das Ästhetische ist für den ökonomischen Menschen höchstens ein Mittel, das Leben angenehmer zu machen, also insofern wertvoll, als er es als Luxus pflegt und anstrebt. Besonders deutlich zeigt sich seine Eigenart im Bereich des Sozialen: er ist der Egoist in Reinkultur, die übrigen Menschen sind für ihn als Menschen uninteressant, wichtig nur als Konsumenten, Produzenten und Arbeiter. Die Politik ist ihm wichtig, weil sie das wirtschaftliche Gebiet beeinflußt; Politik ist für ihn ausschließlich Wirtschafts- und Finanzpolitik. Das Religiöse liegt ihm fern; sein Gott ist Mammon.

Der *ästhetische* Mensch ist nicht leicht zu schildern, weil sich im Bereiche dieses Erlebens die feinsten und zartesten seelischen Gefühlsregungen auswirken, für deren subtiles Wesen die Sprache der Wissenschaft zu grob und zu schematisierend ist. Der ästhetische Mensch steht dem Materiellen irgendwie fern; er lebt das Dasein, wie *Spranger* es ausdrückt, „mehr aus zweiter Hand". Diese Naturen „berühren sich nicht unmittelbar mit der Realität, die das Begehren und Handeln weckt. Sie sehen dem Bilderspiel des Lebens zu, freilich nicht theoretisch reflektierend, sondern einfühlend und genießend-beschauend".

Deshalb ist ihnen das Abstrakte der wissenschaftlichen Tätigkeit, aber noch mehr das Praktische des ökonomischen Bereiches fremd; auch im Verhältnis zu den anderen Menschen entscheiden nicht die realen Interessengemeinsamkeiten, sondern es sind die übrigen Menschen in erster Linie, wie alles andere, Gegenstand der Betrachtung. Auf dem politischen Gebiet ist der Ästhetiker Anhänger größter Freiheit und Entwicklungsmöglichkeit; das Harte und Beengende der imperialistischen Staatsformen schränkt die Auswirkung der Persönlichkeit für den Ästhetiker zu sehr ein, er vertritt den „Liberalismus des schönen Menschentums". Auch in der Religion hat er gegen alles Dogmatische starke Abneigung; seine Religion ist die Harmonie mit dem All, die Anschauung von der Beseeltheit und Göttlichkeit der ganzen Natur.

Der *soziale* Mensch ist charakterisiert durch die liebende Einstellung zu den Mitmenschen, die dazu führt, daß er nicht nur sein eigenes Leben lebt, sondern dasjenige der anderen mitlebt, wobei sein eigenes Dasein ganz zurücktreten kann; daher liegt ihm alles Selbstsüchtige ganz fern. Die Wissenschaft ist für ihn zu kalt und sachlich, das ökonomische Verhalten widerspricht seiner Selbstlosigkeit, und das politische Gebiet erfordert hartes und rücksichtsloses Vorgehen, wofür er gänzlich ungeeignet ist; sein Staatsideal ist eine Gesellschaftsform, in welcher alle Menschen in gegenseitiger Hilfe glücklich sind. Sehr nahe steht dem sozialen Menschen der religiöse; ein alles mit Liebe behütender Gott ist für den Sozialen der höchste Wert.

Der *Machtmensch* ist von dem Bestreben beherrscht, daß sich die übrigen Menschen seiner Meinung und seinen Anordnungen fügen. Es gibt einen Machtgenuß, der zur Voraussetzung hat, daß man sich selbst frei und unabhängig fühlt und zugleich weiß, daß die anderen abhängig sind. Für den Machtmenschen ist alles Mittel zum Zweck, die anderen zu unterdrücken; die wissenschaftliche Erkenntnis ebenso wie die irdischen Güter, diese letzteren ganz besonders, weil mit ihnen ein wirksames Mittel zur Machtgewinnung erreicht ist. Das Ästhetische benützt er zur Äußerung der Macht, es dient dem Prunk und der Dekoration. In scharfem Gegensatz steht der Machtmensch zum sozialen Menschen; von der Liebe des letzteren ist bei ihm nichts vorhanden. Ebensowenig hat der Machtmensch ein Verhältnis zur Religion; Gott ist für ihn höchstens der ungern anerkannte noch Mächtigere.

Der *religiöse* Mensch schließlich ist „derjenige, dessen ganze Geistesstruktur dauernd auf die Erzeugung des höchsten, restlos befriedigenden Werterlebnisses gerichtet ist". *Spranger* kennt drei Formen des religiösen Menschen: den immanenten Mystiker, der alle Lebenswerte als Auswirkungen des Göttlichen betrachtet und alles Seiende verehrt, weil Gott darin wohnt; sein Gegenteil ist der transzendente Mystiker, der alles Irdische verachtet und in seiner ganzen Geisteshaltung einer überweltlichen Sphäre zugewandt ist, in welcher aufzugehen sein Ziel ist. Die dritte Art des Religiösen – der „Dualistische" – läßt das Irdische als notwendig und gut gelten, trennt es aber scharf vom Überirdischen, in welchem allein das Göttliche lebt und herrscht. Das Erkennen kann für den Religiösen einen Wert bedeuten, aber die Grenzen des Erkennens sind eng und unüberschreitbar; das Letzte kann man nur glauben. Das ökonomische Gebiet ist für den Religiösen das zwar notwendige, aber niedere Mittel der Lebenserhaltung, das nicht zum Selbstzweck werden darf; das ästhetische Gebiet dagegen hat mit den religiösen manche Berührungspunkte, aber es ist an das Materielle gebunden und nicht an sich wertvoll, sondern höchstens als ein besonderer Ausdruck des Göttlichen. Der Bereich des Sozialen ist mit demjenigen des Religiösen auf das engste verbunden; denn hier kann der Religiöse durch Helfen und Bessern seinem Gott auf jene Weise dienen, die der göttlichen Liebe am nächsten kommt.

Für einige *Spranger*-Typen hat *Wilhelm Arnold* eine feinere Differenzierung vorgeschlagen. So nimmt er für den *theoretischen* Menschen drei typenbildende Anlagen an, aus denen sehr verschiedene Arten von Forschern und Philosophen hervorgehen: Beobachtung des Einzelnen, um von dort aus zu einem System zu gelangen (Induktion), Annahme von Zusammenhängen, die – oft geradezu als Vorurteil – auf alles Einzelne übertragen werden (Deduktion), und wirklichkeitsentsprechende Verbindungen beider Einstellungen (Synduktion – die ideale Grundhaltung für die Erforschung komplexer Sachverhalte, z. B. in der Psychologie). Beim *ästhetischen* Typus unterscheidet *Arnold* vier Arten des Lebensstils: realistisch (Eindruckserleben ohne ästhetische Verarbeitung), idealistisch (gedankenhafte Umformung des Erlebnismaterials), impressionistisch (subjektive Gefühlsfärbung der Eindrücke) und expressionistisch (überstarke gefühlhafte Subjektivierung).

Nicht unerwähnt darf bleiben, daß schon lange vor *Spranger* ein

Schweizer – *A. de Candolle* in Genf – 6 Werttypen unterschieden hat, von denen 5 dem *Spranger*schen System entsprechen. *De Candolle* unterschied im Jare 1873: 1. ausgeprägtes Trachten nach materiellen Gütern aus Freude an Erwerb und Besitz, 2. Veranlagung, zum eigenen Vergnügen Werte zu vergeuden, 3. Streben nach Einfluß und politischer Macht, 4. Tendenz zu religiösen Gedanken, 5. Streben nach Wahrheit um ihrer selbst willen, 6. Drang nach dem Schönen an sich.

Grundlagen und Methoden der Persönlichkeits-Diagnostik

Die bisher dargestellten Typen- und Charaktersysteme versuchen, große Gruppen von Menschen zu bilden, die einander in den Eigenarten ihrer Reaktionen auf Umweltreize, ihrer Lebenseinstellung oder ihrer Interessen ähnlich sind. Der einzelne Mensch ist dabei nur insofern erfaßt, als er zu einer typologisch charakterisierbaren Gruppe gehört. Aber nicht alle Menschen gehören zu einer solchen Gruppe, und auch unter „typengleichen" Menschen ist jeder von allen anderen in vielen Merkmalen verschieden. Die *individuelle* Eigenart des Einzelmenschen wird durch die Zuordnung zu einem Typus nicht erfaßt; jeder Schizothyme unterscheidet sich von den anderen Schizothymen nicht nur durch den Grad der Schizothymie, sondern auch durch Merkmale, die typenunabhängig sind (z. B. Intelligenz, Ehrlichkeit usw.). Für die Arbeit des praktischen Psychologen genügt daher die Typendiagnose nicht; er will zu einer *„Persönlichkeitsdiagnose"* gelangen – zu einer richtigen Beschreibung des *einzelnen* Menschen mit allen seinen charakteristischen Eigenschaften.

Im Alltag entstehen Persönlichkeitsdiagnosen in erster Linie durch den „Eindruck", den man von einem Menschen durch sein Aussehen, sein Verhalten im Alltag, seine Stimme und Sprechweise usw. empfängt; in der Wissenschaft faßt man diese äußerlichen Merkmale, aus denen sich Schlüsse auf den Charakter ziehen lassen, unter dem Begriff *„Ausdruck"* zusammen. Zum Ausdruck gehört nicht nur der Gesichtsausdruck, sondern alles, was an äußeren Merkmalen feststellbar ist (z. B. auch sein Gang, seine Kleidung, seine Stimme, seine Bewegungsweise usw.). Natürlich spielen solche Ausdruckserscheinungen auch bei Begutachtungen in der psychologischen Praxis eine große Rolle; aber es ist bisher nur in geringem Grade gelungen, sie exakt zu erfassen. Die „Ausdrucks-Psychologie" bietet gegenwärtig noch viel mehr ungelöste theoretische Probleme als praktisch anwendbare diagnostische Methoden; nur die *Graphologie,* die Deutung des Ausdruckes der Handschrift, hat praktische Bedeutung gewonnen, doch bestehen über ihren Verläßlichkeitsgrad sehr widersprechende Meinungen.

Als wichtigste und sicherste Methoden der Persönlichkeits-Diagnose gelten gegenwärtig die *Persönlichkeits-* und *Intelligenz-Tests,* über die in den folgenden Kapiteln ausführlich berichtet wird.

In der Ausdrucksforschung und bei der Kontrolle von Intelligenz- und Persönlichkeits-Tests wird u. a. mit einem statistischen Verfahren gearbeitet, das die Möglichkeit bietet, den Grad der Übereinstimmung zwischen zwei Befunden – z. B. Gesichtsausdruck und Intelligenz oder Intelligenz und Schulleistung – in einer einzigen Zahl zum Ausdruck zu bringen: die *Korrelations-Rechnung.* Ein Beispiel: es soll festgestellt werden, mit welcher Sicherheit sich die Intelligenz nach dem Gesichtsausdruck schätzen läßt. An genügend vielen Personen – z. B. 50 Schülern – werden durch genügend viele Beurteiler – z. B. 200 – Schätzungen der Intelligenz nach dem Aussehen in einer Fünf-Noten-Skala (von sehr intelligent bis nicht intelligent) durchgeführt; dann wird für jeden der 50 Schüler der Intelligenzgrad mit Hilfe eines Tests festgestellt (wieder in einer Fünf-Noten-Skala). Es liegen nun für jeden Schüler zwei Befunde vor: der geschätzte Intelligenzgrad (als Mittel aller 200 Schätzungen) und der getestete Intelligenzgrad. Man könnte nun in Prozenten angeben, wie viele Schätzungen vollkommen mit dem Testergebnis übereinstimmen, wie viele überhaupt nicht und wie viele dazwischen liegen. Mit Hilfe der Korrelationsrechnung kann man die ganze Variation von vollkommener bis gänzlich fehlender Übereinstimmung zwischen Intelligenzschätzungen und Intelligenztestungen an allen 50 Schülern erfassen und in einer einzigen Zahl ausdrücken. Diese Zahl – der Korrelationskoeffizient r – liegt zwischen + 1 und – 1 (im obigen Beispiel nach einer Untersuchung von

F. Nossberger etwa bei + 0,4). Ein Koeffizient von + 1 würde bedeuten, daß alle Intelligenzschätzungen mit den Testergebnissen übereinstimmen, ein solcher von – 1, daß Schätzung und Testergebnis genau entgegengesetzt sind (eine gute Einschätzung also mit schlechten Testergebnissen einhergeht und umgekehrt), ein Koeffizient von 0 bedeutet vollkommen regellose Zufallsverteilung.

Der Korrelationskoeffizient gibt nur an, mit welcher Häufigkeit zwei Merkmale, Befunde, Ereignisse usw. gleichzeitig auftreten; alles weitere – z. B. die Annahme von Zusammenhängen oder Abhängigkeiten – ist Interpretation. Es ist oft schwierig, die Bedeutung einer Korrelation richtig einzuschätzen; besonders ist dabei zu beachten, daß der Korrelationskoeffizient nicht linear ansteigt; ein r von 0,80 ist nicht das Doppelte von r = 0,40, sondern beträchtlich mehr. Es gibt ein Verfahren zur Umrechnung der Korrelation in Prozente der Varianz: wenn man den Koeffizienten quadriert, erhält man (mit 100 multipliziert) den Prozentsatz, in welchem beide Merkmale zusammenfallen (oder beide Aussagen, z. B. Intelligenzschätzung und Intelligenztestung, übereinstimmen). Ein Koeffizient von 0,8 ergibt 64 % gemeinsame Varianz beider Merkmale, ein solcher von 0,4 nur 16 %. Man sieht aus dieser Umrechnung, daß nur hohe Koeffizienten Häufigkeitsprozente ergeben, die zur Annahme von Zusammenhängen zwischen den untersuchten Befunden berechtigen. Bei Korrelationsuntersuchungen über die Zuverlässigkeit von Intelligenz- und Persönlichkeitstests müssen daher hohe Koeffizienten gefordert werden.

Auf die Art der Berechnung von Korrelationen kann hier nicht eingegangen werden; es gibt darüber gute Lehrbücher (z. B. *E. Mittenekker).* Es sei auch betont, daß die Umrechnung in Prozente der Varianz nicht für alle Arten der Korrelationskoeffizienten zulässig ist (wohl aber auf die in diesem Buche angeführten Koeffizienten), ferner, daß jede Korrelation auf ihre statistische Relevanz untersucht werden muß, d. h. daraufhin, ob sie so hoch ist, daß sie nicht mehr durch einen Zufall zustandegekommen sein kann (Signifikanzprüfung).

Schon aus diesen kurzen Hinweisen ergibt sich, daß die richtige Beurteilung der Verläßlichkeit eines Tests und seiner Resultate nur auf Grund eingehender Fachstudien möglich ist. Dasselbe gilt von der Anwendung und Auswertung von Testmethoden. Außer gründlicher

Fachkenntnis erfordert jede einigermaßen genaue Persönlichkeits-Diagnose viel Aufwand an Zeit, Mühe und Geduld. *Methoden, mit denen man den Charakter eines Menschen rasch und sicher erkennen kann, gibt es nicht.* Um nur einige der entscheidenden Charakterzüge eines Menschen mit solcher Sicherheit zu konstatieren, daß man mit gutem Gewissen ein Persönlichkeitsgutachten über ihn abgeben kann, muß man vielerlei Verfahren anwenden, die nur ein Fachpsychologe, der eine entsprechende Spezialausbildung durchgemacht hat, richtig auswählen und in ihrem diagnostischen Wert richtig einschätzen kann.

Ausdrucksforschung

Probleme und Methoden

Die Ausdrucksforschung ist ein Gebiet, in welchem der Gegensatz zwischen der wissenschaftlichen Psychologie und der praktischen Psychologie des täglichen Lebens besonders klar erkennbar wird; dabei befindet sich die letztere sehr im Vorteil gegenüber der Fachpsychologie, denn diese besitzt gegenwärtig noch nicht einmal einen Ansatz zu einer verläßlichen Ausdrucksdeutung. Es gibt noch keine wissenschaftlich gesicherte Ausdruckslehre, mit deren Hilfe man den Charakter eines Menschen aus seinem Aussehen, seinen Bewegungen, seiner Sprechweise oder seiner Schrift rasch und verläßlich erkennen könnte. Mit wissenschaftlichen Methoden ist nicht einmal der Unterschied zwischen einem fröhlichen, verlegenen oder spöttischen Lachen feststellbar; wir haben keine Instrumente, mit denen man konstatieren kann, ob ein Blick offen, listig oder drohend ist. Kaum irgendwo wird man die Verschiedenheit zwischen den rationalen wissenschaftlichen Methoden des logischen Denkens und den unvergleichlich feineren „natürlichen" Methoden des gefühlsmäßigen „Spürens" besser darstellen können als am Beispiel des Ausdrucks. Die wissenschaftliche Psychologie kann Reaktionszeiten mit einer Genauigkeit von Tausendstelsekunden messen, sie kann elektrische Spannungen von wenigen Millionstel Volt im Gehirn feststellen und kleinste Muskelkontraktionen registrieren, aber sie kann auch mit ihren kompliziertesten Apparaten nicht einen heiteren von einem verlegenen Gesichtsausdruck unterscheiden.

Der Grund hierfür liegt vielleicht darin, daß die Wirkung des Ausdrucks nicht auf dem Wege verstandesmäßiger Beurteilungen zustande kommt, sondern „*unmittelbar*" – auf ganz unbekannte, rätselhafte Weise, die viel mehr mit dem Gefühlsleben als mit dem Denken zusammenhängt; ferner darin, daß gegenüber den Feinheiten der Ausdruckswirkung die Sprache versagt. Wir haben nicht einmal im täglichen Sprachgebrauch und ebensowenig in der Sprache der Dichter, am wenigsten aber in wissenschaftlichen Formulierungen die Möglichkeit, Ausdruckserscheinungen exakt zu beschreiben. Niemand kann genau sagen, worin der Unterschied zwischen einem fröhlichen, spöttischen, vergnügten, ironischen, höhnischen, zornigen, freundlichen oder verärgerten Gesichtsausdruck besteht, aber jeder erfaßt diese Unterschiede mit großer Sicherheit „instinktiv" – der Eindruck des Zornigen, Spöttischen oder Fröhlichen entsteht ganz von selbst, ohne unser Zutun, eben „unmittelbar", ohne Nachdenken oder Überlegen. Nichts wäre lächerlicher als einen Menschen darüber belehren zu wollen, wie sich das spöttische vom herzlichen Lachen unterscheidet; aber nicht einmal dazu wäre die Psychologie in der Lage.

Man könnte meinen, daß es bei der geschilderten Hilflosigkeit der wissenschaftlichen Psychologie gegenüber dem Ausdrucksproblem unnütz sei, sich überhaupt damit zu befassen; man kann aber auch – und dies erscheint mir richtiger – die Auffassung vertreten, daß es höchste Zeit sei, es gründlich und ausführlich zu tun; und zwar mit den Methoden der exakten Forschung. Daß dies möglich ist, zeigt eine Reihe von bereits vorliegenden Einzeluntersuchungen, über die später ausführlich berichtet wird. Das erste Ziel dieser Bemühungen ist allerdings nicht eine praktisch anwendbare charakterologische Ausdruckskunde, sondern die Auffindung der Gesetzmäßigkeiten, die die Ausdruckswirkung beherrschen. Gibt es auch noch keine wissenschaftlich gesicherte Ausdruckskunde, so doch eine im Entstehen begriffene Ausdrucksforschung; nur von ihren Ergebnissen und Methoden soll im folgenden gesprochen werden, wobei allerdings die ausdruckskundlichen Systeme halbwissenschaftlicher Art auch behandelt werden müssen. Um das Wenige, das sich gegenwärtig darüber sagen läßt, so klar als möglich darzustellen, müssen zunächst die vorliegenden Probleme möglichst klar formuliert und die methodischen Möglichkeiten zu ihrer Lösung dargestellt werden.

Der Hauptgrund dafür, daß die wissenschaftliche Ausdrucksforschung noch in ihren Anfängen steckt, liegt wahrscheinlich darin, daß wir nicht feststellen können, auf welche Weise der Ausdruck wirkt oder – genauer formuliert – auf welche Weise der Eindruck zustande kommt. Man kann zwar ziemlich genau angeben, wie ein menschliches Gesicht aussehen muß, damit es den Eindruck des Klugen oder Einfältigen, des Vergnügten oder Traurigen erzeugt (über solche Untersuchungen wird später ausführlich berichtet); ebenso könnte man z. B. feststellen, welche Eigenschaften ein Lachen haben muß, damit es fröhlich oder spöttisch erscheint (man müßte für beide Arten des Lachens Klanganalysen durchführen, die uns die Unterschiede in den Luftschwingungen zeigen würden, die durch das spöttische und fröhliche Lachen entstehen). Mit solchen Methoden kann man aber immer nur die – weniger wichtige – Frage beantworten: welche Merkmale des Gesichtes, der Stimme oder der Sprechweise rufen bestimmte Eindrücke hervor (z. B. intelligent, vergnügt, traurig usw.)? Viel wichtiger wäre die Beantwortung der Frage, warum gerade diese Merkmale die Eindrücke „intelligent", „vergnügt", „traurig" erzeugen; und natürlich auch der Frage: sind die durch bestimmte Merkmale entstandenen Eindrücke richtig – ist der Mensch, dessen Gesicht uns intelligent oder traurig erscheint, wirklich intelligent oder traurig?

Aus diesen Überlegungen ergeben sich drei Ausdrucks-Probleme: 1. welche Merkmale erzeugen bestimmte Eindrücke? (das Zuordnungs-Problem); 2. auf welche Weise entstehen die Eindrücke? (das Entstehungs-Problem); 3. vermittelt der Eindruck richtige Informationen? (das Verläßlichkeits-Problem).

Die erste Frage – das Zuordnungs-Problem – läßt sich experimentell behandeln; es wird später über Versuchsreihen berichtet werden, aus denen mit Sicherheit hervorgeht, daß bestimmte Merkmale des Gesichtes oder der Stimme von den meisten Menschen bestimmten Charaktereigenschaften zugeordnet werden. Die zweite Frage – das Entstehungsproblem des Eindruckes – ist mit experimentellen Methoden nicht beantwortbar; es gibt aber eine Reihe von Theorien, von denen einige bis zu einem gewissen Grade empirisch kontrollierbar sind (diese „Ausdruckstheorien" werden später kurz dargestellt). Am leichtesten zu beantworten ist das Verläßlichkeits-Problem: im biologischen Normalbereich sind klare Ausdruckserscheinungen in hohem Grade verläßlich; d. h. die von ihnen erzeugten Eindrücke vermitteln richtige Informationen. Wenn ein Mensch, von heftigem Schluchzen geschüttelt, mit tränenüberströmtem Gesicht vor uns steht, dann wissen wir, daß wir einen traurigen, verzweifelten oder gekränkten, keinesfalls einen vergnügten Menschen vor uns haben; und wenn ein Hund mit drohendem Knurren auf uns losgeht, wissen wir, daß er angriffsbereit ist. Ebenso genau wissen wir aber, daß jemand sich sehr freundlich zu uns benehmen kann, ohne daß wirklich eine freundliche Gesinnung besteht, oder daß ein Gesicht ehrlich und bieder aussehen kann, ohne daß sein Besitzer diese Eigenschaften besitzt. Der Eindruck ist innerhalb der biologischen Beziehungen (z. B. unter Tieren) immer verläßlich – davon ist im Bereiche des menschlichen Verhaltens unter dem Einfluß der Zivilisation zwar viel verlorengegangen, es gibt aber experimentelle Möglichkeiten, den Grad der Verläßlichkeit einzelner Ausdrucksbereiche (z. B. der Intelligenzschätzung aus dem Gesichtsausdruck oder aus der Sprechweise) ziemlich genau zu kontrollieren.

Man könnte – gerade im Zusammenhang mit biologischen Vorgängen – noch eine vierte Frage stellen: worin liegt die Aufgabe oder der biologische Zweck der Ausdruckserscheinungen (das „Sinn-Problem“ des Ausdrucks). Die Antwort ist klar: Ausdruck ist sprachfreie Information; seine Aufgabe besteht darin, andere Lebewesen über den psychischen Zustand eines Menschen oder eines Tieres zu unterrichten, ohne daß dazu verbale Hilfsmittel nötig sind. Knurren, Fauchen, Zähnefletschen usw. werden von Mensch und Tier als Zeichen der Angriffsbereitschaft verstanden – sie haben hohen Informationswert. Verstanden werden solche Ausdruckserscheinungen, ohne daß ihre Bedeutung jemals gelernt wurde; dieses Verstehen ist angeboren und es hat Wirkungen, die ebenfalls ungelernt auftreten: das Knurren und Zähnefletschen bewirken, daß man sich selbst auch in Angriffsstellung begibt oder die Flucht ergreift. Solche biologische Reaktionen gehören zu den *„Instinkthandlungen“* – ein schwer definierbarer Begriff, für den ich an anderer Stelle folgende Bestimmung vorgeschlagen habe: Instinkthandlungen sind angeborene, biologisch zweckmäßige Verhaltensweisen, die ohne Mitwirkung des Bewußtseins als Reaktion auf bestimmte Reize einsetzen und ablaufen. Die Ursache solcher instinktiver Verhaltensweisen liegt sehr oft ausschließlich im Ausdruck eines anderen Lebewesens, so daß der biologische Sinn des Ausdrucks in solchen Fällen nicht nur in Information, sondern auch in der Auslösung eines bestimmten zweckmäßigen Verhaltens besteht; der Ausdruck wird zum „Auslöser" oder „Schlüsselreiz" im Sinne von *K. Lorenz.* Diese Funktion wurde zuerst von *R. Schenkel* betont: „Ich bezeichne als Ausdruck die Funktion von Strukturen, deren biologischer Sinn es ist, durch Stimmungsbeeinflussung bzw. Reaktionsauslösung an der Steuerung des Zusammenlebens mitzuwirken" *(Schenkel* 1947, S. 83); *Lorenz* hat diese Formulierung übernommen und dazu erklärt, daß im Zentrum dieses Ausdrucksbegriffes die „Auslöser" stehen *(Lorenz* 1951, S. 113).

Die Reaktionsauslösung durch Ausdruckswirkungen besteht natürlich nicht nur bei den Tieren, sondern genau so bei uns Menschen. Die Entstehung ganz spezifischer Eindruckserlebnisse und bestimmter, dadurch ausgelöster Reaktionen durch bestimmte Reize ist uns ebenso angeboren wie den Tieren; und wie bei ihnen kommt auch bei uns der Eindruck unmittelbar, ohne rationale Deutung, ohne jedes Nachdenken ganz von selbst zustande.

Ein Beispiel soll diese Behauptungen erläutern und beweisen. Abb. 19 zeigt die Umrisse der Köpfe von zwei kleinen Kindern; es ist die Frage zu beantworten, welcher von den beiden Köpfen eher das

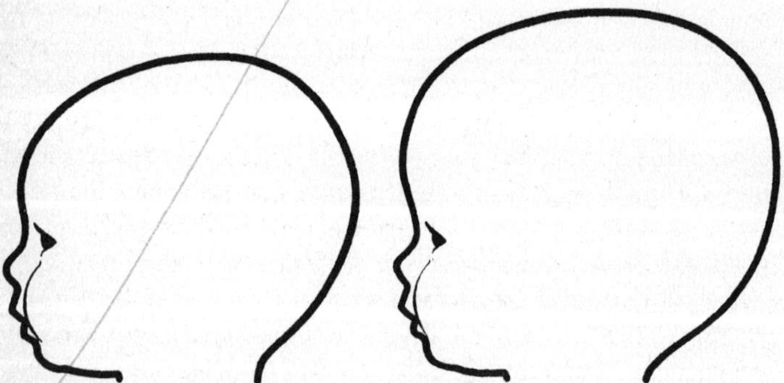

Abb. 19. Kindchenschema von *K. Lorenz* Aus *B. Hückstedt,* Z. experimentelle und angewandte Psychologie XII (1965), 427.

Gefühl auslöst, welches sich am besten mit den Worten „lieb", „niedlich", „herzig", „süß" ausdrücken läßt. Für die meisten Menschen besteht kein Zweifel: der zweite Babykopf (rechts) verdient diese Bezeichnung in höherem Maße als der Kopf links. Bei manchen Betrachtern entsteht sogar eine Spur eines Zärtlichkeitsgefühles und des Dranges zur Betreuung dieses süßen Babys. In Wirklichkeit weist nur der Kopf 1 die natürlichen Proportionen auf, während Kopf 2 eine „supranormale" Form mit Überbetonung der Stirnwölbung und der Schädelhöhe zeigt („Hirnschädelbetonung"). Es handelt sich dabei um das bekannte „Kindchenschema", das von *Konrad Lorenz* schon 1943 als Beispiel dafür konstruiert wurde, daß die „affektive Gesamteinstellung, mit der der Mensch dem noch hilflosen und pflegebedürftigen Jungen seiner Art begegnet, in ihrem Ansprechen von einer erstaunlich geringen Anzahl einzelner Merkmale des Objektes abhängig ist, die miteinander nach dem Prinzip von Summe und Beziehung ein typisches angeborenes Schema aufbauen" *(Lorenz* 1943, S. 274). „... beim Kindchenschema ist das Ansprechen mit ganz bestimmten, autonomen und unvergleichbaren Gefühlen und Affekten verbunden, mit einem durchaus spezifischen Erlebnis, dessen Qualität im Deutschen meist mit ‚niedlich', ‚süß', am eindeutigsten im Süddeutschen mit ‚herzig' wiedergegeben wird" *(Lorenz* 1943, S. 274). *Bärbel Hückstedt* hat mit dem Kindchenschema einige Experimente durchgeführt, bei denen z. B. die beiden in Abb. 19 wiedergegebenen Kopfformen im Einzelversuch 250 Personen in Gruppen von je 25 männlichen und weiblichen im Alter von 6–9, 10–13, 14–17, 18–21 und 22–30 Jahren vorgelegt wurden; es war die Frage „welchen Kopf finden Sie herziger, süßer, lieber oder niedlicher?" zu beantworten. Abgesehen von den 6–9jährigen, von denen nur 10 männliche und 14 weibliche die supranormale Form bevorzugten, wurde in allen Altersgruppen eine signifikante Bevorzugung der supranormalen Kopfform festgestellt, bei den 10–13- und 14–17jährigen allerdings nur bei den Mädchen, in den höheren Altersgruppen bei beiden Geschlechtern. Noch deutlicher zeigte sich dies im „Esel-Versuch", bei dem von den 4 Eselsköpfen der Abb. 20 derjenige zu wählen war, der den „herzigsten", „süßesten", „liebsten" oder „niedlichsten" Eindruck machte; von allen Altersgruppen, mit Ausnahme der 10–13jährigen Buben, wurde der Kopf S 2 signifikant bevorzugt. Dieser Kopf ist am

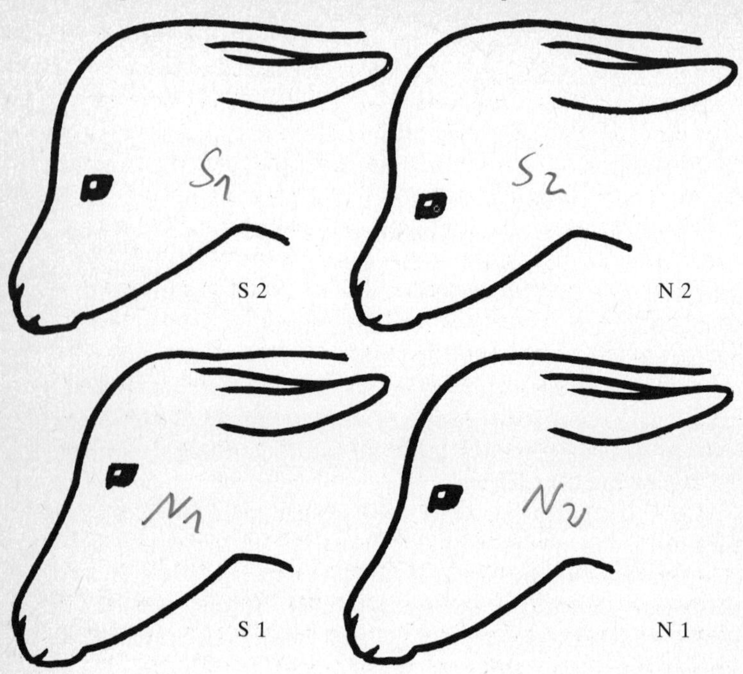

Abb. 20. Eselserie: welcher Eselskopf macht den herzigsten Eindruck? Aus *B. Hückstedt,* Z. experimentelle und angewandte Psychologie XII (1965), 429.

stärksten „supranormal" gezeichnet, d. h. Stirnwölbung und Oberkopfhöhe sind in Richtung Kindchenschema verändert, bei S 1 ebenfalls, aber schwächer, während N 1 und N 2 im Bereiche des Normalen liegen (N 1 entspricht einem älteren, N 2 einem jungen Esel).

Diese Ergebnisse beweisen, daß die Ausdruckswirkung im instinktiven Verhalten eine entscheidende Rolle spielt; genauer formuliert: die von einem Wahrnehmungsinhalt erzeugten gefühlsmäßigen unreflektierten Stellungnahmen – die Eindruckserlebnisse – führen zu bestimmten Reaktionstendenzen, deren Durchführung das instinktive Verhalten darstellt.

In methodischer Hinsicht ist also die Situation der Ausdrucksforschung keineswegs aussichtslos. Schwierigkeiten bestehen aber in be-

grifflicher Hinsicht – nämlich bei den Bemühungen, den Begriff „Ausdruck“ zu definieren. Da man ohne eine solche Definition – wie manches Buch zu diesem Thema beweist – über bloßes Herumreden nicht hinauskommt, soll wenigstens ein Versuch unternommen werden, die Frage „was ist Ausdruck?“ einigermaßen klar zu beantworten. Dazu ist es zweckmäßig, zuerst das Gebiet alles dessen, was für uns Ausdruck besitzt, zu umgrenzen, also das Material zu sammeln und zu sichten. Dies läßt sich am besten an Beispielen durchführen. Im täglichen Leben wirkt in erster Linie das *Gesicht* des Menschen mit allen Veränderungen seiner Einzelteile als Ausdruck. Es ist fast unmöglich, die vielerlei Ausdruckswirkungen aufzuzählen, die von einem Gesicht ausgehen können. Als Ganzes kann ein menschliches Gesicht, um nur einige Beispiele anzuführen, heiter oder ernst, dumm oder klug, offen oder verschlagen, weich oder hart wirken; das Auge allein hat sehr viele fein abgestufte Ausdrucksmöglichkeiten – den harten, stechenden, freundlichen, milden, klaren, koketten, scharfen, tiefen, giftigen, leeren, höhnischen, sachlichen, schiefen, unsicheren, verlegenen, zornigen, tückischen, listigen, entschlossenen, drohenden, strengen, andächtigen, verzweifelten, verachtenden Blick; ja die Blicke können sogar heiß oder kalt, feurig oder kühl sein. Ebensoviele Ausdruckswirkungen gehen von der *Stimme* und von der *Sprechweise* aus; sie kann bittend oder drohend sein, flehend oder streng, auffordernd oder ablehnend, warnend oder aufmunternd, gequält oder fröhlich, geziert oder natürlich, feierlich oder sachlich, zärtlich oder zynisch, fest oder unsicher, ergriffen oder gleichgültig, demütig oder herrisch, aber auch warm oder kalt, dunkel oder hell, hoch oder tief, voll oder brüchig, hart oder weich. Ein einfaches „ja“ kann zögernd, leise, sanft, zärtlich, fragend, unsicher, zweifelnd, aber auch fest, scharf, gebieterisch, befehlend oder beruhigend wirken, je nachdem, wie es ausgesprochen wird. Auch bei den Tieren gibt es viele stimmliche Ausdruckswirkungen: drohendes Knurren, behagliches Schnurren, zorniges Fauchen, schmerzliches Schreien, klagendes Rufen, fröhliches Singen. Zu den menschlichen Ausdruckserscheinungen gehören schließlich noch die Bewegungen der Hände, Arme und Beine und des ganzen Körpers *(Gestik* und *Motorik)* und dasjenige, was von den Bewegungen der Hand als dauerndes Resultat bestehen bleibt: die *Handschrift.* So lassen sich die Ausdruckserscheinungen in fünf Hauptgruppen einteilen: *Physiognomik* (die Ausdrucksmerkmale der Gestalt und des Gesichtes), *Mimik* (die Bewegung im Gesicht), *Gestik und Motorik* (die Bewegungen der Hände und des übrigen Körpers), *Stimme und Sprechweise, Schrift.* Von jeder dieser Hauptgruppen ist im folgenden ausführlich zu sprechen.

In allen bisher besprochenen Beispielen kommt das Ausdrucksverhalten, wenigstens im großen und ganzen, *unwillkürlich* zustande. Der Zornige schreit, ohne daß er die Absicht dazu hat; wer befiehlt, gibt seiner Stimme unwillkürlich einen harten und scharfen Klang, und wer zärtlich sein will, spricht von selbst mit leiser, weicher Stimme. Will man einen bestimmten Eindruck erzeugen, so verwendet man bestimmte Ausdrucksmerkmale mit Absicht: eine feierliche Rede trägt man in ruhiger, getragener Sprechweise vor, tröstende Worte spricht man absichtlich mit sanfter, eindringlicher Stimme; und ebenso kann man den Blick absichtlich drohend oder warnend, auffordernd oder verachtend machen. Es gibt aber auch Ausdruckserscheinungen, die unabhängig vom Willen auftreten: das Erstarren des Gesichtes im Schreck, das Erbleichen und Erröten, das Weinen, das Zittern, das Beben der Stimme, das Aufleuchten der Augen, das Ausbrechen des Schweißes. Es ist zweckmäßig, diese *vegetativen* Ausdruckserscheinungen (sie sind vom vegetativen Nervensystem ausgelöst und herbeigeführt) von den übrigen zu unterscheiden, weil sie willentlich nicht erzeugbar und, sobald sie einen gewissen Grad von Stärke erreicht haben, auch nicht unterdrückbar sind.

Die vegetativen Ausdruckserscheinungen sind dem Willen entzogen, die nicht vegetativen entstehen bald unabsichtlich, bald absichtlich; es gibt aber auch noch Ausdrucksphänomene, die immer mit voller Absicht hervorgebracht werden: die *Werke der Kunst.* Der Dichter will in seinen Werken Stimmungen, Eindrücke, Menschen oder Landschaften in solcher Weise schildern, daß nicht in erster Linie der Inhalt seiner Worte, sondern ihr Ausdruck auf den Leser wirkt (im Gegensatz zum Wissenschaftler, der sachlich beschreibt und nicht ausdrucksmäßig schildert); und ebenso will der Maler oder Bildhauer seinem Werk jene begrifflich nicht faßbaren Wirkungen verleihen, die unmittelbar als Ausdruck der dargestellten Ideen oder Gefühle auf den Beschauer wirken. Der künstlerische Wert eines Gedichtes oder Gemäldes hängt fast ausschließlich davon ab, in welchem Grade es ge-

lungen ist, ihm die beabsichtigte Ausdruckswirkung zu verleihen. Im folgenden kann aber auf diese Fragen, die eng mit den Problemen der Ästhetik und Kunstpsychologie zusammenhängen, nicht eingegangen werden.

Aus den angeführten Beispielen ergibt sich, daß Ausdruckswirkungen nicht nur von den Menschen und den Tieren ausgehen, sondern auch von den leblosen Gebilden der Kunst und der Natur; ein gotischer Dom erzeugt in uns die Wirkung, daß wir ihn als etwas Emporstrebendes, zum Himmel Weisendes erleben, eine Gebirgslandschaft erscheint uns großartig oder vielleicht auch drohend. Man sieht aus solchen einfachen Beispielen, daß der Ausdruck der Dinge in den Erlebnissen besteht, die sie erzeugen. Der gotische Dom strebt nicht empor und weist nicht zum Himmel, er ist ein Gebilde aus aufeinandergetürmten Steinen; die Gebirgslandschaft ist weder großartig noch drohend. Allgemein formuliert: *welchen Ausdruck etwas hat, hängt ausschließlich davon ab, welche Erlebnisse es in uns erzeugt.* Der Ausdruck, den wir den Dingen zuschreiben, besteht in den Erlebnissen, die sie in uns entstehen lassen; für diese Erlebnisse hat die Sprache das Wort „Eindruck" eingeführt. Man muß daher, um zu einer einigermaßen präzisen Bestimmung des Begriffes „Ausdruck" zu kommen, etwas Genaueres über das Eindruckserlebnis wissen. Da die Wissenschaft dazu bisher nur sehr wenig beigetragen hat, ist man auf die eigene Selbstbeobachtung und auf die Erfahrung des Alltags angewiesen, wenn man erfahren will, was „Eindruck" ist. So vorsichtig man bei Ableitungen aus dem eigenen Alltagserleben auch sein muß, so lassen sich doch einige Tatsachen feststellen, an denen ein Zweifel nicht möglich ist; vor allem die Tatsache, daß der Eindruck meist in sehr unklaren, sprachlich schwer faßbaren Erlebnissen besteht, unter denen gefühlsmäßige Reaktionen eine besonders große Rolle spielen. Will man „Eindruck" so allgemein wie überhaupt möglich bestimmen – so daß dabei der Eindruck von einem menschlichen Gesicht ebenso erfaßt wird wie der Eindruck von einem Gemälde oder vom Stil eines Briefes –, so findet man nur ein einziges Merkmal, das die Eindruckserlebnisse von den meisten anderen Erlebnissen einigermaßen scharf unterscheidet: *der Eindruck entsteht ohne Mitwirkung des Denkens, ohne jede intellektuelle Anstrengung, ohne rationale Überlegung;* er ist auf einmal da, vielleicht sehr vage und unbestimmt, aber immerhin deutlich genug, um eine gefühlsmäßig zustimmende oder ablehnende Stellungnahme zu erzeugen. Man hat diese Entstehungsweise des Eindruckserlebnisses oft als „unmittelbar" bezeichnet, weil dabei der Weg über den Verstand, auf dem unsere klaren, überlegten Stellungnahmen zustandekommen, ausgeschaltet ist; es ist sehr schwer, für die Unmittelbarkeit des Eindruckes einen präziseren Ausdruck zu finden – am ehesten ist die Formulierung „unreflektierte Stellungnahme" geeignet, das Charakteristische der unmittelbaren Eindruckswirkung schärfer zu bestimmen. Man könnte daher folgende Begriffsbestimmung vorschlagen: Ausdruckswirkung besteht in unreflektierter Auslösung von Erlebnissen, in denen eine positive oder negative Stellungnahme enthalten ist. Auf diese Weise ist in Wirklichkeit nur gesagt, was jeder Mensch aus eigener Erfahrung weiß: daß man die Offenheit oder Verschlagenheit eines menschlichen Gesichtes oder das Unechte eines Gehabens nicht verstandesmäßig erfaßt, sondern unmittelbar irgendwie „spürt", ohne daß man angeben könnte, warum man zu diesem Eindruck gekommen ist. *Ausdruck ist dasjenige an einer Wahrnehmung, was ohne Mitwirkung des Denkens eine positive oder negative Stellungnahme auslöst;* diese Stellungnahme ist der „Eindruck".

Auf die in letzter Zeit besonders intensiv gewordenen Bemühungen, Ausdruck unter vielen verschiedenen Gesichtspunkten – als syntaktische, semantische, pragmatische Beziehung, als entwicklungs- oder sozialpsychologische Erscheinung usw. – darzustellen, kann hier nicht eingegangen werden, weil es sich dabei um höchst komplizierte theoretische Überlegungen handelt, bei denen aber oft die erwünschte Allgemeinheit (z. B. die Einbeziehung der Ausdruckswirkung von Kunstwerken) nicht erreicht wird (*Kirchhoff* 1960, 1965; *Frijda* 1965; *Gottschaldt* 1958). Wohl aber muß auf die enorme biologische Bedeutung der Ausdruckswirkungen hingewiesen werden. Unter den Tieren sind Mimik, Gestik und Lautgebung die einzigen Mittel zur wechselseitigen Verständigung, weil es für sie – mit Ausnahme gelernter Reaktionen – nur die unmittelbare „unreflektierte" Erlebnisauslösung gibt. Das Drohen durch Knurren und Fauchen bei Hund und Katze, die Lockrufe und Warnsignale der Vögel, die vielerlei Aufforderungs- und Demutsgebärden bei der Werbung der Tiere gehören nicht nur in das Gebiet der Ausdruckserscheinungen, sondern ebenso in den Bereich des instinktiven Verhaltens: einerseits werden solche Ausdrucksvorgänge durch bestimmte Situationen – Gefahr, Geschlechtspartner – herbeigeführt, andererseits lösen sie selbst wieder beim Situationspartner ein instinktives Verhalten aus. Die Funktion des Ausdrucks als unmittelbarer, nicht-intellektueller Erlebnis- und Verhaltensauslöser wird in diesen Fällen besonders klar; wie diese Ausdruckswirkungen bei den Tieren, bestehen auch alle Ausdruckswirkungen auf den Menschen – auch diejenigen der Kunst in ihrer höchsten Vollendung – in direkter, unreflektierter Auslösung von gefühlsmäßigen Stellungnahmen.

Keineswegs sind durch diese Überlegungen Ausdruck und Eindruck gleichgesetzt. Ausdruck ist dasjenige an den Wahrnehmungsinhalten, was den Eindruck, die gefühlsmäßige Stellungnahme, auslöst. Diese Unterscheidung ist von Bedeutung, weil sie zu einer wichtigen, aber oft übersehenen Feststellung führt. Im täglichen Sprachgebrauch schreibt man den Ausdruck ohne weiteres den Gegenständen zu, die in uns einen bestimmten Eindruck erzeugen: man nennt ein Lächeln verlegen, einen Blick drohend, einen Dom feierlich, ein Gewitter unheimlich. In Wirklichkeit ist nicht das Lächeln verlegen, sondern der Mensch, der so lächelt, und ebenso droht uns der Mensch und nicht sein Blick; der Dom ist nicht feierlich, sondern er wirkt auf uns feierlich, und das Gewitter ist ein Naturvorgang wie jeder andere und als solcher weder freundlich noch unheimlich. Es scheint also den Dingen die Wirkung, die sie auf uns ausüben, als Eigenschaft zugeschrieben zu werden; damit erhalten sie aber Merkmale, die ihnen als Sinnesreize gar nicht anhaften: in den Reizgrundlagen, die in uns die Wahrnehmung eines fröhlichen Gesichtes entstehen lassen, ist von der Fröhlichkeit nichts enthalten. „Fröhlich" erscheint uns das Gesicht erst dadurch, daß die Wahrnehmung des Gesichtes in uns eine gefühlsmäßige Beurteilung des Wahrgenommenen auslöst (und eben dies ist der „Eindruck"). Ein anderes Beispiel: die Schrift in Abb. 21 wird auch

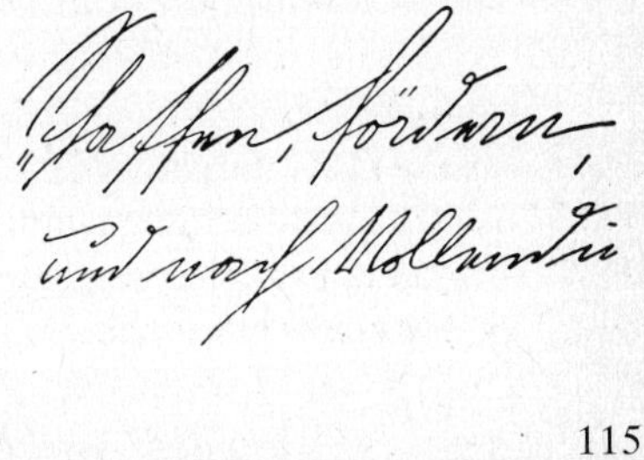

Abb. 21.

bei jemandem, der nichts von Graphologie versteht, den Eindruck des Leeren, Fahrigen, Dünnen hervorrufen. Der Vorgang dabei ist, kurz skizziert, folgender: die Lichtstrahlen, die von der Schrift ausgehen, treffen auf unsere Netzhäute, erzeugen dort nervöse Erregungen, die durch die Sehnerven in das Gehirn geleitet werden und dort die Wahrnehmungen entstehen lassen, die uns auf Grund der bisherigen Erfahrung als Handschrift erscheinen; wir wissen, daß wir es mit einer Schrift zu tun haben, und können sie lesen. In allen diesen Prozessen ist noch nichts von „Ausdruck" enthalten; erst dadurch, daß die wahrgenommene Schrift bestimmte gefühlsmäßige Beurteilungen auslöst (ohne unser Zutun, von sich aus, spontan) und uns dann „fahrig, dünn, unregelmäßig" erscheint, hat die Schrift „Ausdruck" bekommen, und ein geübter Graphologe kann daraus vielleicht richtige Schlüsse auf den Charakter des Schreibers ziehen. Ist dieser Ausdruck nun etwas, was der Schrift zukommt, oder ist er nur die gefühlsmäßige Wirkung des Schriftbildes? Vielleicht beides; daß diese bestimmte Schrift gerade diese bestimmten Gefühlsurteile auslöst, liegt zweifellos an den Eigenschaften der Schriftzüge; hätten sie andere Eigenschaften, so würden sie andere Gefühlsurteile herbeiführen. Das Ausdrucksgeheimnis scheint also darin zu liegen, daß bestimmte Merkmale der Wahrnehmungsinhalte ganz bestimmte spontane gefühlsmäßige Stellungnahmen auslösen. Nur ein in ganz bestimmter Muskellage befindliches Gesicht erzeugt den Eindruck „lächelnd", und andere Muskellagen rufen den Eindruck „Zorn", „Schmerz", „Ironie" usw. hervor.

Worin das Eindruckserlebnis besteht, läßt sich an Beispielen viel leichter zeigen als durch abstrakte Beschreibung. An solchen Beispielen, wie sie im folgenden gegeben werden, kann man auch noch etwas feststellen, was für die praktische Anwendung der Ausdruckskunde von sehr großer Bedeutung ist: daß man nämlich die Ausdruckswirkung – die unmittelbare Entstehung gefühlsartiger Stellungnahmen – *steigern* kann, wenn man sich in eine besondere psychische Einstellung versetzt. Man kann mit Absicht eine *„aufnehmende Haltung"* einnehmen; einen seelischen Zustand erzeugen, in welchem man das Bewußtsein sozusagen „freimacht" für die Wirkung des Ausdrucks, indem man alles andere abdrängt und die Wahrnehmungen einfach auf sich wirken läßt, ohne sie verstandesmäßig zu beurteilen. Jeder künstlerisch empfindende Mensch kennt diese Steigerung der Eindrucksempfänglichkeit durch die *„schauende Haltung"*, die auf bloßes Hinnehmen und nicht auf verstandesmäßiges Erfassen ausgeht. *Klages* fordert sie für die graphologische Beurteilung der Handschrift; aber auch jeder, der einmal Persönlichkeits-Gutachten zu machen hatte, weiß, daß er den Ausdruck des beurteilten Menschen um so richtiger erfaßt, je besser es ihm gelingt, ihn einfach auf sich wirken zu lassen und dabei festzustellen, was für gefühlsmäßige Eindrücke sich einstellen. Das Entscheidende dabei ist, daß sich dieser ganze subtile Prozeß der Ausdruckswirkung ohne Beteiligung des begrifflichen Denkens abspielt (dieses hat lediglich die entstandenen Eindrücke zu formulieren), daß es sich dabei vielmehr um psychische Vorgänge handelt, die durch Beteiligung des Denkens sogar gestört werden. Der schärfste Gegensatz zur „schauenden Einstellung" ist das Sammeln von „Symptomen", aus denen auf dem Wege des logischen Schließens bestimmte Folgerungen abgeleitet werden. Der Arzt, der die einzelnen Krankheitsmerkmale feststellt und aus ihrer Gesamtheit die Diagnose stellt, betreibt solche verstandesmäßige Symptomdeutung; es wird gezeigt werden, daß dieser Weg der rationalen Deutung von exakt festgestellten Symptomen auch in der Charakterologie versucht wurde und zweifellos ebenfalls eine brauchbare Methode darstellt. Um diese beiden gegensätzlichen Einstellungen zu unterscheiden, soll im folgenden die bloß aufnehmende, auf möglichste Steigerung der Ausdruckswirkung abgestellte Bewußtseinslage als *„perzeptive Haltung"* von der *„rationalen Deutung"* der exakt festgestellten Einzelsymptome unterschieden werden.

Diesen Unterschied kann man an den folgenden Beispielen unmittelbar erleben und dadurch viel besser verstehen als durch noch so viele begriffliche Darlegungen. *Wolfgang Köhler* hat zur Demonstration von inneren Zusammenhängen zwischen optischem Eindruck und Wortklang die Figuren in Abb. 22 gezeichnet. Es ist zu entscheiden, welche der beiden Figuren „Takete" und welche „Maluma" heißen könnte; niemand wird über die richtige Antwort im Zweifel sein *(Köhler* 1933).

Die Beispiele *Köhlers* zeigen, daß feste Ausdrucksbeziehungen zwischen Lautgebilden und optischen Gestalten bestehen. Ein anderes, sehr aufschlußreiches Experiment, das *Maria Theresia Hippius* durchführte, ergab, daß sich schon einfache Strichzeichnungen ausdrucks-

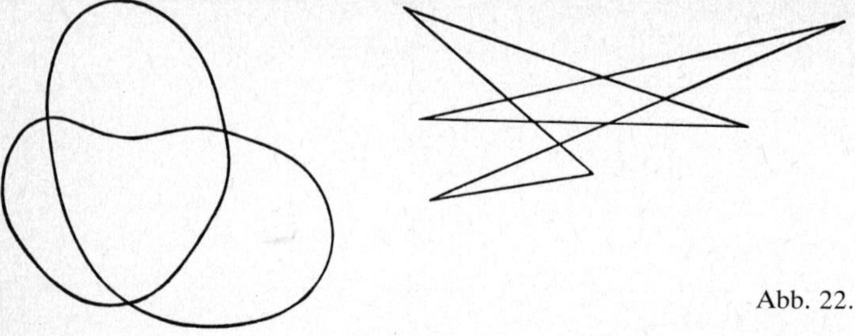

Abb. 22.

mäßig ganz bestimmten Gefühlslagen zuordnen lassen. Auch diese Experimente kann man an sich selbst kontrollieren: man versuche festzustellen, in welcher der 6 Strichzeichnungen von Abb. 23 – 28 die Gefühle: toller Übermut, tiefe innige Freude, wilder Schmerz, nagender Kummer, Sehnsucht und Haß zum Ausdruck kommen.

Die abgebildeten Strichzeichnungen wurden von *Hippius* auf folgende Weise gewonnen: 12 Personen (9 Männer, 3 Frauen) wurden aufgefordert, sich aus einer vorgelegten Liste von 20 Gefühlen – toller Übermut, heiterer Frohsinn, stiller Humor, Niedergeschlagenheit, Andacht usw. – ein Gefühl auszusuchen, sich möglichst weitgehend in dieses Gefühl zu versetzen und es dann durch einfache Linien mit möglichst wenig Denken und Überlegung darzustellen. Zum Zeichnen standen den Versuchspersonen Blätter mit vorgedruckten Begrenzungen in Form eines Quadrates, Kreises und eines stehenden und liegenden Rechteckes sowie Blätter ohne Begrenzung zur Verfügung. Es zeigte sich, daß bereits diese Umrahmung Ausdruckswert besitzt: so wurde das liegende Rechteck für die Darstellung der Niedergeschlagenheit und Wehmut, das stehende für Andacht und fröhliche Ausgelassenheit, die unbegrenzte Fläche für „toller Übermut" und „wilder Schmerz" bevorzugt. Die Striche selbst zeigten bei der Darstellung der freudigen Gefühle vorwiegend große Bewegtheit und Richtungsmannigfaltigkeit, weit ausladende Schwünge, uneinheitlich in der Richtung, jedoch mit Grundrichtung nach oben; bei den ausgeglichenen Gefühlen (z. B. stiller Humor) herrschten feine, wellig bewegte oder gerundete Linien vor, bei den traurigen, sorgenden Gefühlen kleine, einförmige, oft nach unten gerichtete Striche. Stark negative Gefühle („wilder Schmerz" oder „Haß") ergeben weit ausladende, winkelige

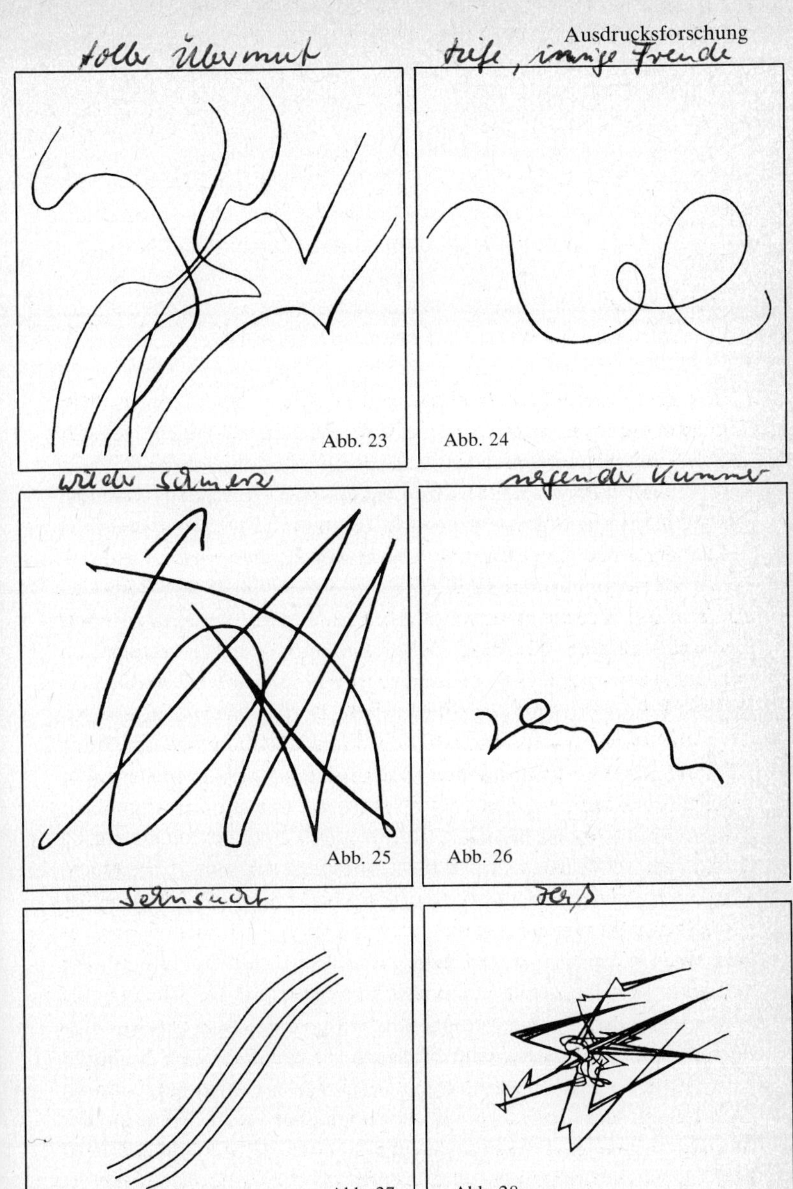

Abb. 23

Abb. 24

Abb. 25

Abb. 26

Abb. 27

Abb. 28

und zackige Strichführungen, während Sehnsucht in weichen, nach oben gerichteten Wellen dargestellt wird. Viel besser als solche Beschreibungen zeigen die abgebildeten Beispiele aus den Resultaten von *Maria Hippius* den Ausdruckswert der gegenstandsfreien Strichgebilde. Sie geben Darstellungen folgender Gefühle: toller Übermut (23), tiefe, innige Freude (24), wilder Schmerz (25), nagender Kummer (26), Sehnsucht (27), Haß (28). Sehr ähnliche Experimente wurden – unabhängig von den Versuchen von *Hippius* – von *Reinhold Krauss* durchgeführt, wobei sich ebenfalls eindeutig zeigte, daß z. B. für „wütend“ scharf gezackte Linienfiguren bevorzugt werden, während „sehnsuchtsvoll“ meist durch zarte, geschwungene, nach oben gerichtete Linien dargestellt wurde. Auch materielle Dinge (Gold, Eisen usw.) hat *Krauss* durch Linien darstellen lassen, wobei sich allerdings nicht so weitgehende Übereinstimmungen wie bei den Gefühlen, aber immerhin gewisse gemeinsame Tendenzen ergaben. Man kann aus diesen Beispielen neuerlich sehr klar feststellen, worauf es beim Ausdruck ankommt: nur auf die Erlebnisse, die ein Wahrnehmungsinhalt in uns erzeugt, d. h. auf den Eindruck. Das Eindruckserlebnis entsteht ganz von selbst; ohne Denkarbeit und ohne Anwendung verstandesmäßiger Kriterien weiß man in den oben geschilderten Beispielen, welche Strichführung besser zu „Haß“ oder zu „stiller Humor“ paßt. In diesen unmittelbaren gefühlsmäßigen Zuordnungen bestimmter Wahrnehmungsinhalte zu bestimmten Gemütslagen besteht der Eindruck, den wir dann als „Ausdruck“ den wahrgenommenen Gegenständen zuschreiben.

Gesicht, Gestalt, Gang

Die Untersuchung der *Ausdruckswirkungen des menschlichen Gesichtes* hat am wenigsten zur Auffindung von praktisch verwendbaren Gesichtspunkten, aber am meisten zur Theorie der Ausdruckswirkung beigetragen. Die Geschichte der Physiognomik ist zu einem großen Teil Geschichte der Ausdrucksforschung; aus diesem Grunde wird hier kurz darauf eingegangen.

Aus dem 2. Jahrhundert vor Christus stammt eine griechische Un-

Abb. 29

tersuchung „Physiognomica", die fälschlich *Aristoteles* zugeschrieben wurde. Sie bietet eine einfache und naive Zuordnung von Gesichtsform und Charakter, wobei sie sich an die Ähnlichkeit zu Tiergesichtern hält – Fuchsgesicht und Schlauheit, Löwengesicht und Mut; weil Tiere mit weichen Haaren furchtsam sind, gilt dasselbe auch von Menschen mit weichen Haaren usw. Diese „zoologische" Methodik wurde sehr lange Zeit beibehalten und von dem Neapolitaner *Johann Baptista Porta* (1540–1615) zu einem großen System ausgebaut. Sein Buch „De humana Physiognomica" wurde 1601 in das Deutsche übersetzt; es lehrt, „wie man aus der eusserlichen Gestalt, Statur und Form des menschlichen Leibes abnehmen könne, wie derselbige auch innerlich von Gemüt gesinnet und geartet sey", wobei „fast allwegen eines Menschen-Angesicht gegen eines Thieres gesetzt und mit demselbigen verglichen wird" (Abb. 29).

Das Problem der Ausdruckswirkung wird erst von den Physiognomikern des 18. Jahrhunderts klar gesehen. Die Unmittelbarkeit dieser Wirkung erkannten zuerst die Kunsttheoretiker, vor allem solche, die sich mit der Schauspiel- und Redekunst beschäftigten. Nach *I. G. Sulzer* (1720–1779) ist „der Körper nichts anderes als die sichtbar gemachte Seele"; und „was man an dem Redner sieht, das wird unmittelbar auf dem Grund der Seele empfunden". Bis in die Einzelheiten durchgeführt finden sich solche Gedanken in den „Ideen zu einer Mimik" von *Johann Jakob Engel* (1741–1802). Er betont die Einheitlichkeit und Allgemeinheit der Ausdruckserscheinungen, vor allem der Gebärden: „Ich wüßte kein Volk, keine Menschenart, die Hochachtung und Ehrerbietung dadurch zu erkennen gäbe, daß sie das Haupt erhöbe und ihre Länge zu vergrößern strebe."

Die entscheidende Anregung für die Diskussion über die Möglichkeit einer wissenschaftlichen Physiognomik stammt von *Johann Kaspar Lavater*, einem Schweizer Geistlichen (1741 bis 1801), der sehr scharf zwischen dem schauenden Hinnehmen des Ausdrucks und seiner wissenschaftlichen Untersuchung unterschied und damit das Dilemma, in welchem wir uns heute noch befinden, klar erfaßte. Er behauptete das Bestehen einer vollen Entsprechung zwischen Körper und Seele: „Jede Modifikation meines Körpers hat eine gewisse Beziehung auf die Seele. Eine andere Hand, als ich habe, würde schon eine ganz andere Proportion aller Teile meines Körpers fordern, folglich einen ganz anders modifizierten Körper; das heißt, meine Seele würde die Welt durch eine ganz andere Perspektive, folglich unter einem anderen Winkel ansehen müssen; und dann wäre ich ein ganz anderer Mensch. Daß ich also eine solche Hand habe und keine andere, gibt zugleich zu erkennen, daß ich eine so und so bestimmte Seele habe; und dies geht bis auf jeden Muskel, ja bis jede Faser fort." *Lavater* spricht vom „physiognomischen Gefühl" und hält die Physiognomik für eine „Kunst des Genies", die nicht durch Unterricht vermittelt werden kann; „indessen gibt es doch gewisse allgemeine Regeln, die freilich nicht zu Augen werden, aber doch als Brillen gebraucht werden können, Regeln, die sich angeben und mitteilen lassen". Von *Lavater* stammt auch die Unterscheidung zwischen *Physiognomik* – Erkenntnis des „stehenden Charakters" aus der dauernden und festen Körperform – und *Pathognomik* – Erkenntnis des aktuellen Zustandes der Seele aus den Bewegungen in Gesicht und Leib. Immer betont er, daß es auf die Unmittelbarkeit des Eindrucks ankomme, und er bezweifelt, ob Physiognomik eine Wissenschaft werden könne – „Torheit, sie zur Wissenschaft zu machen, damit man darüber reden, schreiben, Collegia halten und hören könne! Dann würde sie nicht mehr sein, was sie sein soll!"; aber dann behauptet er wieder, sie wird die „Wissenschaft der Wissenschaften" werden, sich sogar darüber hinaus entwickeln, und dann wird sie nicht mehr Wissenschaft sein, „sondern Empfindung, schnelles Menschengefühl!". Dieses „schnelle

Menschengefühl" war bei *Lavater* in so hohem Maße entwickelt, daß es in seiner Nähe sogar *Goethe* „gewissermaßen bänglich" zumute war, weil *Lavater* angeblich die verborgensten Charakterzüge erkannte.

Unter den vielen großen Geistern, die sich im Anschluß an *Lavater* mit dem Problem der Physiognomik beschäftigten – *Goethe, Hegel, Lichtenberg* –, sei die Auffassung *Kants* kurz erwähnt. Nach seiner Meinung gibt es keine verläßlichen Kriterien für Zusammenhänge zwischen Körperform und Temperament, weswegen die Physiognomik niemals auf feste Regeln gebracht werden könne; sie kann aber durch Übung und Kritik zu einer Art von angewandter Kunst werden, für die *Kant* eine ganze Reihe von Hinweisen gibt: „Gewisse Disproportionen wider die Regel des Anblicks sind Zeichen von Talent. Die Regelmäßigkeit ist alltägig." Die Miene zeigt das Gemüt an; die Gesichtszüge sind „Anlagen zu Mienen", daher Mienen, die den Gesichtszügen widersprechen, verstellt sind. Der Ausdruck des Gesichtes steht sicher in „natürlicher Verknüpfung mit den Modifikationen des Gemüts", weil er in der ganzen Welt dieselbe Bedeutung habe.

In engste Beziehung zur Naturphilosophie der Romantik wurde die Physiognomik durch den Arzt *Carl Gustav Carus* (1789–1869) gebracht, dessen „Symbolik der menschlichen Gestalt" weit über physiognomische Regeln hinausführt; diese allgemeine Symbolik will „die Welt überhaupt als das Symbol des höchsten ewigen Mysteriums der Gottheit und den Menschen als das Symbol der göttlichen Idee der Seele anschauen und verstehen lernen." Mit wissenschaftlichen Begriffen allein läßt sich die Physiognomik nicht betreiben, man bedarf dazu der Führung „eines gewissen richtig vermittelnden Gefühls, eines feineren Takts". Wissenschaft ist die Aufstellung der Grundsätze, Kunst ihre Anwendung auf den wirklichen Menschen, wobei „aus dem vorliegenden Leiblichen auf das darin verborgene Geistige" geschlossen werden muß. Der leitende Gesichtspunkt ist für *Carus* die Überzeugung, daß „die äußeren Gebilde in gewisser Weise die Eigentümlichkeiten des Inneren verraten". Diese „gewisse Weise" ist das, was wir heute als Ausdrucksproblem betrachten. Natürlich bedürfte eine umfassende Ausdruckslehre, wie sie *Carus* plante, einer allgemeinen Psychologie als Grundlage; da es keine gab, hat sich *Carus* selbst eine Psychologie gemacht, die allerdings sehr viele Unklarheiten, aber auch

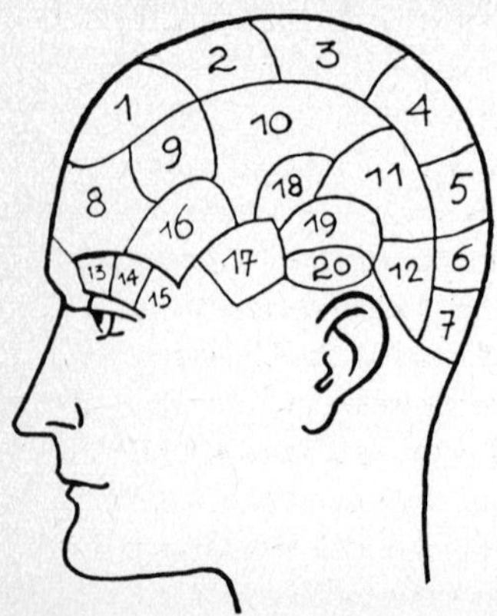

Abb. 30. Charakterfelder am Schädel (nach *Gall*).

1 Denkvermögen, 2 Wohlwollen, 3 Ehrfurcht, 4 Gewissenhaftigkeit, 5 Ruhmsucht, 6 Nächstenliebe, 7 Liebe, 8 Geist, 9 Frohsinn, 10 Idealer Sinn, 11 Vorsicht, 12 Kampflust, 13 Farbensinn, 14 Ordnungssinn, 15 Zahlensinn, 16 Musikalität, 17 Schaffenstrieb, 18 Begehren, 19 Verschwiegenheit, 20 Zerstörungstrieb.

modern anmutende Gedanken enthält. So werden manche Gefühle als ein Komplex körperlicher und psychischer Vorgänge betrachtet (Trauer ist z. B. verlangsamter Herzschlag, minder gut bereitetes Blut, schluchzendes Atmen und Vorstellung des Unglücks). Physiognomik und Pathognomik trennt er anders als *Lavater:* die erstere enthält die Beschreibung der Leibesoberfläche, die letztere die Feststellung der Veränderungen durch die Art der Lebensführung. Dazu kommt bei *Carus* noch die „Organoskopie", das messende Verfahren zur Untersuchung der Körpermerkmale, für das er bestimmte Grundsätze entwickelt.

Viel größer als die Wirkung des geistreichen und tiefsinnigen *Carus* war diejenige seines Zeitgenossen *Franz Josef Gall* (1758–1828), der aus dem Äußeren des Schädels auf die Entwicklung der darunter liegenden Hirnpartien schloß, denen er bestimmte psychische Eigenschaften zuordnete. Der Grundgedanke *Galls* – daß die verschiedenen Hirnteile verschiedene Funktionen haben – wurde bekanntlich von der exakten Forschung bestätigt; man weiß heute, in welchen Teilen des Gehirns die Gangliensysteme liegen, deren Tätigkeit die Seh- und Hörempfindungen, die Sprache, die Körperbewegungen, die Triebregungen usw. hervorbringt. Aus dem Äußeren des Kopfes kann man allerdings nicht auf den Entwicklungsgrad dieser „Zentren" schließen; und ganz unmöglich ist es, so komplexe Eigenschaften, wie z. B. Zahlensinn, Kindesliebe, Gewissen, Diebessinn usw. – *Gall* hat 27 solcher „Sinne" aufgestellt – aus der Schädelform festzustellen. Er nannte seine Lehre „Organologie"; erst später ist in England dafür der Name „*Phrenologie*" eingeführt worden (Abb. 30).

Der Fortschritt der Naturwissenschaften führte bald dazu, daß auch der Gesichtsausdruck mit exakten Methoden untersucht wurde, wobei allerdings nichts für die Ausdruckspsychologie, sondern nur mancherlei für die Muskelphysiologie der Mimik herauskam. So hat der Engländer *Charles Bell* die anatomischen Verhältnisse der Gesichtsmuskeln beschrieben (1824), während der Franzose *Duchenne* (1862) den „Mechanismus der menschlichen Physiognomie" an einem Kranken untersuchte, bei dem die Gesichtshaut schmerzunempfindlich war, so daß man ihn mit elektrischen Strömen reizen und dadurch Zuckungen der einzelnen Muskeln herbeiführen konnte. Was für Ausdruckswirkungen entstehen, wenn sich bestimmte Muskeln kontrahieren, wurde auf diese Weise ziemlich genau festgestellt und photographisch festgehalten; es wurden Hauptausdrucksmuskeln (Stirnmuskel als „Muskel der Aufmerksamkeit", Jochbeinmuskel als „Muskel der Freude" usw.) und Hilfsausdrucksmuskeln (die nur im Zusammenhang mit ersteren einen Ausdruck ergeben) unterschieden. Untersucht wird auf diese Weise nicht der Ausdruck selbst, sondern nur seine Grundlage in den Muskelbewegungen. Auch *Charles Darwin* hat bei seiner rein naturwissenschaftlichen Einstellung das eigentliche Ausdrucksproblem nicht erkannt; er stellte drei Ausdrucksprinzipien auf: 1. Ausdruck als phylogenetischer Restbestand (z. B. das Zähnefletschen im Zorn, das bei den Tieren zweckmäßig und vorbereitend für das Beißen ist, beim Menschen nur noch einen Restbestand aus seiner Abstammung darstellt). 2. Ausdruck als Gegensatz der phylogenetischen Reste: Seelenzustände, die den nach dem ersten Prinzip ausdrückbaren direkt entgegengesetzt sind, rufen auch gegensätzliche Ausdrucksbewegungen hervor (ein rein konstruiertes, gänzlich unbewiesenes und daher wertloses Prinzip). 3. Ausdruck als Auswirkung der Konstitution des Nervensystems (womit alle bisher unerklärten Ausdrucksbewegungen erklärt werden sollen – ein theoretisch sicher richtiges Prinzip).

Darwins Prinzipen sind, mit Ausnahme des ersten, so unergiebig, daß sie hier nur deshalb erwähnt wurden, weil sie durch die Kritik, die sie auslösten, wieder zum eigentlichen Ausdrucksproblem zurückführten. Der Schweizer *Theodor Piderit* (1826 bis 1912) hat das Problem der mimischen Ausdrucksentstehung wieder klar formuliert als die Frage, „weshalb in gewissen Seelenzuständen immer nur gewisse Muskeln in Spannung geraten und dadurch hauptsächlich dem Gesichte einen so charakteristischen, jedem verständlichen Ausdruck verleihen". Die Theorie, die er selbst aufstellt, geht von dem Gesichtspunkt der biologischen Zweckmäßigkeit aus: die bei angenehmen Erlebnissen auftretenden Muskelbewegungen sind so, als ob durch sie die Aufnahme der erfreulichen Eindrücke erleichtert und verstärkt werden sollte; die Muskelbewegungen bei unangenehmen Erlebnissen hingegen so, „als sollte durch sie die Aufnahme der disharmonischen Sinneseindrücke erschwert und verhindert werden".

Diese Lehre ist die fruchtbarste aller physiognomischen Hypothesen geworden; viel fruchtbarer als z. B. die drei Ausdrucksprinzipien von *Wundt,* die über einfache Tatsachenfeststellungen kaum hinauskommen (weshalb ich nicht auf sie eingehe). *Strehle* hat in einer Untersuchung über das Gebaren den Grundgedanken *Piderits* auf das gesamte Ausdrucksverhalten angewendet, indem er aus der physiologischen Funktion der beteiligten Organe auf den Zweck des in ihrer Bewegung liegenden Ausdruckes schließt. So sieht er – um nur ein Beispiel anzuführen – im Erblassen im Schreck und in der Angst, also in der Kontraktion der Blutgefäße, die Tendenz, sich von der Außenwelt abzuschließen, weil sie drohenden Charakter angenommen hat, während das Erröten, die Erweiterung der Gefäße bei Freude oder Wut, die Tendenz zu aktiver Kontaktaufnahme enthält. Bei Verlegenheit und Scham wird die Erklärung schwierig, denn das Erröten ist als Erweiterung der Blutgefäße eine Körperausdehnung und damit eine „kontaktsuchende Bewegung"; *Strehle* hält einen „geheimen Kontaktwunsch" für möglich, weil das Erröten „vorzüglich bei solchen Individuen angetroffen wird, die anlehnungsbedürftig sind, ohne ihre Kontaktwünsche jedoch zeigen zu wollen". Auf Grund von sorgfältigen, in experimentellen Situationen durchgeführten Beobachtungen hat *Strehle* viele solcher Analysen des Gebarens durchgeführt und dabei den Gedanken der *„rudimentären Bewegung"* im Zusammenhang mit ihrer ursprünglichen biologischen Bedeutung als leitenden Gesichtspunkt benützt. Seine Ausführungen sind einleuchtend und bieten manchmal überraschend einfache Erklärungen; ungelöst bleibt dabei aber die – von *Strehle* allerdings gar nicht gestellte – Frage, auf welche Weise der fremde Ausdruck *verstanden* werde.

Es ist klar, daß mit den geschilderten „Prinzipien" nur einzelne Ausdruckserscheinungen – und auch diese nur unzulänglich – erklärt werden. Die Versuche zur wissenschaftlichen Erfassung des Ausdrucks haben eben nur die wissenschaftlich einigermaßen faßbaren Seiten – Muskelbewegungen, stammesgeschichtliche Rudimente, Nachahmungen – beachtet, die den Kern der Ausdrucksfrage aber nicht berühren. Das „physiognomische Gefühl" *Lavaters,* die „gewisse Weise" des *Carus,* durch welche das Aussehen die Eigentümlichkeit des Innern verrät – kurz die Tatsache, daß wir aus dem Ausdruck unmittelbar und ohne Überlegung zu einem sicheren Eindruck über Gemütszustände oder Eigenschaften der Persönlichkeit gelangen, ist mit allen diesen „Prinzipien" nicht erklärt.

In der Physiognomik steht man nun vor der sonderbaren Situation, daß seit zwei Jahrhunderten viele große und kleine Geister das Problem theoretisch von den verschiedensten Seiten zu lösen suchten, ohne daß dabei gesicherte Ergebnisse erzielt werden konnten. Es hat wenig Sinn, die physiognomischen „Regeln" wiederzugeben, die von verschiedenen Autoren aufgestellt wurden; daß z. B. ein rüsselartig vorgeschobener Mund auf Kritiklust deute, zusammengepreßte Lippen auf Verschlossenheit und Eigensinn, oder daß die breitschädlichen Menschen fleißig, erwerbsam, geschäftig und sparsam, die hochschädlichen passiv, kontemplativ, auf mystische und religiöse Gebiete eingestellt seien. Alle diese Behauptungen sind unbewiesen; als Hinweise für ihre Richtigkeit werden entweder überhaupt keine Argumente oder nur das Aussehen von Männern angeführt, die durch ihre Taten berühmt geworden sind und im Gesicht angeblich ähnliche Züge aufweisen. Diese Ähnlichkeit ist aber oft sehr fraglich und geht meist nicht so sehr in die Einzelheiten, wie es die Physiognomiker behaupten. Dazu kommt, daß die von ihnen aufgestellten Regeln einander nicht selten widersprechen.

Einen entscheidenden Fortschritt gegenüber diesen unbewiesenen Behauptungen bedeutet das *physiognomische Experiment.* Allerdings wurde bisher auch auf diesem Wege noch nicht viel erreicht; es wurden nur wenige solcher Experimente durchgeführt, und sie dienten in erster Linie theoretischen Zwecken. Drei verschiedene Fragestellungen wurden experimentell behandelt: was für Veränderungen lassen sich am Gesicht feststellen, wenn man einen Menschen in eine bestimmte psychische Situation versetzt, welche Sicherheit in der Beurteilung ergibt sich, wenn man Gesichter von Menschen charakterologisch beurteilen läßt, und welche Merkmale muß ein Gesicht besitzen, um einen bestimmten Eindruck hervorzurufen.

Bezüglich der ersten Fragestellung hat *Lersch* das Gleichartige des Gesichtsaudruckes vieler Personen in gleichartigen, affektiv betonten Situationen (z. B. bei schmerzhaftem Elektrisieren) photographisch festgehalten und den biologischen Sinn der beobachteten Gesichtsmuskelbewegungen zu deuten versucht. Umgekehrt wurde dann aus dem Auftreten der untersuchten Ausdruckserscheinungen geschlossen, daß der ihnen entsprechende Zustand vorliege. Bei der passivaufnehmenden Aufmerksamkeit (z. B. bei Staunen, Überraschung, Bestürzung, Entsetzen) treten horizontale Stirnfalten auf, die das gleichzeitige volle Öffnen der Augen noch verstärken; es ist wohl nicht fehl am Platz anzunehmen, daß der biologische Zweck in der Erweiterung des Blickfeldes liegt, um alles, was nun geschieht, genau zu erfassen. Einseitiges Lachen z. B. kann darin „rein psychologisch begründet sein ..., daß das Individuum nicht von dem Zustand der Frohheit wirklich ausgefüllt ist, daß die Frohheit nicht schöpferisch aus dem Inneren quillt und gesättigt ist, sondern nur peripher aufgetragen“. Solche Deutungen, die im einzelnen nicht bewiesen werden, aber vielfach in der Alltagserfahrung jedes Menschen ihre Bestätigung finden, sind von *Lersch* für viele mimische Muskelbewegungen gegeben worden.

Die zweite experimentell behandelte Fragestellung: wie groß ist die Verläßlichkeit physiognomischer Eindrücke? hat mit einer Schwierigkeit zu kämpfen, die sich nur innerhalb enger Grenzen überwinden läßt: wenn ein Mensch nach seinem Gesicht z. B. als „eitel, listig, unverläßlich“ bezeichnet wird – wie soll man mit Sicherheit feststellen, ob er diese Eigenschaften wirklich besitzt?

Ein einigermaßen verläßliches Experiment zu diesem Problem ist von *Rudolf Arnheim* in Berlin ausgeführt worden. Von seinen Ergebnissen, die in komplizierten Berechnungen ausgewertet wurden (es spielt dabei die Berücksichtigung des Zufalls eine große Rolle, so daß Wahrscheinlichkeitsrechnungen angestellt werden mußten), sei nur ein Beispiel angeführt: drei photographierte Frauenköpfe wurden 114 Personen vorgelegt und dabei mitgeteilt, daß eine von ihnen einen ausgedehnten Geschäftsbetrieb selbständig mit großer Umsicht leite;

es war zu bestimmen, welche der drei Frauen dies sei. Es wurden 82 ganz richtige und nur 5 ganz falsche Antworten gegeben (die übrigen waren unentschieden). Über neuere Untersuchungen zur Verläßlichkeitskontrolle wird später berichtet.

Eine dritte Fragestellung der Physiognomik ist experimentell leichter zu behandeln: die Frage, durch welche Gesichtszüge bestimmte Eindrücke charakterologischer Art hervorgerufen werden. Anders formuliert: welche Merkmale muß ein Gesicht haben, damit es uns klug, einfältig, verschlagen oder aufrichtig erscheint? Mit der Beantwortung dieser Fragen ist natürlich gar nichts darüber gesagt, ob ein Mensch, dessen Gesicht die dafür maßgebenden Merkmale aufweist, wirklich einfältig, verschlagen oder aufrichtig ist.

Ein aussichtsreicher Weg für physiognomische Untersuchungen dieser Art wurden von *Egon Brunswik* und *Lotte Reiter* in Wien eingeschlagen. Den Versuchspersonen wurden die schematisierten Gesichter der Abb. 31 mit dem Auftrag geboten, zum Teil in freier Beschreibung des Eindruckes, zum Teil auf Fragen („welches ist das intelligenteste, älteste, traurigste, schönste, willensstärkste" usw.) die einzelnen Gesichter nach ihrem Ausdruck zu beurteilen. Abb. 31 zeigt die 189 Gesichtsschemata aus diesen Untersuchungen; als „Normalgesicht" wurde von den meisten H5 beurteilt. Variiert sind bei den Gesichtern auf Abb. 31 bei Gleichbleiben des Gesichtsovals und der Mundbreite die Augenhöhe, Mundhöhe, Nasenhöhe und Nasenlänge und der Augenabstand; in den horizontalen Reihen sind immer die Augenabstände und Augenhöhen gleich, in den Vertikalreihen bleiben Mundhöhe, Nasenlänge und Nasenhöhe in jeder Reihe unverändert. Von den Resultaten seien folgende erwähnt: „Hoher Mund wirkt in ausgeprägter Weise heiter und jung, tiefer traurig, alt und böse. Gleichzeitig wirkt hoher Mund stark unintelligent und unenergisch ... In abgeschwächtem Maße wirken auch weite Augen und kurze Nase ähnlich wie hoher Mund, enge Augen und lange Nasen hingegen ähnlich wie tiefer Mund. Die überlange Nase zeigt jedoch auch bei ‚Intelligenz' noch ein ebenso maximal ungünstiges Rangmittel wie die ganz kurze ... Unter einigen ausgewählten Konfigurationsgruppen wirkte die der ‚schmalen' Gesichter besonders traurig, alt und böse, die der ‚breiten' besonders heiter und jung; ferner ‚auseinandergerückte' Ein-

Abb. 31.

zelheiten durchgehend deutlich negativ, ‚normale Proportionen' hingegen durchgehend positiv."

Diese Versuche wurden seither im Wiener Psychologischen Institut fortgesetzt. *Margarete Kremenak* variierte Form und Stärke der Augenbrauen und ihren Abstand vom Auge sowie die Augenform. Es ergaben sich 144 Gesichtsschemata, deren Ausdruck von 50 Vpn (25 männlichen und 25 weiblichen) nach 9 Eigenschaftspaaren (gut, offenherzig, leichtsinnig, extravertiert, heiter, intelligent, energisch, schön, sympathisch und deren Gegenteil) beurteilt wurde.

Interessant ist, daß die Augenbrauen – und zwar in erster Linie die Brauenform, dann der Abstand vom Auge – größeren Ausdruckswert haben als die Augenform. Für die einzelnen Eigenschaften ergaben sich zum Teil sehr klare Resultate; z. B. erschien das Gesicht mit seitlich hochgezogenen Brauen bei engem Abstand den meisten Beurteilern als böse und introvertiert, das Gesicht mit gewölbten Brauen und weitem Abstand als unintelligent und extravertiert usw. Mit derselben Methode wurde von *Maria Winkler* an 238 Gesichtsschemata die Wirkung von Variationen der Mundform, Mundhöhe und Mundwinkel untersucht. Aus den insgesamt 900 Zuordnungen (50 Vpn, 18 Eigenschaften wie bei *Kremenak)* ergab sich, daß die größte Ausdruckswirkung der Mund*form* zukommt; breite Mundspalte mit abwärts gezogenen Mundwinkeln wirkt bösartig, schmale Mundspalte introvertiert, breite Spalte mit aufwärts gezogenen Mundwinkeln leichtsinnig usw. Schließlich wurde noch von *Liesl Seiller* an 224 Variationen der Haar- und Barttracht gezeigt, daß im allgemeinen die Art des Haaransatzes den höchsten Ausdruckswert besitzt. Tiefer Haaransatz erzeugt den Eindruck „unintelligent, böse, unsympathisch", hoher Haaransatz (auch Kahlkopf) den Eindruck „intelligent, gut"; bartlose Gesichter werden für intelligenter, gutmütiger und energischer gehalten als bärtige. Selbstverständlich gelten alle diese Angaben nur für den physiognomischen Geschmack der Wiener, an denen die Untersuchungen durchgeführt wurden.

Die logische Fortsetzung dieser Untersuchungen bestand in der Aufgabe, die für die Mundform, für die Augenform, für die Haartracht usw. einzeln als charakteristisch für intelligent usw. festgestellten Merkmale miteinander zu kombinieren; also ein Gesicht zu zeichnen, in welchem sowohl die „intelligenteste" Mundform, die „intelligenteste" Augenform, die „intelligenteste" Haartracht, kurz alle Merkmale, die in den Einzeluntersuchungen den Eindruck „sehr intelligent" erzeugten, zusammen vorhanden sind. *Elfriede Kühnel* hat am Wiener Psychologischen Institut aus den oben erwähnten Arbeiten von *Winkler, Kremenak* und *Seiller* diese Merkmale in je einem Gesichtsschema vereinigt, also ein Gesicht gezeichnet, in welchem alle für „intelligent" charakteristischen Merkmale, ein anderes, in welchem die für „sympathisch" charakteristischen usw. vereinigt waren. Abb. 32 zeigt Beispiele.

Kühnel hat außerdem noch eine Kontrolluntersuchung durchgeführt, indem sie nicht nur die Einzelmerkmale, die in den früheren Untersuchungen den stärksten Eindruckswert zeigten, in einem einzigen Gesicht vereinigte, sondern systematische Kombinationen von je 5 Mundformen und -stellungen und Haar- und Barttrachten mit 6 Augenformen und -stellungen durchführte, woraus sich 150 Kombinationen ergaben, die von 60 Personen nach Intelligenz, Schönheit, Energie, Offenheit usw. beurteilt wurden. In diese 150 Kombinatio-

Abb. 32. Beispiele von Ausdruckswirkungen des Gesichtes aus den Versuchen von *E. Kühnel.* 1 das Gesicht, das am häufigsten als „offenherzig" bezeichnet wurde; 2 „verschlossen"; 3 „unintelligent"; 4 „heiter", „energielos"; 5 „böse"; 6 „schön", „gut", „intelligent", „sympathisch"; 7 „energisch"; 8 „traurig".

nen kamen die Gesichter, die die eindrucksstärksten Merkmale aus den früheren Untersuchungen zusammen enthielten, natürlich auch vor; es zeigte sich aber, daß nicht alle aus eindrucksstärksten Merkmalen zusammengesetzten Gesichter im neuen Versuch die eindrucksstärksten waren: bei 6 von den 14 nach Intelligenz, Energie usw. ausgewählten Gesichtern stimmten die Urteilsmehrheiten für das aus den eindrucksstärksten Merkmalen zusammengesetzte Gesicht überein, in 4 Fällen erhielt dieses Gesicht die zweitgrößte, in 3 Fällen die drittgrößte und in einem Fall die viertgrößte Stimmenzahl. *Kühnel* führt diese Unterschiede auf wechselseitige Beeinflussungen der Einzelmerkmale zurück; in einer eigenen, hier nicht darstellbaren Untersuchung hat sie den statistischen Nachweis erbracht, daß der Gesamteindruck eines Gesichtes nicht „summativ" aus den Eindruckswerten der Einzelmerkmale zustande kommt, sondern daß sich die Einzelmerkmale wechselseitig beeinflussen (am stärksten Haar- und Barttracht einerseits und die Mundform und -stellung andererseits). Der Eindruck, den ein menschliches Gesicht hervorruft, ist ein *„Ganzheits-Phänomen"*.

Abschließend die wichtigsten Einzelmerkmale des Gesichtes, die nach den Untersuchungen *Kühnels* für einen bestimmten Eindruck entscheidend sind; für schön: mittlere bis hohe Stirn, Augen und Mund in Mittellage; für häßlich: niedere Stirn, hängender Schnurrbart, „lange" Gesichter (Mund tief, Augen hoch und eng), runde Brauen; für sympathisch: gerader Mund in normaler Stellung, mittelhohe Stirn; für unsympathisch: niedere Stirn, hängender Schnurrbart, lange Gesichter, verkniffene Augen; für gut: mittelhoher Haaransatz, gerader Mund, normale Lidöffnung; für böse: niedere Stirn, lange Gesichter, schmale Lidspalten; für intelligent: hohe Stirn, Kinnbart, normale Stellung von Mund und Augen, verdeckte Lidspalte; für unintelligent: niedere Stirn, lange Gesichter, große oder verkniffene Augen, runde Brauen.

Bei den Experimenten mit den schematisierten Gesichtern kam es nur auf die Beantwortung der Frage an, welche Gesichtsmerkmale für die Beurteilung des Intelligenzgrades usw. von Bedeutung sind; die Frage, ob jemand, der in seinem Gesicht die an den schematisierten Gesichtern festgestellten Intelligenzzeichen aufweist, *wirklich* intelligent ist, konnte durch diese Versuche natürlich nicht beantwortet werden. Es gibt zu diesem Problem aber eine große Zahl von Experimenten. *Mühle,* der ihre Resultate zusammenfaßte, kam zu der Feststellung, daß sie „alles andere als ermutigend sind" (1956). Als Beispiel einer solchen Untersuchung sei ein in Wien von *Friederike Nossberger* ausgeführtes Experiment kurz beschrieben. Von 40 elfjährigen Knaben, die nach dem Zufall ausgewählt wurden, wurde je ein Photo angefertigt (während der Aufnahme mußte eine Denkaufgabe gelöst werden, damit ein einheitlicher ernster Gesichtsausdruck entstand). Der Intelligenzgrad wurde mit drei Intelligenztests festgestellt. Die Photos wurden in einer Zufallsfolge Bild für Bild 200 Beurteilern (je 100 männlich und weiblich und davon je 25 Lehrer, Erzieher oder Psychologen) mit dem Auftrag vorgelegt, die Intelligenz jedes Knaben zu schätzen und das Ergebnis in einer fünfstufigen Skala – von sehr gut bis sehr schlecht – einzutragen. Diese Beurteilung erfolgte zweimal; das erste Mal nach kurzzeitiger Bildbetrachtung (5 Sekunden), das zweite Mal nach beliebig langer Bildbetrachtung. Die Treffsicherheit war bei beiden Schätzungen sehr gering (Korrelationen zu den Testresultaten von 0,3 bis 0,4). Den Lehrern, Erziehern und Psychologen gelang die Intelligenzschätzung nicht besser als den übrigen Beurteilern; auch zwischen männlichen und weiblichen Beurteilern bestand kein Unterschied.

Um die Frage zu beantworten, ob die Intelligenzbeurteilung leichter ist, wenn man das Gesicht selbst und nicht nur ein Photo beurteilt, wurden 27 der 40 Knaben 30 Beurteilern (sämtliche Erzieher, Lehrer oder Psychologen) in natura in solcher Weise vorgeführt, daß nur das Gesicht sichtbar war (die Knaben gingen hinter einer in Schulterhöhe gehaltenen Decke vorüber). Die Ergebnisse waren gleich schlecht wie bei den Photo-Beurteilungen (Korrelation mit Testresultaten 0,37). Interessant war jedoch, daß die Übereinstimmung der Beurteiler in ihrer Schätzung nach dem Photo und nach der Natur erstaunlich hoch war (Korrelation 0,7, signifikant). Auch wenn man die je 400 Beurteilungen jedes einzelnen Knaben nach dem Photo vergleicht, ergaben sich im allgemeinen relativ geringe Streuungen um den Gesamtmittelwert aller Einschätzungen des betreffenden Knaben; nur stimmten diese unter sich weitgehend gleichen Beurteilungen mit den Testergebnissen nur wenig überein. *Nossberger* zieht daraus den Schluß, daß die Beurteiler bestimmte Gesichtsmerkmale in gleicher Weise als

Beurteiler: .... Obj.: ....

	3	2	1	1	2	3	
großspurig	≡	=	—	—	=	≡	bescheiden
egoistisch	≡	=	—	—	=	≡	hilfsbereit
geduldig	≡	=	—	—	=	≡	ungeduldig
verkrampft	≡	=	—	—	=	≡	gelöst
ordentlich	≡	=	—	—	=	≡	nachlässig
weitschweifig	≡	=	—	—	=	≡	konzentriert
gesellig	≡	=	—	—	=	≡	zurückgezogen
sich unterordnend	≡	=	—	—	=	≡	führend
langweilig	≡	=	—	—	=	≡	interessant
eigene Initiative	≡	=	—	—	=	≡	braucht Anregung von außen
störbar	≡	=	—	—	=	≡	gelassen
sympathisch	≡	=	—	—	=	≡	unsympathisch
träge	≡	=	—	—	=	≡	tatkräftig
unbekümmert	≡	=	—	—	=	≡	selbstkritisch
bleibt im Hintergrund	≡	=	—	—	=	≡	möchte Mittelpunkt sein

Abb. 33.

Ausdruckssymptome für den Intelligenzgrad deuteten – nur waren diese Deutungen meist falsch. Offenbar bestehen weitgehend gleiche Meinungen über Intelligenz-Zeichen (z. B. hohe Stirne, anliegende Ohren, schmale Nase – sehr intelligent), doch sind diese Meinungen nicht richtig. Es besteht ein „physiognomisches *Stereotyp*" für die Intelligenz, das mit der tatsächlichen Intelligenz nur schwach korreliert (1959).

Eine neuere Untersuchung von *R. Cohen,* bei welcher nicht die Intelligenz, sondern Persönlichkeitsmerkmale aus dem Aussehen und der Handschrift festgestellt werden sollten, führte zu ähnlichen Resultaten. Zwei Gruppen – eine aus 44 Fähnrichen, die zweite aus 42 Leutnants bestehend – erhielten die Aufgabe, die Mitglieder der anderen Gruppe, die ihnen persönlich nicht bekannt waren, nach ihren Photos und nach ihrer Handschrift in eine Skala von 15 polar angeordneten Persönlichkeitsmerkmalen einzustufen. Die Persönlichkeitsmerkmale dieser Skala (Abb. 33), die eine Einstufung in 6 Graden erlaubt, waren aus einer großen Zahl von Skalen ausgewählt worden. Die durchschnittliche Übereinstimmung aller Beurteiler war überraschend hoch; sie betrug bei der Einstufung nach den Photos 0,80, nach den Handschriften 0,83. Um einen Eindruck davon zu gewinnen, ob diese hochgradig übereinstimmenden Persönlichkeitsbeurteilungen auch richtig sein könnten, hat *Cohen* folgendes „Validierungs"-Verfahren verwendet: die Mitglieder jeder Gruppe, die sich persönlich schon längere Zeit kannten, mußten sich gegenseitig nach denselben 15 Persönlichkeits-Polaritäten beurteilen, so daß für jedes Gruppenmitglied 44 bzw. 42 Beurteilungen vorlagen, die nach drei aus Ergebnissen von Voruntersuchungen gewonnenen Faktoren geordnet wurden: Dominanz (ungefähr die Eigenschaften „führend–sich unterordnend", „eigene Initiative–braucht Anregung" u. ä. umfassend), Beliebtheit („egoistisch–hilfsbereit", „sympathisch–unsympathisch") und Gewissenhaftigkeit („unbekümmert–selbstkritisch". „ordentlich–nachlässig"). Die durchschnittliche Übereinstimmung in den Beurteilungen auf Grund des Aussehens (Photos) mit den Beurteilungen auf Grund persönlicher Bekanntschaft ist statistisch bedeutungslos; sie betrug für Dominanz 0,173, für Beliebtheit 0,214 und für Gewissenhaftigkeit 0,295. Auf Grund der Handschriften ergaben sich Koeffizienten in obiger Folge von 0,229, 0,041 und 0,024. 27 graphologisch geschulte Psychologiestudenten erzielten in einem analogen Versuch *Cohens* nicht wesentlich bessere Resultate (0,362, 0,020, 0,053) (*Cohen* 1969).

Mit einem alten, aber interessanten und durch die heutigen technischen Möglichkeiten sehr verfeinerten Verfahren hat *E. D. Kozeny* versucht, die physiognomischen Merkmale der Intelligenz zu erfassen; dieses Verfahren besteht in der „optischen Mittelwertsbildung": in Größe, Haltung und Blickwinkel gleichartige, mit Stereo-Kameras aufgenommene Gesichtsphotos vieler Personen werden übereinanderkopiert, so daß ein zwar mehr oder weniger verschwommenes Bild entsteht, das aber „in seinen Grundzügen dem ‚Durchschnitt' der Einzelbilder entspricht". An 152 Durchschnittsbildern, gewonnen von 318 Personen, die mit üblichen Tests nach ihrer Intelligenz in Gruppen eingeteilt worden waren, fand *Kozeny* als Gesichtsmerkmale der

„Intelligenten": en face breiteres und harmonischeres Gesicht, offeneres Auge, weniger hängendes äußeres oberes Lid, kleinerer, aber nicht schmälerer, gerader Mund, stärkere Kinnentwicklung in Breite und Länge relativ zur Gesichtsgröße; im Halbprofil breitere V-Form der äußeren Gesichtsbegrenzung, frontalere seitliche Stirnbildung, mehr horizontale und abgesetzte markante Kinnlade, und im Profil größere seitliche Stirnhöhe, mehr horizontale Kinnlade, weniger vorhängende Oberlippe und eher feinere Überaugenbögen. Man wird abwarten müssen, ob diese doch noch sehr auf „mehr oder weniger" abgestellte Differenzierung durch weitere Untersuchungen präzisiert wird; wegen seiner empirischen Grundlage könnte diesem Verfahren ein ziemlich hoher Verläßlichkeitsgrad zukommen, doch setzt seine Anwendung in der Praxis sehr große Erfahrung voraus *(Kozeny* 1967).

Nur wenige Untersuchungen wurden bisher über den Ausdrucksgehalt des *menschlichen Ganges* durchgeführt. *Werner Wolff* machte Filmaufnahmen des Gehens von 5 Frauen und 3 Männern, die sich seit Jahren gut kannten. Um Hinweise aus der Kleidung auszuschalten, wurde für die Filmaufnahmen eine Einheitskleidung verwendet; die Schuhe wurden durch einen Überzug verdeckt. Jeder der beteiligten Personen wurde der Film mit der Aufgabe vorgeführt, die gefilmten Personen nach ihrem Gang zu identifizieren. In 61 Versuchen ergaben sich nur 29,5 % richtige (somit 70,5 % falsche) Beurteilungen, hingegen wurde das Geschlecht in 61 % der Fälle richtig erkannt. Die eigene Person wurde immer erkannt. *Gertrude Kietz* hat den Versuch unternommen, zwischen Gang und Persönlichkeit Beziehungen zu finden. Von 24 weiblichen und 12 männlichen Personen im Alter von 17 bis 35 Jahren wurde mit verschiedenen Hilfsmitteln (Lebenslaufuntersuchung, Schrift, Zeichen-Test, Exploration) ein Persönlichkeitsbild gewonnen und dann der Gang, zum Teil auch mit Filmaufnahmen, so genau wie möglich festgestellt. Das Hauptverdienst dieser Arbeit liegt in der Schaffung von Kategorien zur Beschreibung des Ganges, die wenigstens zum Teil meßbare Merkmale enthalten. *Kietz* unterscheidet: 1. Die Schrittgröße (die Strecke zwischen den nacheinander aufgesetzten Füßen), 2. die Spurbreite (die ungefähr rechtwinkelige Abweichung zur Gehrichtung), 3. die Schwungzeit (die Zeit, in der das Bein nach vorne geschwungen wird), 4. die Stützzeit (die Zeit,

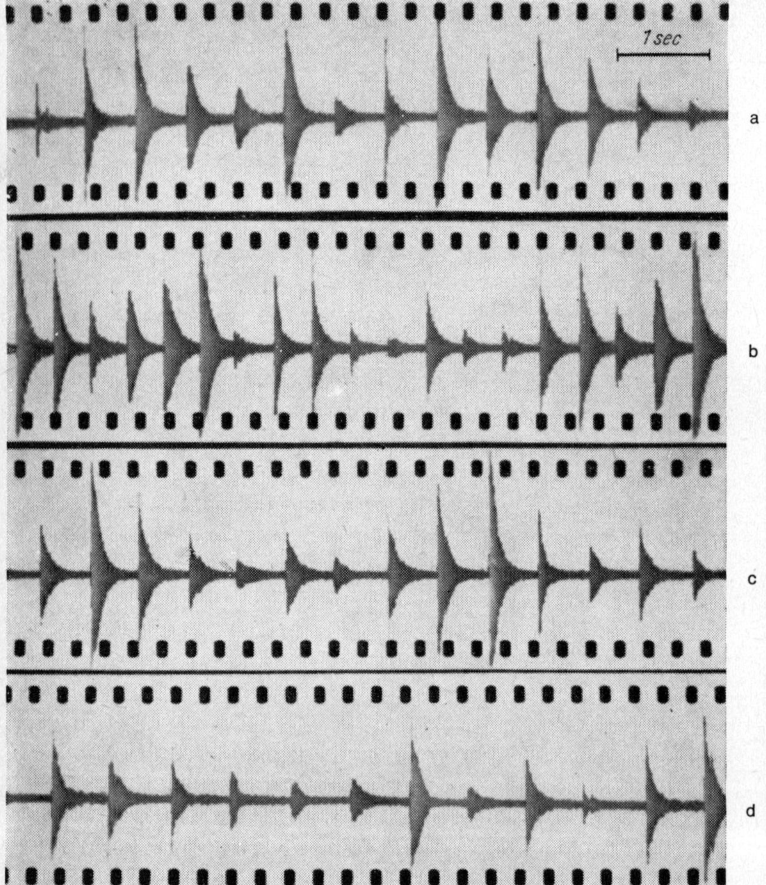

Abb. 34. Ausschnitte aus Filmaufnahmen von Schwingungen, wie sie durch die Erschütterung des Bodens beim Gehen entstehen. Die Erschütterungen wurden mit einem am Boden liegenden Mikrophon aufgenommen und mit Hilfe eines Kathodenstrahloszillographen auf einen Papierfilm photographiert. Alle 4 Aufnahmen stammen von derselben Person. a normales Gehen, b Gehen in Eile , c Gehen mit Tragen eines Koffers, d absichtlich verstellter Gang (aus: *E. Hofer,* Untersuchungen über den Rhythmus des menschlichen Ganges).

während welcher beide Füße den Boden berühren), 5. das Gewicht des Ganges (die Auswirkung der Körperlast bei Abwärtsbewegung der Beine und beim Aufsetzen der Füße) und 6. die Elastizität (die Körperfederung beim Gehen). Die Ergebnisse der Zuordnungen, die sich nicht kurz darstellen lassen, zeigen, daß der Gang hohen Ausdruckswert besitzt, zu dessen klarer Erfassung aber noch viele Experimente notwendig wären.

Von einem charakterologisch bedeutsamen Persönlichkeitsmerkmal muß man fordern, daß es einigermaßen *konstant* bleibt. In einer Untersuchung des Wiener Psychologischen Institutes hat *Ernst Hofer* mit einer sehr exakten Methode – es wurden die Schwingungen registriert, die durch das Gehen im Fußboden erzeugt werden (Abb. 34) – den Nachweis erbracht, daß der individuelle Rhythmus beim Gehen in sehr hohem Maße konstant bleibt: bei 32 untersuchten Personen lag der Schwankungsbereich der Zeitabstände zwischen den einzelnen Schritten im Bereich von 0,014 bis 0,020 Sekunden. Die Differenzen erhöhten sich ungefähr auf das Doppelte bei Gehen unter erschwerten Bedingungen (z. B. Tragen eines Koffers). Weitere Untersuchungen sollen zeigen, ob zwischen Rhythmuskonstanz und Persönlichkeit Beziehungen bestehen.

Handschrift

Dieses Kapitel ist keine Einführung in die Graphologie. Es wäre nicht schwierig, die Deutungsregeln der Graphologie kurz darzustellen; es soll aber niemand in Versuchung geführt werden, sich auf Grund solcher einfacher Hinweise als Schriftdeuter zu betätigen. Ein endgültiges, eindeutiges Urteil über die Verläßlichkeit solcher Deutungen läßt sich gegenwärtig nicht abgeben; es scheint, daß dabei neben der Gewissenhaftigkeit und der Erfahrung des einzelnen Graphologen auch ein Begabungsfaktor eine große Rolle spielt. Im folgenden soll daher nur über die Geschichte der Graphologie und über die wichtigsten Kontrolluntersuchungen, die über die Verläßlichkeit graphologischer Diagnosen durchgeführt wurden, kurz berichtet werden.

Es steht außer Zweifel, daß die Handschrift einen hohen Grad von persönlicher Eigenart aufweist; so hoch, daß sich sogar die Geldinstitute und Banken darauf verlassen und die Echtheit eines Schecks oder Wechsels nach der Unterschrift des Ausstellers beurteilen. Das individuelle Gepräge der Schrift hat schon *Lavater* zu Betrachtungen über Handschrift und Charakter veranlaßt. Der Begründer der systematischen Schriftbeurteilung ist der französische Abbé *Jean Hippolyte Michon* (1806–1881); er hat auch den Namen „Graphologie" eingeführt, mit dem - nach *Klages* – die „Wissenschaft von den Entstehungsbedingungen der persönlichen Schreibbewegung" bezeichnet wird. *Michon* hat ein sehr großes Material von Schriften gesammelt und in seinem Buch „Le Système de Graphologie" 1875 bestimmte Schriftmerkmale bestimmten Charaktereigenschaften zugeordnet, ohne allerdings dafür eine Begründung zu geben. Sein Schüler *Crépieux-Jamin* (1858–1940) hat die Fehlerhaftigkeit einer solchen „fixen" Zuordnung erkannt und gelehrt, daß ein Einzelmerkmal nur relativen Wert habe, weil es verschiedene Ursachen haben könne und daher mehrere Deutungen zulasse. Die „Mehrdeutigkeit" der Einzelmerkmale macht die Zusammenfassung aller auffindbaren Einzelzüge notwendig; aus ihr erhält dann das einzelne Schriftmerkmal seine Bedeutung. Auf diesem Wege kam er zu einer psychologischen „Resultanten-Theorie", die sehr gute Gedanken enthält. Ein schwacher t-Strich bedeutet z. B. nach *Crépieux-Jamin* schwachen Willen, ausgreifende Schreibbewegungen zeugen von großer Einbildungskraft; kommen beide Merkmale vor, so hat man es wahrscheinlich mit einem ängstlichen oder feigen Menschen zu tun, denn die große Einbildungskraft übertreibt die Gefahren und der schwache Wille kommt dagegen nicht auf, so daß sich die Resultante „Verzagtheit" ergibt. *Crépieux-Jamin* vertrat auch bereits andeutungsweise das Bewegungsprinzip als Grundlage der theoretischen Graphologie: „Man spürt die Bedeutung eines Schriftzuges auf, indem man ihn als physiologische Bewegung betrachtet und ihn in seinem Umfang, seiner Beständigkeit und seiner Kraft mit der entsprechenden psychologischen Bewegung in Zusammenhang bringt."

Daß die Schrift tatsächlich die allgemeine individuelle Bewegungsweise erkennen läßt, wurde von dem deutschen Physiologen *Wilhelm Preyer* experimentell nachgewiesen; der Schriftcharakter bleibt nach seinen Untersuchungen derselbe, auch wenn statt mit der rechten mit der linken Hand oder nach genügend langer Übung mit dem Fuß, dem

Mund oder mit einem am Knie oder Ellbogen befestigten Schreibstift geschrieben wurde. Die Schrift sei also, physiologisch betrachtet, nicht so sehr Ausdruck der Handbewegungen, sondern der vom Gehirn gesteuerten allgemeinen persönlichen Bewegungsart – nicht Handschrift, sondern „Hirnschrift". Ebenfalls experimentell ging der Psychiater *Georg Mayer* vor, indem er die Schriftmerkmale bei bestimmten Affektzuständen Geisteskranker feststellte und die Unterschiede gegenüber der neutralen Stimmungslage untersuchte. *Preyer, Mayer* und der Schriftsteller *Hans Busse,* der auf der Grundlage der französischen Schule arbeitete, gründeten 1896 in München die „Deutsche graphologische Gesellschaft", der sich sehr bald *Ludwig Klages,* der führende Graphologe der jüngsten Vergangenheit, anschloß.

Heute befindet sich die Graphologie noch immer in einer eigenartigen Situation; viele Graphologen sind Scharlatane, die unter dem Vorwand strenger Wissenschaftlichkeit mit ihren Charaktergutachten nicht selten Unheil stiften und die Schriftdeutung lediglich als Geschäft betreiben. Groß ist auch die Zahl der graphologischen Phantasten, die ohne jede Kritik ganz einseitig die Schrift zur Grundlage umfassender psychologischer und philosophischer „Theorien" machen und aus ihr die Eigenschaften des Schreibers mit allen verborgenen Details zu erkennen glauben. Die wissenschaftlich eingestellten Schriftforscher, deren Zahl gegenüber den unkritischen Graphologen leider noch recht gering ist, sind sich der Grenzen ihrer Möglichkeiten bewußt – schon deshalb, weil unter ihnen über die Deutung der Einzelmerkmale keineswegs volle Übereinstimmung besteht; sie sind bemüht, ihre Deutungsmethoden zu verbessern, wobei manche von ihnen auch empirische Verfahren zu verwenden suchen. Darüber wird bei der Darstellung der Kontrolluntersuchungen berichtet werden.

Die Zurückhaltung der Wissenschaft gegenüber der Schriftdeutung hat ihre Ursache zweifellos darin, daß die unmittelbare Ausdruckswirkung der Schrift mit wissenschaftlichen Methoden sehr schwer faßbar ist. „Intuition" gilt – mit Recht – nicht als wissenschaftliche Methode. Es besteht aber nicht der mindeste Zweifel, daß die Deutung der Handschriften – wie auch des Gesichtsausdruckes oder der Stimme und Sprechweise – auf unmittelbarer Erfassung des Ausdrukkes beruht. *Klages* hat in vielen Formulierungen ausgesprochen, daß sich der Charakter einer Schrift und damit derjenige des Schreibers nur auf Grund des Schriftausdruckes feststellen lasse; um das „Formniwo" der Schrift, das für die Gesamtbeurteilung von entscheidender Bedeutung ist, zu bestimmen, komme es auf „seelische Schaukraft" an: man soll alle Einzelheiten unbeachtet lassen und „ganz und ausschließlich auf sich wirken lassen ihre sinnliche Erscheinung". In der „seelischen Schaukraft" gibt es aber große individuelle Unterschiede; so wenig man einem Blinden die Farbe verständlich machen kann, „ebensowenig den Lebensgehalt eines Ausdrucksbildes einem Betrachter, dessen Fähigkeit zur Beschaulichkeit entweder vollkommen verkümmert oder aber lahmgelegt wäre durch den unbezwinglichen Hang parteiischen Forschens oder gruppierenden Suchens". Worin die „Schauung", die „Versenkung in das Gebilde" besteht, läßt sich nicht genau sagen; aber das Bewegungsprinzip spielt dabei eine große Rolle – *Klages* spricht einmal davon, daß die Eindrucksempfänglichkeit mit der „Mitbewegtheit" zusammenhänge: man müsse bei der Bestimmung des „Formniwos" jede Zählung und Messung ausschalten, „um durch die Mitbewegtheit innezuwerden des Gehaltes an Leben (oder Innenleben)".

Wissenschaftlich einwandfreie Untersuchungen über die Verläßlichkeit graphologischer Diagnosen liegen leider nur in geringer Zahl vor. Einige davon sollen kurz dargestellt werden. Entscheidend nicht nur für die Graphologie, sondern auch für die Brauchbarkeit der Handschrift als Identitätsnachweis im Geldverkehr (z. B. bei Unterschriften auf Schecks oder bei eigenhändigen Testamenten) ist die Beantwortung der Frage, ob die Handschrift durch lange Zeiten gleich bleibt („Reliabilität" der Schrift). Es ist interessant, daß es auch zu dieser Frage nur sehr wenige Untersuchungen gibt; offenbar bestand bei den Geldinstituten und bei den Graphologen schon auf Grund der Alltagserfahrung die Überzeugung, daß die individuellen Züge der Schrift, sobald die Stadien der Schulschrift vorüber sind, während des ganzen Lebens unverändert bleiben. Diese Überzeugung hat sich im großen und ganzen als richtig erwiesen, wobei die Gleichheit auch bei verschiedenem Schreibtempo erhalten blieb. So fand der Amerikaner

O. L. Harvey bei 20 Personen, die einen Text im Normaltempo und zwei Monate später einen anderen Text im Maximaltempo schreiben mußten, hohe Korrelationen für einige meßbare Schriftmerkmale (für Schriftweite 0,84, für Neigungswinkel 0,82). In einer Dissertation des

Wiener Psychologischen Institutes hat *Gerhard Fischer* an einem viel größeren Material – Schriften von 140 Polizeischülern im Alter von 20 bis 25 Jahren – an 25 meßbaren Schriftmerkmalen die Einzelmaße an zwei Texten, die im Abstand von einer Woche geschrieben wurden, miteinander verglichen; es ergaben sich, mit Ausnahme von vier Merkmalen, durchwegs sehr hohe Korrelationen (von 0,81 bis 0,93). Noch höher war – erwartungsgemäß – die „Halbtest-Reliabilität", d. h. die Konstanz der Merkmalsmaße innerhalb des gleichen Textes, wenn man ihn in zwei Hälften teilt und die erste Hälfte mit der zweiten vergleicht (die Korrelationen lagen zwischen 0,90 und 0,99). *Fischer* hat für jedes der 25 Schriftmerkmale an jeder der 280 Schriftproben je 20 Einzelmessungen durchgeführt und dadurch etwa 90 000 Meßwerte gewonnen, die mit elektronischen Rechenmaschinen ausgewertet wurden; seinen Ergebnissen kommt daher große Beweiskraft zu. Es steht außer Zweifel, daß die Eigenart der Handschrift einen außerordentlich hohen Grad von Konstanz aufweist.

Unvergleichlich schwieriger als die Untersuchung der Konstanz der Schrifteigenart ist die Feststellung des Verläßlichkeitsgrades graphologischer Diagnosen. Um die Frage, ob ein graphologisches Persönlichkeitsgutachten richtig sei, zu beantworten, müßte man die Persönlichkeit des Begutachteten genau kennen – d. h. man müßte ein sicher richtiges Gutachten zum Vergleich zur Verfügung haben. Solche sicher richtige Gutachten lassen sich aber mit den gegenwärtigen wissenschaftlichen Methoden nicht erreichen; die Persönlichkeits-Tests, von denen später ausführlich berichtet wird, liefern nur Diagnosen von sehr verschiedenem Wahrscheinlichkeitsgrad (wobei die „Kompliziertheit" der untersuchten Persönlichkeit eine entscheidende Rolle spielt). Außerdem kann man auch bei Verwendung mehrerer Tests sicher nicht alle Merkmale einer Persönlichkeit erfassen, so daß ebenfalls in der Art der behaupteten Charakterzüge zwischen graphologischen Gutachten und Testergebnissen Verschiedenheiten auftreten können. Unter diesen Umständen begnügte man sich vielfach mit Verläßlichkeitskontrollen, bei denen der Beurteilte selbst oder gute Bekannte feststellten, ob das graphologische Gutachten zutrifft oder nicht. Dies erreicht man am besten im „Zuordnungsversuch": die Person, aus deren Handschrift ein graphologisches Gutachten erstellt worden war, erhält dieses Gutachten mit vielen anderen und soll her-

ausfinden, welches „ihres" ist. *Otto Bobertag* hat dieses Verfahren schon 1929 angewandt; er hat über 5 Personen von 6 Graphologen Charaktergutachten eingeholt; die 30 Gutachten mußten von 15 Personen, die die 5 Beurteilten längere Zeit kannten, diesen zugeordnet werden, wofür eine sehr genaue Instruktion mit verschiedenen Sicherheitsgraden gegeben wurde. Von den auf diese Weise entstandenen 450 Zuordnungen war die überwiegende Anzahl richtig und nur 14,7 % falsch (in den Restfällen wurde eine Zuordnung als unmöglich bezeichnet). Der beste Zuordner hatte alle 30 Gutachten den richtigen Personen zugeordnet, der schlechteste 16.

Aufschlußreich sind auch die Ergebnisse der „Selbstzuordnung": 3 von den 5 begutachteten Personen konnten aus den Gutachten aller 6 Graphologen die richtigen (also die über ihre eigene Handschrift) herausfinden; 2 der beurteilten Personen ordneten die Gutachten über sich selbst anderen und fremde Gutachten sich selbst zu.

In einem amerikanischen Zuordnungsversuch von *Edwin Powers* wurden Laien und Berufsgraphologen verglichen. Von 10 jungen Männern wurden Persönlichkeitsgutachten hergestellt (jeder von ihnen wurde von 3 Psychologen untersucht, von denen ihn einer überdies aus näherer persönlicher Bekanntschaft genauer kannte; die Persönlichkeitsgutachten wurden von den 3 Psychologen in Zusammenarbeit verfaßt). Die 10 Persönlichkeitsgutachten wurden dann zusammen mit der Handschrift jedes Beurteilten 143 Studenten, 25 Professoren und 17 Berufsgraphologen mit der Aufgabe vorgelegt, Gutachten und Handschrift einander zuzuordnen. Die höchste Trefferzahl wäre 10 gewesen, nach dem Zufall ist bloß *eine* richtige Zuordnung zu erwarten. Die Studenten erzielten im Mittel 1,77 richtige Zuordnungen, die Professoren 1,80 und die Berufsgraphologen 2,41 – also nur unwesentlich bessere Leistungen als die graphologischen Laien (zitiert nach *Hall u. Lindzey* 1957).

Viel leichter als an Beurteilungen der Gesamtpersönlichkeit müßte sich die Verläßlichkeit graphologischer Diagnosen an einzelnen Persönlichkeitsmerkmalen überprüfen lassen, vor allem an dem Grad der Intelligenz, den man mit Hilfe von Tests ziemlich genau feststellen kann. An 167 Personen ergaben sich in einer Untersuchung von *Castelnuovo-Tedesco* zwischen Intelligenzschätzung aus der Schrift durch sechs Graphologen und den Testresultaten Korrelationen von

0,59 bis 0,64. Hingegen fand *Wallner* beim Vergleich von 118 graphologischen Intelligenzdiagnosen und den Ergebnissen von sechs Intelligenztests nur eine Korrelation von 0,20. Man kann gegen diesen für die Graphologie ungünstigen Befund einwenden, daß auch die Korrelation zwischen Intelligenztestung und Schulleistung nicht hoch ist (zwischen 0,5 und 0,6) und daß der Begriff „Intelligenz" überhaupt noch umstritten sei; aber eine Korrelation von 0,20 ist so nieder, daß man kaum annehmen kann, die Differenzen zwischen der graphologischen Intelligenzbeurteilung und den Resultaten von sechs Tests seien durch Verschiedenheiten in der Auffassung von „Intelligenz" zu erklären. Auch in zwei neueren Untersuchungen waren die Korrelationen zwischen Schriftbeurteilung und Intelligenztest sehr niedrig; bei *J. Mields* (24 Schriften, 18 Schriftbeurteiler) 0,37, bei *L. Michel* (7 Schriften, 7 Graphologen) 0,16.

Sehr bedeutsam für die künftige graphologische Forschung ist ein Verfahren, das in der oben erwähnten Untersuchung von *Gerhard Fischer* zu höchster Exaktheit entwickelt wurde. Es handelt sich dabei um die – von verschiedenen Autoren schon öfter aufgeworfene – Frage, welche Merkmale der Handschrift miteinander „verwandt" sind, so daß man sie in Gruppen oder „Faktoren" zusammenfassen und diese Faktoren den Grundmerkmalen der Persönlichkeit gegenüberstellen kann. Es ist von vornherein klar, daß nicht jedem einzelnen Schriftmerkmal wie Zeilenabstand, Neigungswinkel oder Oberlängenhöhe, eine bestimmte einzelne Charaktereigenschaft zugeordnet werden kann; diese primitivste Art der Schriftdeutung wird von allen ernstzunehmenden Graphologen abgelehnt. Mit komplizierten statistischen Verfahren („Faktorenanalyse") läßt sich exakt feststellen, welche einzelnen Merkmale am häufigsten zusammen auftreten oder miteinander variieren; von der Annahme ausgehend, daß zwischen diesen Merkmalen irgendwelche Zusammenhänge oder gemeinsame Abhängigkeiten von einem einzigen Grundmerkmal bestehen, kann man auf diese Weise Gruppen bilden, aus denen man theoretisch einen „Faktor" extrahiert, der als ihre gemeinsame Grundlage betrachtet wird. *Fischer* hat fünf Faktoren gefunden, mit denen die einzelnen Schriftmerkmale mehr oder weniger „geladen" sind. Auf Einzelheiten kann hier nicht eingegangen werden; erwähnt sei nur, daß der Vergleich dieser Faktoren mit Persönlichkeitsfaktoren, die an 68 Perso-

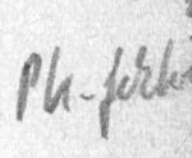

nen durch den Persönlichkeits-Interessen-Test von *Mittenecker-Toman* gewonnen wurden, im allgemeinen so niedrige Korrelationen ergab, daß eine Aussage über den diagnostischen Wert der üblichen graphologischen Deutungsregeln nicht möglich ist; Hinweise deuten sich immerhin an, so z. B., daß überdurchschnittliche Schriftgröße mit Anpassungsschwierigkeiten korreliert, gute Gliederung des Schriftbildes mit Selbstkritik.

Wenn die Handschrift verläßliche Hinweise auf Charaktermerkmale enthält, dann müßten die Schriften ähnlicher Persönlichkeiten ebenfalls große Ähnlichkeit aufweisen. Dies läßt sich am sichersten an *Zwillingsschriften* überprüfen. Wenn in der Schrift die Erbanlagen zur Auswirkung kämen, müßten sich die Schriften eineiiger Zwillinge – vor allem solcher mit verschiedener Erziehung – sehr weitgehend gleichen. In Wirklichkeit ist aber die Ähnlichkeit geringer als zu erwarten war; man hat sogar den Eindruck, daß sich die Zwillinge in der Schrift manchmal viel weniger ähnlich sind als in den übrigen untersuchten Eigenschaften. Darüber hat sich *Francis Galton* schon 1883 gewundert; unter den vom ihm untersuchten Zwillingen fanden sich einige wenige, deren Handschriften nicht unterscheidbar waren, aber viele, bei denen sie unähnlich schienen. Seither sind sehr viele graphologische Zwillingsuntersuchungen durchgeführt worden; im großen und ganzen zeigte sich dabei, daß der Grad der Ähnlichkeit sehr stark variiert – von fast vollkommener Gleichheit bis zu weitgehender Verschiedenheit. Der Graphologe *Saudek* hat die Handschrift von 234 eineiigen Zwillingen untersucht; nur bei 5 % waren die Schriften der beiden Partner so ähnlich, als ob sie von derselben Person stammten – ein Ähnlichkeitsgrad, wie er sonst zwischen zwei Menschen wohl überhaupt nicht vorkommt (Abb. 35).

Ein interessantes Resultat erbrachten die Untersuchungen von *Margaret Hartge,* welche die Schriften von 15 eineiigen und 10 zweieiigen Zwillingen durch Erwachsene nach ihrem Ähnlichkeitsgrad paarweise ordnen ließ; es zeigte sich, daß bei den Zwillingen unter 14 Jahren die Ähnlichkeit größer war als bei Kinderschriften überhaupt, während die Schriften der eineiigen Zwillinge über 14 Jahren einander viel ähnlicher waren als die der zweieiigen. *Hermann* und *Nikolay* haben dieses Ergebnis in einer sehr gründlichen Arbeit bestätigt; an den Schriften von je 20 eineiigen und zweieiigen Zwillingen,

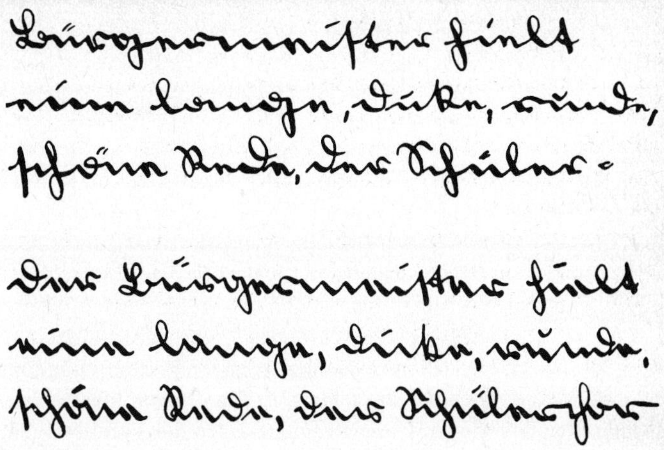

Abb. 35. Schriften 10jähriger eineiiger Zwillingsbrüder.
(Nach *H. Graewe,* Zwillinge und ihre Schriften, Umschau 1938.)

von denen je die Hälfte unter 14 Jahre alt war, wurden die meßbaren Merkmale (z. B. Grundstrichlänge, Schriftwinkel usw.) genauestens in 20 000 Einzelmessungen festgestellt. Bei den Eineiigen über 14 Jahren stimmten die Einzelmerkmale in viel höherem Grade überein als bei den Zweieiigen, bei den jüngeren Zwillingen waren die Unterschiede geringer.

Diese Ergebnisse werden aber wieder in Frage gestellt durch Untersuchungen an Schriften von erwachsenen Zwillingen. *A. Legrün* in Wien hat durch 10 Beurteiler die Schriften von 30 eineiigen und 10 zweieiigen Zwillingspaaren einander nach Ähnlichkeit zuordnen lassen und bei den Eineiigen nur unerheblich mehr richtige Zuordnungen erhalten als bei den Zweieiigen. Dieselbe Methode verwendete *Emil Oestlyngen* in Oslo; er ließ die Schriften von 43 eineiigen und 34 zweieiigen Paaren durch 7 Personen nach Ähnlichkeit in Paare ordnen und fand keinen Unterschied von Bedeutung. Das gleiche Resultat hatte eine besonders genaue Untersuchung des Wiener Psychologischen Institutes, in der *Auguste Högler* die Schriften von 49 eineiigen und 25 zweieiigen erwachsenen Zwillingspaaren nach 23 meßbaren Schriftmerkmalen überprüfte. Von jedem der 23 Schriftmerkmale wurden in jeder einzelnen Schrift 15 Einzelwerte gemessen und daraus der Durchschnitt berechnet, so daß insgesamt ungefähr 50 000 Einzelmessungen durchgeführt und verrechnet werden mußten. Von den 23 Merkmalen waren nur bei 2 Merkmalen die Differenzen zwischen den eineiigen Partnern beträchtlich kleiner als bei den zweieiigen; der Mittelwert der Differenz in der Häufigkeit von Winkelbildungen betrug bei den eineiigen Partnern 17,8, bei den zweieiigen 28,4, der Mittelwert der Differenzen im Merkmal „Breite des linken Randes" war bei den Eineiigen 7,6, bei den Zweieiigen 14,4. Dagegen waren in den Merkmalen „Schlingenbreite", „Häufigkeit von Girlanden", „Häufigkeit von Arkaden", „Höhe der i-Punkte und u-Haken" die Differenzen zwischen den eineiigen Partnern fast doppelt so groß wie zwischen den zweieiigen, in den übrigen Merkmalen bei beiden ungefähr gleich. Diese Resultate legen die Vermutung nahe, daß entweder die Anlagen, die der Schreibmotorik zugrunde liegen, bei Zwillingen verschieden sind, oder daß die Schrift in erster Linie von der Umwelt geprägt wird – dann könnte man aber aus ihr keinerlei Schlüsse auf den angeborenen Charakter ziehen.

Um sicher zu sein, daß die Ähnlichkeit, die durch die messenden Vergleiche der Zwillingsschriften festgestellt wurde, wirklich so gering ist, wurde an den von *Högler* verwendeten Zwillingsschriften noch eine zweite Untersuchung durchgeführt: die Schriften wurden ungeordnet 32 Personen (in der Mehrzahl Mittelschullehrer) mit dem Auftrag vorgelegt, sie nach der Ähnlichkeit zu ordnen, wofür 5 Ähnlichkeitsstufen zur Verfügung standen. Das Ergebnis dieser von *F. Peroutka* statistisch sehr genau ausgewerteten Vergleiche entspricht weitgehend den Resultaten *Höglers:* 56,2 % der Schriften der eineiigen Zwillinge wurden als ähnlich, 43,8 % als unähnlich bezeichnet; bei den Zweieiigen waren 36 % ähnlich, 64 % unähnlich (wobei der Mittelwert aus allen Ergebnissen der fünfstufigen Ähnlichkeitsbeurteilungen [2,3] als Grenze galt).

Übrigens kommt die Verschiedenheit der Eineiigen im Schreiben sogar in den Schulnoten über den Schreibunterricht zum Ausdruck: *Bouterwek* hat bei 109 eineiigen Zwillingspaaren die Schulnoten verglichen und gefunden, daß die Schreibnoten nur bei 75 Paaren immer gleich waren, bei 34 Paaren nicht.

Einen Ansatz zu einer Lösung der Frage, warum bei Zwillingsschriften nicht die erwartete hohe Übereinstimmung besteht, schlug die ungarische Psychologin *Roman-Goldzieher* vor. Sie untersuchte bei 118 eineiigen und 165 zweieiigen Zwillingen den Schreibvorgang und stellte fest, daß im allgemeinen bei Zwillingspaaren einer der Partner dominiert; dabei ging sie von der Feststellung *H. v. Brackens* aus, daß es immer einen „führenden Illing" gebe, der sozusagen die „Außenvertretung" des Paares besorge. Dies drücke sich schon in Kleinigkeiten aus; so sitze der führende Partner immer rechts vom anderen und jede Änderung dieser Platzordnung löse Unbehagen aus und werde oft eigenmächtig korrigiert. Die Sitzweise und Körperhaltung wirkt sich auch auf die Schrift aus. Noch viel wichtiger ist in diesem Zusammenhang aber die Feststellung von Frau *Goldzieher,* daß bei 73 % der von ihr untersuchten eineiigen Zwillinge ein Partner zur Linkshändigkeit neigte (unter den Zweieiigen nur bei 57 %). Für die Handschrift ist dies von größter Bedeutung, weil in den Schulen rechtshändig geschrieben werden muß, was dem Linkshänder natürlich Schwierigkeiten bereitet, so daß bei ihm andere Schriftmerkmale entstehen als bei seinem rechtshändig veranlagten Zwillingsbruder. Daraus ließe sich die Verschiedenheit von Zwillingsschriften erklären. Da die Schreibmotorik wie die Sprechmotorik des Linkshänders von der rechten Gehirnhälfte und die des Rechtshänders von der linken Gehirnhälfte gesteuert wird, hat *Goldzieher* angenommen, daß bei den Zellteilungen, die zu eineiigen Zwillingen führen, eine „spiegelbildliche" Entwicklung stattfinde (wie sie *Bouterwek* aus anderen Gründen schon früher behauptet hatte). Solche Spiegelbildlichkeiten finden sich auch in der Handschrift von Zwillingen, z. B. in der Schriftlage (d. i. der Neigungswinkel der Schriftzeichen zur Zeile, aus dem sich die rechtsschräge und linksschräge Schrift ergibt). Bei den eineiigen Zwillingen *Goldziehers* war die Schriftlage in 56 % übereinstimmend, in 44 % spiegelbildlich, bei den zweieiigen in 74 % übereinstimmend und nur in 26 % spiegelbildlich. Es zeigten sich aber auch sehr weitgehende Übereinstimmungen der Schriften; teilt man die Ähnlichkeit in drei Grade: zum Verwechseln ähnlich („Doppelgängerschriften"), ähnlich, aber unterscheidbar, und unähnlich, so ergaben sich folgende Prozentverhältnisse zwischen den Zwillingspartnern:

Tabelle 12.

	Doppelgängerschriften	ähnlich	unähnlich
Eineiige	15,0 %	57,5 %	27,5 %
Zweieiige	7,5 %	38,0 %	54,5 %

Abschließend wird man sagen dürfen: bei eineiigen Zwillingen sind Doppelgängerschriften beträchtlich häufiger als sonst unter Geschwistern; es kommt aber auch vollkommene Unähnlichkeit vor. Dabei spielen zweifellos die Umwelteinflüsse eine sehr große Rolle: *Mierke* berichtet über ein eineiiges Zwillingspaar, dessen Schriften sich zuerst absolut glichen, dann – nach Eintritt in verschiedenes Arbeitsmilieu (Haushaltstätigkeit – Zahnarztassistentin) – trotz gleicher Schulbildung sehr verschieden wurden (flotte Schrägschrift – etwas ungelenke Steilschrift). Es blieben aber auch viele gemeinsame Merkmale erhalten.

Sprache, Stimme und Sprechweise

Die Unmittelbarkeit der Wirkung des Ausdruckes – also gerade dasjenige, was für die wissenschaftliche Untersuchung heute noch ein vollkommen ungelöstes Problem darstellt – läßt sich mit besonderer Klarheit an der Ausdruckswirkung der menschlichen Stimme und Sprechweise zeigen. Lange vor aller Wissenschaft hat sich die Kunst dieser Ausdrucksmittel bedient; in der Oper sind die Stimmlagen eindeutig den Charakteren der handelnden Personen zugeordnet: der Held ist fast immer ein Tenor, der vitalkräftige, robuste gutmütige Beschützer der bedrängten Heldin ist ein Baß, ebenso der Bösewicht.

Außer jedem Zweifel steht die Tatsache, daß in der Musik die Klangfarbe der einzelnen Instrumente verschiedene Gefühlswirkungen auslöst. In einer Wiener Dissertation wurde von *W. Herkner* die Wirkung der Klangfarben von 21 Musikinstrumenten (gespielt von den Wiener Philharmonikern und Wiener Symphonikern) nach 36 Eigenschaften (schön, heiter, langweilig usw.) an 100 Personen untersucht; es ergaben sich in der Zuordnung der Eigenschaften zu den Instrumenten hohe, weit über dem Zufall liegende Übereinstimmungen, die auch den musikalischen Instrumentations-Konventionen weitgehend entsprechen (z. B. Ausdruckswirkung des Glockenspiels „froh“, „heiter“, der Flöte „sehnsüchtig“, des Paukenwirbels „wild“, der Posaune „feierlich“, der Trompete „erregend“ usw.) (*Herkner* 1969).

Eine zweite, noch wenig ausgeschöpfte Quelle für die Untersuchung der Ausdruckswirkung von Lauten ist die Entwicklung der Sprache. Dumpfe, tiefe Lautgebilde werden zur Bezeichnung anderer Gegenstände verwendet als hohe und helle Laute. *Wittmann* hat mit solchen Untersuchungen über die „physiognomische Urbedeutung des Wortes“ begonnen, indem er einer Reihe von Personen Worte aus Negersprachen vorsprechen ließ; es mußte angegeben werden, was für Dinge durch diese Worte am ehesten gemeint sein könnten. Es ergab sich, daß die angegebenen Dinge eine innere Zusammengehörigkeit aufwiesen: bei Worten mit Vokalen o und u (z. B. „ongolongo“) wurden hauptsächlich plumpe und massige Dinge als wahrscheinliche Bedeutung angegeben, bei Worten mit i (z. B. „fiti“) kleine und leichte. Zusammenfassend stellte *Wittmann* aus seinen Versuchen fest, daß in der Sprache die Vokale o und u der Größe, Massigkeit und Fülle zugeordnet sind, der Vokal i der Kleinheit und Leichtigkeit, der Sachbeziehung „zusammen“ die Konsonanten m, b und p, der Sachbeziehung „auseinander“ die Konsonanten t, s und k.

Seit 1933 wurde etwa ein Dutzend ähnlicher Versuche zur Hypothese der „Lautsymbolik“ durchgeführt, vor allem im angelsächsischen Bereich. Man verwendete dabei ein sehr einfaches Verfahren: die „Gleich-Ungleich-Methode“, bei welcher z. B. 50 häufig gebrauchten Wörtern des täglichen Lebens aus einer den Beurteilern gänzlich unbekannten Sprache 50 Wörtern gleicher Bedeutung aus ihrer Muttersprache ungeordnet gegenübergestellt werden; die Beurteiler haben (bei akustischer und visueller Darbietung) festzustellen, ob zwei Worte ungefähr den gleichen Sinn haben; ein Spezialfall dieses Verfahrens ist die „Antonym-Methode“, bei welcher nur Antonym-Paare (z. B. heiß-kalt, hart-weich) aus der fremden Sprache der eigenen Sprache zuzuordnen sind. Die Resultate dieser Untersuchungen waren nicht einheitlich – nur etwa die Hälfte ließ sich als Bestätigung der Lautsymbolik-Hypothese interpretieren.

Mit einer Methode, die genauere Ergebnisse erwarten ließ, wurde

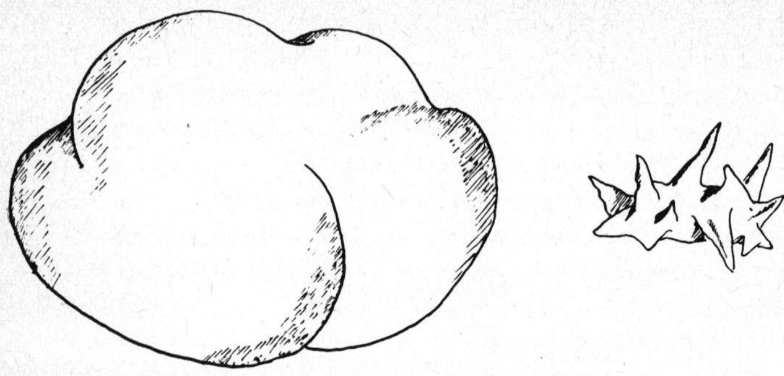

Abb. 36. Sinnlose Körper für die Namensgebungsversuche von *M. Czurda* (groß, schwer, rund und klein, leicht, spitz).

im Wiener Psychologischen Institut eine Reihe von Untersuchungen durchgeführt, deren erste von *Margarete Czurda* stammt. Es sollte festgestellt werden, ob zwischen bestimmten Merkmalen sinnloser Körper (Gewicht, Größe, Aussehen) und dem Lautcharakter der Sprachlaute Beziehungen bestehen. Zur Durchführung der Versuche wurden acht sinnlose, mit weißer Ölfarbe angestrichene Körper hergestellt, die in den Eigenschaften „groß", „rund", „schwer" und „spitz" variiert wurden (Abb. 36). Diesen Körpern waren aus einer Liste von 20 einsilbigen und 20 zweisilbigen sinnlosen Wörtern (z. B. fapp, tock, fitti, kutzu) nach dem Klangeindruck Namen zu geben; außerdem wurden in einem zweiten Versuch Konsonantengruppen geboten, welche von den Versuchspersonen durch Einfügen von Vokalen zu passenden Namen für die acht Gegenstände gemacht werden mußten. In einem dritten Versuch wurden nur Vokale geboten, die in analoger Weise durch Konsonanten ergänzt werden mußten. Die Versuche wurden an 600 Kindern (je 100 der Altersstufen 9–14, zur Hälfte Buben und Mädchen, und diese zur Hälfte nach dem Lehrerurteil sehr bzw. wenig intelligent) sowie an 100 Erwachsenen durchgeführt. Zwischen den einzelnen Versuchen lag eine Woche Zwischenzeit.

Die Resultate zeigten eindeutig, daß bestimmte Laute für bestimmte Gegenstände weit über den Zufall bevorzugt wurden. So wurden die leichten, spitzen und kleinen Dinge mit hellen Vokalen, besonders mit i, die schweren, runden und großen bevorzugt mit dumpfen Vokalen bezeichnet (Abb. 37). Die harten Konsonanten wurden mit großer Häufigkeit für die spitzigen, die weichen für die runden Gegenstände verwendet, wobei allerdings bei den Kindern für alle Gegenstände eine noch ungeklärte Bevorzugung des l besteht. Zweisilbige Namen wurden häufiger für die großen, einsilbige für die kleinen Gegenstände verwendet. Die Zuordnung nach dem Lautcharakter wird mit zunehmendem Alter einheitlicher; eindeutige Geschlechtsunterschiede sowie Beziehungen zur Intelligenz konnten nicht festgestellt werden.

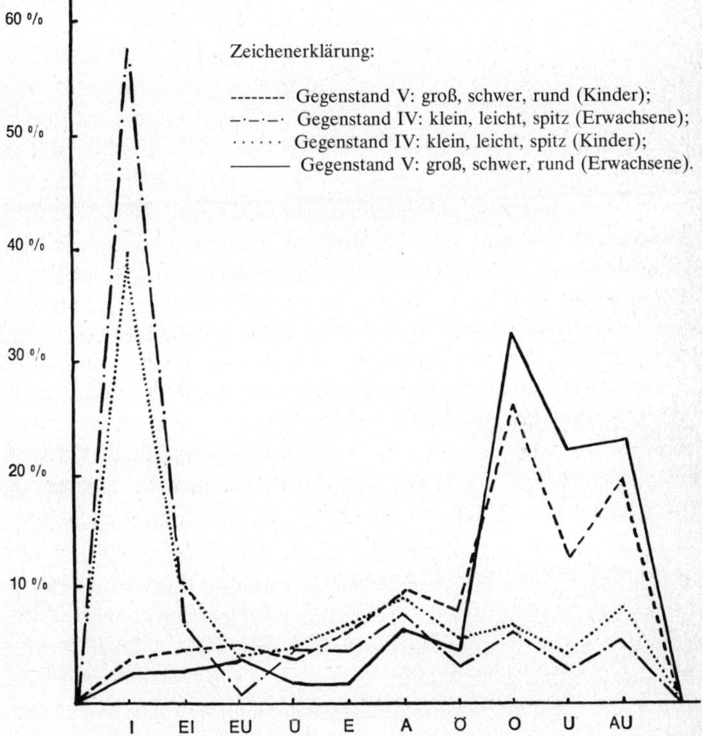

Abb. 37. Verteilung der Vokale auf die Bezeichnungen für einen großen, schweren, rundlichen und einen kleinen, leichten, spitzen Körper (aus: *M. Czurda,* Phonetische Ausdrucksmittel für optisch-taktile Sinneseindrücke. Diss. Wien 1951).

Um festzustellen, ob in anderen Sprachen die gleichen Beziehungen zwischen Lauten und Körpereigenschaften bestehen wie in der deutschen Sprache, wurden zwei weitere Untersuchungen des Wiener Psychologischen Institutes durchgeführt; von *Friedrich Czagan* in Italien (an 310 acht- bis zehnjährigen Kindern und 20 Studenten in Palermo) und von *Ida Fleiss* an 425 Kindern von 9 bis 14 Jahren und 12 Erwachsenen in Japan. In beiden Sprachen ergaben sich in den wichtigsten Auswertungsbereichen gleiche signifikante Zusammenhänge wie in der deutschen Sprache: die Vokale „e" und „o" wurden in Italien und in Japan für große Körper bevorzugt, von den Italienern außerdem „u", das in der japanischen Sprache anders (ähnlich wie „ü") ausgesprochen wird (die Japaner verwenden auch „a" und „au" bevorzugt für große Körper). Das „i" wurde in beiden Sprachen den spitzen Körpern zugeordnet, die Konsonanten „b" und „m" den runden.

Zwei weitere Wiener Untersuchungen behandelten mit derselben Methodik die Lautsymbolik in der chinesischen und Suaheli-Sprache. *Mercedes Li* legte die sinnfreien Körper *Czurdas* in Taipei auf Formosa 1 442 Chinesen (650 Kinder, 792 Erwachsene) mit entsprechenden sinnfreien Wörtern vor; wie in den gleichen Versuchen mit anderen Sprachen kam es zu signifikanten Bevorzugungen der dumpfen Laute zur Bezeichnung der großen, runden und schweren Körper sowie des „i" für die kleinen und leichten, ebenso wurden große Körper signifikant häufiger mit mehrsilbigen, kleine mit einsilbigen benannt. Bei den Suahelis an der ostafrikanischen Küste wurden die Czurda-Körper von *Uwe Hartel* 1 769 Personen (966 Kinder von 9 bis 14, 803 Jugendliche von 18 bis 25 Jahren) mit entsprechenden Silben vorgelegt, wobei sich ganz eindeutige hochsignifikante Zuordnungen von „o" und „u" zu „groß" und „schwer" und von „i" zu „klein", „leicht" und „spitz" ergaben. Schwere und große Körper wurden fast immer mit längeren Wörtern bezeichnet als kleine und leichte. Diese Resultate sind besonders beachtenswert, weil es sich dabei um eine schriftlose Sprache von Menschen handelt, die in engster Verbundenheit mit der Natur leben und bei deren sprachlichen Äußerungen begleitende Gesten und onomatopoetische Faktoren eine besonders große Rolle spielen.

Diese Resultate zeigen, daß die Untersuchung des Ausdruckswertes der einzelnen Laute viel zur Klärung der Sprachentstehung beitragen könnte; es wäre sehr wichtig, daß ähnliche Untersuchungen in anderen Sprachen durchgeführt würden. Den bisher dargestellten Ansätzen aus der Musik- und Sprachforschung stehen ebenso vereinzelte Ansätze zur Feststellung der charakterologisch bedeutsamen Stimm- und Sprechmerkmale des Menschen gegenüber. Den Anfang hat auch hier nicht die wissenschaftliche Psychologie gemacht, sondern die Praxis der Gesanglehrer und Vortragskünstler und der Sprecherzieher für Stotterer und andere sprachbehinderte Menschen. Fast rührend ist die Geschichte des *Josef Rutz,* königlicher Zollinspektor und Sänger in München, der um das Jahr 1860 bei seinen Studien an der Musikschule feststellte, daß manchen Sängern und Sängerinnen bestimmte Werke „einfach nicht lagen“, obwohl sie andere, viel schwierigere Gesangstücke mit Meisterschaft beherrschten. Er fand, daß jedes Werk einen bestimmten Klangcharakter der Stimme verlangte, in dem allein es richtig klingt und wirkt; er bemühte sich, die Eigenschaften des Stimmorgans festzustellen, von denen der Klangcharakter abhängt. Sein Sohn berichtet darüber: „Zunächst meinte er, dies geschehe allein durch die Tätigkeit und Stellung von Kehle, Rachen und Mundhöhle, bis er schließlich erkannte, daß das ausschlaggebende Moment in der Änderung der bisher gewohnten Haltung und Form des ganzen Körpers liege. Nach und nach fand er dann eine Reihe verschiedener Arten der Körperhaltung, die alle ihren besonderen Einfluß auf den Klang der Stimme ausüben, und bestimmte die zur Annahme dieser Haltung notwendigen Muskelbewegungen.“ Besonders die Rumpfmuskeln sind dabei entscheidend; und zwar nicht ihre Bewegung, sondern eine bestimmte dauernde Einstellung dieser Muskeln.

Josef Rutz ist 1895 gestorben, ohne daß er seine Beobachtungen publiziert hätte. Seine Frau Klara und sein Sohn *Othmar Rutz* haben die Forschungen weitergeführt und eine Reihe von Gelehrten – *Wundt, Krüger* und den Literaturhistoriker *Sievers* – zu eigenen Untersuchungen veranlaßt; sogar die Frage, ob ein bestimmter Text von dem Urheber stamme, dem er zugeschrieben wird, sollte mit der *Rutz*schen Methode beantwortet werden können. *Othmar Rutz* hat dann die Lehre seines Vaters in wenig kritischer und sehr einseitiger Weise weiterentwickelt, wobei er zu ganz unhaltbaren Typen gelangte. Experimentell wurden die *Rutz*schen Behauptungen von *Hans Schulte* mit einer komplizierten Apparatur überprüft. Am Körper der Versuchsperson – an geeigneten Stellen des Brustkorbes und Bauches – wurden 5 Pneumographen angelegt. Pneumographen sind luftgefüllte Gummikapseln, von denen ein Schlauch zu einer zweiten Gummikapsel führt, die so konstruiert ist, daß jede Druckveränderung in der ersten Kapsel einen Zeiger aus ganz leichtem Material (z. B. einen Strohhalm) hebt oder senkt. Mit solchen Pneumographen untersuchte man früher in der Physiologie die Atembewegungen des Brustkorbes, indem man den Zeiger an eine rotierende berußte Papierfläche anlegte, wo seine Auf- und Abbewegungen eine Kurve einritzten. Mit den 5 Pneumographen und den dazugehörigen 5 Zeigern konnte *Schulte* auf dem berußten Papier gleichzeitig 5 Kurven zeichnen, die den Bewegungsablauf der Muskelpartien, an welche die Pneumographen angelegt waren, wiedergaben. Auf diese Weise wurde es möglich, die Muskelvorgänge an 5 Stellen des Rumpfes während des Sprechens von Gedichten oder Prosatexten ziemlich genau zu verfolgen; die Texte wurden nach der von *Rutz* und *Sievers* angegebenen Typenzuordnung ausgewählt. Das Resultat war gänzlich negativ, obgleich sowohl lautes wie leises Lesen in liegender und stehender Haltung untersucht wurde (an 6 Versuchspersonen). An diesen Resultaten ist nicht zu rütteln, wenn man auch zugeben muß, daß mit der pneumographischen Methode sicher nicht alle Feinheiten der Resonanzverhältnisse bei verschiedener Körperhaltung erfaßt werden können. Trotzdem ist damit über den Grundgedanken der *Rutz*schen Lehre noch nicht das letzte Wort gesprochen; es könnte immerhin sein, daß der „Stil“ eines Gedichtes oder Liedes bei einem bestimmten körperlichen Haltungs„stil“ des Vortragenden am besten zum Ausdruck kommt, wobei aber sicher nicht nur die Rumpfmuskulatur eine Rolle spielt. Daß es gelingen könnte, die „Charaktere“ verschiedener Kunstwerke in ein grobes Schema von 3 oder 4 Typen einzuordnen, scheint bei der Vielfältigkeit der Klangfarben unserer Stimme ein aussichtsloses Unternehmen zu sein.

Wichtige Einzelheiten zum Sprachausdruck fand der Sprachlehrer *Erich Drach.* Er hat das Verdienst, als erster die phonetischen Merkmale, die für den Sprachausdruck von Bedeutung sind, systematisch zusammengestellt zu haben; seine „Sprachausdruckstypen“, die auf Kreuzung von 4 Merkmalen aufgebaut sind (Ausdruckskraft und Ausdrucksschwäche einerseits, Ausdrucksdrang und Ausdruckshemmung andererseits), haben aber wegen ihrer ungenügenden psychologischen Begründung lediglich die Bedeutung eines vorläufigen groben Einteilungsversuches. Die phonetischen Merkmale *Drachs* sind: *Melos, Klangfarbe, Stärkeakzent, Artikulationsschärfe, Tempo, Lautheit und Stimmqualität.* Auf dieser Einteilung hat *Johann Baptist Rieffert* aufgebaut und dabei die einzelnen Merkmale genauer präzisiert und 2 Hauptklassen von Sprechmerkmalen aufgestellt: „*Melos* ist das Auf und Ab der Tonhöhe, relativ zur Stimmlage, d. i. der durchgängigen Tonhöhe der Stimme. *Rhythmus* ist die Gliederung im Sprechablauf und entsteht durch die Verteilung der Sprechpausen zwischen Silben, Worten und Sätzen, im Verein mit der Akzentuierung. Rhythmus ist hier im weiteren Sinn des Wortes zu verstehen, da der Sprechrhythmus kein taktmäßig gegliederter ist. *Klangfarbe* ist in erster Linie die Klangqualität der Vokale, weiterhin aber auch die Qualität der Klangganzheiten mit Einschluß der Konsonanten."

Klarer werden die einzelnen Merkmale, wenn man die verfügbaren sprachlichen Beschreibungsmöglichkeiten berücksichtigt, wie es *W. Wolff* in einer unveröffentlichten Untersuchung getan hat. Ich halte mich im folgenden an seine Vorschläge. Für das Melos sind Ausdrücke wie „langsam, getragen, ruhig, belebt, lebhaft" oder „gleitend, schrittweise, sprunghaft, aufsteigend, abfallend" anwendbar; die Monotonie, wie sie bei gleichgültigen, uninteressierten und ebenso bei gedrückten und traurigen Menschen vorliegt, ist ebenfalls eine Meloseigenschaft. Die Tonlage läßt sich durch die Begriffe „sehr hoch" bis „sehr tief" sowie „gesenkt" und erhöht" bezeichnen; die Tonlage „tief" liegt z. B. bei der Sprache der Würde und Ruhe vor, die hohe bei Zuständen von Angst, Aufregung, überhaupt bei Verlust der Selbstsicherheit. Schwierig ist die Klangfarbe sprachlich zu fassen; Beschreibungshilfen, wie „voll", „dünn", „hell, dunkel", „weich, warm, scharf, kalt", ferner „rauh, trocken, gequetscht, verschleiert", aber auch „metallisch, blechern, schmetternd", gehören hierher. *Keilhacker* behauptet, daß den Merkmalen der Klangfarbe bestimmte Charakterzüge entsprechen: „Wärme oder Kälte, Weichheit oder Härte der Stimme lassen stets mit einer gewissen Wahrscheinlichkeit auf ähnliche charakterliche Züge in der Persönlichkeit des Sprechers schließen." Die *Artikulation* kann „nachlässig, klar, ausgeprägt" sein: während sorgfältige und ausgeprägte Artikulation für bewußte und disziplinierte Haltung – gelegentlich auch gleichzeitig für Mangel an Vitalität und Kraftfülle spricht –, ist wenig ausgeprägte Artikulation ein Symptom für Natürlichkeit, bei allzu geringer Beachtung allerdings auch ein Symptom für Lässigkeit und Mangel an innerer Durchgeformtheit. *Akzentuierung* – Hebung und Senkung der Lautheit – und *Rhythmus* („gleichbleibend, ungleichmäßig, fließend, abgehackt, getragen") hängen eng zusammen; „geringe Ausprägung der Akzentuierung bewirkt eine schlaffe, ungestaltete Sprechweise, die Trägheit, Unwachheit, Gleichgültigkeit gegen die Situation verrät", während „der überbetonte, abgehackte Rhythmus den stoßhaften Ablauf überbetonter oder ungesteuerter Impulse" anzeigt *(Wolff)*. Das *Tempo* des Sprechens – „breit, langsam, schwerfließend, rasch, hastig, übereilt, zögernd, schleppend, drängend" – läßt sich nur im Zusammenhang mit den anderen Merkmalen deuten: „relativ starke Schwankungen des Sprechtempos beim gleichen Sprecher deuten immer auf innere Erregung, Unausgeglichenheit und Mangel an Selbstsicherheit, wobei je nach den übrigen Symptomen lediglich Situationsbefangenheit oder tieferliegende innere Unsicherheit die Ursache sein kann". Die *Lautstärke* ist einfach zu beschreiben: sie schwankt von „sehr leise" bis „sehr laut", doch sind der Lautheitsverlauf (gleichbleibend – veränderlich) und die Größe der Lautstärkeunterschiede zu beachten. *Keilhacker* hat eine Reihe von „Regeln" zur Deutung aufgestellt: „Unregelmäßiges Schwanken der Stimmstärke, besonders bei gleichzeitiger geringer absoluter Stimmstärke und Stimmfülle deutet auf Mangel an Vitalität und an durchhaltender Energie. Flache oder verwaschene Akzentgebung deutet auf Mangel an Interesse an der Aufgabe, in der Regel auf Mangel an geistigen Interessen überhaupt. Starker Wechsel in der Stimmstärke deutet auf gefühlsbetonte Grundhaltung. Starkes gefühlsmäßiges Miterleben mit dem Inhalt bewirkt nämlich automatisch eine Zunahme der Stimmstärke im affektbetonten Bereich. Dabei können je nach der intellektuellen und gefühlsmäßigen Differenziertheit des Sprechers mehr einzelne Worte oder umfassendere Sinnzusammenhänge herausgehoben und unterstrichen werden. Geringer Wechsel deutet entweder auf Mangel an gefühlsmäßigem Miterleben oder auf starke Disziplinierung des Gefühlslebens, das letzte in der Regel dann, wenn absolute Stimmstärke und Stimmfülle groß sind."

In einer umfassenden Untersuchung hat *F. Trojan* eine experimentell unterbaute Lehre aufgestellt, nach welcher die „Schallbilder" (womit die Ausdrücksgehalte und Ausdrucksträger der Stimme bezeichnet werden) echte Zeichen im Verkehr zwischen den Lebewesen, also Hilfsmittel zur Äußerung psychischer Zustände, sind; sie haben daher den Charakter „ausgesendeter Signale" und werden von *Trojan* nach ihrer Signalbedeutung eingeteilt. Dabei geht er bis zu den physiologischen Prozessen zurück, die bestimmte Signale hervorbringen; z. B. Zusammenziehen der hinteren Gaumenbögen bei Ekel, Erweiterung bei Bereitschaft zur Nahrungsaufnahme (von *Trojan* als „faukale Enge und Weite" bezeichnet). Enge und Weite der Gaumenbögen wirken sich im Schallbild aus, besonders in den Vokalen, die bei Enge mehr geschlossenen, bei Weite mehr offenen Charakter erhalten; diese lautlichen Auswirkungen werden dann allgemein zu Signalen der Unlust bzw. Lust – in Analogie zu Ekel und Eßbereitschaft. Auf diese Weise hat *Trojan* 7 solcher Signale unterschieden und beschrieben – z. B. Atemdruck, Näseln, Gerichtetheit, „Register" (Kopfklang – Ausdruck der Unterwerfung, Selbstverkleinerung; Brustklang – Ausdruck der Selbstbehauptung) usw. Die Gesamtheit der Merkmale, durch die sich ein psychischer Zustand lautlich auswirkt, nennt *Trojan* *„Akueme";* das Akuem der Verachtung z. B. ist charakterisiert durch starke faukale Enge und Brustklang. Die Einzelheiten über die 40 Akueme, die *Trojan* beschrieben hat, müssen in seinem Buche nachgelesen werden.

Man muß selbst einmal versuchen, die Stimme und Sprechweise eines Menschen nach den Merkmalen *Wolffs* zu beschreiben; man wird feststellen, daß dies nicht ganz einfach ist, daß man aber dabei auf vielerlei aufmerksam wird, was man bisher unbeachtet gelassen hat. Die unwillkürlichen Stimmbeurteilungen des Alltagslebens erfolgen ohne Differenzierung der Einzelmerkmale; sie erfassen das Ganze des Stimm- und Sprechausdruckes und kommen dabei zu überraschend richtigen Eindrücken. Dies wurde durch Untersuchungen erwiesen, die zuerst von dem Engländer *Pear* und dann mit verbesserter Methodik im Psychologischen Institut der Universität Wien unter *Karl Bühler* durchgeführt wurden. Der größte dieser Versuche wurde von *Herta Herzog* in Radio Wien veranstaltet. 9 Stimmen von gut differenzierten Sprechern (12jähriger Mittelschüler, 14jährige Mittelschülerin,

27jährige Stenotypistin, 30jähriger Chauffeur, 39jähriger Volksschullehrer, 41jährige Kunstgewerblerin, 48jähriger Privatdozent, 53jähriger Kaffeehausbesitzer, 58jähriger Priester) sprachen im Radio den gleichen Text; ihre Stimmen wurden von 2 700 Hörern (1 383 Männern, 1 317 Frauen) beurteilt, wodurch 5 135 Einzelangaben erreicht wurden. Gefragt war nach Geschlecht, Alter, Beruf, Aussehen (Größe und Dicke) und Temperament. Die besten Resultate ergaben sich in der Schätzung der Größe und Dicke aus der gehörten Stimme: der größte Sprecher wurde von 61,3 % als groß und nur von 1,3 % als klein beurteilt, der kleinste (er war 1,68 m) von 19,7 % als klein, 50,3 % als mittel und 29,1 % als groß; der dickste Sprecher erschien nach der Stimme 73 % der Zuhörer als dick und nur 6,9 % als mager, der magerste 10 % als dick, 51 % als mittel und 37,9 % als mager. Überraschend richtig waren auch einige Temperamentsbeurteilungen: der Wiener Kaffeehausbesitzer (ein Pykniker hypomanischer Art) wurde von 72 % als „frisch und beweglich", der Priester (ein Pykniker ruhiger Art) von 68 % als „ruhig, schwernehmend" beurteilt.

In einer zweiten Versuchsreihe hat *Maria Bonaventura* sich bemüht, die Methoden festzustellen, deren sich die Beurteiler bedienten. Zu diesem Zwecke wurden von 12 gut ausgewählten Personen (6 Arbeitern und 6 Intellektuellen) Photos hergestellt (je ein Kopfbild und ein Ganzbild) und ihre Stimme auf Schallplatten aufgenommen. Stimmen und Photos mußten einander zugeordnet werden; ungefähr die Hälfte der Zuordnungen war richtig. Besonders gut war die Alterszuordnung (die Sprecher waren in 2 Altersgruppen mit etwa 30 Jahren Zwischenspanne geteilt): die Beurteilung „jung" betraf in 208 Fällen wirklich junge und nur in 19 Fällen alte, die Zuordnung „alt" in 196 Fällen wirklich alte und nur in 21 Fällen junge Sprecher. Auch die Beurtei-

Tabelle 13. Typenübersicht, absolute Zahlen

Nach der Stimme bezeichnet als	Leptosome	Athletiker	Pykniker	Summe
leptosom	73	31	36	140
athletisch	45	73	36	154
pyknisch	29	35	87	151
Summe	147	139	159	445

lung der Stimmen nach ihrer Zugehörigkeit zu den *Kretschmerschen* Körperbautypen ergab erstaunlich gute Resultate. Die Sprecher waren nach der Typologie *Kretschmers* ausgewählt worden, und zwar möglichst extreme Vertreter jedes Typus. Die Tabelle 13 (S. 160) zeigt das Resultat der Stimmzuordnung zu den einzelnen Typen.

Wichtig ist, was *Bonaventura* aus den Aussagen der Beurteiler über ihr Vorgehen bei der Zuordnung in Erfahrung gebracht hat. Es zeigte sich, daß dabei im großen und ganzen zwei Methoden benützt wurden, die *Bühler* als „*Resonanzverfahren*" und „*Indizienverfahren*" bezeichnet hat. Beim ersten „ist es ein ganzheitliches, gewissermaßen intuitives Ergreifen des Ausgedrückten, ein Erkennen der Zusammengehörigkeit ‚auf den ersten Blick', ohne Merkmalsuchen, ohne Analyse, mit einer Art instinktmäßiger Sicherheit und Selbstverständlichkeit". „Beim Indizienverfahren dagegen ist das Initialerlebnis durch ein Anspannen der Aufmerksamkeit in der Richtung auf etwa aufstoßende Anzeichen der Ausdrucksgleichheit in Stimme und Bild charakterisiert." Beim Resonanzverfahren ist der Zuordner in gewissem Sinne passiv, beim Indizienverfahren hingegen ist er „in höchster Aktivität, sowohl beim Aufsuchen als auch beim Abwägen der einzelnen Merkmale"; ferner besteht beim resonierenden Zuordnen eine viel lebendigere, persönliche Beziehung zum vermeintlichen Sprecher, die beim Indizienverfahren, das als intellektuelle objektive Stellungnahme erlebt wird, fehlt. Vergleicht man die richtigen und falschen Zuordnungen in ihrer Beziehung zu Resonanz- und Indizienverfahren, so zeigt sich ganz eindeutig die viel höhere Leistungsfähigkeit des Resonanzverfahrens: das Indizienverfahren lieferte 18 % richtige und 82 % falsche Zuordnungen, das Resonanzverfahren 87,6 % richtige und 12,4 % falsche Zuordnungen – ein schlagender Beweis für die Verläßlichkeit der „unmittelbaren Ausdruckswirkung". Über das Zustandekommen dieser Wirkung konnten die Versuchspersonen aus ihrer Selbstbeobachtung keine Auskunft geben, während das Indizienverfahren ziemlich genau geschildert werden konnte. Beide Verfahren wurden von den männlichen und weiblichen Zuordnern ungefähr gleich oft verwendet, ebenso von den alten und jungen Zuordnern. Teilt man die Zuordner nach ihrer Leistung in eine Rangreihe, so findet man unter den 12 besten 8 weibliche und 4 männliche, unter den 8 schlechtesten je 4 männliche und weibliche. Auffallend ist es, daß sich unter den 12 besten Zuordnern 8 befinden, „bei denen auch dem Laien die spezifisch pyknische Formgebung auffällt“, während unter den 8 schlechtesten kein einziger Pykniker war.

Das wichtigste Resultat dieser schönen und sorgfältigen Untersuchung besteht zweifellos in der Feststellung, daß das Resonanzverfahren der Methode des rationalen Symptomdeutens weit überlegen ist und daß die Versuchspersonen über das Zustandekommen der „Resonanzurteile“ aus der Selbstbeobachtung nichts anzugeben wußten; sie wußten „meist gar nicht, warum das so ist, sondern nur, daß es so ist“. Wir begegnen hier wieder wie überall in der Ausdrucksforschung dem Geheimnis der „unmittelbaren Wirkung“; und wir müssen wieder zugeben, daß wir auch hier – im Gebiete der Stimme und Sprechweise – nicht einmal die erste Spur eines Ansatzes zur Lösung des Problems sehen.

Sicher ist, daß an dieser Wirkung des Stimmausdruckes, die wir als „unmittelbar“ erleben, die Erfahrung in hohem Maße beteiligt ist; im Laufe unseres Lebens gewinnen wir unzählige Einzeleindrücke von den Stimmen und Sprechweisen unserer Mitmenschen, die wir, ohne daß wir es wissen, mit ihrem Aussehen und mit ihrer Persönlichkeit in Verbindung bringen. Dieser Erfahrungsfaktor hat sich in einer Wiener Untersuchung von *Gertraud Leitner*, bei welcher die Verläßlichkeit der Intelligenzbeurteilung aus der Stimme und Sprechweise festgestellt werden sollte, deutlich gezeigt. Aus 100 Personen, die mit einem verläßlichen Intelligenztest („Wiener Maturantentest“) getestet worden waren, wurden neun Personen von sehr verschiedener Intelligenz, jedoch mit ungefähr gleichem Bildungsgrad ausgewählt; in drei verschiedenen Sprechsituationen (Sprechen sinnloser Worte, Lesen eines Stifter-Textes, Nacherzählen einer Geschichte) wurde von jeder dieser neun Personen eine Bandaufnahme gemacht. Die 27 Sprechaufnahmen wurden von 75 Studenten – 50 Inländern und 25 Ausländern aus dem angelsächsischen, romanischen und slawischen Sprachbereich – angehört; darauf mußte über jeden Sprecher aus dem empfangenen Eindruck ein Urteil über den Grad seiner Intelligenz abgegeben werden, wofür eine Skala von 1 bis 5 zur Verfügung stand. Die Intelligenz-Schätzungen wurden mit den Testresultaten verglichen. Bei den inländischen Beurteilern ergaben sich hohe, sehr signifikante Korrelationen (bei den sinnlosen Wörtern 0,71, beim Stifter-Text 0,60, beim

Nacherzählen 0,79), während die ausländischen Beurteiler nur Korrelationen von 0,17 bis 0,30 erzielten. Der große Unterschied zwischen den inländischen und den ausländischen Schätzungen weist darauf hin, daß die Erfahrungen, die man mit einer Sprache gemacht hat, bei der Beurteilung der Sprechweise eine große Rolle spielen. Ähnliche Korrelationen wie *Leitner* fand *Mields* beim Vergleich der Intelligenzbeurteilung aus der Stimme mit Testergebnissen: 0,74 bei 24 Stimmbeurteilungen durch 18 Beurteiler.

Weniger gut läßt sich aus dem Sprechausdruck das *Lügen* feststellen, wie *R. Olechowski* in einer Wiener Dissertation zeigte. Die Sicherheit, mit der sich das Lügen aus der Sprechweise feststellen läßt, scheint somit recht gering zu sein – vielleicht weil man zu wenig Gelegenheit hat, darüber verläßliche Erfahrungen zu sammeln. Völlig unbrauchbar als Kriterium für die Richtigkeit des Urteils „Lügner" bzw. „Nicht-Lügner" ist das subjektive Sicherheitsgefühl hinsichtlich des Urteils (der Grad, in welchem man überzeugt ist, daß das eigene Urteil zutrifft). *Olechowski* hat den Sicherheitsgrad des jeweiligen Urteils in 5 Stufen angeben lassen und eine signifikante negative Korrelation (–0,375) zwischen dem Grad der subjektiven Evidenz und der Richtigkeit des Urteils gefunden – d. h., daß auch die festeste subjektive Überzeugung, man habe es mit einem Lügner zu tun (oder mit einem Nicht-Lügner) ganz falsch sein kann.

Stil

Den Stil der Bauten einer bestimmten historischen Epoche betrachtet man als Ausdruck des „Zeitgeistes"; den Stil, in welchem ein Mensch spricht oder schreibt, kann man als Ausdruck seiner Persönlichkeit betrachten.

Leider ist es sehr schwierig, für den persönlichen Stil klare, in präzisen Begriffen faßbare Merkmale aufzufinden. Mehr noch als in anderen Ausdrucksbereichen wirkt dabei das „Ganze", so daß es auch nicht möglich ist, eine genaue Definition von „Stil" zu geben. Die ersten brauchbaren Kategorien zur Stilbeschreibung hat der deutsche Psychologe *Busemann* aufgestellt. Unter seinen „Stilmomenten" wurde der *„Aktions-Quotient"* (abgekürzt Aqu) besonders bekannt;

die Anzahl der aktionalen Aussagen wird durch die qualitativen Aussagen dividiert. Diese Berechnungsweise wurde von *Viktor Neubauer* und *Anneliese Schlismann* präzisiert und vereinfacht, indem sie die Anzahl der Zeitwörter durch die Zahl der Eigenschaftswörter dividierten (Aqu = $\frac{Z}{E}$), wobei die Hilfszeitwörter „sein, haben, werden" nicht, wohl aber die adverbiell gebrauchten Eigenschaftswörter gezählt werden. Das Mindestmaß an Text für eine brauchbare Berechnung ist eine große Seite Handschrift.

Schon *Busemann* hat festgestellt, daß der Aktionsquotient mit zunehmendem Alter abnimmt; dies wurde von *Schlismann* und von *Helga Pichler* bestätigt, wobei nach *Pichler* auch eine starke Abnahme des „Gefälles" (Differenz zwischen höchstem und niedrigstem Aqu Gleichaltriger) gefunden wurde; so beträgt der durchschnittliche Aqu von 67 Dreizehnjährigen 3,12 bei einem Gefälle von 13,16, der durchschnittliche Aqu von 22 20- bis 24jährigen 2,5 bei einem Gefälle von 6,3. Bei sehr alten Leuten (16 Greise im Alter von 70–90 Jahren) zeigte sich, daß der Aqu wieder stark zunimmt und mit einem Durchschnitt von 3,9 die Höhe der 13jährigen erreicht. *Friederike Antos* in Wien hat den Einfluß des Themas auf den Aqu untersucht, der sich als recht bedeutend erwies: die Auszählung von mindestens je 35 Textstellen ergab für klassische Prosa einen durchschnittlichen Aqu von 2,50, moderne Prosa 2,35, Naturwissenschaften 1,13, Geisteswissenschaften 1,03, Märchen 4,11. Dramatische Werke haben, wie ein Vergleich sehr vieler Textstellen (für jedes Werk mindestens 70) zeigte, höhere Aqu als Prosawerke desselben Dichters (z. B. bei Goethe 3,33 : 2,44, bei Grillparzer 4,05 : 1,69); dabei haben die Aqu der im Drama auftretenden Personen charakteristische Verschiedenheiten, z. B. Faust 2,8, Mephisto 3,6, Wagner 4,2, Gretchen 5,2. Der Unterschied des Aqu beim Sprechen und Schreiben wurde von *Antos* an Tonbandaufnahmen von freien Erzählungen und Gesprächen im Vergleich mit Aufsätzen bei 50 Personen untersucht. Der Aqu der Sprechsprache erwies sich als höher (Differenz zum Schreiben 0,5–1,2); Anfangsaufregung vor dem Mikrophon führte zu einer kleinen Verminderung des Aqu.

Aktionsquotienten an *lateinischen* Klassikern berechnete *Walter Sachers* in einer Untersuchung des Wiener Psychologischen Institutes. Nach Anpassung der Zählregeln an die Eigenart der lateinischen

Sprache (z. B. bei Gerundiv- oder Partizipialformen) fand er bei den epischen Werken des Lukrez und Vergil sehr niedere Quotienten (– 1,12), in den Dramen von Plautus und Seneca höhere (3,10 bzw. 1,41) und bei den Historikern wieder niedere (Caesar 1,46, Livius 1,12, Tacitus 1,12). Daß diese Zahlen zwar relativ den Verhältnissen bei den deutschen Dichtern entsprechen, aber viel niederer sind, sucht *Sachers* mit der Vermutung zu erklären, daß sich darin „das klassische Ebenmaß der Antike" als Gegensatz zur „romantischen Unausgeglichenheit des Nordens" auswirke.

Es ist bis heute eine unentschiedene Frage geblieben, ob der Aktionsquotient ein echtes Maß für „Aktivität" im Sinne von Unternehmungslust, Beweglichkeit des Denkens, Initiative, Mut zu neuen Unternehmungen usw. darstellt. *Busemann* selbst vertrat diese Meinung, erbrachte aber dafür keine Beweise; solche Beweise sind sehr schwer zu erreichen, weil es keine verläßliche Methode gibt, mit deren Hilfe man den Aktivitätsgrad eines Menschen einigermaßen genau bestimmen könnte. In direktem Widerspruch zu *Busemanns* Behauptung steht die oben erwähnte Feststellung, daß bei Menschen im Alter von 70 bis 90 Jahren der Aktionsquotient wieder stark zunimmt und die Durchschnittshöhe der 13jährigen erreicht (allerdings wurde diese Feststellung nur an 16 Greisen gewonnen). Um wenigstens Hinweise für die behauptete Beziehung zwischen der Höhe des Aktionsquotienten und der tatsächlichen Aktivität zu gewinnen, hat *Hedwig Czerkauer* in einer Wiener Dissertation die Ergebnisse von Verhaltensbeobachtungen zur Höhe des Aktionsquotienten in Beziehung gesetzt.

Bei 214 Mittelschülern von 12 bis 17 Jahren wurde von den Turnlehrern auf Grund von Beobachtungen im Unterricht eine Einteilung in die Gruppen „aktiv" und „inaktiv" durchgeführt. Die Zugehörigkeit zu diesen Gruppen wurde mit den Aktionsquotienten aus einem längeren Schulaufsatz verglichen; es ergab sich nicht der geringste Ansatz zu irgendeiner relevanten statistischen Korrelation, so daß nach dieser Untersuchung dem Aktionsquotienten keinerlei diagnostischer Wert zukommt. Um den Einwänden zu begegnen, daß dieses Resultat vielleicht mit der Jugendlichkeit der untersuchten Personen zusammenhänge, hat *Czerkauer* einen Vergleich an Erwachsenen in folgender Weise durchgeführt: sie suchte aus der deutschen und englischen Literatur Persönlichkeiten, von denen aus ihrem Lebenslauf mit sehr großer Wahrscheinlichkeit festgestellt werden konnte, ob ihnen ein hoher oder niederer Aktivitätsgrad zukommt; unter die „Aktiven" wurden z. B. Forschungsreisende (Harrer, Hass, Buhl, Moravec, Tichy), Politiker und Reformer (Bismarck, Luther, Abraham a Santa Clara), Pioniere auf verschiedenen Gebieten (Marx, Albert Schweitzer) sowie revolutionäre Dichter (Arndt, Schiller) aufgenommen; unter die „Inaktiven" hingegen Lyriker (Hölderlin, Mörike, Novalis, Rilke) und Epiker der behaglich-beschaulichen Erzählweise (Droste-Hülshoff, Raabe, Stifter). Um sicher zu sein, daß sie sich selbst in ihrer Beurteilung dieser Persönlichkeiten nicht getäuscht hatte, ließ sie *Czerkauer* auch noch von 22 Mittelschullehrern nach ihrer Aktivität einteilen, wobei sich keine Korrekturen ergaben. In analoger Weise wurden aus der englischen Literatur 6 aktive Persönlichkeiten (die Schriftsteller Defoe, Dickens, Shaw, Swift und die Politiker Disraeli und Johnson) und 6 inaktive (die Dichter Coleridge, Huxley, Thompson, Wordsworth und die Romanschreiber Pater und Woolf) ausgesucht. Von allen diesen Personen wurde je eine zufällig ausgewählte Textstelle aus ihren Prosapublikationen sowie – soweit erreichbar – eine gleich lange Stelle aus ihren Briefen ausgewertet, wobei darauf geachtet wurde, daß diese Textstellen nicht vor dem 25. oder nach dem 50. Lebensjahr entstanden waren. Die Berechnung der Aktionsquotienten ergab die unten wiedergegebenen Werte; die statistische Signifikanz ist in hohem Maße gegeben, so daß diese Vergleiche mindestens als bedeutsamer Hinweis auf eine echte Beziehung zwischen der Aktivität einer Persönlichkeit und ihrem Aktionsquotienten betrachtet werden dürfen *(Czerkauer* 1969).

Eine sehr originelle Methode zur Beantwortung der Frage, in welchem Grade ein Stilmerkmal durch die Persönlichkeit bedingt ist, wurde von *Gertrud Holicke* in einer Wiener Dissertation verwendet. Von je 20 deutschsprachigen, französischen und ungarischen Dichtern und Schriftstellern wurden drei Textproben aus dramatischen, epischen und wissenschaftsähnlichen Werken ausgewählt; und zwar nur aus solchen, von denen Übersetzungen in die beiden anderen Sprachen vorlagen. Durch den Vergleich von 14 Stilmerkmalen im Originaltext jedes Autors und in den beiden Übersetzungen dieses Textes sollte festgestellt werden, welche Stilmerkmale in den drei Sprachen in hohem und welche nur in niedrigem Grade übereinstim-

Tabelle 14. Höhe des Aktionsquotienten bei aktiven und inaktiven Persönlichkeiten (nach *Czerkauer* 1969).

Aktive	Text	Brief	Inaktive	Text	Brief
a) Deutschprachige					
Abraham a Santa Clara	3,52		Anette von Droste-Hülshoff	2,91	0,86
Ernst Moritz Arndt	2,05	2,95	Franz Grillparzer	1,56	2,47
Hermann Buhl	4,23		Friedrich Hölderlin	2,28	1,75
Heinrich Harrer	2,53		Eduard Mörike	1,95	0,43
Hans Hass	5,31		Novalis (F. v. Hardenberg)	1,01	1,59
Martin Luther	6,73	4,55	Wilhelm Raabe	1,47	1,24
Karl Marx	2,41	2,40	Rainer Maria Rilke	2,51	1,46
Fritz Moravec	4,83		Adalbert Stifter	1,37	1,80
Friedrich Schiller	2,77	5,00			
Albert Schweitzer	3,04	3,79			
Herbert Tichy	2,31				
Otto Fürst von Bismarck		3,85			
b) Englischsprachige					
Daniel Defoe	2,38		Samuel Taylor Coleridge	1,83	
Charles Dickens	4,80		Aldous Huxley	1,26	
Benjamin Disraeli	2,51		Walter Pater	0,73	
Samuel Johnson	4,72		Francis Thompson	2,18	
G. Bernard Shaw	3,16		Virginia Woolf	2,28	
Jonathan Swift	2,55		William Wordsworth	1,75	

men; von den trotz verschiedener Sprache hochgradig übereinstimmenden Merkmalen konnte angenommen werden, daß sie weitgehend persönlichkeitsbedingt sind, also wirklich individuelle Stileigenschaften darstellen, während Merkmale mit geringer Übereinstimmung in den verschiedenen Sprachen nicht oder nur wenig von der persönlichen Eigenart des Autors, sondern vielmehr von der Struktureigenart der verschiedenen Sprachen bestimmt sind. Unter den von Frau *Holicke* untersuchten 14 Stilmerkmalen befanden sich außer dem Aktions-Quotienten die Anzahl der Substantiva, Verba, Adjektiva, Adverbia, Verneinungen, Worte pro Satz usw.; als Maß der Übereinstimmung wurden die Korrelationen zwischen den Zahlenwerten für die einzelnen Stilmerkmale in jeder der drei Sprachen berechnet (mehr als 10 000 Koeffizienten!). Hohe, sehr signifikante Mittelwerte von Korrelationen ergaben sich für: Worte pro Satz (0,86), Verneinungen (0,79), Substantiva (0,78), Verba (0,73) und für den Aktions-Quotienten (0,71). Aus diesen Korrelationen darf man schließen, daß die angeführten Stileigenschaften in hohem Grade von der Eigenart der Persönlichkeit bestimmt und daher auch diagnostisch verwertbar sind *(Holicke* 1968).

Wie überall in der Persönlichkeitsforschung wird man auch in der Stildiagnose möglichst viele Einzelmerkmale sammeln müssen und nur „Syndrome" (charakteristische Gruppen von zusammen auftretenden Merkmalen) diagnostisch verwerten dürfen. Auf diesem Gebiete ist noch viel Arbeit zu leisten; ein Beispiel für die geeignetste Methodik gibt eine statistisch genau durchgearbeitete Untersuchung von *H. Palme* an je 3 Aufsätzen von 100 im Wiener Arbeitsamt getesteten Personen. Die Auszählung und faktorenanalytische Verrechnung von 13 Stilmerkmalen aus diesen Aufsätzen (z. B. Anzahl der Substantiva, Adjektiva, Verba, Adverbia, Negationen, Ich-Ausdrücke usw.) ergab die Wahrscheinlichkeit von drei Stilsyndromen, die *Palme* als „bereicherten", „aktionalen" und „unsicheren" Stil bezeichnet. Der Faktor des „bereicherten" Stils ist charakterisiert durch bevorzugten Gebrauch von Adverbien, Nebensätzen und Negationen bei verhältnismäßig wenig Substantiven, der Faktor des „aktionalen" Stils durch Gebrauch von Verben und Ausdrücken hoher Sicherheit („müssen", „unbedingt", „zweifellos" usw.) bei weniger Adjektiven und Substantiven, der „unsichere" Stil durch Ausdrücke der Möglichkeit und Bevorzugung von Konjunktiven („doch", „zwar", „teils-teils" usw.).

Eine neue Methode zur genauen Feststellung eines einzelnen typologisch besonders wichtigen Stilmerkmals, das sich als Auswirkung der *Perseveration* auffassen läßt, hat *Erich Mittenecker* im Wiener Psychologischen Institut entwickelt. Bei diesem Verfahren muß man an einem Text von mindestens 500 Wörtern zweierlei zählen: 1. wie oft sich gleiche Wörter oder gleiche Stammsilben, auch wenn sie in verschiedenen Wörtern vorkommen, wiederholen, 2. wie groß der Abstand zwischen sich wiederholenden Wörtern oder Silben ist, wobei als

Maß die Anzahl der dazwischenliegenden Silben gilt. Auf diese Weise gelingt es, die Zahl der Wiederholungen und die Abstände zwischen ihnen zu erfassen und nach einem einfachen Rechenverfahren in einem Diagramm darzustellen, wieviel Wiederholungen in einem Text vorkommen und in welchen Abständen sie auftreten. Betrachtet man viele Wiederholungen in kurzen Abständen als Zeichen hoher Perseveration, so kann man aus solchen Diagrammen den Perseverationsgrad unmittelbar abschätzen. In den Diagrammen in Abbildung 38 bedeuten die Zahlen an der Abszisse die Anzahl der wiederholten Silben pro 100 Silben Text, die Zahlen an der Ordinate die Abstände zwischen den Wiederholungen, gemessen an der Zahl der dazwischenliegenden Silben (0–3, 4–7 usw.). Die Diagramme a und b zeigen Durchschnitte von Gesunden und Schizophrenen; die weit vorspringende Zacke bei den Schizophrenen bedeutet, daß 3,6 Silben im Abstand von nur 4 bis 7 Zwischensilben wiederholt wurden, was auf hochgradige Perseveration hinweist. Die Dichterdiagramme c bis f, aus verschiedenen Prosastellen von 2 000 Silben gewonnen, zeigen, daß die zyklothymen Dichter *Gottfried Keller* und *Adalbert Stifter* beträchtlich geringere Perseverationsgrade aufweisen als die Schizothymen *Hölderlin* und *Schiller*.

Über die interessante Frage, ob sich die Lüge im Sprechstil auswirkt, liegt eine vorläufige Untersuchung von *Rosemarie Scherleitner* aus dem Wiener Psychologischen Institut vor. Sie verglich zunächst 10 ehrliche und 20 unehrliche Sprechtexte aus Dramen Nestroys und Anzengrubers nach Satzlänge, Wortlänge, Zahl der Nebensätze und fand, daß die unehrliche Rede durch längere Sätze und größere Zahl von Nebensätzen sowie mehr Anreden signifikant charakterisiert ist. In einer zweiten Untersuchung hatten 82 Personen einen wahren und einen erlogenen Bericht über ihr Verhalten am vorausgegangenen Sonntag zu geben, wobei sich Unterschiede des Geschlechtes ergaben: die weiblichen Lügen wiesen eine signifikant größere Anzahl von Wörtern, die männlichen Lügen mehr verkürzte Nebensätze auf als die wahren Berichte.

Man sieht, daß es nicht ganz unmöglich ist, einzelne Merkmale der persönlichen Sprech- und Schreibart zahlenmäßig zu erfassen; sie bilden zweifellos eine Komponente dessen, was man als den persönlichen „Stil" eines Schriftstellers erlebt. Es ist vorstellbar, daß es im Laufe

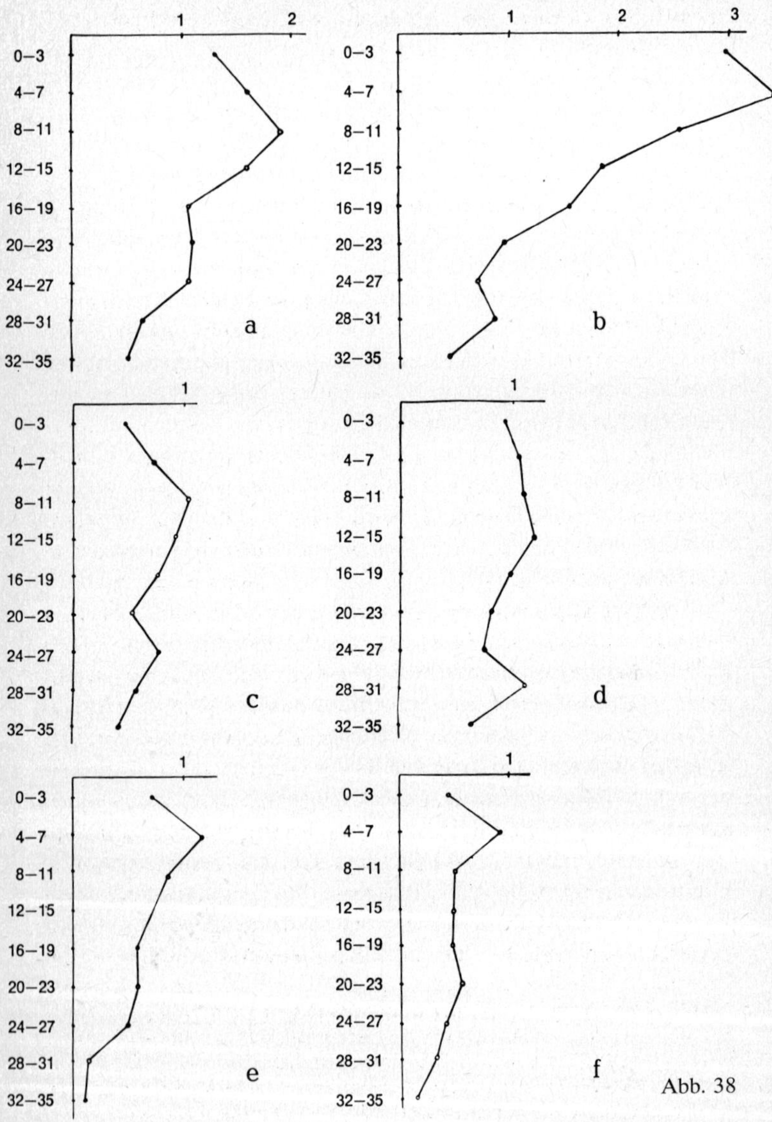

Abb. 38

der Stilforschung gelingt, noch weitere Merkmale exakt zu erfassen und auf diese Weise zur Feststellung von entscheidenden Persönlichkeitsmerkmalen aus dem Stil zu kommen.

Zur Theorie der Ausdruckswirkung

Mehr als in der gegenwärtigen Psychologie hat man sich in der Zeit vor dem Ersten Weltkrieg mit dem Ausdrucksproblem beschäftigt. Eine ganze Reihe von Theorien wurde aufgestellt; die wichtigsten werden im folgenden kurz skizziert, wobei diejenigen, die eine empirische Grundlage suchten, bevorzugt werden. Die einfachste Hypothese zur Erklärung der Ausdruckswirkung ist die Behauptung, daß von jedem Menschen eine unbekannte Art von Strahlung ausgehe, die auf jeden anderen Menschen wirke; aus der Wechselwirkung von Strahlungen zwischen „Sender" und „Empfänger" entstehe Sympathie und Antipathie, aber auch ein gewisser Grad von „Spüren" des fremden Charakters. Der deutsche Arzt *F. Buttersack* und der Psychiater *Hans Berger* (der Entdecker der gehirnelektrischen Erscheinungen) haben solche Ansichten vertreten, sind aber in vagen, rein spekulativen Ansätzen steckengeblieben. Es ist durchaus denkbar, daß die vielerlei mikroelektrischen und mikromechanischen Vorgänge, die in jedem lebenden Organismus ständig vor sich gehen, sich durch die umgebende Lufthülle fortpflanzen und irgendwelche Mikrowirkungen auf andere Organismen ausüben. Auf diesem Gebiete bestehen noch mancherlei experimentelle Möglichkeiten; in der Theorienbildung ist jedoch Vorsicht geboten – man unterliegt dabei leicht den Verlockungen des Geheimnisvollen. Jedenfalls darf man solche Hypothesen nur für Wirkungen aufstellen, bei denen ein Lebewesen als „Sender" ge-

◀Abb. 38. Perseverationsdiagramme nach *E. Mittenecker,* Mschr. Psychiat. Neurol. 121 (1951), 364. a Durchschnittsdiagramm nach Sprachaufnahmen von 12 normalen Erwachsenen; b Durchschnittsdiagramm aus Sprachaufnahmen von 10 Schizophrenen; c aus Prosatexten von Gottfried Keller; d von Adalbert Stifter; e von Friedrich Hölderlin; f von Friedrich Schiller.

geben ist; für die Ausdruckswirkung z. B. der bildenden Kunst versagt diese Annahme vollkommen. Ein fröhliches Gesicht, auf einem Bild dargestellt, kann nicht infolge von Schwingungen als „fröhlich" erkannt werden.

Von den Hypothesen, die zur Erklärung solcher Ausdruckswirkungen aufgestellt wurden, ist am naheliegendsten die *„Assoziations-Theorie"*. Sie nimmt an, daß der Mensch auf Grund eigener Erfahrungen beim Anblick der fremden Gebärde den eigenen, früher erlebten Zustand vorstellungsmäßig reproduziert; ihre Vertreter sind *Paul Stern* und *Antonin Prandtl.* Die zweite Theorie – die *„Analogieschluß-Theorie"* – behauptet: „Ich weiß, daß den eigenen Lebensäußerungen ein Bewußtsein zugrunde liegt, den eigenen Bewegungen des Armes ein Wollen, den Arm zu bewegen; nun sehe ich außerhalb meines Körpers gleichartige Lebensäußerungen – Armbewegungen – und schließe nun, daß auch diesen Bewegungen gleichartige Bewußtseinserlebnisse, ein gleichartiges Wollen wie mein eigenes, zugrunde liegt" (Formulierung von *M. Geiger).* Vertreten wurde diese Auffassung vor allem von Amerikanern und Engländern *(J. St. Mill, H. Taine, J. M. Baldwin).*

Am ältesten ist eine dritte Theorie, die man als *„Rudimententheorie"* oder nach ihrem Begründer *W. B. Carpenter,* der sie 1873 aufgestellt hat, manchmal auch als „Carpenter-Effekt" bezeichnet. *Carpenter* behauptete, daß jede Wahrnehmung eines Bewegungsvorganges im Wahrnehmenden den Antrieb erzeuge, die gleiche Bewegung auszuföhren; dadurch komme es zu „rudimentären" Bewegungsansätzen, die manchmal so stark werden, daß man sie deutlich spürt (z. B. beim „Mitgähnen", das *Theodor Lipps* als Argument für die Richtigkeit dieser Behauptung anführt). Durch diese „Mikroansätze" zu den gleichen Bewegungen, wie man sie an einem fremden Gesicht wahrnimmt, entsteht nach der Rudimententheorie auch der ihnen entsprechende Gemütszustand in einem ganz leichten Grade; ein trauriges Gesicht erzeugt in demjenigen, der dieses Gesicht sieht, in minimalem Ausmaß dieselbe Muskelstellung – nämlich die der Traurigkeit –, und dadurch entsteht auch eine Spur von traurigem Gefühl. Auf diese Weise wird nach der Rudimententheorie der fremde Gesichtsausdruck verständlich. Man könnte noch einen Schritt weitergehen und die Hypothese vertreten, daß die durch die Wahrnehmung des traurigen Gesichtes im Gehirn entstehenden Erregungsprozesse dazu führen, daß motorische Impulse ausgelöst werden, welche die dem traurigen Gesicht entsprechenden Muskelkontraktionen bewirken würden, wenn sie stark genug wären – zum Verstehen des Ausdruckes „traurig" kann vielleicht schon das Auftreten solcher Erregungsprozesse im Gehirn genügen, so daß Muskelveränderungen im Gesicht dazu gar nicht notwendig sind.

Man muß zugeben, daß die Rudimententheorie (die manchmal auch als *„ideomotorisches Gesetz"* bezeichnet wird) viele Ausdruckstatsachen erklärt; auch die Wirkungen der Ausdrucksdarstellung in der bildenden Kunst werden durch sie verständlich. Daß es unwillkürliche und unbemerkte Mitbewegungen bei Wahrnehmungen oder Vorstellung von Bewegungsvorgängen wirklich gibt, ist experimentell erwiesen. Der deutsche Physiologe *Wilhelm Preyer* hat schon 1886 den Nachweis erbracht, daß ein Stab, der am Arm befestigt ist, sich bei Vorstellung bestimmter Ziffern in der Gestalt derselben bewegt, so daß auf einer berußten Tafel, die der Stab berührt, ziffernähnliche Formen entstehen. Der Psychologe *Walter Moede* hat den Arm einer Versuchsperson in eine Apparatur eingespannt, mit deren Hilfe sich kleinste Bewegungen registrieren lassen. *Moede* forderte dann die Versuchsperson auf, genau darauf zu achten, wie er selbst als Versuchsleiter seinen Arm von oben nach unten bewege. Um dies tun zu können, mußte er ihn zuerst nach oben bewegen; es zeigte sich, daß die Wahrnehmung dieser Armbewegung nach oben bei der Versuchsperson gleichartige unwillkürliche und unbemerkte Mitbewegungen auslöste. Die österreichischen Physiologen *Rudolf Allers* und *Ferdinand Scheminzky* haben die in den Armmuskeln bei Muskelspannung entstehenden elektrischen Ströme im Lautsprecher hörbar gemacht (dazu werden an den Armen Elektroden – z. B. kleine Bleiplättchen – angelegt, von denen die Muskelaktionsströme über einen Verstärker zu einem Kopfhörer geleitet werden, durch den man sie als Geräusch hören kann). Es zeigte sich, „daß nicht nur die wirkliche Bewegung, sondern schon die bloße *Vorstellung* einer solchen, z. B. der Faustballung, von elektrischen Strömen in den entsprechenden Muskeln begleitet war"; es entstanden verschiedene, an ihrer Eigenart unterscheidbare Geräusche bei der wirklichen Faustballung, bei der bloß vorgestellten oder beim Gedanken „ich will jetzt die Faust ballen". Damit ist erwiesen, daß schon ein Gedanke oder eine Vorstellung zu unbemerkten Reaktionen in denjenigen Muskeln führt, auf welche sich der Vorstellungsinhalt bezieht. Es ist zweifellos möglich, daß auch die Wahrnehmung der Ausdrucksbewegungen eines anderen Menschen in uns solche unwillkürliche und unbemerkte Mitbewegungen erzeugt; und es ist denkbar, daß dadurch auch die mit ihnen assoziierte Bedeutung bewußt wird oder daß durch zentralnervöse Prozesse gleichartige, d. h. den wahrgenommenen Ausdruckserscheinungen entsprechende Gemütszustände hervorgebracht werden.

Hartmut Richter hat 1954 in der DDR Versuche über das ideomotorische Phänomen durchgeführt, bei denen Kopf-, Hand- und Fußbewegungen registriert wurden. Die Versuchsperson saß vor einer Bildfläche, auf die verschiedene bewegte Muster (Balken, Schlangenlinien usw.) projiziert wurden, wobei die Bewegungsrichtung geändert werden konnte. Mitbewegung (vor allem des Kopfes) ergab sich bei 73,7 % von 38 Personen bei gesehener Aufwärtsbewegung und bei 72,4 % von 29 Personen bei Schlängelbewegung. Bei Ablenkung durch gleichzeitiges Zählen stellte sich Gegenbewegung ein (bei 91,4 % von 35 Personen); ebenso bei psychischer Belastung durch eine vorausgegangene Rüge über bisher unrichtiges Versuchsverhalten (bei 87,5 % von 8 [!] Personen). Bei der Wiederholung des oben beschriebenen *Moede*-Versuches mit Armheben fand *Richter* bei 27 Personen nur 2 eindeutige Handmitbewegungen bei 10 Kopfzuwendungen. Allerdings war die Versuchsanordnung, soweit es sich nach der Beschreibung *Richters* beurteilen läßt, nicht so empfindlich wie diejenige von *Moede*. Mit Recht weist *Richter* darauf hin, daß unwillkürliche Mitbewegungen im Sinne des „ideomotorischen Gesetzes" von Kopfbewegungen, die der besseren Wahrnehmung oder der Beachtung eines gesehenen Vorganges dienen, genau unterschieden werden müssen. *Richter* schließt seine Arbeit: „Eine detaillierte phänomenologische Analyse ergab keine Anhaltspunkte für das Wirksamwerden eines besonderen ideomotorischen Gesetzes im traditionellen Sinne, das sich weiterer psychologischer Fragestellung entzieht; vielmehr verbarg sich hinter den von uns erfaßten ideomotorischen Phänomenen ein komplexes Bedingungsgefüge, zu dem die Methoden und Erkenntnisse der modernen Wahrnehmungs-, Willens- und Ausdruckspsychologie Zugang gewähren". Ob diese Behauptun-

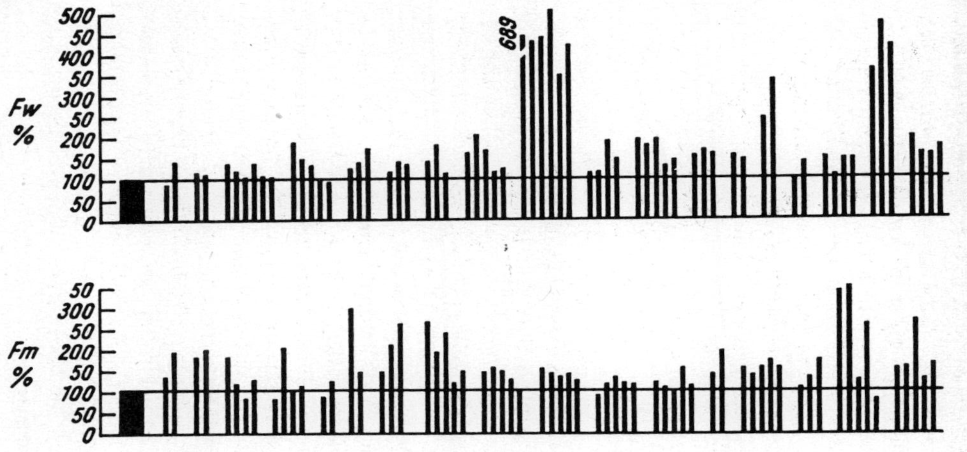

Abb. 39. Änderung der Muskelspannung bei bloßer Vorstellung des Faustballens. Die Versuchspersonen lagen auf einem Bett; die Änderung der Muskelspannung wurde vom linken Unterarm mit einem Philips-Erschütterungsaufnehmer registriert. Jede Strichgruppe stammt von je einer Person; jeder Strich bedeutet eine Muskelreaktion auf die Aufforderung, sich „Faustballen" vorzustellen. Die Ruhespannung vor dem Versuch ist mit 100 % dargestellt und durch die durchlaufende Horizontale gekennzeichnet. Die Länge jedes Striches gibt an, um wieviel sich die Muskelspannung bei der Vorstellung „Faustballen" gegenüber der Ruhespannung erhöht bzw. vermindert hat. Man beachte die großen individuellen Verschiedenheiten. Fw=weiblich (18 Personen), Fm=männlich (17 Personen). Aus *W. Luhan,* Körpervibration bei vorgestellten Bewegungen. Unveröffentlichte Diss., Wien 1953.

gen richtig sind, kann nur durch weitere Experimente entschieden werden. An der Tatsache, daß Vorstellungen von Bewegungen leichte Ansätze zur Ausführung dieser Bewegung erzeugen, ist nicht zu zweifeln; sie wurde in Untersuchungen des Wiener Psychologischen Institutes von *Walter Luhan* neuerlich bestätigt; mit einem hochempfindlichen elektrodynamischen Schwingungsaufnehmer stellte er in 282 Einzeluntersuchungen an 40 Personen fest, daß Vorstellungen von Bewegungen die Muskelspannung beträchtlich erhöhen (im Durchschnitt aller 282 Versuche um 69,6 %) (Abb. 39).

Intelligenz- und Persönlichkeits-Tests

Eine Charakterdiagnose, die sich nur auf den Eindruck gründet, den ein Mensch durch sein Aussehen, seine Sprechweise oder seine Schrift hinterläßt, hat – trotz ihrer sehr großen Bedeutung im praktischen Leben – wissenschaftlich nur geringen Wert. Solche Diagnosen sind subjektiv; ihre Verläßlichkeit hängt von der natürlichen Menschenkenntnis und der Erfahrung des Beurteilers ab und ist allen Fehlerquellen ausgesetzt, die aus Sympathie und Antipathie entstehen. Man hat daher diagnostische Methoden zu finden versucht, die unwillkürliche oder absichtliche Täuschungen soweit als möglich ausschließen. Dies kann man z. B. dadurch erreichen, daß man einen Menschen durch sehr lange Zeit beobachtet, so daß man viele Verhaltensmerkmale kennenlernt, aus denen man Schlüsse auf seinen Charakter ziehen kann. In der Praxis der Persönlichkeits-Diagnostik ist dieses Verfahren unbrauchbar, weil es zu viel Zeit beansprucht; gefordert werden Methoden, die rasch und sicher zu einem richtigen Persönlichkeitsbild führen.

Solche rasche und sichere Methoden sollten durch die Entwicklung *von „Tests“* geschaffen werden. *Psychologische Tests sind Verfahren, mit deren Hilfe man von einem Menschen in kurzer Zeit Leistungen oder Reaktionen gewinnen kann, die sich zu einer Hypothese über seine Persönlichkeit oder ihre Einzelkomponenten auswerten lassen.* Mit Absicht habe ich in diese Definition die Feststellung aufgenommen, daß der Test nicht unmittelbare Erkenntnisse über die untersuchte Persönlichkeit liefert, sondern nur das Material, aus welchem die Diagnose erst durch Auswertung und Interpretation der Einzelergebnisse gewonnen werden muß. Was sich schließlich dabei ergibt, ist keineswegs ein vollständiges und sicher richtiges Bild der untersuchten Persönlichkeit, sondern ein System von Annahmen und Vermutungen über seine Antriebe und Interessen, seine vorherrschende Stimmungslage, seine Intelligenz usw. – kurz, eine *Hypothese* über den Aufbau seiner Persönlichkeit.

Natürlich ist es viel leichter, Tests zur Prüfung einzelner Leistungen oder Merkmale zu entwickeln als Tests zur Erfassung der ganzen Persönlichkeit. Die Reaktionsgeschwindigkeit eines Menschen, seine mathematische Begabung oder seine Merkfähigkeit lassen sich auf relativ einfache Art mit hoher Sicherheit feststellen. Das Ziel der gegenwärtigen Test-Psychologie besteht aber darin, alle Bereiche der Persönlichkeit zu erfassen. Davon ist man heute noch sehr weit entfernt; doch ist es immerhin gelungen, für Teilgebiete der Persönlichkeits-Diagnostik mehr oder weniger verläßliche Tests zu entwickeln. Die Tests werden im allgemeinen in zwei große Gruppen eingeteilt: 1. in die Intelligenztests (funktionale Merkmale erfassend) und 2. in Persönlichkeitstests (im engeren Sinne). Letztere umfassen alle jene Testmethoden, die die dynamischen, nicht-funktionalen Merkmale eines Menschen erfassen; also z. B. Temperamentseigenschaften, Extraversion, Angstbereitschaft, Neigung zu Aggressivität usw.

Selbstverständlich kann man die funktionalen Merkmale nicht von den dynamischen Merkmalen trennen, will man den *ganzen* Menschen erfassen (was mit den bisherigen Methoden aber noch nicht möglich ist). Die genannte Einteilung ist einerseits aus historischen Gründen entstanden, andererseits aus praktischen Erwägungen vorgenommen worden. Dabei hat sich gezeigt, daß bei der Konstruktion guter Tests sehr viel mehr Probleme auftreten als man ursprünglich annahm, und daß vor allem die Verläßlichkeitskontrolle der Tests größte Schwierigkeiten bereitet.

Testaufbau und Testkontrolle

Die Grundsätze, die bei der Konstruktion von Tests beachtet werden müssen, sind psychologischer und statistischer Art. Es gibt darüber ausgezeichnete Spezialwerke (z. B. *Gustav Lienert,* „Testaufbau und Testanalyse" oder *Gerhard Fischer,* „Psychologische Testtheorie"), so daß ich hier nur kurz darauf hinweisen muß. Ein guter Test soll in möglichst kurzer Zeit möglichst viel auswertbares Material liefern. Um dies zu erreichen, muß der Test in solcher Weise aufgebaut sein, daß er nichts Überflüssiges, aber alles Wichtige erfaßt. Eine Testreihe enthält meist mehrere Einzeltests („Subtests"), die jeweils eine andere Komponente der Intelligenz bzw. Persönlichkeit erfassen sollen. Ein Subtest wiederum besteht aus einer Anzahl von Einzelfragen oder -feststellungen, den sogenannten „items". Da ein Subtest nur ein Merkmal erfassen soll, müssen die ihn bildenden Items hoch miteinander korrelieren, d. h. der Subtest muß „homogen" (im Hinblick auf dieses eine Merkmal) sein. Die einzelnen Subtests untereinander dürfen aber wiederum nicht (oder nur ganz gering) korrelieren, weil sie jeweils verschiedene Persönlichkeitskomponenten prüfen sollen. Die einzelnen Subtests sollen sich also voneinander nur darin unterscheiden, daß sie verschiedene Einzelzüge prüfen; in allen übrigen Eigenschaften sollen sie „gleichwertig" sein, d. h. sie dürfen in ihrem Anregungswert (z. B. durch die Formulierung), in ihrer Verständlichkeit oder in ihrem Anspruch an Wissen und Bildung keine großen Unterschiede aufweisen. Natürlich muß die Testanweisung einfach und allgemein verständlich sein; und die Durchführung des Tests als Einzel- oder Gruppentest darf keine Schwierigkeiten bereiten und auch keinen besonderen Aufwand erfordern (Papier und Bleistift sollen genügen).

Soweit als möglich muß jeder Test vor seiner Anwendung *„geeicht"* werden; durchführbar ist dies allerdings nur bei Intelligenz- oder anderen Leistungs-Tests, nicht bei Persönlichkeits-Tests, weil es für die menschliche Persönlichkeit kein „Normalmaß" und keinen Durchschnittswert gibt. Die Eichung von Tests wird in folgender Weise durchgeführt: Will man z. B. mit einer Testreihe Jugendliche untersuchen, so muß der Test an sehr vielen Angehörigen der einzelnen Altersgruppen (d. h. in diesem Falle der 10jährigen, 11jährigen usw.) in allen Bevölkerungsschichten ausprobiert werden; dadurch erhält man eine „Normalleistung" für jede Altersstufe und Bevölkerungsgruppe (z. B. gelten solche Aufgaben als Normalleistung, die von 75 % der Altersgruppe gelöst werden). An diesen Normalleistungen kann man dann bei der Test-Anwendung zu Prüfzwecken die Intelligenz der einzelnen Jugendlichen „messen".

Noch viel schwieriger als der Aufbau eines Intelligenz- oder Persönlichkeits-Tests ist seine *Kontrolle*. Es ist sehr leicht zu sehen, worin die Hauptschwierigkeit besteht: um festzustellen, ob ein Persönlichkeits-Test ein richtiges Persönlichkeitsbild liefert, müßte man die Persönlichkeit des untersuchten Menschen genau kennen, sonst hat man kein Kriterium, mit dessen Hilfe man die Testverläßlichkeit prüfen kann. Wie aber soll man zu einer genauen Kenntnis der untersuchten Persönlichkeit kommen? Es gibt dafür kein absolut sicheres Verfahren.

Trotz dieser Schwierigkeit ist es gelungen, einige Methoden zur Testkontrolle zu entwickeln, mit deren Hilfe sich drei Eigenschaften von Tests untersuchen lassen: die *Stabilität,* die *Validität* und die *Objektivität.*

Unter *Stabilität* (oder „Reliabilität") versteht man den Grad des Gleichbleibens der Testresultate bei wiederholten Testungen derselben Personen mit gleichen Tests; also die Testkonstanz (engl. „reliability"). *Validität* (Gültigkeit) ist der Grad der diagnostischen Verläßlichkeit eines Tests oder die Sicherheit, mit welcher er die Merkmale, die er feststellen soll, tatsächlich feststellt. *Objektivität* ist Unabhängigkeit eines Tests von der Persönlichkeit des testenden oder auswertenden Psychologen. Ein Test ist dann objektiv, wenn verschiedene unabhängige Auswerter derselben Testprotokolle zu genau übereinstimmenden Ergebnissen gelangen.

Die wichtigsten Methoden, mit denen man Tests auf *Stabilität* „testet", sind folgende: a) die Wiederholungsmethode, b) die Halbierungsmethode, c) die Paralleltestmethode. Die *Wiederholungsmethode* (auch re-test-Methode genannt) besteht darin, daß derselbe Test nach einiger Zeit, z. B. nach einigen Wochen oder Monaten, denselben Personen noch einmal vorgelegt wird. Bei Tests mit größerem Material, z. B. 50–100 Einzelfragen oder 10–20 Bildtafeln, ist nicht zu befürchten, daß gedächtnismäßige Wiederholungen der bei der ersten Testung aufgetretenen Reaktionen eine große Rolle spielen. Der Vergleich der Resultate aus der ersten und der zweiten Testung ergibt den Stabilitätsgrad des untersuchten Tests; dieser Grad wird durch den Korrelationskoeffizienten angegeben, der in diesem Falle die

Häufigkeit der übereinstimmenden Reaktionen bei beiden Untersuchungen und dadurch die Stabilität oder Konstanz des Tests zum Ausdruck bringt. Es ist klar, daß man von jedem Test hohe Stabilität fordern muß; ein Prüfinstrument, das bei zwei nacheinander folgenden Messungen sehr verschiedene Resultate ergibt, also nicht stabil ist, ist unbrauchbar. Man fordert daher einen Stabilitätskoeffizienten von 0,9 (1,0 würde vollkommene Übereinstimmung bedeuten); dabei sind Zufälligkeiten, die bei der zweiten Testung andere Reaktionen bedingen könnten (Stimmungsänderungen, Ermüdung usw.) bereits berücksichtigt. Daß sich die Persönlichkeit innerhalb der kurzen Zeit zwischen den beiden Testungen wesentlich ändern könnte, wird für unmöglich gehalten. Die längste Zwischenzeit, die bisher bei der Wiederholungsmethode erreichbar war, wurde von *W. A. Owens* bei einer Stabilitätskontrolle des Army-Alpha-Intelligenztests (eines in den USA im Ersten Weltkrieg entwickelten Intelligenztests, mit dem zunächst Rekruten zum Zweck von Auslese- und Verwendungsentscheidungen getestet wurden) mitgeteilt. *Owens* untersuchte 127 Personen, die im Jahre 1919 als Studenten mit diesem Test geprüft worden waren, im Jahre 1950 neuerlich mit dem gleichen Test. Obwohl diese Personen inzwischen um 30 Jahre älter geworden waren, ergab sich eine Konstanz von 0,77.

Die *Halbierungsmethode* ist nur auf Tests anwendbar, die sich in zwei ungefähr gleichartige Serien teilen lassen. Für die Berechnung der Stabilität wird aus der Korrelation der beiden Hälften die Wahrscheinlichkeit berechnet, mit welcher die Tests übereinstimmen würden, wenn sie zur Gänze zweimal vorgelegt worden wären. Die *Paralleltestmethode* besteht darin, daß ein zweiter, dem Originaltest möglichst analog aufgebauter Test konstruiert und denselben Personen vorgelegt wird. Vollkommen analoge Paralleltests herzustellen ist im Bereiche von Intelligenzprüfungen relativ leicht, bei Persönlichkeitstests hingegen außerordentlich schwierig.

Die *Validität* (Zuverlässigkeit, Gültigkeit, Bewährung) eines Tests ist der Grad seiner diagnostischen Verläßlichkeit. „Hohe Validität" bedeutet, daß ein Test richtige Resultate liefert, d. h. daß der untersuchte Mensch wirklich die Merkmale aufweist, die mit Hilfe des Tests an ihm festgestellt wurden. Die Kontrolle der Validität ist schwierig; exakte Methoden sind bisher nicht gefunden worden. Man kann vier

Verfahren unterscheiden: 1. die Methode der Spezialgruppen, 2. die Methode der extremen Fälle, 3. die Vergleichsmethode, 4. die „Testdoppelgänger"-Methode. Die *„Methode der Spezialgruppen"* ist nur anwendbar, wenn ein Test Merkmale feststellt, die für spezielle Gruppen (z. B. Neurotiker, Alkoholiker, Epileptiker) charakteristisch sein sollen. In diesen Fällen kann der Test einer Gruppe von Gesunden und einer Gruppe von Neurotikern vorgelegt werden, wobei für die letzteren gesicherte klinische Diagnosen vorliegen müssen. Ist nach den Testergebnissen ein genügend großer und klarer Unterschied zwischen den beiden Gruppen vorhanden, dann kann der Test in dieser Hinsicht als verläßlich gelten. Man hat damit aber nur ein einzelnes Merkmal (z. B. „neurotisch") oder einen Merkmalkomplex „validiert"; ein guter Persönlichkeitstest soll aber die Gesamtpersönlichkeit erfassen. Die *„Methode der extremen Fälle"* ist ebenfalls nur zu Bewährungskontrolle an Einzelmerkmalen geeignet. Sie besteht darin, daß der Test Persönlichkeiten vorgelegt wird, die sich in einem Merkmalskomplex sehr stark von der Durchschnittsbevölkerung unterscheiden: schwere Gewaltverbrecher, Sexualmörder, Schwachsinnige, aber auch Hochbegabte in Musik, Sprachen, Mathematik usw. können als „Extremfälle" aufgefaßt werden, deren Besonderheit, die ja auf Grund ihres Verhaltens bekannt ist, im Persönlichkeitstest zur Darstellung kommen müßte.

Die *„Vergleichsmethode"* unterscheidet sich von den bisher dargestellten Verfahren nur durch ihren komplexen Charakter: es soll das Bild der *ganzen* Persönlichkeit, wie es sich aus einem Test ergibt, mit einem Persönlichkeitsbild, das durch einen anderen Test oder durch Verhaltensbeobachtung, Lebenslaufanalyse, Schulbeurteilung usw. gewonnen wurde, verglichen und dadurch ein Eindruck von der Verläßlichkeit des verwendeten Tests gewonnen werden. Dabei hängt natürlich die Verläßlichkeit des Vergleichsergebnisses von der Verläßlichkeit des Verfahrens ab, mit dessen Hilfe das als gesichert angenommene Persönlichkeitsbild gewonnen wurde. Hohe Sicherheitsgrade wird man auf diese Weise schwer erreichen; am ehesten dann, wenn man mehrere derartige Vergleichskriterien verwendet, z. B. drei verschiedene Persönlichkeitstests. Stimmen ihre Ergebnisse überein, so darf man sie mit ziemlicher Wahrscheinlichkeit für richtig halten, stimmen sie aber nicht überein, so muß man versuchen, auf Grund des

Lebenslaufes oder einer eingehenden Aussprache mit dem Begutachteten, zu einer Entscheidung zu kommen.

Die „*Testdoppelgänger-Methode*" wurde von *Erich Mittenecker* in Wien entwickelt. Aus einer großen Zahl von Personen, die mit dem Test, dessen Validität untersucht werden soll, getestet wurden, werden diejenigen herausgesucht, deren Testergebnisse in besonders hohem Grade ähnlich sind (die „Test-Doppelgänger"). Mit Hilfe anderer Verfahren (Verhaltensuntersuchung, Lebenslauf) wird festgestellt, ob diese Doppelgänger einander wirklich so ähnlich sind, wie es die Testergebnisse behaupten.

Keine dieser Methoden – und auch nicht alle zusammen – sind imstande, mit absoluter Sicherheit festzustellen, ob ein Persönlichkeitstest verläßlich ist oder nicht. So wenig erfreulich diese Tatsache ist, so besteht doch kein Grund, deshalb solche Tests überhaupt abzulehnen. Es gibt auch in der Medizin diagnostische Verfahren, deren Zuverlässigkeit nicht sicher feststeht; man verwendet sie trotzdem mit Erfolg, indem man die mit ihnen erzielten Resultate mit den Ergebnissen anderer Methoden kombiniert. Genauso muß man in der Persönlichkeitsdiagnose vorgehen: die Resultate der Testungen dürfen nur als eine Komponente des Gesamtmaterials betrachtet werden, das man über einen Menschen gesammelt hat; es kommt dazu sein bisheriges Verhalten (Lebenslaufanalyse) und nicht zuletzt der persönliche Eindruck, den er überhaupt und besonders in der Aussprache mit dem testenden Psychologen hinterläßt, die das diagnostische Verfahren abschließt.

Abschließend muß noch eine Methode zur Verläßlichkeits-Kontrolle kurz besprochen werden, die in der „Alltags-Charakterologie" sehr viel verwendet wird, obwohl sie in Wahrheit keinerlei Wert hat: die Beurteilung eines Persönlichkeits-Gutachtens durch den Begutachteten selbst oder durch Leute, die ihn seit langem „sehr gut kennen". Besonders häufig werden graphologische Gutachten auf diese Weise kontrolliert; in Kreisen des Wirtschaftslebens, in denen bei der Einstellung neuer Mitarbeiter graphologische Gutachten nicht selten eine entscheidende Rolle spielen, wird die Richtigkeit (Validität) des Gutachtens an dem Verhalten des neuen Angestellten überprüft. Aber auch über sich selbst holen immer mehr Menschen ein Gutachten ein, indem sie ihre Handschrift unter einem Pseudonym an einen Graphologen schicken oder selbst zu einem Psychologen gehen, um sich testen zu lassen. Meist sind sie sehr erstaunt, daß sie ein „vollständig richtiges" Gutachten erhalten; der Graphologe oder Psychologe wird in ihren Augen zu einem Mann mit geheimnisvollen Fähigkeiten, der den Charakter anderer Menschen rasch und sicher erfassen kann.

In Wirklichkeit ist es sehr einfach, in der Öffentlichkeit den Eindruck zu erwecken, man könne den Charakter eines Menschen schnell und sicher feststellen. Man braucht nur die Eitelkeit und Kritiklosigkeit der Menschen geschickt auszunützen, und man kann sich leicht den Ruf eines großen Charakterologen erwerben. Es gibt eine große Zahl von Untersuchungen, die bewiesen haben, daß der Durchschnittsmensch jedes Charaktergutachten, das ihm einige angenehme und schmeichelhafte Eigenschaften zuschreibt, gerne als für ihn „vollkommen zutreffend" anerkennt. Solche Experimente, in denen fingierte Charaktergutachten mehreren Personen als Gutachten über ihre Persönlichkeit vorgelegt wurden, hat zuerst der Schweizer Psychologe *Richard Meili* an 37 Professoren und Studenten des Genfer Instituts für Erziehungswissenschaft durchgeführt. Als angebliches Gutachten über die Handschrift erhielt jeder Teilnehmer eine Liste mit 68 Charaktermerkmalen; für jedes dieser Merkmale war in Stärkegraden von 1–5 angegeben, in welchem Grade es beim Beurteilten vorhanden sei. *Meili* hatte die Gradbezeichnungen 1–5 vollkommen zufällig und blind in die „Gutachten" eingesetzt. Jeder Teilnehmer hatte nun zu beurteilen, ob die angegebene Gradbezeichnung für jede der 68 Eigenschaften auf ihn zutrifft; erschien sie nicht zutreffend, so war die richtig erscheinende Gradangabe daneben zu schreiben. Die mittlere Differenz zwischen den angegebenen und den verbesserten Gradbezeichungen betrug 0,73; sie war also sehr gering (ihr Maximum wäre 4,00 gewesen). Ähnliche Versuche, jedoch ohne Stärkeangaben, machten später *Krueger* und *Zietz* in Hamburg, die von 39 Teilnehmern von Volkshochschulkursen zuerst eine Schriftprobe forderten und ihnen dann ein „Charaktergutachten" ausfolgten, das angeblich auf Grund der Schriftbeurteilung erstellt worden war; in Wirklichkeit erhielten alle dasselbe fingierte „Einheitsgutachten", in welches in geschickten Formulierungen einige sehr günstige Eigenschaften aufgenommen worden waren. Dieses Gutachten wurde „in

	Stärkegrad 1	2	3	4	5
Organisationsgabe				●	
Gefühlstiefe					●
Eitelkeit		●			
Geltungsbedürfnis		●			
Gerechtigkeitssinn					●
Feinfühligkeit				●	
Empfindlichkeit		●			
Selbstüberschätzung	●				
Ausdauer			●		
Phantasie			●		
usw.					

Abb. 40

den meisten Fällen als völlig zutreffend, in anderen als im wesentlichen richtig" bezeichnet.

Die Methode des „Einheitsgutachtens", jedoch mit genauen Stärkegraden, wurde in einer Untersuchung des Wiener Psychologischen Institutes von *Herbert Bauer* übernommen. Unter dem Vorwand, daß die Verläßlichkeit graphologischer Gutachten überprüft werden sollte, sammelte *Bauer* unter den Beamten und Angestellten eines großen Wiener Unternehmens Handschriftenproben; er erhielt 135 Handschriften, die unter einem Kennwort von den Schrifturhebern abgegeben wurden. Dann stellte er ein „Charakterprofil" zusammen, in welchem 21 Charaktereigenschaften in folgender Weise mit „Stärkeangaben" versehen waren (s. Abb. 40).

Verbindet man die Punkte, die den Stärkegrad angeben, so erhält man ein „Charakterprofil". Ohne die Schriften überhaupt anzusehen, hat *Bauer* an alle 135 Schrifteinsender ein solches Profil als Gutachten über ihren Charakter ausgegeben; und zwar an alle Männer dasselbe und an alle Frauen dasselbe (das erste Einheitsprofil war auf die mehr als männlich, das zweite auf die mehr als weiblich geltenden Eigenschaften abgestimmt). Auf einem angehefteten Zettel mußten die „Beurteilten" ihre Stellungnahme zum Gutachten bekanntgeben. Als „vollkommen zutreffend, ausgezeichnet, verblüffend" wurde das Profil von 37 Schrifteinsendern bezeichnet (27,3 %); als „gut, richtig, zutreffend" mit höchsten 3 Korrekturen im Stärkegrad von 55 Schrifteinsendern (40,7 %) – d. h. 92 Schrifteinsender (68 %) fanden, daß das erdichtete Charakterprofil für ihre eigene Persönlichkeit zutreffe. Von 37 Schrifteinsendern (27,3 %) wurden 4 bis 9 Stärkegrade korrigiert und das Profil als „im allgemeinen zutreffend, zum Großteil richtig" bezeichnet, und nur 6 von den 135 Personen (4,4 %) lehnten es als unzutreffend ab. Alter und Schulbildung spielten keine Rolle; von 44 Schrifteinsendern mit Mittelschulbildung fielen 31 (70 %) in die ersten beiden zustimmenden Gruppen. 11 andere Schrifteinsender erhielten ein ausführliches Testgutachten; und zwar alle dasselbe. Es erfolgte nur eine einzige Ablehnung als unzutreffend; ein Schrifteinsender bezeichnete das Gutachten als „treffend", die übrigen 9 als „vollkommen zutreffend, 100 % richtig usw."

Noch einen Schritt weiter ist der italienische Psychologe *Gaetano Kanizsa* gegangen: 23 Personen (Studenten und Studentinnen) mußten den „Kritzel-Test" von *Meurisse* (1 Minute ohne Unterbrechung kritzeln) durchführen; am nächsten Tag erhielten sie, angeblich auf Grund ihres Gekritzels, ein Persönlichkeitsprofil mit 26 Eigenschaften, zu dem sie Stellung nehmen sollten. Alle erklärten das Profil für richtig, nur gegen einige Merkmale wurden Zweifel oder Bedenken geäußert (von den insgesamt 598 Merkmalen – für jede der 23 Personen 26 – wurden 78,7 % widerspruchslos anerkannt, 9,8 % mit Reserve angenommen, 11,3 % abgelehnt). Ein zweiter Versuch durchgeführt an 23 Sozialhelfern führte fast zum gleichen Resultat. Interessant ist aber nun folgendes: in einem dritten Versuch mit 23 anderen Personen wurde ein Einheitsgutachten ausgegeben, das in den 26 Merkmalen das Gegenteil des ersten Gutachtens behauptete (z. B. früher: gefühlvolle, zu starken Affekten neigende Persönlichkeit, instinktive Sicherheit in Sympathie und Antipathie; jetzt: ausgeglichen, nicht durch Affekte bestimmte Persönlichkeit, in den Sympathien und Antipathien von ruhiger, gerechter Überlegung geleitet usw.). Auch diesmal erklärten 17 der 23 Personen, daß das Gutachten zutreffe, 4 meinten, daß es zur Hälfte zutreffe, 2 lehnten es als falsch ab; von den insgesamt 598 Merkmalen wurden 68,2 % anerkannt, 9,8 % bezweifelt und 21,9 % abgelehnt. *Kanizsa* schlägt eine interessante Erklärung vor: der moderne Mensch hat noch viele „magische" Bedürfnisse, die er „in wissenschaftlicher Form" befriedigt sehen will; er wünscht daher, daß die Gutachten, die der Psychologe wie ein Hellseher abgibt, zutreffen, weil dadurch das magische Verlangen befriedigt wird.

Die beschriebenen Versuche zeigen nicht nur, wie kritiklos die meisten Menschen bei der Beurteilung ihres eigenen Charakters sind; man sieht aus ihnen auch, wie außerordentlich schwierig es ist, die Richtigkeit von charakterologischen Gutachten zu überprüfen. Auf keinen Fall darf man sich darauf verlassen, daß der Beurteilte selbst imstande wäre, etwas Sicheres über die Richtigkeit eines Gutachtens, das über ihn aufgestellt wurde, auszusagen. Man könnte hoffen, daß *Fremdbeurteilungen* – also durch Freunde und Bekannte, die den Beurteilten aus dem täglichen Leben näher kennen – zu verläßlicheren Resultaten führen. *Krueger und Zietz* haben auch einen solchen Versuch durchgeführt: von 13 Studenten der Hamburger Universität wurden Handschriftproben eingeholt und dann je einem Bekannten jedes dieser Studenten dasselbe „Einheitsgutachten" als graphologische Beurteilung vorgelegt. Alle 13 Beurteiler bezeichneten das „Gutachten" als zutreffend.

Die Beurteilung des Charakters durch Personen, die den Beurteilten näher kennen, ist also auch nicht verläßlich. Trotzdem ist sowohl die Fremdbeurteilung wie die Selbstbeurteilung in der Charakterforschung oft als Hilfsmittel zur Überprüfung von Gutachten verwendet worden; und manchmal sicher mit Erfolg (so z. B. bei der Beurteilung von Schülern durch ihre Lehrer, also durch Menschen, die sehr viel Erfahrung mit Jugendlichen besitzen). Das Problem: wie stellt man fest, ob eine Charakterbeurteilung richtig ist? – von manchen Autoren als *„Verifikationsproblem"* bezeichnet – ist fast unlösbar, weil man die Menschen, deren Charakter man mit allen erreichbaren Methoden untersucht hat, durch ihr ganzes weiteres Leben beobachten müßte, um aus ihrem Verhalten festzustellen, ob die Resultate der Untersuchung richtig waren.

Intelligenz-Tests

Obwohl die Intelligenz des Menschen für sein Verhalten und für seinen Erfolg im Leben von größter Bedeutung ist, wurde ihr in der Persönlichkeitsforschung durch lange Zeit keine besondere Aufmerksamkeit gewidmet; auch in den neueren Typensystemen spielt sie keine wesentliche Rolle.

Der Grund für die verhältnismäßig geringe Beachtung der Intelligenz in der Persönlichkeitsforschung liegt wahrscheinlich in der Überzeugung, daß die Persönlichkeit des Einzelmenschen in erster Linie von „dynamischen" Faktoren – Triebregungen, Interessen, Gefühlen usw. – bestimmt werde. Diese Auffassung ist sicher richtig; andererseits muß man, wenn man einen Menschen beschreiben will, unbedingt auch über seine Intelligenz etwas aussagen. Tatsächlich geschieht dies auch in jedem Persönlichkeitsgutachten. Die Methoden zur Intelligenzuntersuchung sind viel älter als diejenigen zur Persönlichkeitsdiagnose, ja die letzteren haben sich aus den ersteren entwickelt; dabei spielte die – zweifellos zutreffende – Behauptung der praktischen Psychologen eine große Rolle, daß man die Intelligenz eines Menschen nicht richtig beurteilen könne, wenn man dabei nicht seine ganze Persönlichkeit berücksichtige. Daß trotzdem die Intelligenz häufig nicht als Komponente der individuellen Persönlichkeitsstruktur aufgefaßt wird, dürfte seine Ursache darin haben, daß die psychischen Vorgänge, aus denen sie besteht, von ganz anderer Art sind als die Vorgänge des Trieb- und Gefühlslebens; das Denken hat keinerlei dynamischen Charakter, es gehen von ihm keine Antriebe aus. Man kann – wie ich an anderer Stelle vorgeschlagen habe – diese Unterschiede zur Grundlage einer Einteilung der psychischen Vorgänge machen: faßt man die Triebe, Interessen, Gefühle und Willenserlebnisse unter dem Begriff *„psychische Kräfte"* zusammen, so kann man die Vorgänge, mit deren Hilfe der Mensch seine Triebe zu befriedigen sucht, als *„psychische Funktionen"* bezeichnen; zu ihnen gehören die Prozesse des Wahrnehmens, Vorstellens und Denkens – Prozesse, deren Aufgabe darin besteht, die Möglichkeiten zu schaffen, kurz, dafür zu sorgen, daß die Forderungen der psychischen Kräfte (z. B. die vitalen Bedürfnisse) erfüllt werden.

Es bereitet keine Schwierigkeiten, in Analogie zu dieser Zweiteilung des psychischen Geschehens an jeder menschlichen Persönlichkeit eine dynamische und eine funktionelle Seite zu unterscheiden: einerseits die Art und Stärke der treibenden Kräfte und andererseits die Qualität der Funktionen, also die Leistung von Wahrnehmung, Gedächtnis und Denken. Wenn bei gleichen Triebkräften sehr hoch entwickelte Funktionen, also rasche Auffassung, sicheres Gedächtnis und klares begriffliches Denken gegeben sind, so wird dieser Mensch seinen Trieben und Interessen mit großem Erfolg zur Befriedigung verhelfen. Sind die psychischen Funktionen hingegen nur dürftig entwikkelt (wie z. B. bei Schwachsinnigen), so kann es auch bei sehr günstigen äußeren Umständen nur zu unzulänglicher Erreichung der Triebziele kommen; hohe oder niedere Leistung der psychischen Funktionen bei gleichen Triebgrundlagen ergibt ganz verschiedene Verhaltensweisen – schon deshalb, weil bei niederer Intelligenz schwache Triebregungen (z. B. kulturelle Interessen) gar nicht zur Entwicklung gelangen. Große oder geringe Leistung der psychischen Funktionen ist aber nichts anderes als dasjenige, was man als hohe oder niedere Intelligenz zu bezeichnen gewohnt ist; zur hohen Intelligenz gehören schnelle Auffassung der gegebenen Situation, rasches, geordnetes Denken und sichere Verwertung der bisherigen Erfahrungen, während niedere Intelligenz durch das Gegenteil dieser Merkmale charakterisiert ist. Man könnte also behaupten: Intelligenz ist der individuelle Leistungsgrad der psychischen Funktionen. Diese Definition läßt sich verbessern, wenn man sie durch einen Hinweis ergänzt, der in der bekannten Definition von *William Stern* das entscheidende Kriterium darstellt; *Stern* definierte die Intelligenz als Fähigkeit, neue Probleme zu lösen. Mit dieser Formulierung soll gesagt sein, daß sich die Intelligenz eines Menschen nur in Situationen zeige, die er nicht auf Grund von Übung oder Alltagserfahrung bewältigen könne, sondern die einen neuen Einfall erfordern; bei denen er eben seine Intelligenz und nicht nur sein Gedächtnis einsetzen muß, um zu einer Lösung zu kommen. Die Aufgaben in den üblichen „Intelligenz-Tests“ stellen den Menschen vor solche neue Probleme.

Man könnte also formulieren: *Intelligenz ist der Leistungsgrad der psychischen Funktionen bei der Lösung neuer Probleme.* Für die Testpsychologie wird man mit dieser Definition vielleicht das Auslangen finden, denn mit Hilfe der Intelligenztests stellt man tatsächlich den Leistungsgrad der psychischen Funktionen eines bestimmten Menschen bei der Bewältigung neuer Aufgaben fest.

Nicht befriedigend ist diese Definition aber für die *Theorie der Intelligenz;* denn es läßt sich einwenden, daß man auf diese Weise wohl die *Intelligenzleistung* messe, nicht aber die Intelligenz selbst. Die Intelligenz zeige sich zwar in der Leistung, sei aber nicht mit ihr gleichzusetzen, denn sie sei dasjenige, was der Leistung zugrunde liegt. Sagt man von einem Menschen, er sei „sehr intelligent", so meint man zwar auch, daß er es bei der Lösung neuer Aufgaben zu guten Leistungen bringe – aber eben *weil* er intelligent ist; die hohe Intelligenz wird als Ursache seiner überdurchschnittlichen Leistungen betrachtet. Zweifellos steckt dieser Gedanke auch in der Definition, Intelligenz sei die „Fähigkeit" zur Lösung neuer Aufgaben. Diese Formulierung ist deshalb unbefriedigend, weil sie den Ausdruck „Fähigkeit" verwendet; bei der Erforschung psychischer Phänomene darf man sich nicht damit zufriedengeben, daß man für etwas, das man nicht erklären kann, kurzerhand eine „Fähigkeit" als Ursache annimmt, man hat vielmehr zu untersuchen, welche Vorgänge dieser sogenannten Fähigkeit zugrunde liegen, d. h., was sich beim „intelligenten Verhalten" im Menschen abspielt.

Früher hat man eine Fähigkeit „Intelligenz" angenommen und ist bei weiteren Überlegungen von der Annahme ausgegangen, daß diese als „Vermögen der Seele" etwas an sich Bestehendes und nicht weiter Erklärbares sei. Nach der Auffassung der gegenwärtigen Psychologie besteht die Grundlage des intelligenten Verhaltens nicht in einer „Intelligenz", sondern in Vorgängen des Wahrnehmens, Vorstellens, Denkens, also im Zusammenwirken der psychischen Funktionen, deren Leistung in der Bewältigung der jeweiligen Aufgabe erkennbar wird.

Wollte man auf der Suche nach den Grundlagen des intelligenten Verhaltens noch weitergehen, so würde man bereits in den Bereich des physiologischen Geschehens gelangen, aus dem das Denken, Vorstellen und Wahrnehmen hervorgeht. Für biologisch eingestellte Psychologen sind alle bewußten Erlebnisse von Hirnprozessen abhängig; durch die Art der Erregungsvorgänge im Gehirn, die sich während eines Denkprozesses abspielen, ist das Denken in allen seinen Merkmalen bestimmt. Von diesem Standpunkt aus läßt sich die Behauptung vertreten, Intelligenz sei der Leistungsgrad des zerebralen Erregungsgeschehens bei der Bewältigung neuer Situationen. Leider weiß man über das Erregungsgeschehen im Gehirn sehr wenig. Will man die psychischen, d. h. bewußten Grundlagen des intelligenten Verhaltens genauer feststellen, so muß man versuchen, die Denkvorgänge, die zur

Lösung der gestellten Aufgaben führen, zu beschreiben. Es kann hier auf die Untersuchungen, die zu diesem Zwecke durchgeführt wurden, nicht näher eingegangen werden; sie führten aber nur zu dürftigen Ergebnissen.

Aussichtsreicher als die rein theoretische Klärung des Intelligenzbegriffes ist die empirische Intelligenzforschung mit Hilfe der statistischen Auswertung von Testergebnissen. Die Intelligenzmessung mit Hilfe von Tests wurde von dem Engländer *Francis Galton,* der auch den Ausdruck „Test" einführte, durch eine 1883 erschienene Untersuchung über die Fähigkeiten des Menschen begründet. In Deutschland veröffentlichte 1889 der Psychiater *Konrad Rieger* verschiedene Methoden zur Intelligenzprüfung. Im Jahre 1896 erschien in Amerika die grundlegende Untersuchung „Mental Tests and Measurements" von *James McKeen Cattell,* der als Assistent bei *Wilhelm Wundt* in Leipzig gearbeitet und *Galton* in London besucht hatte. In Frankreich erhielt 1904 *Alfred Binet* vom Unterrichtsministerium den Auftrag, ein Verfahren zur Intelligenzmessung an Kindern auszuarbeiten; zusammen mit seinem Mitarbeiter *Jules Simon* entwickelte er seine berühmt gewordenen Testreihen, die zum ersten Male eine „Berechnung" des Intelligenzgrades ermöglichten. Diese Testreihen sind Serien von Einzelaufgaben, die an genügend großen Gruppen von Kindern bestimmter Altersstufen „geeicht" wurden. Die Vorgangsweise bei der Eichung ist z. B. folgende: es wird an einer großen Anzahl Gleichaltriger (also z. B. 1 000 Achtjähriger) einer Großstadt festgestellt, welche Aufgaben die meisten – z. B. 75 % – von ihnen lösen können; diese Aufgaben gelten dann als die Norm für die Achtjährigen dieser Stadt. Aus den Leistungen eines Kindes bei den für verschiedene Altersstufen geeichten Testreihen läßt sich sein „Intelligenzalter" errechnen; jede Testreihe enthält 5 Einzelaufgaben, so daß z. B. für ein zehnjähriges Kind, das alle Aufgaben für das achte, drei für das neunte, vier für das zehnte und zwei für das elfte Lebensjahr löste, folgende Rechnung aufgestellt werden kann: zu dem Lebensjahr, für das alle Aufgaben gelöst wurden (das achte), werden so viele Fünftel der folgenden Jahre hinzugezählt, als Aufgaben gelöst wurden (in unserem Beispiel neun Fünftel, also 1,8, so daß sich eine Summe von 9,8 ergibt). Diese Zahl bedeutet das *„Intelligenzalter";* die Differenz zwischen Intelligenzalter und Lebensalter zeigt nach *Binet* an, ob ein

„Intelligenzvorsprung" oder ein „Intelligenzrückstand" vorliegt. Gegen diese Berechnung hat der deutsche Psychologe *William Stern* eingewendet, daß solche Differenzen in verschiedenen Lebensaltern ganz verschiedene Bedeutung haben (bei einem sechsjährigen Kind bedeutet ein Intelligenzrückstand von 2 Jahren geistige Minderwertigkeit, bei einem Zwölfjährigen hingegen bedeutet er nur einen leichten Grad geistiger Schwäche). *W. Stern* hat daher im Jahre 1912 an Stelle der Differenz den Quotienten aus Intelligenzalter und Lebensalter als Intelligenzmaß vorgeschlagen: Intelligenzalter : Lebensalter. Diese Formel ist der berühmt gewordene *„Intelligenzquotient"* (I. Q.), der bei einem Kind, dessen Intelligenz ganz seinem Alter entspricht, 1 ergibt; ist er größer als 1, so weist dies auf überdurchschnittliche, ist er kleiner, so auf unterdurchschnittliche Begabung hin. Um ganze Zahlen zu erhalten, wird der I. Q. meist mit 100 multipliziert; im obigen Beispiel beträgt er 98.

Der Intelligenzquotient *Sterns* hat zur Voraussetzung, daß für jeden Altersjahrgang eigene Tests entwickelt und geeicht werden; dies ist in der *Binet-Simonschen* Testreihe und ebenso in der von *L. M. Terman* in Amerika modifizierten Serie des *Binet*-Tests tatsächlich durchgeführt. In der Kindheit und Jugend, in der die Intelligenz in rascher Entwicklung begriffen ist, müssen Intelligenzaufgaben für jedes Lebensjahr geeicht bzw. auch erstellt werden; bei Erwachsenen bleibt die Intelligenz durch viele Jahre hindurch ungefähr gleich, so daß es keinen Sinn hätte, für die einzelnen Lebensjahre eigene Testreihen zu eichen. Um eine Intelligenzmessung bei Erwachsenen durchführen zu können, hat der Amerikaner *David Wechsler* einen Test mit 11 Subtests entwickelt (6 sprachliche und 5 sprachfreie), der nach entsprechender Anpassung und Eichung von *Curd Bondy* als „Hamburg-Wechsler-Intelligenztest für Erwachsene" (HAWIE) in deutscher Sprache herausgegeben wurde. Ein nach 10 Altersstufen (16. bis 75. Lebensjahr) genormtes Auswertungsverfahren gestattet die Berechnung eines Intelligenzquotienten. Ein den deutschen Verhältnissen entsprechender Intelligenz-Test für Erwachsene von 13 bis 60 Jahren wurde von *Rudolf Amthauer* entwickelt und in Westdeutschland an 8 600 Personen geeicht (Intelligenz-Struktur-Test – I.S.T.); er enthält 9 Subtests, die in solcher Weise ausgewählt wurden, daß sie über den Grad und die Struktur der Intelligenz Aufschluß geben, was für Eignungsuntersuchungen einen beträchtlichen Vorteil bedeutet. Dem Test sind charakteristische Profile für bestimmte Berufsgruppen beigegeben. Über die Verläßlichkeit und Bewährung dieser Erwachsenen-Tests lassen sich bei der kurzen Dauer ihrer Verwendung im deutschen Sprachgebiet noch keine genauen Angaben machen.

Im folgenden sind einige Beispiele aus älteren Testreihen angeführt; das Prinzip dieser Beispiele wird auch heute noch vielfach verwendet (mit Absicht wurde auf Beispiele aus modernen Tests verzichtet, um durch ihr Bekanntwerden nicht den Wert dieser Testreihen zu beeinträchtigen). Der älteste, von *Hermann Ebbinghaus* 1897 vorgeschlagene Intelligenztest besteht aus Sätzen, in denen einzelne Worte fehlen, die der Prüfling ergänzen muß *(Lücken-* oder *Ergänzungstest);* z. B. „Gestern... die Musikkapelle durch unsere Straßen. Ich... meine Mutter, ob... hinuntergehen dürfe. Sie – es –." Das Erfassen von Sinnbeziehungen prüft der *Analogietest:* Hund : Hütte verhält sich wie Mensch : –; Hut : Kopf wie Schuh : – usw.; ferner der *Unterschiedstest* z. B. was ist für ein Unterschied zwischen einem Kind und einem Zwerg, zwischen Armut und Elend usw. Das Erfassen des Sinnes von Begriffen wird auch durch *Oberbegriff*tests geprüft (was ist der Oberbegriff zu Apfel–Orange, Tisch–Schrank; oder was gehört nicht in die folgende Reihe: Zange, Feile, Lampe, Hobel; oder dasselbe in abstrakter Form: CDDC, TSST, OPPO,ABBA; oder die *Fortsetzungs*tests (es ist folgende Reihe richtig fortzusetzen: 1, 4, 3, 6, 5, 8....., a d e c b e f d c.....). Die *Sprachbeherrschungstests* verwenden Aufgaben wie Bilden von Sätzen aus ungeordneten Worten („immer Wahrheit ist zu die sagen es schwer"); die *logischen Tests* stellen Definitionsaufgaben („was ist ein Mikroskop, ein Fernrohr; was ist Mut, Neid, Mitleid" usw.) oder Schlußaufgaben („ich ging von der Kirche 100 m geradeaus, dann 50 m rechts, dann wandte ich mich wieder nach rechts und ging 100 m – wie weit war ich dann von der Kirche entfernt?"). Neben diesen Tests, von denen viele Varianten bestehen, z. B. unsprachliche Darstellungen in Bildform, gibt es Gedächtnis-, Vorstellungs-, Aufmerksamkeits-, Kritikfähigkeits-, Rechentests, dann technisch-praktische Tests und viele andere. Für eine Intelligenzprüfung müssen immer viele Einzeltests verwendet werden, die so geordnet sein müssen, daß sie möglichst alle bekannten Komponenten des intelligenten Verhaltens in einer Weise erfassen, die dem Alter und Bildungsgrad des Prüflings angemessen ist.

Obwohl die gegenwärtig in der Praxis verwendeten Intelligenz-Tests analysiert und geeicht sind und einen hohen Grad von Objektivität und Stabilität besitzen, ist ihre Zuverlässigkeit nicht so hoch, wie oft angenommen wird. Die Korrelation zwischen den Testresultaten und den Kontrollen (z. B. dem Grad der Bewährung getesteter Soldaten in der Ausbildung) liegen bei 0,60. Die Ursachen dieser relativ geringen Validität sind nur z. T. bekannt. Es ist z. B. bei vielen Intelligenz-Tests die Verläßlichkeit für unterdurchschnittliche und überdurchschnittliche Begabung nicht gleich; man kann daher für die Leistungen dieser beiden Gruppen in der Schule oder im Beruf nicht mit gleicher Sicherheit Voraussagen machen. *Jerome Fisher* hat nachgewiesen, daß Personen, die einen extrem niederen Intelligenz-Quotienten haben, niemals eine überdurchschnittliche schulische oder berufliche Leistung erzielen; unter den Personen, die extrem hohe Quotienten (140–150) bei der Testung erzielen, finden sich aber auch solche mit bloß durchschnittlicher oder sogar unterdurchschnittlicher Leistung in der Schule und im Beruf.

Schon früh ist aufgefallen, daß die Korrelation zwischen Testleistungen und Schulnoten ziemlich gering ist (nach einer Zusammenstellung von *Rudolf Weiss* aus sieben deutschen und österreichischen Untersuchungen liegt sie im Mittel bei etwa 0,5; sie ist für die verschiedenen Tests und ebenso für deren Subtests verschieden hoch). Zweifellos gibt es dafür mehrere Ursachen; z. B. sind an der Schulleistung außer Intelligenz noch andere Faktoren – Fleiß, Ausdauer, Interesse, häusliche Nachhilfe usw. – beteiligt, vor allem aber ist für die Notengebung in der Schule die Strenge des Lehrers von großer Bedeutung. Die entscheidende Ursache für die Divergenzen zwischen Schulnoten und Testleistung dürfte aber darin zu suchen sein, daß manche Komponenten der Intelligenz in der Testprüfung stärker zur Auswirkung kommen als in der Schulleistung und umgekehrt (z. B. spielt die sprachliche Komponente in der Schulleistung eine größere Rolle als die sogenannte „praktische Intelligenz"). *Rudolf Weiss,* der an 581 Hauptschülern von 11 bis 14 Jahren der Stadt Linz genaue Vergleiche durchführte, stellt fest: „Die Schulleistungs-Elite unterscheidet sich intelligenzmäßig (d. h. in den Testleistungen beim HAWIK =

Hamburg-Wechsler-Intelligenztest für Kinder und Jugendliche) nicht vom Durchschnitt! Für eine ausgezeichnete Schulleistung ist weder eine überdurchschnittliche Allgemeinintelligenz noch sind hohe Leistungen in bestimmten Teilbereichen der Intelligenz nötig. Man kann mit geringen Intelligenzmitteln ‚Vorzugsschüler' werden."

Bei dieser Situation ist es zweckmäßig, zwischen „*Testintelligenz*" und „*Schulintelligenz*" zu unterscheiden. Da aber auch die Korrelationen zwischen verschiedenen Intelligenz-Tests nicht besonders hoch sind (zwischen dem Wechsler-HAWIE und dem Amthauer-IST nach *Mields* nur 0,7), müßte man, wenn man genau sein will, bei der Anführung von Testresultaten immer auch den Test nennen, mit dessen Hilfe sie gewonnen wurden (so daß man von einer „Wechsler-Intelligenz" und einer „Amthauer-Intelligenz" sprechen könnte). Dazu kommt, daß mit den gegenwärtigen Tests sicher nicht alle Komponenten des intelligenten Verhaltens erfaßt werden können, so daß man überdies noch eine „*Alltags-Intelligenz*" berücksichtigen müßte, in der alle Komponenten der Intelligenz zur Auswirkung kommen.

Man darf also aus der Tatsache, daß testmäßig ein bestimmter Intelligenzgrad festgestellt wurde, nicht voreilig zu weitreichende Schlüsse ziehen, z. B. nicht den Schluß, daß jemand mit einem hohen Intelligenzquotienten auch im täglichen Leben (z. B. Berufsleben usw.) überdurchschnittliche Leistungen erbringen oder sich überdurchschnittlich gut durchsetzen wird, weil hier offenbar kompliziertere und differenziertere Faktoren eine Rolle spielen, die der Test allein nicht genügend erfassen kann.

Ein zweiter Grund für die unerwartet niedere Validität der Intelligenz-Tests könnte darin liegen, daß die „*schöpferische*" Komponente der Intelligenz mit den üblichen Formen dieser Tests nicht oder nur unzureichend erfaßt wird, weil sie dem Prüfling zu wenig Entfaltungsmöglichkeiten bieten. Die oben angeführten, gut geeichten Tests von *Wechsler* und von *Amthauer* enthalten fast ausschließlich Aufgaben mit eindeutigen Lösungen; nur eine einzige bestimmte Antwort ist richtig, so daß der Auswerter nie im Zweifel ist, wie er zu urteilen hat. Dieses Verfahren ist einfach, zeitsparend und objektiv; die höchsterreichbare Zahl richtiger Lösungen weist eindeutig auf sehr hohe Intelligenz. Solche Tests, für die nur vorgegebene Lösungsmöglichkeiten bestehen, werden als „streng strukturiert" oder „hochstrukturiert"

Anfangszeichen

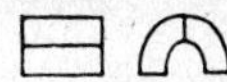

Bewertungsbeispiele

0 Punkte

Stereotype Wiederholung der Anfangszeichen, fehlende und absurde Lösungen

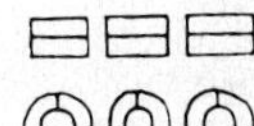

1 Punkt

Primitive Vervielfältigung; unsystematische Lageveränderungen; unbedeutende Umgestaltung der Oberfläche; banale Konkretisierungen

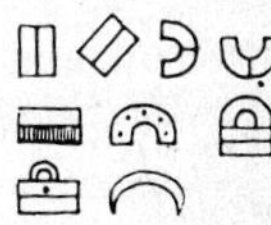

2 Punkte

Oberflächliche Beziehungserfassung; einfache ornamentale Vervielfältigung; Symmetrierung; einfache Kombinationen; quantitative Veränderungen an der Figurengruppe; sinnvolle Ergänzungen und Oberflächen-Änderungen; weniger originelle Neuformungen

3 Punkte

Einwandfreie Bedeutungserfassung; originelle Symmetrierung und Ornamentierung; sinnvolle räumliche Verlagerungen und schöpferische Kombinationen von Einzelteilen; einfache Gesamtkombinationen; einfallsreiche Um- und Neugestaltung von Figurenelementen; Abstraktionen; logische Weiterentwicklung

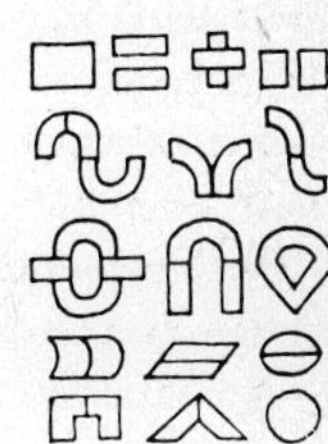

4 Punkte

Vollkommene Beziehungserfassung; elastische Umzentrierung sämtlicher Figurenelemente unter origineller neuer Gesamtkombination oder -komposition; schöpferische Neugestaltung unter Berücksichtigung aller Figurenelemnte; Abstraktion mit logischer Weiterentwicklung

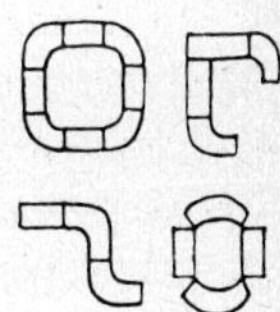

Abb. 41.

bezeichnet. Um die schöpferische Produktivität festzustellen, muß man der untersuchten Person für jede Aufgabe die Möglichkeit mehrerer Lösungen bieten; man muß ihr größere Freiheit lassen und daher den starren Rahmen der strukturierten Tests sprengen. Ein erster solcher unstrukturierter Test wurde in Amerika 1956 von *G. E. Copple* entwickelt, wobei er das alte Verfahren der Satzergänzung verwendete (es wird hierbei der Anfang eines Satzes geboten, den der Prüfling fortzusetzen hat). Trotz der hohen Übereinstimmung verschiedener Beurteiler in der Auswertung (Korrelation 0,95) hat sich diese Methode in der deutschen Sprache nicht bewährt, weil die Abhängigkeit von der sprachlichen Begabung sehr hoch zu sein scheint; ein nichtsprachliches unstrukturiertes Verfahren wäre vorzuziehen. Ein Versuch, einen solchen Test zu entwickeln, wurde im Wiener Psychologischen Institut von *Ingeborg Grill* unternommen, wobei die Aufgabe im Ergänzen von angefangenen Figurenreihen bestand; aus den Versuchen ergaben sich 16 Testelemente, von denen die ersten zwei in Abbildung 41 dargestellt sind. Der Auftrag lautet: „versuchen Sie, jede dieser Figuren sinnvoll fortzusetzen". Abbildung 41 zeigt verschiedene Lösungen und die Art der Auswertung in 5 Güteklassen; eine Lösung gilt als um so besser, „je mehr sie die Erfassung des Wesentlichen der Anfangsfiguren und die schöpferische Verarbeitung desselben erkennen läßt, je leichter die Loslösung von den gegebenen Formen erfolgt und zu einer sinnvollen Umgestaltung unter Berücksichtigung aller Teile führt".

Die Korrelation zwischen den Leistungen im genannten unstrukturierten Test und einigen üblichen strukturierten Tests betrug nur 0,55. In den letzten Jahren wurden zunehmend – vor allem in Amerika – Tests zur Erfassung der schöpferischen Komponenten im Menschen, der *Kreativität*, entwickelt. Da es sich im allgemeinen gezeigt hat, daß solche Kreativitätstests mit Intelligenztests nicht sehr hoch korrelieren, empfiehlt sich bei einer genaueren Untersuchung die Verwendung beider Testarten.

Obwohl die dargestellten Ergebnisse, Vergleiche und Schlußfolgerungen die gegenwärtige Lage der Intelligenz-Testung nicht sehr günstig erscheinen lassen, besteht kein Anlaß, die Intelligenz-Tests abzulehnen. Es steht außer Zweifel, daß man mit ihrer Hilfe Gradunterschiede des intelligenten Verhaltens mit großer Sicherheit feststellen kann; man muß sich nur darüber im klaren sein, daß man mit einem Test immer nur jene Intelligenzkomponenten erfaßt, die bei den im Test vorhandenen Aufgaben zum Einsatz kommen. Daß hier große Unterschiede bestehen, hat die genaue statistische Analyse sehr vieler Testergebnisse eindeutig gezeigt; sie führte – und dies bedeutet einen enormen Fortschritt der Intelligenzforschung – zu der Feststellung, daß es möglicherweise *„Intelligenzfaktoren"* gibt, die in verschiedenem Ausmaß an der „Allgemeinintelligenz" beteiligt sind und daher individuell verschiedene „Intelligenzstrukturen" hervorbringen.

Dieser neue und höchst interessante Zweig der Intelligenzforschung wurde von dem englischen Psychologen *Charles Spearman* um 1904 begründet und in Amerika vor allem von *Louis Thurstone* im psychometrischen Institut von Chikago weiterentwickelt. Die rechnerischen Verfahren der Faktorenanalyse können hier nicht dargestellt werden; im Prinzip handelt es sich um Vergleiche von Testresultaten, aus denen hervorgeht, in welchem Grade jede Testaufgabe eine bestimmte einzelne Komponente des intelligenten Verhaltens feststellt. Wenn man z. B. einer großen Zahl von Prüflingen zwei Aufgaben vorlegt, von denen man annimmt, daß die erste das Operieren mit Zahlen (z. B. durch einfache eingekleidete Rechenaufgaben) und die zweite das Erfassen von Sinnzusammenhängen prüft (z. B. durch Ergänzung lückenhafter Texte), so kann man die Ergebnisse dieser Testungen miteinander vergleichen. Man findet dabei – durch die Berechnung von Korrelationen –, ob die Prüflinge, die im Zahlentest sehr gute Leistungen aufweisen, auch im Sinnerfassungstest sehr gute Leistungen zeigen oder nicht; ergibt sich, daß die überwiegende Mehrzahl in beiden Tests weitgehend gleich stark ausgeprägte Leistungen aufweist (hohe Korrelation), so kann man daraus schließen, daß beide Tests Intelligenzkomponenten messen, die miteinander zusammenhängen oder sogar die gleiche Intelligenzkomponente erfassen (letztere Annahme müßte aber noch durch weitere statistische Verfahren, wie z. B. die Faktorenanalyse, überprüft werden). Ergibt sich jedoch, daß eine große Zahl von Prüflingen im Zahlentest gute, im Sinnerfassungstest schlechte Leistungen aufweist (oder umgekehrt), so darf man vermuten, daß die mit diesen Aufgaben erfaßten Intelligenzkomponenten nicht oder nur wenig miteinander zusammenhängen, also verschiedene Intelligenzkomponenten darstellen, von denen bald die eine, bald die andere stärker entwickelt sein kann. Verwendet man viele verschiedene Tests, so kann man durch Korrelationsberechnungen und Faktorenanalyse feststellen, daß manche Tests in erster Linie einige gut isolierbare Intelligenzkomponenten prüfen, daneben „ein wenig" auch andere (denn vollkommene Isolierung ist nicht zu erzielen). Bei der Aufstellung von Testreihen wird man daher bemüht sein, nur solche „Subtests" aufzunehmen, die möglichst rein nur eine einzige Komponente und möglichst wenig zugleich andere Komponenten feststellen. Dies ist der praktische Gewinn aus der statistischen Testauswertung; der theoretische Gewinn besteht darin, daß man auf diese Weise zur Annahme von grundlegenden Intelligenz„faktoren" gelangte. Von diesen Faktoren fordert man, daß sie voneinander in ihrem Grade weitgehend unabhängig seien, d. h., daß jeder von ihnen bei einem Menschen in jedem beliebigen Ausmaß gegeben sein kann, ohne daß damit irgendein anderer in einem höheren Grade gegeben wäre (der Extremfall: daß jeder Faktor im höchsten Grade gegeben sein kann, ohne daß bestimmte andere auch nur im geringsten Grade vorhanden wären, ist unmöglich). Um diese wechselseitige graduelle Unabhängigkeit der Faktoren zu kontrollieren, hat *Thurstone* das bereits erwähnte statistische Verfahren – die „multiple Faktorenanalyse" – ausgearbeitet, mit deren Hilfe festgestellt werden soll, in welchem Grade ein bestimmter Test die einzelnen Faktoren „mißt" (in welchem Grade er mit diesen Faktoren „geladen" oder „gesättigt" ist). Das Ideal wäre eine Testreihe, bei welcher jeder Einzeltest nur mit einem Faktor, mit diesem aber im höchstmöglichen Ausmaße geladen ist; dieses Ideal ist unerreichbar, so daß man sich mit der „relativen Dominanz" eines Faktors begnügen muß.

Die Diskussion über die Leistungsgrenzen der Faktorenanalyse ist gegenwärtig noch in vollem Gange. Der bisherige Ertrag ist vielversprechend; es scheint auf diese Weise wirklich zu gelingen, einzelne, voneinander weitgehend unabhängige Komponenten des intelligenten Verhaltens aufzufinden. *Thurstone* unterscheidet heute bereits 20 Intelligenzfaktoren. Im folgenden gebe ich eine kurze Darstellung der vier Intelligenzfaktoren, die der Schweizer Psychologe *Richard Meili* auf Grund seiner faktorenanalytischen Untersuchungen aufgestellt hat; er bezeichnet sie mit dem Namen Komplexität, Plastizität, Ganzheit und Flüssigkeit. Da sich diese Faktoren natürlich auch im Alltagsleben auswirken, ist es bis zu einem gewissen Grade möglich, zu beurteilen, welche Faktoren man in hohem und welche man nur in niederem Grade besitzt.

Komplexität ist, wenn ich *Meili* richtig verstanden habe, Übersicht über komplizierte Verhältnisse und geistige Spannkraft beim Beibehalten dieser Übersicht durch längere Zeit (z. B. bei Aufgaben, in denen ein Material nach neuen Gesichtspunkten zu ordnen ist). *Plastizität* umfaßt Merkmale wie: Beweglichkeit des Denkens, Umstellbarkeit, Herausfinden des Wesentlichen trotz seiner Eingliederung in eine Struktur, aus der es schwer zu lösen ist (z. B. bei Vexierbildern). Der Faktor *Ganzheit* ist entscheidend für die Erfassung und Herstellung von Zusammenhängen zwischen bisher zusammenhanglos erlebten Inhalten (z. B. Erfinden eines Titels zu einem Bild oder eines Satzes aus drei vorgegebenen Worten). Der letzte Faktor, *Flüssigkeit,* ist ungefähr das Gegenteil dessen, was in der Typologie als „Perseveration" beschrieben wurde; er soll die Fähigkeit bezeichnen, leicht von einem Inhalt zum anderen zu gelangen, ohne an unwesentlichen Details hängenzubleiben, dabei aber den leitenden Gesichtspunkt nicht zu verlieren (z. B. als „Wortflüssigkeit" bei der Aufgabe, zu einem Wort möglichst viele Reime zu finden). *Meili* betont, daß jeder Mensch jeden dieser Faktoren in bestimmtem Stärkegrad besitzt und daß jeder unabhängig von den anderen variieren kann; die relative Stärke jedes Faktors bestimmt die individuelle Intelligenzform. Sicher seien, meint *Meili*, mit diesen vier Intelligenzfaktoren nicht alle Intelligenzformen erfaßbar; aber wenn man für jeden Faktor nur fünf Stärkegrade annehme, so ergeben sich bereits 625 verschiedene Varianten.

Die Zahl und Art der gefundenen Faktoren hängt allerdings in hohem Maße von der Zahl und von der Verschiedenartigkeit der Tests ab, die der Analyse zugrunde gelegt werden. Einen Versuch, alle erreichbaren Arten von Intelligenztests für die Faktorensuche zu verwerten, hat *Adolf Otto Jäger* unternommen. Er sammelte alle in der test- und denkpsychologischen Literatur auffindbaren Typen von Testaufgaben – es fanden sich mehr als 400 – und bildete daraus nach ihrer Ähnlichkeit 69 Aufgabengruppen; von jeder Gruppe wurden mehrere Einzelaufgaben in die Testungen aufgenommen, wodurch sich für den Hauptversuch 234 Einzelaufgaben ergaben. Diese Aufgaben wurden 301 Mittelschülern im Alter von 16 bis 20 Jahren vorgelegt; sie wurden in der Schule an zwei Tagen in 47 Gruppen bearbeitet – mit je 5–6 Stunden Versuchsdauer. Den Schülern wurde versichert, daß die Resultate der Schulleitung nicht bekanntgegeben werden; jeder Schüler wurde auf Wunsch über seine eigenen Leistungen informiert. Die Auswertung wurde mit elektronischen Rechenautomaten nach den üblichen Verfahren der Faktorenanalyse auf Grund von 27 261 Korrelationen mit 123 084 Berechnungen von Faktorenladungen durchgeführt. Es ergaben sich 6 Hauptfaktoren, die von *Jäger* in folgender Weise interpretiert wurden: 1. anschauungsgebundenes Denken (mit Tendenz zur Transponierung abstrakten Materials in anschauliche Inhalte), 2. Einfallsreichtum und Produktivität (dabei auch Erfassen eines Problems von vielen Gesichtspunkten), 3. Konzentrationskraft und Tempo-Motivation (führt zu rascher Auffassung und geringer Störbarkeit), 4. Verarbeitungskapazität, logisches Denken und Urteilsfähigkeit (Verbindung vielfältiger Informationen zu Überblick und sachentsprechende Beziehungen), 5. zahlengebundenes Denken, 6. sprachgebundenes Denken (Verfügbarkeit der erlernten Zahl- und Sprachsysteme). Eine enge Verwandtschaft zu den Faktoren *Meilis* scheint zwischen dessen Flüssigkeit und Komplexität und den *Jäger*schen Faktoren 2 und 4 zu bestehen, während Plastizität nur manchmal als spezieller Faktor für bestimmte Formaufgaben und Ganzheit überhaupt nicht bestätigt werden konnte. Diese Divergenzen zeigen, daß in der Frage der Faktorenstruktur von Intelligenzleistungen eine endgültige Klärung noch keineswegs erreicht ist; es kommt dabei auch noch darauf an, die angenommenen Faktoren in den Erlebnisablauf einzuordnen, der zur Problemlösung führt – also in die Denkprozesse, in denen je nach der Aufgabe verschiedene „Faktorenphasen“ auftreten, daneben aber noch andere, bisher nicht erfaßte Teilprozesse. Hier liegen noch offene Probleme, die nur im Zusammenhang mit der denkpsychologischen Forschung behandelt werden können; dazu kommt noch, daß auch über die statistischen Verfahren zur Auffindung von Faktoren sehr verschiedene Meinungen bestehen und von manchen Vertretern der mathematischen Methodenlehre ganz andere, neue Wege vorgeschlagen werden (z. B. in der Testtheorie von *G. Fischer,* 1968).

Amerikanische Autoren haben viel mehr Intelligenzfaktoren gefunden (z. B. *Cronbach* 29, *French* 60, *Guilford* 47). Schon diese großen Differenzen, deren Ursache bisher nicht befriedigend aufgeklärt werden konnte, beweisen, daß sich die Forschung auf diesem Gebiete noch in voller Entwicklung befindet.

Persönlichkeits-Tests

Ein idealer Persönlichkeits-Test soll die Einstellungen, Konfliktmöglichkeiten, ferner die emotionalen und vegetativen Reaktionsneigungen und die Selbstbewertung und Selbstkritik eines Menschen (um nur einige wenige Merkmale aufzuzählen) verläßlich erfassen, dabei aber an Bildung und Intelligenz nur durchschnittliche Anforderungen stellen; er soll ferner den statistischen Voraussetzungen genügen (Streuung, Gleichwertigkeit der Einzelheiten des Prüfmaterials usw.), überdies leicht und rasch durchführbar sein und eine einfache objektive Auswertung ermöglichen. Einen Test, der alle diese Forderungen erfüllt, gibt es noch nicht. Man ist daher, um einigermaßen sichere Grundlagen für eine Persönlichkeitsbeurteilung zu gewinnen, auf die kombinierte Verwendung mehrerer verschiedener Tests angewiesen.

Im folgenden sollen von den sehr zahlreichen Persönlichkeits-Tests, die es gegenwärtig gibt, einige typische Beispiele kurz beschrieben werden. Dabei ist es zweckmäßig, sich an eine Einteilung zu halten, die zwar viele Mängel hat, sich aber trotzdem durchsetzen konnte; sie wurde von dem Amerikaner *L. K. Frank* vorgeschlagen und unterscheidet zwischen *„projektiven"* und *„nichtprojektiven"* Tests. Die Definition *Franks* für Projektionstests lautet: „ eine Projektionsmethode zur Untersuchung der Persönlichkeit besteht in der Schaffung einer Reizsituation, bei welcher nicht der Versuchsleiter bestimmt, was die Reize für den Untersuchten bedeuten, sondern die Persönlichkeit des Untersuchten selbst, der den Reizen seine private, individuelle Deutung gibt." Gemeint ist damit, daß bei den Projektionstests dem Prüfling ein Material geboten wird (z. B. Klecksbilder), das viele Deutungsmöglichkeiten zuläßt; er hat die Aufgabe, genau anzugeben, welche Vorstellungen beim Betrachten dieses Materials auftreten (er „projiziert" sein eigenes Erleben in das Material hinein). Auf diese Weise werden dominierende Vorstellungsinhalte, die Art des Vorstellungsablaufes und die Reaktionen auf die auftretenden Vorstellungen bis zu einem gewissen Grade erkennbar. „Nicht-projektive" Tests sind solche, bei denen der Prüfling eine größere Anzahl von Fragen zu beantworten hat; die Antworten werden nach bestimmten Gesichtspunkten gruppiert und statistisch ausgewertet. Man könnte die projektiven Tests auch „Deutungstests" und die anderen „statistische Fragen-Tests" nennen.

Der bekannteste *Projektions*-Test ist der *Rorschach-Test,* den der Schweizer Psychiater *Hermann Rorschach* im Jahre 1921 veröffentlicht hat. Er benützt Klecksbilder aus Tinte, die man sich leicht herstellen kann, wenn man einen Tintenklecks – eventuell aus schwarzer und roter Tinte – zwischen zwei Papierblättern zerdrückt (Abb. 42). Dieses Verfahren und seine Benützung zur Herstellung von Phantasie-Tests ist lange vor *Rorschach* verwendet worden; die Franzosen *Alfred Binet* und *Victor Henri* haben diese Methode bereits 1895 benützt, und der Amerikaner *G. V. Dearborn* hat im Jahre 1897 sogar schon 12 Serien von je 10 Klecksen verschiedenen Schwierigkeitsgrades be-

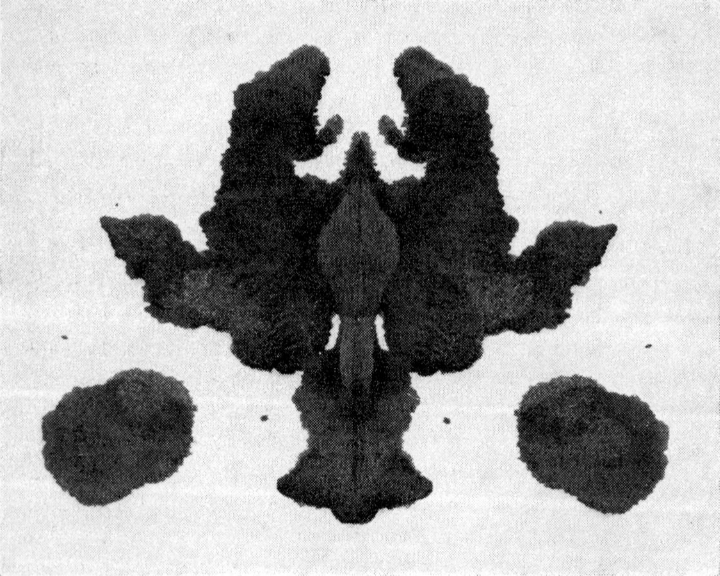

Abb. 42. Tintenklecksfigur.

schrieben und genaue Anweisungen für deren Gebrauch gegeben. *Rorschach* hat also keineswegs den Test erfunden; sein Verdienst besteht darin, daü er einAuswertungsschema aufgestellt hat, nach welchem die Gesamtzahl aller Deutungen für jede Figur, die Zahl der Ganz- und Detailantworten, der Form-, Farb- und Bewegungsantworten und schließlich die Arten der Deutungsinhalte (Menschen, Tiere, Körperteile usw.) rechnerisch ausgewertet und zu Einzelzügen des Charakters in Beziehung gesetzt werden können. Der Rorschach-Test – aus 10 Kleckstafeln bestehend – wird vor allem im klinischen Bereich außerordentlich viel verwendet.

Unter den sehr zahlreichen Publikationen zum Rorschach-Test (weit über 1000!) finden sich leider nur wenige genaue Kontrolluntersuchungen. Ich führe einige positive und negative Ergebnisse an, um zu zeigen, daß auch dieser Test keineswegs absolut verläßliche Diagnosen ermöglicht. *W. Schofield* hat die bis 1952 durchgeführten klinischen Validitäts-Untersuchungen (Vergleich der Rorschach-Ergebnisse an Geisteskranken mit der ärztlichen Diagnose) gesammelt und festgestellt, daß nur ein Drittel zu positiven Ergebnissen führte, wobei aber die Übereinstimmung immer noch gering war. Daß auch die Objektivität des Rorschach-Tests nicht sehr hoch ist, zeigte eine Untersuchung von *Edith Lord*. 36 jungen Männern im Alter von 16 bis 27 Jahren wurde der Rorschach-Test dreimal – in Abständen von 4 bis 6 Wochen – vorgelegt, wobei jedesmal eine andere Person die Testung und Testauswertung durchführte; außerdem wurde bei der zweiten und dritten Testung eine angenehme bzw. unangenehme Grundstimmung erzeugt (durch Erfolg oder Versagen bei Intelligenztests). Es ergaben sich sehr beträchtliche, statistisch gesicherte Differenzen zwischen den einzelnen Testungen derselben Person (z. B. war das besonders wichtige Verhältnis der Bewegungs- zu den Farbantworten nur bei 30 % der Versuchspersonen stabil); die größten und häufigsten Unterschiede waren durch den Wechsel der testenden Person bedingt. Daß das Verhalten des Testers beim Rorschach-Test eine große Rolle spielt – und zwar schon bei unscheinbaren Kleinigkeiten –, wurde in mehreren amerikanischen, von *Rudolf Cohen* zusammengefaßten Arbeiten nachgewiesen: wenn der Tester einen weißen Mantel trug oder als „Doktor" vorgestellt wurde, wurden mehr Deutungen gegeben als beim gleichen Tester im Straßenanzug; ja sogar schon einfaches zustimmendes Kopfnicken während der Testung erhöht die Zahl der Antworten.

In einer Untersuchung des Wiener Psychologischen Institutes hat *Adalbert Wegeler* folgendes Kontrollverfahren verwendet: 50 Personen (32 männliche und 18 weibliche im Alter von 11 bis 65 Jahren) wurden von 16 erfahrenen Rorschach-Experten getestet; die während der Testung aufgenommenen Protokolle, die nur die Angaben der Prüflinge über die einzelnen Tafeln enthielten, wurden im Psychologischen Institut hinterlegt, außerdem, aber getrennt, wurden auch die „Signierungen" zu den Protokollen, also die Einreihungen der dort enthaltenen Angaben in „Ganz"-, „Detail"-, „Tier"-Antworten usw. sowie die diagnostischen Auswertungen im Institut hinterlegt. Jedes Testprotokoll allein, also nur die Deutungen des Untersuchten ohne Signierung und Auswertung, wurde dann einem der 16 Rorschach-Experten – aber nicht demjenigen, der die Testung durchgeführt hatte – mit der Bitte übermittelt, nur auf Grund des Protokolls, ohne den Untersuchten gesehen zu haben, eine „Signierung" und eine persönlichkeitsdiagnostische Auswertung durchzuführen („Blinddiagnose"). Nach Einlangen aller 50 zweiten Auswertungen wurde das gesamte Material von *Wegeler* auf Übereinstimmung kontrolliert, wobei eine der beiden Auswertungen in allen Fällen von ihm selbst stammte. Die Vergleiche ergaben: in den 20 Signierungsfaktoren (Ganzheit, Zwischenraum usw.) bestand im allgemeinen eine gute, wenn auch, je nachdem um welchen Faktor es sich handelte, unterschiedliche Übereinstimmung. Von den insgesamt 997 Signierungen stimmten 766 (77 %) sehr gut oder gut überein, bei 231 (23 %) zeigten sich merkbare bis weitgehende Abweichungen; Ganz- und einige Inhaltsantworten hatten die beste Übereinstimmung (92 %), Helldunkelsignierung und Vulgärantworten die schlechteste (52 bzw. 60 %). Die persönlichkeitsdiagnostische Auswertung zeigte größere Unterschiede; die Übereinstimmung liegt für die Bereiche Intelligenz, Begabung, Affektivität, Kontakt, Stimmung und Leistung bei insgesamt 930 Aussagen zwischen 65,5 % und 79 %, im Mittel bei 74 %.

Diese Ergebnisse sind zwar keineswegs sehr gut, aber immerhin noch befriedigend; drei Viertel aller 50, von 16 Experten unabhängig voneinander durchgeführten Signierungen und diagnostischen Auswertungen stimmten überein. Im Gegensatz dazu steht eine amerikanische Untersuchung von *E. E. Baughman,* der 633 Rorschach-Protokolle von 15 Experten auswerten ließ; bei 16 der 22 ausgewerteten Kategorien ergaben sich statistisch signifikante Differenzen zwischen den Auswertern. In solchen Unterschieden der Testauswertung liegt der große Nachteil aller projektiven Methoden; die Testresultate müssen gedeutet werden, wobei die Subjektivität des Auswertenden sehr stark zur Geltung kommen kann.

Eine systematische Stabilitäts-Untersuchung durch wiederholtes Testen ist beim Rorschach-Test naturgemäß nicht möglich; der Untersuchte würde sich bei der zweiten Vorlage an die früher gegebenen Deutungen erinnern, was sich nur durch sehr lange Zwischenzeiten ausschalten ließe, innerhalb derer aber wieder Persönlichkeitsänderungen möglich sind, so daß die Wiederholungsmethode ihren Sinn verliert. Die Halbierungsmethode läßt sich nicht verwenden, weil die Tafeln nicht gleichwertig sind. Leider lassen sich die in letzter Zeit vorgeschlagenen Methoden mit weniger Klecksbildern – der von *H. Zulliger* entwickelte Z-Test benützt nur 3 Klecksdiapositive, die gleichzeitige Testungen größerer Gruppen ermöglichen – noch weniger auf Stabilität untersuchen als die „klassischen" 10 Kleckse *Rorschachs*, weil man die Deutungen von 3 Klecksen noch leichter behält. Eine Modifikation des Rorschach-Tests, die in der Auswertung objektiver ist, stammt vom Amerikaner *Holtzman.* Der Holtzman-Test besteht aus zwei Parallelserien zu je 40 Tafeln.

Ein anderer ziemlich oft verwendeter Projektionstest ist der im Jahre 1935 von dem amerikanischen Psychologen *H. A. Murray* veröffentlichte *„Thematische Apperzeptions-Test"* (kurz TAT genannt). Der Untersuchte erhält nacheinander 20 Bildtafeln vorgelegt, zu deren Inhalt er – unter dem Vorwand, es werde seine Phantasie geprüft – möglichst dramatische Geschichten erfinden soll. Die Bilder stellen konkrete Situationen dar, die aber so viele Deutungsmöglichkeiten zulassen, daß sie nur den Rahmen für Anregungen in bestimmter Richtung geben; eine solche Rahmensituation ist z. B. durch ein Bild gegeben, in welchem ein Mann mit Mantel und Hut in müder Haltung beim Verlassen eines Zimmers dargestellt ist, in dessen Hintergrund man eine weinende Frau sieht. Der TAT enthält eigene Bilder für Männer und Frauen. Durch die vielen Anregungen, die durch die dargestellten Szenen – Alter, Krankheit, Einsamkeit, Streit, Liebe,

Tod usw. – gegeben sind, „unterliegt das deutende Subjekt der Tendenz, diese in Übereinstimmung mit eigenen früheren Erlebnissen oder gegenwärtigen Wünschen aufzufassen" – so beschreibt *W. J. Revers* die theoretische Basis des TAT. Die Auswertung erfolgt nach vielen Gesichtspunkten, vor allem nach dem Kriterium der Identifikation (mit welcher der dargestellten Personen sich der Untersuchte am ehesten identifiziert). Aus den erfundenen Geschichten gewinnt man auf diese Weise sehr viel konkretes Material, das entweder schon für sich allein Aufschlüsse über die untersuchte Persönlichkeit gibt oder doch wenigstens Hinweise für die Exploration liefert. Die bisherigen Kontrollen des TAT sind, soweit sich aus der mir zugänglichen Literatur ein Eindruck gewinnen läßt, an zu wenigen Personen durchgeführt, um ein abschließendes Urteil zu ermöglichen; auch über die beste Methode zur Interpretation der Geschichten besteht noch keine Einigkeit. Kontrollen des TAT sind natürlich schwer durchführbar – wie soll man die mit ihm gefundenen Einstellungen überprüfen? Vergleiche mit klinischen Untersuchungen – normal mit neurotisch – führten zu uneinheitlichen Resultaten, ebenso Bewährungskontrollen für Leistungsvoraussagen im Beruf.

Eine TAT-Ausgabe für Kinder wurde 1949 von *Leopold* und *Sonja Bellak* veröffentlicht. Dieser „Children's Apperception Test" (CAT) besteht aus 10 Bildtafeln. Sie zeigen in der Art von Märchenbildern Tiere in Situationen, die für das kindliche Seelenleben von besonderer Bedeutung sind; z. B. Küken an einem Tisch beim Mittagessen, Bären beim Tauziehen, zwei kleine Bären in Betten im elterlichen Schlafzimmer usw. Der Test soll durch Geschichten, die das untersuchte Kind zu den Bildern erfinden muß, Aufschluß über die Einstellung des Kindes zu Eltern, Geschwistern, zum Essen, zu anderen Kindern usw. geben. *Maria Simon* hat im Wiener Psychologischen Institut die Validität dieses Tests untersucht, indem sie 21 Kinder von 3 bis 7 Jahren, die Erziehungsschwierigkeiten bereiteten, einer Kontrollgruppe von 28 Gleichaltrigen ohne solche Schwierigkeiten gegenüberstellte. Alle Kinder wurden mit dem CAT untersucht, wobei die erzählten Geschichten mit Magnetophon aufgenommen wurden. Die 490 Geschichten wurden sehr genau ausgewertet und mit den Ergebnissen von Informationen, die von Kindergärten, Erziehern und Fürsorgerinnen stammten, verglichen. In 36 von den 49 Fällen stimmten die

CAT-Ergebnisse mit den objektiven Informationen weitgehend überein (in 9 davon vollkommen, in 27 sagten die CAT-Resultate mehr über das Kind als die Informationen); in 9 Fällen bestanden Divergenzen, und in den restlichen 4 Fällen war ein Vergleich nicht möglich, weil die Informationen zu ungenau waren.

Über die vielen *Farbtests*, die in den letzten Jahrzehnten entwickelt wurden, läßt sich ein abschließendes Urteil noch nicht geben. Der von *Max Lüscher* verwendete Farbwahltest benützt Blau, Grün, Rot, Gelb in je 4 Variationen mit Violett, Braun, Schwarz und Grau als Zusatzfarben sowie 5 Helligkeitstöne von Weiß bis Schwarz. Der Prüfling hat nur anzugeben, welche der ihm vorgelegten Farben ihm am besten oder am wenigsten gefällt. Die theoretische Begründung ist etwas verworren und ganz auf subjektiv-dogmatische Behauptungen über den Sinn der Farben aufgebaut. Eine Kontrolluntersuchung liegt vom Herausgeber des Lüscher-Tests, *W. Furrer,* vor, der 65 Blindauswertungen von Farbwahlen psychiatrischer Patienten durchführte, von denen 57 (87,7 %) „mit dem klinischen Persönlichkeitsbild sowohl in den Hauptzügen wie auch in allen Einzelheiten völlig übereinstimmten". In einer Untersuchung des Wiener Psychologischen Institutes verglich *Olga Haring* die Lüscher-Testungen mit Ergebnissen, gewonnen durch den Persönlichkeits-Interessentest (P. I.-Test) von *Mittenecker* und *Toman,* an 75 Personen, wobei sich in den Kategorien Extra-Introversion 36 %, depressiv – nicht depressiv 24,6 %, in allen anderen viel geringere Übereinstimmung ergab. Die Untersuchung der Farbverteilung bei 31 Gesunden zeigte, daß signifikante Bevorzugungen einzelner Farben und Grautöne auftraten. Dies bestätigte sich bei 43 Alkoholikern und je 10 Manikern und Schizophrenen, aber nicht bei 10 Epileptikern; es bestand jedoch zwischen Gesunden und Abnormen kein signifikanter Unterschied in der Farbenwahl. Die Stabilität bei einem Zeitintervall von nur einem Tag bei 20 gesunden Personen war mit durchschnittlich 31,2 % äußerst gering; bei 75 Gesunden kam es nicht einmal nach einem Intervall von 20 Minuten zu einer einigermaßen verläßlichen Übereinstimmung zwischen der ersten und der zweiten Farbwahl – nur 68 % der Wahlen waren gleich.

I. G. Bokslag hat in vergleichenden Untersuchungen an 100 Männern von 20 bis 24, 100 von 30 bis 34 und 100 von 40 bis 50 Jahren gefunden, daß in der Wahl der 33 Farbnuancen für keine der Altersstufen ein signifikanter Unterschied zu finden war. Zwischen den 300 Männern und 100 Frauen im Alter von 20 bis 50 Jahren ergaben sich für je vier Farbnuancen signifikante Unterschiede (Frauen bevorzugten Gelb, Schwarz sowie eine Blau- und Rotvariation, Männer zwei Rot- und je eine Grün- und Gelbvariation). *Bokslag* erwähnt in diesem Zusammenhang den Einfluß der Mode.

Leider läßt sich auch über den zweiten, aus dem Lüscher-Test hervorgegangenen „*Farbpyramiden-Test*" von *M. Pfister* und *R. Heiss* noch nichts Sicheres sagen. Aus quadratischen Papierblättchen in 21 Farbtönen und 3 Helligkeitsgraden muß der Prüfling eine „schöne" und eine „häßliche" Pyramide, deren Schema ihm vorgelegt wird, auflegen. Ausgewertet wird nach der Häufigkeit, Reihenfolge und Anordnung der verwendeten Farben. Diagnostiziert werden aus diesen Merkmalen in erster Linie Affektivität und Stimmungslage, indirekt aber auch „Stärke" der Intelligenz und der Triebveranlagung. Von den wenigen Kontrolluntersuchungen stammt die größte von *J. C. Brengelmann;* er fand an 90 Gesunden, 30 Neurotikern, 30 Depressiven und 21 Schizophrenen, daß die pathologischen Gruppen viel mehr Zeit für die Testdurchführung benötigten als die Gesunden (97 Sekunden für eine Pyramide gegen 65,3) und daß eine gewisse Tendenz dieser Gruppen zur Wahl von Violett und Braun besteht. Ein sicherer Unterschied in der Farbauswahl zwischen Normalen und Abnormalen bestand jedoch nicht.

Seither wurden einige weitere Kontrolluntersuchungen durchgeführt, bei denen sich im Testwiederholungs-Verfahren für die Stabilität des Farbpyramiden-Tests ziemlich niedere Werte (um 0,7) ergaben, die aber immerhin noch im Bereiche der Durchschnitts-Stabilität projektiver Tests liegen (*Michel* 1962). Die interessanteste Untersuchung über Zusammenhänge zwischen Farbwahl und Persönlichkeit wurde von *Werner Schaie* in Amerika an 650 Jugendlichen aus den oberen Gymnasialklassen durchgeführt. Er wollte zunächst feststellen, ob überhaupt Beziehungen zwischen Farb-Bevorzugungen und Persönlichkeitsmerkmalen bestehen. Zu diesem Zweck ließ er alle Schüler von ihren Klassenlehrern nach den 42 bipolaren Verhaltensmerkmalen, die *R. B. Cattell* aus seinen Persönlichkeitsuntersuchungen als im Alltagsleben erkennbare Eigenschaften gewonnen hatte (z. B. rücksichtsvoll–rücksichtslos, ruhig–erregbar, gelassen–verwirrt, munter–ernst usw.), beurteilen; dann wurde jeder Schüler nach den Testanweisungen von *Heiss-Hiltmann* mit dem Farbpyramiden-Test untersucht. Die Gegenüberstellung der Farbwahlen und der von den Lehrern geschätzten Persönlichkeitsmerkmale ergab, daß bei den Knaben 38 und bei den Mädchen 39 der 42 Persönlichkeitsmerkmale mit den von *Schaie* berechneten Werten aus den Farbpyramiden-Testungen in signifikantem Zusammenhang standen (d. h., daß Personen mit gleichen Charaktermerkmalen auch in ihren Farbwahlen mit ziemlich großer Übereinstimmung gleiche Farben bevorzugten); allerdings waren diese Übereinstimmungen bei Knaben und Mädchen nicht gleichartig (z. B. korrelierte Rot bei den Knaben mit den Eigenschaftspaaren „verantwortlich–verantwortungslos", „selbständig–abhängig", bei den Mädchen mit „redselig–schweigsam", „unbeschwert–irritierbar"). Bei der Konfrontierung der getroffenen Farbwahlen mit den von *Heiss* vorgeschlagenen Deutungen der einzelnen Farben konnten nach *Schaie* einige der *Heiss*'schen Hypothesen verifiziert werden, während andere entweder modifiziert oder abgelehnt werden mußten". Bei einer Gegenüberstellung der Farbwahlen mit den von *Cattell* mit Hilfe faktorenanalytischer Berechnungen aufgefundenen 15 Persönlichkeitsfaktoren ergaben sich nur ganz geringfügige und daher praktisch bedeutungslose Korrelationen (um 0,15). Trotz dieser für den Farbpyramiden-Test in seiner gegenwärtigen Form nur teilweise günstigen Ergebnisse sind die zwischen den Farbwahlen und den von den Lehrern abgegebenen Persönlichkeitsurteilen gefundenen Zusammenhänge beachtenswert; das Verfahren von *Schaie* könnte eine Möglichkeit bieten, zu empirischen Grundlagen für die Zusammenhänge zwischen Farb-Bevorzugung und Persönlichkeit zu gelangen. Allerdings ist diese Hoffnung durch eine neuere Wiener Dissertation von *R. Rom* enttäuscht worden. Er fand nach 5 Wochen bei 82 Studenten einen Stabilitäts-Koeffizienten von höchstens 0,48. Die Validierung nach dem Beispiel von *Schaie* mit 10 Verhaltensmerkmalen von *Cattell* an 145 Patienten eines psychiatrischen Krankenhauses, die von ihren Pflegern nach den Verhaltensmerkmalen in einer fünfstufigen Skala eingestuft wurden, ergab in einer Rangkorrelations-Auswertung nur äußerst niedrige signifikante Werte von 0,17 bis 0,29.

Ein Mittelding zwischen einem projektiven und nichtprojektiven

Test ist der *Szondi*-Test, der zur „Triebdiagnostik" dienen soll. Er besteht aus 6 Serien von je 8 Photos von Personen, die in psychischer Hinsicht eindeutig charakterisiert sind (es sind z. B. Photos von Geisteskranken oder Verbrechern). Der Untersuchte hat aus jeder Serie die zwei Personen auszusuchen, die ihm nach ihrem Aussehen am sympathischsten und am unsympathischsten sind, so daß nach der Prüfung 12 sympathische und 12 unsympathische Personenbilder (oder „Nullreaktionen" – keines der Bilder wirkt sympathisch oder unsympathisch) vorliegen, von denen jedes den Vertreter einer der acht „Triebkrankheiten" *Szondis* (Homosexualität, Sadismus, Epilepsie, Hysterie, Schizophrenie usw.) darstellt. *Szondi* hat ein ziemlich kompliziertes tabellarisches und graphisches Auswertungsverfahren angegeben, das in „Triebformeln" mündet. Auf die sehr gewagte genetische und psychiatrische Theorie, die *Szondi* aufgestellt hat, ist hier nicht einzugehen. Eine Kontrolle des Tests hat *E. Prelinger* in Wien durchgeführt, indem er die Bilder auf ihre Gleichwertigkeit untersuchte. Gleichwertigkeit der Bilder gehört – wie *Szondi* selbst betont – zu den unerläßlichen Voraussetzungen eines Bildertests; man versteht darunter die Forderung, daß keines der Bilder infolge irgendwelcher zufälliger, für den Test belangloser Merkmale (z. B. ästhetische Momente) bevorzugt oder benachteiligt wird. Diese Forderung ist natürlich sehr schwer zu erfüllen, und zwar um so schwerer, je mehr Bilder ein Test enthält. *Prelinger* hat gezeigt, daß von 71 psychisch normalen Personen in 13 104 Bildwahlen sieben Bilder des Szondi-Tests in mehr als 90 % positiv bzw. negativ bewertet wurden, viele andere in mehr als 70 %; die Bilder sind also keineswegs gleichwertig. Der Vergleich der Bewertungen mit dem statistisch erlaubten Schwankungsbereich veranlaßt *Prelinger* zu der Feststellung, daß nur ein sehr kleiner Teil der Szondi-Bilder die Gleichwertigkeitsforderung erfüllt und daß dieser Mangel „die Zuverlässigkeit des derzeitigen Bildmaterials des Szondi-Tests für die individuelle Triebdiagnostik als gering erscheinen" läßt. Dazu kommt, daß der Test mit einer zweiten, unbewiesenen Voraussetzung belastet ist, nämlich mit der Annahme, daß Bilder von Personen, die in ihrem Leben gleiche Triebrichtungen aufwiesen wie der Prüfling, auf ihn durch ihren Gesichtsausdruck sympathisch, andere mit gegenteiligen Trieben unsympathisch wirken. Eine Kontrolle durch Vergleich mit klinischen Diagnosen wurde von *O. H.*

Arnold und *Th. Kohlmann* in der Wiener Psychiatrischen Klinik an 250 Patienten durchgeführt, wobei sich die diagnostische Verläßlichkeit für das schizophrene Syndrom als sehr gering erwies (59,8 % von 75 Schizophrenen wiesen keines der vier schizophrenen Zeichen auf, 33,8 % nur eines von ihnen); das sogenannte „Selbstmörder-Syndrom" *Szondis* zeigte bei einem Vergleich von 26 Personen, die einen Selbstmordversuch gemacht hatten, mit Nicht-Selbstmördern keinen Unterschied, während das epileptische Syndrom *Szondis* immerhin bei 63,3 % von 11 Epileptikern gefunden wurde, was bei der kleinen Zahl der Untersuchten aber nicht viel besagt. Die Unverläßlichkeit des Schizophrenie-Syndroms wurde von *L. Rauhala* in Finnland an Testresultaten von 100 Schizophrenen und 200 Gesunden bestätigt; die Schizophrenie-Zeichen des Szondi-Tests waren bei den Gesunden sogar etwas häufiger als bei den Schizophrenen.

Ebenso negativ wie die europäischen Kontrollen des Szondi-Tests sind die zahlreichen Untersuchungen über die von *Susan Deri* besorgte amerikanische Ausgabe dieses Tests ausgefallen. *Irvin A. Fosberg* stellte nach der Untersuchung von 100 Gesunden und 100 Kranken mit dem Szondi-Test fest, daß sich keine Unterschiede zwischen Gesunden und Geisteskranken – mit Ausnahme einer paranoiden Gruppe – ergaben. Da Homosexualität und Epilepsie in den Szondi-Kategorien vertreten sind, untersuchte *Henry P. David* 100 Epileptiker und 100 Homosexuelle; nur 9 von den 28 diagnostischen Hinweisen, die für Epilepsie und Homosexualität charakteristisch sein sollen, ergaben Unterschiede zwischen den beiden Gruppen. Ebenso unbrauchbar erwies sich der Test zur Unterscheidung von „neurotisch" und „gesund": bei 20 gesunden und 20 neurotischen Studenten, die von *P. H. Mussen* und *S. R. Krauss* mit dem Szondi-Test untersucht wurden, ergab sich nur bei einem der 16 Faktoren ein Unterschied. Es ist begreiflich, daß der Test nach diesen Kontrollergebnissen von den amerikanischen Persönlichkeitsforschern nicht empfohlen wird.

Ebenfalls ein Mittelding zwischen projektiven und nichtprojektiven Tests sind die zahlreichen *Zeichentests,* die in den letzten Jahrzehnten veröffentlicht wurden. Im deutschen Sprachgebiet am bekanntesten ist der *Wartegg*-Test, den der deutsche Psychologe *Ehrig Wartegg* 1939 veröffentlichte. Dem Prüfling wird ein Vordruck vorgelegt, der auf schwarzem Grund 8 weiße quadratische Felder von 4 cm Seitenlänge aufweist; jedes Quadrat enthält Anfangsgebilde einer Zeichnung. Der Prüfling hat diese Zeichnungen nach Belieben zu vervollständigen. Die Auswertung erfolgt nach einer von *Wartegg* angegebenen Vorschrift, wobei „Erlebnisbestimmtheit" (die sich in der Fülle, Druckstärke, Linienführung usw. äußert), „Sachbestimmtheit" (Flächengliederung, Gerichtetheit, Geschlossenheit usw.) und „Sinngebung" (Dinglichkeit, Stilistik, Abstraktion usw.) die wichtigsten Gesichtspunkte darstellen. In einer Auswertungstafel sind diese Kriterien, die nach Punkten abgeschätzt werden, übersichtlich angeordnet. Eine zweite Auswertung soll zur charakterologischen Deutung der festgestellten Merkmale führen. Der Wartegg-Test hat den großen Vorteil, daß er als Gruppentest verwendbar ist, also vielen Prüflingen gleichzeitig vorgelegt werden kann. Der Test wurde in Wien von *Ingeborg Mader* an 1 655 jugendlichen Versuchspersonen überprüft; die sehr sorgfältige statistische Auswertung der Resultate zeigte, daß die Testergebnisse weitgehend von den entwicklungsbedingten Veränderungen des zeichnerischen Ausdrucksvermögens abhängen und daß die zeichnerische Begabung in den Resultaten stark zur Auswirkung kommt, so daß der Test zur Prüfung der zeichnerischen Fähigkeiten (z. B. bei der Eignungsuntersuchung für graphische Berufe) sehr gute Dienste leistet. Hingegen erscheint es wegen der obenerwähnten Abhängigkeit nach *Mader* „gewagt, das Testergebnis zur Persönlichkeitsdiagnose heranzuziehen und aus den Zeichnungen der untersuchten Altersgruppe irgendwelche Aufschlüsse über die charakterologische Eigenart erwarten zu wollen". Diese Feststellung gilt allerdings nur für 14- bis 15jährige; an Erwachsenen müßte eine ähnliche Kontrolle an genügend vielen Personen erst durchgeführt werden.

Es gibt noch eine ganze Reihe anderer Zeichentests; sie sind bisher auf ihre Verläßlichkeit in so geringem Ausmaß überprüft, daß auf sie nicht eingegangen werden braucht, zumal ihre Auswertung häufig nach Kriterien erfolgt, die der Phantasie des Deutenden allzu großen Spielraum lassen.

Das Prinzip des Fortsetzens eines vorgegebenen Anfangs verwendet auch ein Test, der schon im Jahre 1833 in Deutschland von *Th. Fritz* zu dem Zweck, „am Knaben, Jüngling und Manne die zu Studien erforderlichen Eigenschaften zu erkennen", vorgeschlagen wurde: das „Fortspinnen" einer Geschichte. Diese Methode wurde von *E. Wartegg* und *R. Bönisch* genau hundert Jahre später in modernisierter Form mit drei Aufsatzanfängen neu entwickelt und nach drei Merkmalskategorien: objektiv-subjektiv, realistisch-phantastisch und statisch-dynamisch ausgewertet. Ein interessantes Auswertungsverfahren für längere schriftliche oder mündliche sprachliche Inhalte ist die *Stilanalyse*, von der bereits bei der Darstellung der Ausdruckserscheinungen die Rede war.

Der Umstand, daß die Auswertung der Testergebnisse bei den Projektions-Tests in hohem Maße von dem Einfühlungsvermögen des Deuters abhängt, ist zweifellos ein Nachteil, der ihre allgemeine Verwendbarkeit sehr beeinträchtigt. Um diesem Mangel zu entgehen, haben sich viele Psychologen bemüht, *„nichtprojektive"* Tests zu finden, die eine genaue statistische Auswertung ohne Deutung erlauben. Viele dieser Tests benützen die Methode der offenen oder eingekleideten Selbstbeurteilung der untersuchten Person; entweder werden direkte Fragen gestellt, die sie zu beantworten hat (z. B. „Halten Sie sich streng an Grundsätze, die Sie als richtig erkannt haben?"), oder es werden ihr vorgedruckte Eigenschaftslisten oder Feststellungen vorgelegt, die sie nach „stimmt" oder „stimmt nicht" zu ordnen hat (z. B. „Ich würde lieber Taxichauffeur als Volksschullehrer sein").

In den Vereinigten Staaten wurde ein gut ausgedachter *Fragebogen* mit 116 Fragen von *R. S. Woodworth* im Ersten Weltkrieg für die Armee zur Aussonderung neurotischer Soldaten entwickelt (Psychoneurotic Inventory). Es folgte eine ganze Reihe solcher Fragebogen, die zuerst nur zwei Persönlichkeitsmerkmale (z. B. Extraversion-Introversion), dann vier und später acht Merkmalskategorien untersuchten (mehrdimensionale Tests). Der umfassendste Test dieser Art ist das *„Minnesota Multiphasic Personality Inventory"* von *J. C. McKinley* und *S. R. Hathaway* (kurz MMPI genannt); er besteht aus 550 Feststellungen (z. B. „Es ist gut, immer die Wahrheit zu sagen"), die vom Prüfling mit „richtig" oder „falsch" beantwortet werden müssen. Seit 1963 gibt es diesen Test auch in einer deutschen, von *Otfried Spreen* bearbeiteten und vom Psychologischen Institut der Universität Saarbrücken herausgegebenen Fassung (MMPI Saarbrücken). Dabei wurde versucht, die einzelnen Test-Formulierungen nicht nur in sprachlicher Hinsicht den deutschen Verhältnissen anzupassen, sondern auch die kulturell andere Bewertung mancher im Test enthaltenen Feststellungen durch Änderung der Auswertungsanweisungen zu berücksichtigen; dies geschah auf Grund von 1 365 Testungen in allen Teilen Deutschlands, Österreichs und der Schweiz. Eine Stabilitätskontrolle von *Bottenberg* und *Wehner* mit Halbierungstechnik an 127 Personen ergab für die 14 Fragen-Kategorien Koeffizienten von 0,53 bis 0,89, darunter 4 unter 0,66.

In der Erkenntnis, daß es wegen der großen Verschiedenheiten des Bildungsgrades und der Lebenseinstellung unmöglich ist, amerikanische Tests ohne Änderung auf Europäer anzuwenden, haben *Erich Mittenecker* und *Walter Toman* schon 1951 nach dem Vorbild des MMPI einen wesentlich kürzeren Fragetest entwickelt; er ist mit Interessenfragen kombiniert, um auch die Berufsneigungen des Prüflings zu erfassen. Dieser „*Persönlichkeits-Interessen-Test*“ (kurz P.-I.-Test genannt) enthält nur 214 Fragen (120 Persönlichkeits- und 94 Interessenfragen), d. h. nicht direkte Fragen, sondern „Feststellungen“, von denen der Prüfling mit „Stimmt“, „Stimmt nicht“ oder „Weder-noch“ anzugeben hat, ob sie auf ihn zutreffen oder nicht. Die Feststellungen umfassen 9 Persönlichkeitskategorien: Selbstkritik (z. B.: Ich sage immer die Wahrheit), soziale Einstellung (z. B.: Alte Leute sind eine lästige Bürde), Extraversion-Introversion (z. B.: Es ist immer besser, den Menschen nicht zu trauen), neurotisch (z. B.: Ich habe fast immer Angst vor etwas oder vor jemand), manisch (z. B.: Mein Temperament geht leicht mit mir durch), depressiv (z. B.: Ich glaube, ich werde mich nie mehr richtig freuen können), schizoid (z. B.: Ich habe eine Phantasiewelt, über die ich mit anderen nicht rede), paranoid (z. B.: Es gibt Leute, die nichts anderes zu tun haben, als hinter meinem Rücken schlecht von mir zu reden), vegetativ labil (z. B.: Ich neige zu Ekel und Erbrechen); dazu kommen noch 9 Interessen-Kategorien (z. B.: handwerklich, wissenschaftlich, Umgang mit Menschen, soziale Berufe, Verwaltung usw.). Erprobt wurde der P.-I.-Test zunächst an 650 Personen. Auf Grund der dabei erzielten statistisch verarbeiteten Erfahrungen wurden einzelne Fragegruppen weggelassen, andere in Einzelheiten revidiert, woraus sich die heutige Form des Tests ergab, die bisher an 514 Personen kontrolliert wurde. An 52 von diesen Personen wurde die Stabilität von *H. Weinand* in einer sehr mühsamen Untersuchung dadurch überprüft, daß der Test jeder dieser Personen 24 Stunden und 3 Monate nach der ersten Testung noch einmal, insgesamt also dreimal, vorgelegt wurde; es ergaben sich für alle Fragegruppen hohe, zum Teil sogar sehr hohe Stabilitätskoeffizienten (im Mittel 0,8).

Der P.-I.-Test erhebt „keinen Anspruch, Psychosen zu diagnostizieren". In dieser Richtung hat man in Amerika mit dem prinzipiell gleich aufgebauten MMPI-Test keine guten Erfahrungen gemacht. Einige der Kategorien des P.-I.-Tests erwecken zwar den Anschein, als ob sie auf die Feststellung psychotischer Merkmale abzielten, wie z. B. die Kategorie manisch, depressiv, schizoid, paranoid, doch geben diese Kategorien nur die innerhalb eines breiten Normalbereiches liegenden Abweichungen der Testperson in der Richtung auf die entsprechenden klinischen Zustandsbilder an. Das entspricht auch den theoretischen Vorstellungen der Psychiater, wie *E. Kretschmer* und anderer, die fließende Übergänge bestimmter Persönlichkeitsmerkmale ins Pathologische annehmen. Die Kategorie „vegetativ labil–stabil" des P.-I.-Tests wurde von *F. Salzmann* an 67 Patienten einer psychotherapeutischen Station kontrolliert, von denen 52 nach der ärztlichen Untersuchung eindeutig als vegetativ labil, die übrigen als Neurotiker bezeichnet wurden. Die Kontrollgruppe bestand aus 50 völlig gesunden und vegetativ stabilen Turnern (Studenten des Leibesübungs-Instituts). Von den 50 Gesunden wurden durchschnittlich nur 1,2 der 15 Feststellungen des Labilitätsskores im Sinne vegetativer Labilität beantwortet, von den 62 Patienten dagegen im Durchschnitt 7,7.

Auf faktorenanalytischer Basis wurden weitere Persönlichkeitsfragebogen ausgearbeitet, wie der auf S. 275 erwähnte MPI von *Eysenck,* der die Faktoren Extraversion-Introversion sowie Neurotizismus – emotionale Stabilität mißt. *R.B. Cattell* hat einen Fragebogen mit zwei Parallelformen zu je 187 Fragen entwickelt (Sixteen Personality Factory Questionaire, abgekürzt 16 PF-Test), mit dessen Hilfe der individuelle Ausprägungsgrad von 15 Persönlichkeitsdimensionen und einer Intelligenzdimension untersucht werden kann. Die Persönlichkeitsdimensionen sind u. a.: Schizothymie–Zyklothymie, emotionale Stabilität–emotionale Labilität, Entspanntheit–Gespanntheit usw. Der Test wurde bereits übersetzt und deutschen Verhältnissen angepaßt. Ein ähnlich aufgebauter Fragebogen ist das Freiburger Persönlichkeitsinventar (FPI) von *J. Fahrenberg;* die Fragen können nach 19 Persönlichkeitsdimensionen ausgewertet werden.

Bei sehr kritischer Einstellung zu den Persönlichkeitstests wird man abschließend mit gutem wissenschaftlichem Gewissen folgendes behaupten dürfen: Eine sorgfältig durchgeführte Testung mit einem guten Persönlichkeitsfragebogen, dem TAT und eventuell noch mit dem Rorschach-Test bietet in Verbindung mit einer genauen Lebenslaufanalyse und einer gründlichen Exploration die Möglichkeit, eine Persönlichkeitsdiagnose zu stellen, die bei leichten und mäßig schweren Fällen mittleren Wahrscheinlichkeitswert besitzt. Dabei ist aber eindringlich zu betonen, daß auch das Testen gelernt sein muß; eine gründliche psychologische Ausbildung, wie sie nur durch das Fachstudium erreicht werden kann, ist die unerläßliche Voraussetzung sowohl für das Testen selbst wie auch für die richtige Auswertung der Testresultate und für die Formulierung des Persönlichkeitsgutachtens. Auf die vielfältigen Fehlerquellen bei der Persönlichkeitsbeurteilung wird im folgenden noch ausführlich eingegangen.

Verhaltensbeobachtung und Exploration

Im Alltagsleben gilt neben dem persönlichen Eindruck, den ein Mensch hinterläßt, sein *bisheriges Verhalten* als sichere Grundlage für die Beurteilung seines Charakters; dabei wird gewöhnlich auch berücksichtigt, was er an *Leistungen* (z.B. in der Schule oder im Beruf) aufzuweisen hat. Die Wissenschaft hat sich besonders in Amerika bemüht, genaue Methoden der Verhaltensbeobachtung und Leistungsmessung auszubilden.

Die *Verhaltensbeobachtung* läßt sich in zwei Arten einteilen: Feststellung des *bisherigen* Verhaltens aus dem Lebenslauf und Beobachtung des *gegenwärtigen* Verhaltens. Für beide Methoden bestehen noch keine festen allgemeinen Regeln. Für die Feststellung des Lebenslaufes darf man sich nicht mit einer schriftlichen Selbstschilderung des bisherigen Lebens begnügen, sondern man muß trachten, in einer *Aussprache* (Exploration, „interview") die entscheidenden Ereignisse und Erlebnisse (die in der schriftlichen Darstellung nicht selten verschwiegen werden) aufzufinden und möglichst viel über die bisherige familiäre, soziale und wirtschaftliche Situation des Beurteilten in Erfahrung zu bringen. Mit bloßem Abfragen nach einem Schema ist dabei nichts zu erreichen; das psychologische Geschick des Fragenden ist der entscheidende Faktor. *Oberste Forderung bei jeder Exploration ist Takt, Rücksicht und Diskretion;* nichts ist widerwärtiger als ein Psychologe, der sein Vergnügen daran findet, jemanden in der Exploration durch peinliche Fragen in Verlegenheit zu versetzen oder mit primitiven Tricks so weit zu bringen, daß er die Selbstkontrolle verliert. Von einer gut durchgeführten Exploration soll der Ratsuchende entspannt und erleichtert weggehen – mit dem Gefühl, selbst durch die Offenheit der Aussprache gewonnen zu haben.

Die Exploration über den Lebenslauf und über die allgemeine seelische Situation des Klienten kann nur dann zu Ergebnissen führen, wenn es dem Begutachter gelingt, Kontakt und Vertrauen zu gewinnen. Dabei spielen vielerlei Faktoren eine Rolle, die auf die Ergebnisse Einfluß nehmen bzw. diese verfälschen können: Erregung und Spannung des Prüflings, Sympathie und Antipathie usw. Der Begutachter muß die Widerstände, Hemmungen und Bedenken des Prüflings gegen eine offene Aussprache spüren und eine Atmosphäre schaffen, in der sich auch sehr persönliche Angelegenheiten frei besprechen lassen. Das Feingefühl, das diese Situation erfordert, läßt sich durch noch so viel Gelehrsamkeit nicht ersetzen; nicht das Wissen entscheidet hier über den Erfolg, sondern das Einfühlungsvermögen und die Erfahrung im Umgang mit Menschen.

Die Beobachtung des Verhaltens wird in Europa nicht in dem Ausmaß methodisch und systematisch durchgeführt wie in Amerika, wo man – besonders in der Kinderpsychologie – jede kleinste Bewegung in einer bestimmten Situation genauestens registriert und dann zu einem Verhaltensprofil verarbeitet. Über die Schwierigkeiten einer sorgfältigen Verhaltensbeobachtung und -beschreibung bestehen ganz falsche Meinungen; sie werden sehr unterschätzt. Frau *Dorothy Swaine Thomas* hat in Beobachtungsversuchen gezeigt, daß das Verhalten eines Kindes, das in einer bestimmten Situation von mehreren Psychologen beobachtet wurde, von diesen ganz verschieden beschrieben wurde (ungefähr 80 % Nichtübereinstimmung). Um den Psychologen zu einem „vollkommenen registrierenden Instrument“ zu machen, mußte eine eigene „Beschreibungstechnik“ entwickelt werden, die in allgemeiner Form das Gemeinsame gleichartiger Verhaltensweisen zusammenzufassen erlaubt (z. B. mit Begriffen wie: Kontakt mit Gegenständen, Kontakt mit Personen, körperliche Aktivität ohne Kontakt, Lachen, Weinen, Sprechen usw.). *Ruth Arrington* hat solche Beobachtungskategorien ausgebildet, die auf zwei Beobachter aufgeteilt wurden, welche dasselbe Kind gleichzeitig zu beobachten, aber nur die ihnen zugeteilten Verhaltensweisen zu registrieren hatten (z. B. der eine nur Lachen, Sprechen, Weinen, der andere die motorische Aktivität). Es hatte sich nämlich gezeigt, daß ein Beobachter allein nicht imstande ist, das Verhalten eines Kindes genügend genau zu beobachten und zu protokollieren. Beobachtet wurde 5 Minuten lang, und diese Zeit wurde in Teilzeiten von 5 Sekunden aufgeteilt; diese Aufteilung ist im Beobachtungsformular bereits vorgesehen, so daß jeder der zwei Beobachter nur in die 5-Sekunden-Spalten seine Feststellung in Abkürzungen einzutragen braucht. Aus den Ergebnissen läßt sich ein Verhaltensprofil (behavior-pattern) aufstellen, das in kurvenmäßiger Darstellung vergleichbare quantitative Resultate liefert.

In der Methodik genauer Beobachtung und Beschreibung haben die amerikanischen Psychologen zweifellos Fortschritte erzielt. Allerdings wurden dabei auch Nachteile in Kauf genommen: bedeutungslose Einzelhandlungen werden in genau gleicher Weise registriert wie bedeutungsvolle. Der Sinngehalt des Verhaltens wird dabei oft nicht erkannt; aber Sinnzusammenhänge interessieren den extremen Verhaltens-„Psychologen" ebensowenig wie die Triebe und Willenserlebnisse, die das Verhalten auslösen und steuern. Für den radikalen Verhaltensforscher ist der Psychologe nur ein „registrierendes Instrument"; und den beobachteten Menschen betrachtet er nur als ein reagierendes System, dessen Bewegungen er möglichst genau beschreibt. Diese dürftige Verhaltenslehre („strenger Behaviorismus") verdient nicht den Namen „Psychologie"; alles Menschliche geht dabei verloren, weil das Psychische von Anfang an ausgeschaltet wird.

Die Verhaltensbeobachtung, wie man sie in Europa, z. B. in den heilpädagogischen Anstalten, seit langer Zeit durchführt, ist von ganz anderer Art. Das Kind, das beurteilt werden soll, wird auf einige Wochen in die Anstalt aufgenommen und dort von den Erziehern und vom Pflegepersonal in den Alltagssituationen, im Kontakt mit anderen Kindern, bei Spiel und Sport usw. beobachtet. Die Ergebnisse werden schriftlich festgehalten und in gemeinsamen Besprechungen aller Beobachter verglichen; dabei ist man bemüht – im Gegensatz zu der amerikanischen Einstellung –, aus dem beobachteten Verhalten Schlüsse auf die psychischen Ursachen des Verhaltens zu ziehen und auf diese Weise zu einer Persönlichkeitsdiagnose zu gelangen, d. h. die Trieb- und Gefühlsanlagen des Kindes abzuschätzen, daraus das für seine Entwicklung günstigste Erziehungsmilieu zu finden und die Lebensbereiche festzustellen, in denen bei gerinster Gefährdung die besten Zukunftsmöglichkeiten zu erwarten sind. Alles dies spielt sich – von Anstalten mit besonderer Einstellung (z. B. individual-psychologischen oder psychoanalytischen) abgesehen – im allgemeinen ziemlich unsystematisch ab; die Erfahrung der Beobachter führt meist dazu, daß sie im Laufe ihrer Tätigkeit scharf charakterisierte Persönlichkeiten kennenlernen, an denen sie sich einteilungsmäßig orientieren, ohne in ein typologisches Schema zu verfallen: „der neue Lehrling ist so wie der Dachdeckergeselle, der vor drei Jahren hier war, nur intelligenter und beherrschter, aber ebenso impulsiv und gefühlslabil" – solche Beschreibungen sind den Mitarbeitern einer Anstalt sofort verständlich und erleichtern die Persönlichkeitsdiagnose. Es ist klar, daß eine Systematisierung der Beobachtung und Beschreibung von sehr großem Vorteil wäre, aber nur, wenn man dabei die Möglichkeit offenläßt, neben den festgelegten wissenschaftlichen Begriffen immer noch die Ausdrücke der Alltagssprache zu gebrauchen, und überhaupt jede Einengung auf das begrifflich scharf Faßbare vermeidet; es lassen sich nicht alle psychischen Kräfte und Eigenschaften mit wissenschaftlich einwandfreien Begriffen erfassen.

Fehlerquellen bei der Persönlichkeitsbeurteilung

Wenn die Frage gestellt wird, was sich gegenwärtig mit Sicherheit über den diagnostischen Wert der Persönlichkeits-Tests sagen lasse, erhält man sehr widersprechende Antworten; fast alle Grade des Optimismus und Skeptizismus sind dabei vertreten. Viele Autoren geben keine klare Antwort, sondern erklären mehr oder weniger deutlich, ein endgültiges Urteil sei noch nicht möglich. Wann wird es endlich möglich sein? Es liegen schließlich einige Tausend Untersuchungen über Persönlichkeits-Tests vor; aus letzter Zeit auch ziemlich viel gute und kritische Zusammenfassungen. Man müßte daher schon heute wenigstens sagen können, worin die Problematik der Persönlichkeits-Tests liegt – genauer formuliert, welche unkorrigierbaren Mängel ihnen anhaften. Versucht man, unter Anlegung strenger Maßstäbe (d. h. solcher, wie sie bei der Beurteilung von Methoden der Naturforschung üblich sind), die bisher erkannten und nicht beseitigbaren Fehlerquellen zusammenfassend darzustellen, so ergeben sich folgende Feststellungen:

1. Kein Persönlichkeits-Test erfaßt alle Persönlichkeitsmerkmale. Dies ergibt sich schon aus der Tatsache, daß die Persönlichkeitsfaktoren, die von verschiedenen Autoren bei der Auswertung verschiedener Persönlichkeits-Tests gefunden wurden, voneinander sehr stark divergieren; ferner aus der Tatsache, daß in den Auswertungsanweisungen für die einzelnen Tests viele Persönlichkeitszüge fehlen, von denen aus der Alltagserfahrung nicht nur bekannt ist, daß sie existieren, sondern auch, daß sie für das Verhalten der Menschen von größter Bedeutung sind (z. B. Vitalität, Spannkraft, Selbstdisziplin, Taktgefühl, Entschlossenheit – um nur einige zu nennen).

2. Die Aufbaustrukturen der menschlichen Persönlichkeiten variieren zwischen den Extremen „sehr primitiv“ und „sehr kompliziert“. Diese aus der Alltagserfahrung unbestreitbare Tatsache macht es wahrscheinlich, daß mit den gegenwärtigen, auf relativ einfache Strukturen abgestellten Tests Persönlichkeiten von höheren Kompliziertheitsgraden kaum noch richtig erfaßt werden können.

3. Jede Persönlichkeitsdiagnose ist – wissenschaftlich betrachtet – eine Hypothese des Diagnostikers über den Beurteilten auf Grund der Testresultate. Diese Resultate – Rorschach-Deutungen, TAT-Geschichten, Farb-Pyramiden usw. – lassen sich nur durch Interpretation und Deutung zu einer Hypothese, d. h. zu einem einigermaßen widerspruchsfreien Gutachten über die untersuchte Persönlichkeit vereinigen; dazu müssen bestimmte Annahmen gemacht und die vorliegenden Ergebnisse unter bestimmten Gesichtspunkten geordnet und zueinander in Beziehung gebracht werden. Solche Annahmen und Gesichtspunkte kann der Diagnostiker aber nur aus seiner eigenen Theorie über die menschliche Persönlichkeit gewinnen, weil es eine empi-

risch gesicherte, allgemein anerkannte Persönlichkeitstheorie noch nicht gibt. Auf diese Weise werden die Diagnosen subjektiv. *Hans Hörmann* hat auf diesen Punkt – neben anderen Bedenken – besonders hingewiesen („wie wenig wissen wir über den Vorgang, der im Psychologen abläuft, wenn er die einzelnen Testbefunde seines Probanden zu einem Gutachten integriert" – *Hörmann* 1964).

4. Schließlich hat *Karl Heinz Wewetzer* noch auf eine bisher wenig beachtete Fehlermöglichkeit aufmerksam gemacht, die in der Persönlichkeit des Beurteilten ihre Grundlage hat: es könnte sein – und es ist wahrscheinlich so –, daß manche Persönlichkeiten von bestimmten Testarten mehr angeregt werden als von anderen, so daß z. B. die Zyklothymen mit ihren reichen und schnellen Assoziationen auf den Rorschach- oder TAT-Test stärker und bereitwilliger reagieren als die Schizothymen („variable Test-Empfindlichkeit").

Man könnte glauben, daß alle diese Schwierigkeiten in erster Linie bei projektiven Tests bestehen und nur in geringem Grade bei den nichtprojektiven Fragebogen. Aber auch Fragebogen erfassen nicht alle relevanten Persönlichkeitszüge; dazu kommt, daß die Fragetests neue, bei den projektiven in geringerem Grade bestehende Fehlerquellen aufweisen, die *Erich Mittenecker* zusammengestellt hat: Sorglosigkeit bei der Beantwortung der Fragen, bewußte oder nicht bewußte Tendenzen zur Verfälschung der Testresultate in die gewünschte Richtung, Tendenzen zur Bevorzugung bestimmter Antworten (z. B. eher mit „ja" als mit „nein" zu antworten – Ja-sage-Tendenz oder „Acquieszenz" –, ferner die Tendenz, eher die erste Alternative der Frage zu wählen oder die sozial erwünschte Antwort zu geben). Ein Teil dieser Fehlerquellen läßt sich durch die Formulierung der Fragen vermeiden. Eine große, bisher sicher zu wenig beachtete Rolle bei der Beantwortung von Persönlichkeits-Fragebogen spielt die Instruktion, die dem Prüfling zu Beginn gegeben wird. *S. Graupe* konnte in einer Wiener Dissertation zeigen, daß bei Verwendung von vier verschiedenen Instruktionen beim gleichen Fragebogen zwei von ihnen – eine auf Leistung und eine auf ehrliche Beantwortung gerichtete – signifikante Wirkungen hatten und die oben erwähnten Fehlerquellen wenigstens teilweise ausschalteten *(Graupe* 1969).

Bei der gegenwärtigen Situation der Test-Kontrollen ist es äußerst schwierig, in allgemeiner Form ein klares Urteil über den Verläßlichkeitswert der Persönlichkeits-Tests abzugeben. Vielleicht trifft man das Wesentliche, wenn man behauptet: *mit Persönlichkeits-Tests lassen sich bei kritischer Auswertung Hinweise auf einige besonders stark ausgeprägte Persönlichkeitszüge gewinnen, wobei der Verläßlichkeitsgrad in hohem Maße von der Einstellung zur Testung und von der Komplexität der Persönlichkeitsstruktur abhängt.* Die Verarbeitung der Testergebnisse zu einem Gutachten ist nur auf Grund einer gründlichen Lebenslaufanalyse und einer vorsichtigen Verwertung des persönlichen Eindruckes aus dem Verhalten des Beurteilten möglich.

Diese zurückhaltende Stellungnahme soll den praktischen Diagnostiker nicht entmutigen; sie soll ihn aber davor warnen, sich durch Drängen seiner Auftraggeber überfordern zu lassen. Für viele Zwecke der psychologischen Praxis genügen Auskünfte über Intelligenzgrad, Sonderbegabungen und einige allgemeine Merkmale wie sozialer Kontakt, Erregbarkeit, Grundstimmung, Ausdauer, Führungsqualitäten usw. Wenn mehr gefordert wird – Angaben über Ehrlichkeit, Selbstbeherrschung, Konflikttendenzen usw. –, ist größte Zurückhaltung geboten. Psychologen sind wie alle Menschen von ihren subjektiven Überzeugungen, Gesinnungen und Einstellungen abhängig, sobald sie Deutungen auf Grund dürftiger Informationen durchführen sollen. Die Deutungsmöglichkeiten jedes Diagnostikers sind, von welchen Gesichtspunkten er auch ausgeht, niemals allumfassend, sondern immer mehr oder weniger beschränkt. Daher hat jeder Diagnostiker auch nur ein begrenztes Repertoire von Kombinationsvarianten zur Verfügung, mit welchem er das Auslangen finden muß; man kann bei erfahrenen Praktikern immer wieder feststellen, daß sich bei ihnen schließlich ein relativ kleines Vorratslager von Vorstellungen und Beschreibungen von Persönlichkeitsstrukturen herausbildet, das oft sehr stark einer Typenbildung ähnelt. Bei manchen Diagnostikern gewinnt man den Eindruck, daß sie bewußt mit einem aus ihrer Erfahrung entwickelten Typen-Arsenal arbeiten, in dessen Rahmen sie auf Grund der Testhinweise individuelle Modifikationen durchführen. Schließlich spielt – obwohl dies in Fachkreisen nicht immer zugegeben wird – die Qualität des Diagnostikers zweifelsohne eine große Rolle; vor allem sein Intelligenzgrad, aber auch eine Reihe anderer schwer bestimmbarer „Fähigkeiten“, wie Aufgeschlossenheit und Einfühlungsvermögen.

Eine weitere, ziemlich häufige, aus der Persönlichkeit des Beurteilers stammende Fehlerquelle bei der Feststellung von Charaktermerkmalen besteht in der Tendenz, klare Entscheidungen zu vermeiden und daher für alle angeführten Eigenschaften nur mittlere Stärkegrade anzugeben, so daß der Beurteilte als ein sehr farbloses Durchschnittswesen erscheint. Neben dieser *„Tendenz zum Durchschnitt“* gibt es noch die *„Tendenz zur Großzügigkeit“* – die Neigung, zu günstige Beurteilungen abzugeben, um niemandem zu schaden oder weh zu tun. Man hat versucht, solchen subjektiven Tendenzen durch vorgedruckte Beurteilungsskalen, in denen der Grad, in welchem man eine Eigenschaft dem Beurteilten zuschreibt, in Zahlen oder durch Markierung auf einem Strich zwischen zwei Polen angegeben werden muß, entgegenzuwirken. Diese Skalen lassen sich in solcher Weise aufbauen, daß dadurch Auswirkungen der Mittelwerts-Tendenz oder der Neigung zur Großzügigkeit erschwert werden. Es ist schwer zu beurteilen, ob dies wirklich gelungen ist.

Abschließend sei noch auf einige Fehlerquellen bei der Charakterbeurteilung hingewiesen, denen wir alle immer wieder unterliegen. Wie in unserer gesamten Einstellung zur Außenwelt sind wir auch bei der Beurteilung anderer Menschen geneigt, es uns möglichst leicht zu machen; dies erreichen wir, indem wir aus wenigen Daten allgemeine Schlußfolgerungen ziehen. Hat man z. B. an einem Menschen, der sympathisch wirkt, einige gute Eigenschaften aus seinem Verhalten festgestellt, so besteht die Tendenz, ihm auch noch andere gute Charakterzüge zuzuschreiben, die man nie an ihm beobachten konnte. Der Amerikaner *Edward Lee Thorndike* hat diese Tendenz zur Verallgemeinerung eines aus wenigen Eindrücken gewonnenen Urteils auf die ganze Persönlichkeit schon im Jahre 1920 beschrieben und als *„Haló-Effekt“* bezeichnet. „Haló“ ist ein Begriff aus der Meteorologie; man versteht darunter den durch Lichtbrechung entstehenden „Hof“ um die Sonne, der unter bestimmten Wetterverhältnissen auftritt. Der Haló-Effekt wirkt besonders stark auf der Grundlage von Sympathie und Antipathie; jemandem, den man liebt, schreibt man nur edle, jemandem, den man haßt, nur üble Eigenschaften zu (und wenn der Gehaßte etwas unbestreitbar Gutes tut, nimmt man immer noch an, daß ihn schlechte Motive dazu bewogen haben – er tat es nur, um guten Eindruck zu machen).

Eine andere, außerordentlich wirksame Fehlerquelle bei der Charakterbeurteilung des Alltags sind die sogenannten „*Stereotypen*". Man versteht darunter Merkmalskomplexe, die angeblich einer bestimmten Menschen*gruppe* zukommen und daher von jedem Angehörigen dieser Gruppe erwartet werden. Solche Stereotype beherrschen unsere charakterologischen Urteile des Alltags in sehr hohem Maße; man erspart sich durch sie das Bilden einer eigenen Meinung, sie wirken daher vereinfachend und erleichternd, sehr oft aber auch irreführend und verfälschend. Es gibt Hunderte von Beispielen: die Künstler sind leichtlebig, die Schotten sind geizig, die Professoren zerstreut usw. Der Unterschied zwischen einem Stereotyp und einem „Typus" im wissenschaftlichen Sinne besteht darin, daß beim letzteren das Vorhandensein bestimmter charakteristischer Gruppenmerkmale nachgewiesen sein muß, während es beim Stereotyp auf Grund allgemeiner Lebenserfahrung oder auch nur auf Grund eines Volksglaubens bloß angenommen wird.

Wie weitgehend Stereotype als Erwartungen bestimmter Charaktereigenschaften unser Denken beeinflussen, wurde in verschiedenen Untersuchungen nachgewiesen, von denen zwei Beispiele kurz dargestellt werden sollen. *F. Merz* hat von 71 jungen Männern aus einer Liste von 40 Eigenschaftsbezeichnungen (umgänglich, verantwortungsbewußt, ehrgeizig, oberflächlich, mißtrauisch, geizig usw.) in einer siebenstufigen Skala jene Eigenschaften anführen lassen, die der „beste Freund", der „unangenehmste Mensch, den ich kenne", der „Vorgesetzte, der mir die meiste Hochachtung abnötigt" u. ä. besitzen. Es hatte also jeder von den jungen Männern seinen besten Freund, seinen meistgeachteten Vorgesetzten usw. an Hand der Eigenschaftsliste zu beurteilen – es wurden daher von den 71 jungen Männern 71 verschiedene „beste Freunde", „unangenehmste Menschen", „hochgeachtete Vorgesetzte" beschrieben. Es zeigte sich, daß die für jeden von ihnen ausgewählten Eigenschaften weitgehend übereinstimmten: der „gute Freund" ist eben „umgänglich, anhänglich, hilfsbereit", und er ist nicht „jähzornig, mißtrauisch, aggressiv, herrschsüchtig, unduldsam und geizig", wohl aber finden sich diese Eigenschaften bei „unangenehmsten Menschen"; der „beliebte Vorgesetzte" ist natürlich „verläßlich, gerecht, verantwortungsbewußt, beherrscht" usw. So werden bestimmten Personen, die zu einer „Rolle" im Leben anderer Menschen gekommen sind, die dieser Rolle entsprechenden Charaktermerkmale zugeschrieben, obwohl sicher nicht alle, meist nur wenige tatsächlich beobachtet wurden.

Zu manchen „Rollenträgern" gehören nicht nur bestimmte Charakterzüge, sondern auch ein bestimmtes Aussehen. Der Amerikaner *S. A. Rice* hat schon im Jahre 1926 einen Versuch durchgeführt, bei dem Photos von unbekannten Personen bestimmten Stereotypen (Generaldirektor, Gewerkschaftsboß, Alkoholschmuggler usw.) zugeordnet werden mußten; es ergab sich eine sehr weitgehende Übereinstimmung der Zuordnungen.

Besonders groß ist der Einfluß von stereotypen Erwartungen bei der charakterologischen Beurteilung der Eigenart einzelner *Völker.* Der Italiener ist feurig, der Deutsche ernst, der Wiener gemütlich, der Schweizer sparsam usw. – fast für jedes Volk gibt es ein Charakterbild, das meist unbedenklich und kritiklos auf jeden Angehörigen dieses Volkes übertragen wird. *Peter Hofstätter* hat darüber einige aufschlußreiche Untersuchungen durchgeführt, deren Ergebnisse er in Korrelationen und in *„Polaritätsprofilen"* zusammenfaßte. Die Methode des Polaritätsprofils – vom Amerikaner *C. E. Osgood* entwickelt – besteht in folgendem Verfahren: es werden Gegensatz-Paare von Eigenschaften (z. B. „schwach–stark", „sanft–wild", „feige–mutig" usw.) gebildet und dann viele Menschen darüber befragt, in welchem Grade nach ihrer Meinung die beiden Eigenschaften auf einen Menschen oder ein Volk zutreffen; dieser Grad ist auf einem zwischen den beiden Worten gezogenen Strich in einer siebenstufigen Skala einzutragen. So kann man z. B. für das Gegensatzpaar „liberal–konservativ" für das Volk, dem man angehört, den Skalenpunkt „2" angeben; dies bedeutet, daß man das eigene Volk für ziemlich liberal hält (Skalenpunkt „6" würde das Gegenteil bedeuten, weil er nahe bei „konservativ" steht). *Hofstätter* verwendete für seine Befragung 24 Gegensätze („Polaritäten"), unter denen sich auch Eigenschaften befanden, die sich „nur in einem metaphorischen Sinn" auf ein Volk anwenden lassen (z. B. „leer–voll", „feucht–trocken" usw.). Befragt wurden Deutsche, Österreicher (nur Wiener) und Deutsch-Schweizer (alle im eigenen Lande). Jeder befragte Deutsche hatte durch die Skalierung von 1 bis 7 zunächst anzuführen, in welchem Maße nach seiner Meinung die eine der beiden gegensätzlichen Eigenschaften auf die Deutschen, also

Tabelle 15. Polaritätsprofile nationaler Stereotype nach *Hofstätter*

Polarität	Deutsche beurteilen Deutsche	Deutsche beurteilen Schweizer	Deutsche glauben sich von Schweizern beurteilt	Schweizer beurteilen Schweizer	Schweizer beurteilen Deutsche	Schweizer glauben sich von Deutschen beurteilt	Österreicher beurteilen Österreicher	Polarität
1. Hoch	3,1	2,4	3,5	3,4	2,9	5,3	3,5	Tief
2. Schwach	5,9	5,2	5,1	5,4	5,0	4,3	4,4	Stark
3. Rauh	3,4	3,4	3,6	2,0	3,6	1,8	5,0	Glatt
4. Aktiv	2,0	3,7	2,5	2,4	1,8	3,3	4,0	Passiv
5. Leer	5,6	5,1	4,6	5,2	3,9	4,2	5,0	Voll
6. Klein	5,9	4,7	4,8	4,6	5,2	2,1	4,0	Groß
7. Kalt	5,2	5,4	4,0	4,2	2,7	3,5	6,1	Warm
8. Klar	2,3	3,1	2,9	3,0	3,2	4,0	3,9	Verschwommen
9. Jung	3,6	4,1	4,3	5,0	3,4	5,1	4,6	Alt
10. Sanft	4,2	4,0	4,6	4,7	5,3	5,0	3,0	Wild
11. Krank	5,4	6,5	4,8	5,2	4,1	4,9	4,8	Gesund
12. Eckig	3,8	4,0	3,7	2,0	2,4	2,0	5,7	Rund
13. Gespannt	3,1	5,2	3,5	2,0	2,2	2,5	5,1	Gelöst
14. Traurig	4,3	5,7	3,9	3,3	3,5	2,9	5,5	Froh
15. Leise	5,3	5,3	4,8	4,7	6,5	4,6	4,8	Laut
16. Feucht	3,4	4,6	4,5	5,5	4,3	5,7	3,6	Trocken
17. Schön	2,8	3,5	3,1	4,3	4,1	5,0	2,7	Häßlich
18. Frisch	2,5	3,2	3,0	3,3	3,3	4,4	2,9	Abgestanden
19. Feig	6,3	5,7	5,9	5,5	4,4	5,1	4,7	Mutig
20. Nahe	2,4	3,1	2,7	4,3	4,9	4,5	3,5	Entfernt
21. Veränderlich	4,9	5,3	3,4	5,9	3,9	6,0	3,3	Stetig

22. Liberal	4,0	5,0	2,9	4,5	4,6	5,6	4,2	Konservativ
23. Seicht	5,4	5,0	4,5	5,2	4,1	4,7	3,9	Tief
24. Gut	2,6	2,3	3,1	2,8	4,0	3,5	2,5	Schlecht

Die Zahlen geben die bei den Erhebungen erzielten Durchschnittswerte der Einstufungen auf der siebenstufigen Skala (von links nach rechts: 1 bedeutet daher den höchsten Grad der linken, 7 der rechten Polarität sein eigenes Volk, zutrifft („Deutsche sehen Deutsche" – „Autostereotyp"); dann war von den Deutschen anzugeben, an welcher Stelle der Skala nach ihrer Meinung die deutschsprachigen Schweizer stehen („Deutsche sehen Schweizer" – „Heterostereotyp") und schließlich, wie nach ihrer Meinung die Schweizer die Deutschen skalieren würden („Deutsche glauben sich von Schweizern gesehen" – „vermutetes Heterostereotyp"). In gleicher Weise wurden deutschsprachige Schweizer befragt; die Österreicher nur über sich selbst. Die Ziffern in Tabelle 15 geben die Durchschnitte der Skalierungen an.

Ursprung und Entwicklung der Persönlichkeit

Charakter und Vererbung

Die Beantwortung der Frage, ob der Charakter des Menschen durch die vererbten Anlagen oder durch die Umwelt bestimmt werde, ist wegen ihrer folgenschweren Konsequenzen in sehr hohem Maße durch weltanschauliche und politische Einflüsse erschwert worden. In manchen Ländern wurde die Auffassung propagiert, daß die Umwelt der einzige bestimmende Faktor sei – aus jedem Menschen könne alles Beliebige werden; in anderen Staaten wurde die Erbanlage als das allein Entscheidende hingestellt. Dazu kommt, daß jede der beiden Behauptungen in vielen Menschen auch psychische Widerstände auslöst; es sträubt sich etwas in uns, wenn unsere Persönlichkeit als das naturgesetzliche Resultat unserer Erbanlagen betrachtet wird, es ist aber auch wenig befriedigend, sich selbst lediglich als das Produkt der Umwelt, in die man hineingeboren wurde, aufzufassen. Der Mensch will etwas sein, für dessen Entstehung er selbst und nicht nur seine Ahnen oder seine Umgebung verantwortlich sind.

Bei einer so schwierigen, von vorgefaßten Meinungen und weltanschaulichen Einstellungen sehr stark beeinflußten Fragestellung gibt es nur einen einzigen Weg, um zu einer klaren und richtigen Antwort zu kommen: man muß die einschlägigen Tatsachen feststellen und versuchen, aus ihnen ohne Rücksicht auf ihre weltanschaulichen Konsequenzen zu einer allgemeinen Hypothese zu gelangen. Es soll daher im folgenden zunächst über die Vererbung psychischer Eigenschaften berichtet werden. Die Forschung hat dabei verschiedene Methoden benützt:

1. Biographische und familienstatistische Forschungen
2. Zuchtstudien an Tieren
3. Zwillingsforschungen
4. Humangenetische Untersuchungen, vor allem über Intelligenzdefekte, hervorgerufen durch Chromosomenanomalien und Stoffwechselstörungen.

Biographische und familienstatistische Forschungen

Die biographische Forschung hat die Nachkommenschaft von Männern untersucht, die sich durch besondere Kulturleistungen auszeichneten; dabei zeigte sich, daß in einzelnen Familien eine auffallende Häufung von Personen mit derselben Begabung feststellbar ist. Den klassischen Fall in dieser Hinsicht stellt die Familie *Johann Sebastian Bachs* dar: in ihr finden sich in 5 Generationen nicht weniger als 13 produktive Musiker. Ein zweites Beispiel für die Begabungsvererbung ist die Familie *Bernoulli,* die in 3 Generationen mit 18 männlichen Verwandten 8 sehr bedeutende Mathematiker hervorgebracht hat, ein drittes die Familie *Tischbein,* die in ebenfalls 3 Generationen unter 29 männlichen Familienmitgliedern 20 Maler und 6 Techniker oder Kunsthandwerker aufzuweisen hat.

Der Engländer *F. Galton* hat schon 1869 eine statistische Untersuchung über die Verteilung von hoher Begabung einerseits in der Durchschnittsbevölkerung und andererseits im Familienkreise Hochbegabter durchgeführt. Er untersuchte die Ahnen, Geschwister und Nachkommen von 415 berühmten Gelehrten, Künstlern, Heerführern, Juristen usw. und stellte fest, wie viele bedeutende Männer sich in ihrer Verwandtschaft finden. Er wählte dazu ein unübersichtliches Darstellungsverfahren, indem er die Ergebnisse auf 100 berühmt gewordene Ausgangspersonen umrechnete; er fand, daß bei den 100 berühmten Engländern in 31 Fällen auch die Väter hochbegabt waren, in

48 Fällen die Söhne, in 14 Fällen die Enkel, in 41 Fällen auch die Brüder. Vergleichsweise dazu fand sich lediglich 1 Hochbegabter auf 4000 durchschnittlich intelligente Personen; die Häufung von Hochbegabten im Familienkreis der Berühmten überschritt somit weit die Durchschnittsverteilung. Viel genauer ging *Adele Juda* bei ihren Untersuchungen an 294 Genialen (181 Wissenschaftler, 113 Künstler) vor. Unter den 294 Vätern dieser Männer waren 92 (31 %) durch ungewöhnliche Begabung bekanntgeworden, von den 798 Kindern 190 (24 %), von den 901 Geschwistern 153 (17 %) – Prozentzahlen, die die Häufigkeit von Hochbegabungen in der Durchschnittsbevölkerung weit übersteigen *(Juda* 1940).

Diese und andere Ergebnisse sprechen dafür, daß überdurchschnittliche Begabung vererbt wird. Genau dasselbe gilt vom Gegenteil: für die Begabung unter dem Durchschnitt. Hierüber gibt es viele Untersuchungen; am bekanntesten ist die Erforschung einer Familie durch den Amerikaner *Goddard* geworden. Er gab dieser Familie den Decknamen Kallikak (vom Griechischen kalos = gut, kakos = schlecht), weil sich an ihr eine „gute" und eine „schlechte" Erblinie deutlich unterscheiden läßt. Der Stammvater Martin Kallikak ließ sich im 18. Jahrhundert im amerikanischen Unabhängigkeitskrieg mit einem schwachsinnigen Mädchen ein, woraus ein schwachsinniger Sohn entstand; später heiratete Martin Kallikak eine geistig gesunde Frau. *Goddard* konnte 480 Nachkommen des schwachsinnigen Sohnes feststellen, von denen nur über 189 genauere Angaben erhalten werden konnten; 143 davon waren schwachsinnig. *Goddard* konnte 40 Ehen in dieser Nachkommenschaft feststellen, in denen Vater und Mutter unter dem geistigen Durchschnitt standen; aus ihnen gingen 220 schwachsinnige und nur 2 normale Kinder hervor. Hingegen war unter den Nachkommen aus der Ehe des Martin Kallikak mit der gesunden Frau – es wurden 496 Nachkommen festgestellt – kein einziger Schwachsinniger.

In einer umfassenden amerikanischen Untersuchung von *E. W. und S. C. Reed* – durch 50 Jahre waren Daten über den Geisteszustand von 82 217 miteinander verwandten und verschwägerten Personen gesammelt worden – wurde die Vererbung der intellektuellen „retardation" (Unterentwicklung) neuerlich eindeutig bestätigt. Die Nachkommen der Personen mit geistigen Defekten waren im 1. Verwandtschaftsgrad mit 50,7 %, im zweiten mit 16,8 % und im dritten mit 5,3 % ebenfalls intellektuell unterentwickelt. Die Autoren, die ihre Ergebnisse sehr genau nach der Anzahl der intellektuell Minderbegabten in den verschiedenen Graden der Verwandtschaft differenzierten, wagen sogar Voraussagen; z. B. wenn Personen heiraten, von denen ein Elternteil geistig zurückgeblieben war, so sind in 2,5 % retardierte Nachkommen zu erwarten *(E. W. Reed* und *S. C. Reed* 1965).

Die Vererbung der *Intelligenz* wurde mit einer originellen Methode von *F. Reinöhl* in Deutschland untersucht. Er schickte an alte Lehrer, die 3 Jahrzehnte oder länger am gleichen Ort unterrichtet hatten, so daß die Kinder aus der letzten Unterrichtszeit vielfach von Eltern stammten, welche ebenfalls schon bei diesem Lehrer in die Schule gegangen waren, Fragebogen über die intellektuellen Eigenschaften von solchen, vom gleichen Lehrer unterrichteten Eltern und Kindern. In 55 kleineren Orten Deutschlands wurden auf diese Weise 2 675 Elternpaare mit 10 071 Kindern erfaßt. Die Ergebnisse der Auswertung zeigt die folgende Tabelle 16.

Schließlich hat *Peters* noch die genaueren Vererbungsverhältnisse am vorliegenden fremden und an selbstgewonnenem Material untersucht und festgestellt, daß der alternierenden Vererbung, bei welcher das Kind eine Eigenschaft bloß eines der Elternteile zeigt, große Bedeutung zukommt; dies gilt besonders für die musikalische Begabung und für die allgemeine Schulbegabung. Andere Eigenschaften, so vor allem diejenigen des Temperaments, scheinen Mischvererbung zu zeigen, d. h. die Kinder weisen Eigenschaften beider Elternteile auf.

Die Vererbung der *musikalischen Begabung* wurde mit Hilfe von Fragebogen von *Haecker* und *Ziehen* untersucht; nahezu 1 100 Perso-

Tabelle 16.

	Prozent der Kinder		
Eltern	Intelligenz gut	Intelligenz mittel	Intelligenz schwach
Beide gute Intelligenz	71,5	25,4	3,0
Ein Teil gute, der andere schwache Intelligenz	33,4	42,8	23,7
Beide mittlere Intelligenz	18,6	66,9	14,5
Beide schwache Intelligenz	5,4	34,4	60,1

Tabelle 17.

Eltern	Prozent der Kinder ausgeprägt musikalisch	etwas musikalisch	un-musikalisch
Beide ausgeprägt musikalisch	85,6	6,5	7,9
Einer ausgeprägt musikalisch, einer unmusikalisch	58,6	15,0	26,4
Beide unmusikalisch	25,4	15,9	58,7

nen aus den gebildeten Ständen wurden um Auskunft über Vererbungsbeziehungen hinsichtlich musikalischer Begabung in ihrer oder in bekannten Familien gebeten. Insgesamt wurden in dieser Arbeit die Angaben über mehr als 5 000 Personen ausgewertet. Das Hauptresultat zeigt die obige Zusammenstellung von *Peters*.

Diese Ergebnisse wurden in neuerer Zeit in Norwegen von *Koch* und *Mjöen*, die mit Hilfe der Fragebogenmethode nahezu 4 000 Personen erfaßten, bestätigt und in mancher Hinsicht ergänzt. So ergab die Untersuchung von 157 Familien, bei denen auch über die musikalische Begabung der Großeltern und Seitenverwandten genauere Angaben erreichbar waren, daß sämtliche Kinder musikalisch begabt sind, wenn beide Eltern und alle vier Großeltern musikalische Begabung besaßen. Waren die beiden Eltern und die vier Großeltern ausgesprochen unmusikalisch., so sind auch sämtliche Kinder unmusikalisch. Ist einer der Elternteile musikalisch, der andere aber nicht, so ist im Durchschnitt die Hälfte der Kinder musikalisch; überwiegen unter den Großeltern die musikalisch veranlagten, so ist auch die Zahl der musikalischen Enkel größer als diejenige der unmusikalischen.

Zuchtstudien an Tieren

Auch mit Hilfe von Tierversuchen wurde die Vererbung der Begabung untersucht. Der Grund hierfür liegt darin, daß viele Experimente im menschlichen Bereich aus ethischen Gründen nicht möglich sind, wie z. B. Aufziehen von Kindern in isolierten Situationen oder selektive Züchtungen.

Aus einer größeren Anzahl von Tierexperimenten sollen hier drei stellvertretend geschildert werden:

Der Amerikaner *E. C. Tolman* versuchte anhand von Rattenzüchtungen festzustellen, ob Intelligenz vererbbar sei. Seine Versuchstiere wurden an 10 aufeinanderfolgenden Tagen in ein „Labyrinth" gegeben – einen Versuchskasten, in dessen Mitte sich Futter befand, das nur durch viele winkelige Irrgänge, von denen manche blind endeten, erreicht werden konnte. Bei jeder Ratte wurde festgestellt, wieviel Zeit sie brauchte, um das Futter zu finden, und wieviel Fehler sie dabei machte (wie oft sie in den 10 Tagen immer wieder in blinde Gänge lief). Es zeigte sich, daß es „kluge" und „dumme" Ratten gab – solche, die schnell den kürzesten Weg zum Futter lernten, und solche, die dazu sehr lange brauchten. Die klugen Ratten wurden untereinander gepaart und ebenso die dummen; ihre Nachkommen wurden mit dem gleichen Versuch geprüft, wobei sich zeigte, daß die Nachkommen der klugen Eltern in der ersten Generation eine durchschnittliche Fehlerzahl von 6,2, in der zweiten von 10,5 aufwiesen, während die entsprechenden Zahlen bei den Kindern der dummen Ratten 15,7 in der ersten und 16,4 in der zweiten betrugen.

Ein Schüler *Tolmans, R. C. Tryon,* veröffentlichte im Jahre 1929 Untersuchungen über Züchtungen von weißen Mäusen. Er stellte ebenso wie *Tolman* fest, daß es manchen Mäusen leichtgefallen war, in einem Labyrinth ihr Futter zu finden, während es andere Mäuse gab, denen dies schwergefallen war. In insgesamt 18 Generationen von Mäusen ließ *Tryon* nur intelligente und nur dumme Mäuse untereinander paaren; nach der 18. Generation fanden sich noch immer die schlechtesten Mäuse der „intelligenten" Gruppe besser im Labyrinth zurecht als die besten der „unintelligenten" Gruppe. So gelang es ihm, „Anlagen" für schnelles und langsames Lernen selektiv zu züchten. Es stellte sich allerdings heraus, daß die intelligenten Mäuse auch hungriger und stärker durch Nahrung zu motivieren waren als die unintelligenten Mäuse. Es ist möglich, daß es nicht nur die höhere Lernfähigkeit (bzw. Intelligenz) war, die *Tryon* in seinen Experimenten herangezüchtet hatte, sondern ebenfalls eine Anzahl von dynamischen Eigenschaften, die mit der speziellen Labyrinth-Situation in seinem Laboratorium zu tun hatte.

Mit der gleichen Auslesemethode hat *E. A. Rundquist* die Vererbung der Aktivität, gemessen an der Drehungszahl einer Lauftrommel, die von den Ratten in Bewegung gesetzt werden konnte, durch 12 Generationen untersucht, wobei immer die aktivsten und die inaktivsten Tiere untereinander gekreuzt wurden. Nach 12 Generationen waren sehr große Unterschiede vorhanden: die Männchen aus der „aktiven" Familie vollführten in 15 Tagen 123 000 Drehungen, die Männchen der „inaktiven" Familie in der gleichen Zeit nur 6 000.

Die Zuchtstudien bestätigen die Erkenntnis, daß Lernfähigkeit, Intelligenz und andere Eigenschaften, wie z. B. Aktivität durch die genetische Ausstattung in einem hohen Maße determiniert sind. Allerdings können solche Versuche nur mit Vorbehalt für die Humanpsychologie ausgewertet werden.

Zwillingsuntersuchungen

Besonders beweiskräftig für die Vererbung geistiger Eigenschaften sind die Ergebnisse der *Zwillingsforschung.* Bekanntlich unterscheidet man die Zwillinge nach ihrer Entstehung aus einem einzigen befruchteten Ei – eineiige Zwillinge – oder aus zwei befruchteten Eiern – zweieiige Zwillinge. Die eineiigen Zwillinge haben, da sie aus der Teilung einer einzigen Embryonalanlage hervorgegangen sind, die gleichen Erbmassen (daher auch erbliche oder identische Zwillinge genannt); sie sind immer gleichgeschlechtlich – das Geschlecht wird auch auf dem Erbwege bestimmt – und gleichen sich körperlich meist zum Verwechseln. Die zweieiigen Zwillinge sind erbmäßig voneinander ebenso verschieden wie gewöhnliche Geschwister. Schon früh fiel auf, daß sich Zwillinge auch in psychischer Hinsicht weitgehend ähnlich sind; es entstand eine psychologische Zwillingsforschung, und zwar zuerst in England, wo *Galton* 1875 und *Thorndike* 1905 die ersten Zwillingsvergleiche durchführten. Sie konnten jedoch noch nicht zwischen eineiigen und zweieiigen Zwillingen unterscheiden (die „Eiigkeitsdiagnose" stellen), so daß ihre Ergebnisse nicht volle Beweiskraft besitzen. Heute kann man diese Diagnose mit Hilfe der Blutgruppen-Bestimmung, der Vergleiche der Papillarmuster der Fingerkuppen sowie der Untersuchung der Zahnstellung, der Iris- und Hautpigmentierung, der Form der Ohren usw. mit großer Sicherheit durchführen. Allerdings ist zur Zeit noch keine Methode bekannt, die die Entscheidung der Eiigkeit 100 %ig sicherstellen würde. Nur die Methode der Hauttransplantation könnte eine sichere Diagnose erbringen, ob es sich um eineiige (EZ) oder zweieiige Zwillinge (ZZ) handelt: wächst das von einem Zwilling auf den anderen verpflanzte Stückchen Haut an, handelt es sich um EZ, wird sie abgestoßen, um ZZ. Diese Methode ist jedoch aus verständlichen Gründen für die Zwillingsuntersuchungen undurchführbar, so daß sich die Zwillingsdiagnose mit Methoden von einem etwas geringeren Sicherheitsgrad begnügen muß.

Die Unsicherheit der Zwillingsdiagnostik wirkt sich dahingehend aus, daß Zwillingspaare, deren Zuordnung nicht eindeutig möglich ist, den Untersucher vor die Alternative stellen, sie aus der Untersuchung auszuschließen oder sie trotzdem in die eine oder andere Gruppe einzubeziehen. Letzteres hätte jedoch zur Folge:

a) Werden die fraglichen (also nicht ganz ähnlichen, aber auch nicht unähnlichen) Zwillingspaare zu der Gruppe der EZ genommen, so ist es möglich, daß etliche ZZ einbezogen werden und der Korrelationskoeffizient für die Gruppe der EZ dadurch geringer wird, weil es bei ZZ sehr wahrscheinlich ist, daß auch ihre Intelligenz-Quotient–Unterschiede größer sind, als dies durchschnittlich für die EZ der Fall ist.
b) Werden die fraglichen Fälle aber in die Gruppe der ZZ einbezogen, so fallen die Korrelationskoeffizienten für die ZZ zu hoch aus, weil ein Teil der bezüglich ihrer Eiigkeit fraglichen Zwillinge wahrscheinlich größere Ähnlichkeiten der Intelligenz-Quotienten aufweist, als dies im allgemeinen bei zweieiigen Zwillingen der Fall ist.

Schulnoten von Zwillingen hat *Ida Frischeisen-Köhler* verglichen. 60 eineiige wurden 41 zweieiigen Paaren gegenübergestellt; die größere Übereinstimmung bei den Eineiigen trat sehr klar zutage, sie war am größten in Betragen und Aufmerksamkeit, am kleinsten in Latein, aber in allen Fächern, mit Ausnahme von Englisch, bedeutend größer als bei den Zweieiigen. An 80 Eineiigen und 82 Zweieiigen hat *M.Schiller* ebenfalls die Schulnoten verglichen; der durchschnittliche Unterschied bei den Partnern der eineiigen Paare betrug 0,21, bei denjenigen der zweieiigen 0,53.

Intelligenz-Testungen an ein- und zweieiigen Zwillingen wurden in großer Zahl in Amerika und später auch in Schweden von *T. Husén* durchgeführt. Ihre Ergebnisse beweisen eindeutig, daß die Intelligenz von den Erbanlagen abhängt. Die Resultate der bisher durchgeführten Untersuchungen sind in folgender Tabelle 18 zusammengefaßt; die Korrelations-Koeffizienten geben den Übereinstimmungs-Grad in den Testleistungen der beiden Zwillingspartner an.

Wenn man bedenkt, daß man als höchstmöglichen Koeffizienten bei solchen Vergleichen nicht 1,00 annehmen darf, sondern 0,95 – dieser Koeffizient ergibt sich bei Wiederholung eines Intelligenz-Tests an gleichen Personen –, ist die Übereinstimmung zwischen den Partnern der eineiigen Paare als außerordentlich hoch zu bezeichnen.

Schwachsinn bei Zwillingen wurde von *Juda* untersucht; von 60 eineiigen Zwillingen mit Schwachsinn waren in allen Fällen beide Partner schwachsinnig, von 168 zweieiigen nur in 76 Fällen (45 %) beide Partner. Eine analoge Untersuchung hat *I. Ch. Smith* in Dänemark durchgeführt: von 16 eineiigen Zwillingspaaren waren in 14 Fällen beide schwachsinnig, von 50 zweieiigen nur in 4 Fällen (8 % gegen 88 %).

Außer der Intelligenz wurden in den letzten Jahren auch andere Charaktereigenschaften bei Zwillingen untersucht. Allgemeine Resultate brachte eine Arbeit von *M. Lottig,* der 10 eineiige und 10 zweieiige Zwillingspaare im Alter von 13 bis 39 Jahren untersuchte. Seine Resultate, die er aus eingehender Befragung der Angehörigen und der Zwillinge selbst gewann und die er nach dem System von *Klages* ordnete, zeigen eine fast vollkommene Übereinstimmung der Eineiigen im Stoff des Charakters, also in den elementaren Anlagen und Fähigkeiten, eine sehr weitgehende Übereinstimmung in der Artung des Charakters, also in den Zielen und Interessen, besonders auch in den Richtungen „Selbstbehauptung“ und „Selbsthingebung“, hingegen die geringste Übereinstimmung im Gefüge des Charakters, im Temperament; doch ist auch hier die Konkordanz immer noch größer als bei den zweieiigen Zwillingen. Ebenfalls nach der Charakterlehre von *Klages* wurden 24 eineiige und 37 zweieiige Zwillinge von *W. Köhn* begutachtet. Es ergab sich, daß 50 % der Eineiigen fast vollkommene, 50 % vorwiegend charakterologische Gleichheit zeigten, während die Zweieiigen zur Hälfte mäßige, zur anderen Hälfte stärkere Diskordanzen aufwiesen. Die experimentelle Untersuchung ein-

Tabelle 18.

Autor und Jahr der Untersuchung	Anzahl d. eineiigen Paare	Korrelationskoeffizient	Anzahl d. zweieiigen Paare	Korrelationskoeffizient	Test
Wingfield and *Sandford* (1928)	45	.90	57	.70	Stanford u. a.
Stocks and *Karn* (1933)	68	.84	119	.65	
Newman, Freeman, Holzinger 1937)	50	.88	50	.63	Binet
Eysenck and *Prell* (1951)	25	.91	25	.67	Wechsler-Bellevue
Wictorin (1952)	128	.85	141	.70	Simplex
Husén (1959)	36	.87	71	.55	I-Test
Husén (1960)	215	.90	416	.70	I-Test
Gottesman (1963)	34	.83	34	.59	Otis
Gesamtzahlen und Mittelwerte	601	.87	913	.65	

zelner Charakterzüge führte zu ähnlichen Resultaten. So konnte *Ida Frischeisen-Köhler* an 53 eineiigen und 65 zweieiigen Zwillingen zeigen, daß im persönlichen Tempo (s. S. 52 ff) die eineiigen Zwillinge unter sich keine größeren Verschiedenheiten aufweisen als derselbe Mensch in verschiedenen Zeiten und Situationen; bei den Zweieiigen ist der Unterschied doppelt so groß. *J. Meumann* erbrachte an 10 eineiigen und 10 zweieiigen Zwillingen den Nachweis, daß starke und schwache Perseveration, anschauliches und unanschauliches Denken und allgemeine Integration bei den eineiigen Zwillingen außerordentlich weit übereinstimmen, also anlagebedingt sind. Allgemeine Persönlichkeitsmerkmale hat der Amerikaner *H. D. Carter* verglichen. Er untersuchte 55 eineiige und 78 zweieiige Zwillinge mit dem Bernreuterschen Persönlichkeitsinventar. In den Persönlichkeitszügen „Nervosität", „Selbstvertrauen", „Introversion" und „Herrschsucht" ergab sich bei den Eineiigen eine viel höhere Gleichheit als bei den Zweieiigen (nämlich ein durchschnittlicher Korrelationskoeffizient von 0,60 gegen 0,17). Gleich hohe Korrelationen fand *J. Shields* bei 42 getrennt aufgewachsenen Eineiigen mit einem Test über Extraversion (0,61) und Neurotizismus (0,53) gegen –0,17 und 0,11 bei Zweieiigen.

Mit dem Persönlichkeits-Interessentest (nach *Mittenecker* und *Toman)* hat *Charlotte Riedl* in Wien 51 ein- und 28 zweieiige Zwillingspaare untersucht. Bei den Fragen für Aufrichtigkeit und Selbstkritik ergab sich bei den eineiigen Partnern eine viel größere Übereinstimmung als bei den zweieiigen (Korrelation 0,49 zu 0,02); ebenso sind die intrapaarigen Abweichungen in den Testfragen über „psychisch abnorm", „depressiv" und „vegetativ labil" sehr viel kleiner als bei den Zweieiigen, ebenso in einer Reihe von Interessengruppen. Sehr groß war ferner die Übereinstimmung in zwei Intelligenztests, die von *Riedl* bei 43 eineiigen und 17 zweieiigen Paaren verwendet wurden; bei dem schwierigeren Test (Form-Analogietest von *Meili)* war der Mittelwert der intrapaarigen Abweichungen bei eineiigen Partnern 4,1, bei den zweieiigen 7,4 (Korrelation 0,79 zu 0,23), beim leichteren Test (Lückentest) lauten die entsprechenden Werte 1,7 zu 2,3 (Korrelation 0,61 zu 0,15).

Aus letzter Zeit liegen zwei Zwillingsuntersuchungen vor, die die Unterschiede zwischen der „messenden" und der „ganzheitlichen" Methode in der Persönlichkeitsdiagnose sehr gut illustrieren. Die erste stammt von *H. J. Eysenck* in London; 50 gleichgeschlechtliche 11- bis 13jährige Zwillingspaare wurden mit 7 Verfahren (Blutgruppen, Iris-Pigmentierung, Ohren- und Zahnähnlichkeit usw.) auf Erbgleichheit untersucht, wobei sich 25 Eineiige und 25 Zweieiige ergaben. Alle 100 Zwillingspartner wurden mit 17 Tests (Intelligenz, Psychomotorik, Persönlichkeitsfragebogen, Handgeschicklichkeit, Suggestibilität usw.) untersucht; zwischen den Testergebnissen wurden die Korrelationen berechnet, wobei sich zwischen den Testresultaten der Eineiigen beträchtlich höhere Koeffizienten ergaben als bei den Zweieiigen (im Durchschnitt bei Intelligenz 0,90 zu 0,67, Handgeschicklichkeit 0,70 zu 0,29, Suggestibilität 0,53 zu 0,14). In den USA kam *Irving Gottesmann* bei je 34 ein- und zweieiigen Paaren mit Hilfe zweier großer Persönlichkeits-Tests (MMPI = Minnesota Multiphasic Personality Inventory und ein Schultest) zu ähnlichen Resultaten; in 23 von 31 Persönlichkeitsmerkmalen bestand zwischen den Eineiigen signifikant größere Übereinstimmung als zwischen den Zweieiigen (darunter z. B. Intelligenz, Introversion, Depression, Psychopathie).

Von ganz anderer Art ist eine Zwillingsuntersuchung, die der deutsche Psychologe *Kurt Gottschaldt,* ein scharfer Kritiker der Testpsychologie, durchführte. Er hatte 1937 in einem Kinderheim 90 Zwillingspaare im Schulalter, davon ungefähr die Hälfte eineiige, zwei Monate lang beobachtet und „mit allen der Entwicklungs- und Persönlichkeitspsychologie zur Verfügung stehenden Methoden untersucht"; er erklärte dazu, „daß das Ausgangsmaterial sich auf eine zwei Monate umfassende Dauerbeobachtung stützt, also auf Protokolle, in denen alle Lebensäußerungen jedes einzelnen Kindes, alle Spielformen, Leistungen, Gefühls- und Affektzustände, Stimmungen, Willenstendenzen, soziale Verhaltensweisen, Konflikte u. dgl. mehr festgehalten wurden. Dazu kamen zahlreiche experimentelle Untersuchungen, in denen jeder Proband etwa bestimmten Konflikt- und Belastungssituationen ausgesetzt wurde, aber auch denkpsychologische, sozialpsychologische Versuche usw. Dieses große Ausgangsmaterial wurde dann zu Persönlichkeitsanalysen jedes Kindes ausgewertet." Von diesen Zwillingen konnten nach dem Kriege 68 Paare wieder aufgefunden werden. Diese nunmehr erwachsenen Zwillinge wurden wie vor 15 Jahren untersucht, dabei wurden „entsprechende, wenn auch dem Erwachsenenalter angepaßte Methoden bei den Nachuntersuchungen angewendet, so daß wir heute von jedem Zwillingspaar eine eingehende Darstellung der Persönlichkeiten und ihrer Entwicklung von Kindheit an haben, wobei jede der 90 Analysen rund 250 Seiten umfaßt. Man darf wohl sagen, daß es in der psychologischen Zwillingsforschung kaum noch einmal ein so ausgedehntes und durchgearbeitetes Material zu den Fragen der Persönlichkeitsentwicklung und ihrer Grundlagen gibt". Von den 68 Nachuntersuchten waren 35 eineiig, 33 zweieiig. Aus dem Vergleich beider Untersuchungen kommt *Gottschaldt* zu dem Eindruck, daß bei den Erwachsenen die Konkordanzen und Diskordanzen in ungefähr gleicher Weise bestehen wie sie schon im Schulalter bestanden; und daß die „endothymen Persönlichkeitszüge", wozu er z. B. „Grundstimmung", „Affektivität", „vitale Antriebsspannung" zählt, stärker erblich bestimmt sind als die „kortikalen Züge", zu denen er z. B. „Kapazität des Denkens" und „Abstraktion" rechnet.

Aus dem Vergleich der Untersuchungen von *Eysenck* und *Gottschaldt* gewinnt man den Eindruck, daß – zum mindesten bei Zwillingsuntersuchungen – die Testmethode klarere Resultate liefert als die bloße Verhaltensbeschreibung. Wenn es auch für manche Tests zutrifft, daß sich – wie *Gottschaldt* behauptet – „der Aufgabencharakter des Tests nicht immer eindeutig bestimmen“ läßt, so daß man „über das Wesen der besonderen Anforderung bei den meisten Tests nur wenig“ weiß, so ist dies gerade in der Zwillingsforschung von geringerer Bedeutung als bei vielen anderen persönlichkeitsdiagnostischen Untersuchungen; denn bei der Zwillingsuntersuchung kommt es viel mehr auf den Grad der Konkordanz an als auf genaue Definition der Testaufgaben.

Die hohe charakterliche und intellektuelle Ähnlichkeit der eineiigen Zwillinge müßte eigentlich dazu führen, daß auch ihre Lebensläufe gewisse Ähnlichkeiten aufweisen; denn im Verhalten der Menschen im praktischen Leben kommen ja ihre Charakteranlagen zur Auswirkung. Tatsächlich ließen sich in manchen Fällen solche Übereinstimmungen feststellen; doch gilt dies, wie ausdrücklich betont werden muß, keineswegs für alle erbgleichen Zwillinge. Das erste Gehen, die Zahnung, der Stimmbruch u. a. m. erfolgen bei eineiigen Zwillingen nicht selten genau gleichzeitig; *Kürten* hat ein 81jähriges eineiiges Zwillingsbrüderpaar beschrieben, bei welchem beide Zwillinge, die nahezu vollkommene seelische Übereinstimmung zeigten, gleichzeitig den grünen Star bekamen und in der allgemeinen Lebensführung sehr große Ähnlichkeit aufwiesen.

Die beweiskräftigsten Ergebnisse über Gleichheiten im äußeren Verlauf des Lebens ergaben sich aus Untersuchungen an *kriminellen* Zwillingen. Bei ihnen sind besonders genaue Kontrollmöglichkeiten gegeben: wenn jemand, der zu einer längeren Gefängnisstrafe verurteilt wurde, einen Zwillingsbruder besitzt, so läßt sich meist unschwer feststellen, ob sich auch dieser schon gegen das Strafgesetz vergangen hat; dabei bieten die aktenmäßig festgelegten Erhebungen der Behörden einen im allgemeinen sehr verläßlichen Einblick in das bisherige Leben. *J. Lange* hat als erster solche Untersuchungen ausgeführt und folgendes festgestellt: „Von 13 eineiigen Paaren waren in 10 Fällen beide Zwillinge bestraft, während in 3 Fällen nur der eine Zwilling mit dem Strafgesetz in Widerspruch geraten war, der andere aber nicht. Demgegenüber waren von den 17 zweieiigen Paaren beide Partner bestraft nur in 2 Fällen, während in allen übrigen nur der eine Zwilling in Strafe gekommen war, der andere aber straffrei blieb."

In zwei neueren Untersuchungen von *F. Stumpfl* und *H. Kranz* wurde eine bedeutend größere Anzahl von Zwillingen erfaßt, wobei sich die größere kriminelle Übereinstimmung bei den eineiigen zwar bestätigte, der Unterschied zu den zweieiigen aber bedeutend kleiner war. Die Resultate dieser beiden, besonders in der Charakterschilderung außerordentlich gründlichen Arbeiten zeigt folgende Zusammenstellung:

Tabelle 19.

	Beide kriminell	Nur einer kriminell
Stumpfl		
Von 18 Eineiigen	in 11 Fällen (61 %)	in 7 Fällen (39 %)
Von 19 Zweieiigen gleichen Geschlechts	in 7 Fällen (37 %)	in 12 Fällen (63 %)
Von 28 Zweieiigen verschiedenen Geschlechts	in 2 Fällen (7 %)	in 26 Fällen (93 %)
Kranz		
Von 32 Eineiigen	in 21 Fällen (66 %)	in 11 Fällen (34 %)
Von 43 Zweieiigen gleichen Geschlechts	in 23 Fällen (54 %)	in 20 Fällen (46 %)
Von 50 Zweieiigen verschiedenen Geschlechts	in 7 Fällen (14 %)	in 43 Fällen (86 %)

Stumpfl hat in einer eingehenden Analyse des bisher vorliegenden Zahlenmaterials gezeigt, daß man zu einem falschen Eindruck kommt, wenn man lediglich die Tatsache der gerichtlichen Bestrafung beachtet. Wenn man auch die Schwere der Delikte sowie die Rückfälligkeit, ferner die Begehungsform des Verbrechens und die allgemeine soziale Verhaltensweise in Betracht zieht, so ergibt sich, daß bei den schwerkriminellen eineiigen Zwillingen durchwegs Gleichheit besteht, wobei sich meistens auch eine abnorme Charakterartung nachweisen läßt. Daraus folgt, daß abnorme Erbanlagen bei den Verbrechen der schweren, immer wieder rückfälligen Kriminellen eine sehr große

Rolle spielen. Wenn *Kranz* auf Grund seiner oben wiedergegebenen Resultate, in denen die Unterschiede zwischen Eineiigen und Zweieiigen relativ gering sind, die Ansicht vertritt, es gebe keine „geborenen Verbrecher", sondern nur Menschen mit erhöhter Bereitschaft zu kriminellen Handlungen, so kann man auf Grund der Ausführungen *Stumpfls* dieser Meinung mit der Beschränkung zustimmen, daß es sicher geborene Psychopathen gibt, deren abnorme Anlage das Zustandekommen verbrecherischer Handlungen begünstigt.

Nach den bisher vorliegenden Untersuchungen über die Vererbung von Persönlichkeitsmerkmalen ist ein großer Teil der schicksalbestimmenden Charaktereigenschaften durch die Erbanlage festgelegt. Es hat keinen Sinn, diese Tatsache, die für den Erzieher unerfreulich ist, zu ignorieren; man muß sie in ihrer ganzen Tragweite zur Kenntnis nehmen und bei allen Maßnahmen pädagogischer Art mit ihr rechnen. Um dies tun zu können, sollte volle Klarheit darüber bestehen, ob die Eigenschaften unseres Charakters einschließlich der Intelligenz durch die Vererbung zu einem großen Teil unabänderlich festgelegt sind oder ob die Möglichkeit besteht, sie durch Einflüsse aus der Umwelt zu verändern.

Charakter und Umwelt

Schon in den ersten Anfängen der wissenschaftlichen Psychologie, so z. B. in den anthropologischen Büchern des Aristoteles, findet man den Anlagen des Menschen das „Milieu" gegenübergestellt und die Unterscheidung zwischen angeborenen und erworbenen Eigenschaften durchgeführt. Es sei gleich einleitungsweise gesagt, daß sich die Problemlage seit Aristoteles keineswegs so weitgehend geändert hat, daß man heute etwa bei jedem Menschen das Erworbene oder Anerzogene vom Angeborenen sofort und leicht unterscheiden könnte; man ist vielmehr in dieser Frage auch heute noch sehr auf Theorien angewiesen und kann außer einigen Gelegenheitsbeobachtungen nur die Untersuchungen über getrennt aufgewachsene Zwillinge anführen, die gewisse Annahmen wahrscheinlich machen. Dagegen ist es wohl möglich, die Problemlage begrifflich durch genauere Formulierungen etwas klarer zu fassen und auf diese Weise die Bildung einer

Theorie, die mit den gesicherten charakterologischen Resultaten in Einklang steht, zu erleichtern. Die Frage, mit der man es hier zu tun hat, lautet in der üblichen Formulierung: ist der Charakter des Menschen durch die Umwelt beeinflußbar oder nicht?

Die Untersuchung von Umweltswirkungen hat zur Voraussetzung, daß eine bestimmte Umwelt auf einen bestimmten Menschen lange einwirkt; dabei muß bekannt sein, wie dieser Mensch vorher war (sonst kann man ja nicht feststellen, ob er sich unter der Wirkung der neuen Umwelt verändert hat). Diese Voraussetzungen lassen sich schwer zu Versuchszwecken herstellen. Aus diesem Grunde stehen nur wenige gesicherte Tatsachen zum Umweltproblem zur Verfügung.

Um die Frage der Umweltwirkung mit Hilfe der Zwillingsforschung zu untersuchen, müßte man getrennt aufgewachsene Zwillinge zur Verfügung haben. Wenn EŻ auf Grund einer früh nach der Geburt erfolgten Trennung (z. B. durch Adoption) in *verschiedenem* Milieu aufgewachsen sind, so müßten Unterschiede psychischer Merkmale dieser EZ – so dürfte man in Anbetracht der gleichen Erbmasse schließen – auf das Konto der Umwelt zurückzuführen sein.

Berühmt geworden sind die Zwillingsschwestern Bessie und Jessie, die der amerikanische Forscher *Popenoe* 1922 entdeckte. Sie waren 2 Wochen nach der Geburt zu verschiedenen Pflegeeltern gekommen; Bessie zu einem Grubenarbeiter, mit dessen Kindern sie in ziemlich ärmlichen Verhältnissen bei harter Erziehung aufwuchs. Sie brachte es trotz unregelmäßigem, erst im 12. Lebensjahr einsetzendem Schulbesuch bis zur Schreibgehilfin. Jessies Pflegevater war ein kleiner Farmer, der später noch die Geschwister Jessies aufnahm, mit denen sie, streng erzogen, in geordneten Verhältnissen aufwuchs; im 7. Lebensjahr begann der Schulbesuch. Sie wurde Lehrerin und traf ihre Zwillingsschwester im 18. Lebensjahr, lebte aber auch weiterhin getrennt von ihr. Die anthropologische Untersuchung durch *Muller* ergab fast vollkommene körperliche Gleichheit – z. B. gleiche Schäden an den gleichen Zähnen –, die psychologischen Intelligenzuntersuchungen mit dem Army-Test erstaunlich ähnliche Resultate (156 und 153 Punkte).

Seither wurden viele getrennt aufgewachsene eineiige Zwillinge aufgefunden. Die Amerikaner *Newman, Freeman* und *Holzinger* berichteten 1937 über 19 Paare, von denen die meisten vor dem 18. Lebensmonat getrennt worden waren. Die Differenz zwischen ihren Intelligenzquotienten (Stanford-Binet-Test) betrug im Durchschnitt 8,2, bei 50 eineiigen, gemeinsam aufgewachsenen hingegen nur 5,9, und bei 51 zweieiigen, gemeinsam aufgewachsenen 9,9. Die Mittelwerte der Korrelationen zwischen den Intelligenzquotienten der beiden Zwillingspartner jeder der drei Gruppen betragen in obiger Reihenfolge 0,76, 0,88, 0,63. Die Unterschiede zwischen den getrennt und den gemeinsam aufgewachsenen Eineiigen sind nicht überraschend; bei jedem Intelligenztest spielt neben der „eigentlichen" Intelligenz (d. h. der Intelligenzanlage) auch die bisherige Übung in intellektuellen Leistungen, also z. B. die Dauer des Schulbesuches und die Art der geistigen Leistung im Beruf, eine große Rolle: es hatte daher, wie die Einzelanalyse zeigte, der Zwillingspartner, der in einem Milieu mit höheren intellektuellen Anforderungen aufgewachsen war, auch einen höheren Intelligenzquotienten. Daß trotzdem die gefundenen Unterschiede zwischen getrennt aufgewachsenen Eineiigen kleiner sind als zwischen gemeinsam aufgewachsenen Zweieiigen, berechtigt dazu, den Einfluß der Vererbung auf die Intelligenz hoch einzuschätzen.

Dasselbe Resultat hatte eine englische Untersuchung von *James Shields* (1962), der mit Hilfe eines Aufrufes im B.B.C.-Fernsehen zahlreiche Zwillinge, darunter 44 getrennt aufgewachsene Paare (15 männlich, 29 weiblich, die meisten zwischen 30 und 50 Jahren) ausfindig machte, bei denen eine mit modernsten Mitteln durchgeführte Eiigkeitsdiagnose die Eineiigkeit außer Zweifel stellte; die Trennung war bei 36 von ihnen schon in den ersten zwei Lebensjahren erfolgt. Die Intelligenzuntersuchung mit zwei bewährten Tests ergab nach Ausscheidung von 7 wegen geistiger Defekte ungeeigneten Fällen bei den getrennt aufgewachsenen Partnern eine durchschnittliche Differenz von 9,46 Punkten, bei 34 gemeinsam aufgewachsenen Eineiigen 7,38 und bei 7 Zweieiigen 13,43 (Korrelationen 0,76, 0,77, 0,51).

Noch höhere Korrelationen fand *Cyril Burt* in einer neueren Untersuchung (1966) an 53 eineiigen Paaren, deren Partner nach dem 6. Lebensmonat getrennt worden waren, im Vergleich zu 95 gemeinsam aufgewachsenen Eineiigen und 127 Zweieiigen; die Korrelations-Koeffizienten zwischen den Intelligenzquotienten der Partner

Tabelle 20.

Autor und Jahr der Untersuchung	Anzahl d. eineiigen getrennten	Korrelationskoeffizient	Anzahl d. eineiigen gemeinsamen	Korrelationskoeffizient	Anzahl d. zweieiigen	Korrelationskoeffizient
Newman, Freeman, Holzinger (1937)	19	0,76	50	0,88	51	0,63
Shields (1962)	44	0,76	34	0,77	7	0,51
Burt (1966)	53	0,85	95	0,92	127	0,52
	116	0,79	179	0,86	185	0,55

jeder Gruppe betrugen in obiger Reihenfolge 0,85, 0,92, 0,52. Ich habe die Zahlenresultate aller drei beschriebenen Arbeiten in obiger Tabelle 20 zusammengestellt und die Gesamt-Mittelwerte berechnet. Beweiskräftigere Argumente für die Vererbung der Intelligenz als diese Zahlen sind kaum vorstellbar.

In Aufsätzen von *Erlenmeyer-Kimling* und *Jarvik* (1963) sowie von *Jensen* (1969) wurde reichhaltige Evidenz für die genetische Bedingtheit der Intelligenz bzw. jener psychischen Merkmale, die von Intelligenztests erfaßt werden, erbracht. Die in der nachfolgenden Tabelle 21 aufscheinenden Daten stammen aus mehr als 50 voneinander unabhängigen Untersuchungen in 8 Ländern, die von den genannten Autoren sorgfältig zusammengefaßt wurden.

Die Intelligenzquotienten eineiiger Zwillinge, die zusammen aufgezogen wurden, korrelieren mit 0,87 am höchsten. Die getrennt aufgezogenen eineiigen Zwillinge korrelieren bezüglich ihrer Intelligenzquotienten etwas geringer (0,75), immer aber noch höher als der Durchschnitt der zweieiigen Zwillinge, die gemeinsam aufgewachsen sind (0,56 bzw. 0,49). Letztere Werte sind ähnlich jenen von zusammen aufgezogenen Geschwistern (0,55). Der Unterschied bei den EZ, die gemeinsam, und solchen, die getrennt aufgezogen worden sind, hat offensichtlich mit Umwelteinflüssen zu tun. Da die getrennt aufgewachsenen EZ aber so hohe Korrelationswerte erreicht haben, muß angenommen werden, daß die Ähnlichkeit der intellektuellen Ausstattung auf die gemeinsamen Erbanlagen zurückgeht. Getrennt auf-

Tabelle 21. Mittlere Korrelationskoeffizienten von IQs bei Personen verschiedenen Verwandtschaftsgrades. (nach *Dobzhansky*, 1973).

Art der Verwandtschaft	Anzahl der Untersuchungen	Mittlere Korrelation
Zwillinge, eineiige, zusammen aufgezogen	14	0,87
Zwillinge, eineiige, getrennt aufgezogen	4	0,75
Zwillinge, zweieiige, gleiches Geschlecht	11	0,56
Zwillinge, zweieiige, verschiedenes Geschlecht	9	0,49
Geschwister, zusammen aufgezogen	36	0,55
Geschwister, getrennt aufgezogen	33	0,47
Eltern und Kind	13	0,50
Großeltern und Enkel	3	0,27
Vettern und Cousinen ersten Grades	3	0,26
Nicht verwandte Kinder, zusammen aufgezogen	5	0,24
Nicht verwandte Kinder, getrennt aufgezogen	4	–0,01
Adoptiveltern und Kind	3	0,20

gezogene Geschwister sind einander ähnlicher als zusammen aufgezogene, nicht verwandte Kinder (0,47 und 0,24), letztere sind einander aber ähnlicher als nicht verwandte Kinder, die getrennt aufgezogen wurden (–0,01).

Eindrucksvoll, trotz einiger Unsicherheitsfaktoren in den Daten, sind vergleichende Testuntersuchungen von Adoptivkindern mit deren Pflegeeltern sowie mit ihren biologischen Eltern. Adoptierte Kinder teilen ja mit ihren Pflegeeltern die Umwelt, haben aber mit den biologischen Eltern Gene gemeinsam; es hat sich herausgestellt, daß ihre Intelligenzquotienten stärker mit den biologischen Eltern als mit den Adoptiveltern korrelieren (nach *Dobzhansky,* 1973, S. 24).

Alice Leahy hat eine Untersuchung gemacht, in deren Rahmen sie die IQs von 194 Adoptivkindern und deren Pflegemüttern sowie den leiblichen Kindern dieser Pflegemütter feststellte. Es zeigte sich zwischen den Pflegemüttern und Adoptivkindern eine Korrelation von 0,24, zwischen den Pflegemüttern und den eigenen Kindern eine Korrelation von 0,51.

Die exakt-empirische Untersuchung der Umweltwirkung auf die Entwicklung der *ganzen Persönlichkeit* bereitet sehr große Schwierigkeiten; wie soll man mit Sicherheit feststellen, ob sich die Persönlichkeit eines Menschen unter der Einwirkung bestimmter Umweltereignisse geändert habe. Man müßte dazu genaue Lebensbeschreibungen haben, aus denen die Art der Persönlichkeit vor und nach der Änderung ebenso klar hervorgeht wie der entscheidende Umwelteinfluß. Auskünfte über die Art der Persönlichkeit kann man aber nur von Menschen erhalten, die denjenigen, dessen Lebenslauf man untersuchen will, sehr genau kennen. Was man dabei erfährt, ist aber meist lückenhaft und ungenau.

Einen ersten Versuch, trotz dieser Schwierigkeiten die Frage „Charakter und Umwelt" empirisch zu behandeln, hat im Wiener Psychologischen Institut *Ernst Prelinger* unternommen. Er verschaffte sich von 126 Personen im Alter von 17 bis 65 Jahren Lebenslaufschilderungen – teils durch schriftliche Selbstdarstellung, teils durch ausführliche Explorationen (dabei zeigte sich, daß junge Menschen ihr Leben ausführlicher und detailreicher schildern als ältere, so daß die günstigste Zeit für solche Untersuchungen etwa das dritte Jahrzehnt darstellt – 100 der Versuchspersonen *Prelingers* befanden sich in diesem Alter).

Die Lebenslaufschilderungen wurden in drei Gruppen geteilt: solche, aus denen keinerlei Hinweis auf eine Persönlichkeitsänderung zu entnehmen war (84 Fälle), solche, aus denen man solche Hinweise nicht mit Sicherheit entnehmen konnte (32 Fälle) und solche, aus denen eine umweltbedingte Persönlichkeitsänderung mit sehr großer Wahrscheinlichkeit hervorging (10 Fälle). Bei der Zuteilung zu den einzelnen Gruppen wurde sehr kritisch vorgegangen, so daß in die dritte Gruppe nur solche Fälle kamen, in denen die Versuchsperson selbst eine Änderung bemerkte und meist auch die Ereignisse angeben konnte, die dazu führten (Änderungen der Lebensumstände durch politische Umwälzungen, durch Krieg, Soldatenleben, Tod von Familienangehörigen usw.). Diesen 3 Gruppen stellte *Prelinger* die Ergebnisse einer typendiagnostischen Untersuchung seiner Versuchspersonen gegenüber (Fragebogen zyklothym-schizothym nach *Scholl,* ein amerikanischer Fragebogen über extra- und introvertiert und Form-Farb-Versuch, weil für die Form-Farb-Reaktion die Vererbbarkeit durch *Kleinknecht* wahrscheinlich gemacht worden war). Diese typendiagnostische Untersuchung hatte 4 Gruppen ergeben; die vorwiegend schizothym-introvertierten Formseher (32 Fälle), die vorwiegend zyklothym-extravertierten Farbseher (24 Fälle), die „Mittelfälle“, die in keiner Hinsicht ein Vorwiegen zeigten (36 Fälle) und die „Kreuzfälle“, bei denen Formsehen mit zyklothym-extravertierter Selbstschilderung verbunden war. Die nachstehende Tabelle *Prelingers* zeigt die Gegenüberstellung der Lebenslaufresultate und Typendiagnosen.

Man sieht, daß die Personen, bei denen eine Änderung der Persönlichkeit nach ihrem Lebenslauf sehr wahrscheinlich erscheint, ausnahmslos solche sind, bei denen Form-Farb-Reaktion und charakterologische Selbstschilderung im Fragebogen nicht in dieselbe Richtung weisen. *Prelinger* schließt daraus, daß in diesen Fällen die Umwelteinwirkung infolge der gegensätzlichen Charakteranlagen von

Tabelle 22.

Typologische Gruppe	Keine Umwelteinwirkung	Umwelteinwirkung möglich	Umwelteinwirkung höchstwahrscheinlich	Summe
Formseher (Fragebogen introvertiert)	25 (78,1 %)	7 (21,9 %)	0 (0,0 %)	32(100%)
Farbseher (Fragebogen extravertiert)	22 (91,7 %)	2 (8,3 %)	0 (0,0 %)	24(100%)
Mittelfälle in beiden Versuchen	27 (75,0 %)	9 (25,0 %)	0 (0,0 %)	36(100%)
„Kreuzfälle“	10 (29,4 %)	14 (41,2 %)	10 (29,4 %)	34(100%)
Summe	84	32	10	126

größerem Einfluß war; je einheitlicher eine Persönlichkeit ist, desto geringer ist nach dieser Hypothese der Einfluß der Umwelt.

Theorie der Umweltwirkung

Die dargestellten Forschungsergebnisse lassen sich noch durch einige allgemein bekannte Tatsachen ergänzen; z. B. durch die Feststellung, daß es auch in der günstigsten Umwelt niemals gelingt, aus einem Idioten einen Begabten zu machen, oder daß sich sehr starke Anlagen (z. B. verbrecherische, aber auch künstlerische) in jedem Milieu durchsetzen. *Sicher ist, daß die Anlagen zu Charaktereigenschaften vererbt werden;* der Umwelteinfluß kann daher nur darin bestehen, daß bestimmte Anlagen zur Entwicklung gebracht oder in ihrer Entwicklung behindert werden. Daß durch die Umwelt eine neue Eigenschaft entsteht, zu welcher keinerlei Anlage vorhanden war, ist unvorstellbar; sonst müßte es auch gelingen, durch Milieueinflüsse aus einem Schwachsinnigen einen Hochbegabten oder aus einem Unmusikalischen einen Musikalischen zu machen. Von diesem Gesichtspunkt aus besteht der Einfluß der Umwelt darin, daß sie bestimmte Anlagen fördert und zu voller Auswirkung bringt, andere hingegen nicht zur Entwicklung kommen läßt. „Volle Auswirkung" bedeutet dabei, daß der höchstmögliche Entwicklungsgrad und damit die obere erreichbare Grenze der Leistung erreicht wird. Es ist als sicher zu betrachten, daß es für jeden Menschen bei jeder erbmäßig bedingten Eigenschaft eine obere unüberschreitbare Grenze der Entwicklung gibt; für den biologisch denkenden Psychologen besteht darüber kein Zweifel, weil er weiß, daß die psychischen Leistungen von organischen Vorgängen im Gehirn-Drüsen-System abhängen.

Hält man sich an die oben dargestellten Tatsachen und die unmittelbaren Folgerungen, die sich aus ihnen ergeben, so kann man folgende Sätze aufstellen:

1. Es ist Tatsache, daß sich die organischen Grundlagen psychischer Eigenschaften vererben;

2. die Umwelt entscheidet darüber, welche Anlagen zur Entwicklung gelangen und wie weit sie entwickelt werden;

3. sehr starke Anlagen entwickeln sich in jeder Umgebung.

Aus diesen drei Sätzen läßt sich eine Annahme ableiten, die das Vererbungs-Umwelt-Problem beträchtlich klarer macht. Wenn es richtig ist, daß starke Anlagen sich in jedem Milieu entwickeln, während es bei schwachen Anlagen davon abhängt, ob sie durch die Umwelt ausgelöst und zur Entwicklung angeregt werden, so kann man ein *„Gesetz der Umweltwirkung“* formulieren: wie stark und in welcher Richtung ein Mensch von der Umwelt beeinflußt werden kann, hängt von seinen Anlagen ab; oder *der Grad der Beeinflußbarkeit durch die Umwelt ist durch die Anlagen bestimmt.* Von diesem Gesichtspunkt aus ist es verständlich, daß manche Menschen in sehr hohem Maße von der Umwelt „geprägt“ werden, während andere von ihren Einflüssen fast unberührt bleiben und die Tendenz zeigen, die Umgebung nach ihrer eigenen Art zu verändern statt sich ihr anzupassen. Bei den ersteren liegen keine starken Einzelanlagen vor, aber vielleicht vielerlei schwache; bei den letzteren sind starke Anlagen vorhanden, die aus ihrer eigenen Kraft auf jeden Fall zur Entwicklung gelangen. Natürlich bin ich mir bewußt, daß die Ausdrucksweise „schwache“ und „starke“ Anlagen sehr ungenau ist und daß sich ihre Stärke nur aus ihrer Auswirkung erschließen, nicht aber direkt im Anlagenbestand eines Menschen feststellen läßt. Es ist vorstellbar, daß gleiche Anlagen von Vater- und Mutterseite zusammenkommen, so daß dadurch eine Verstärkung entsteht.

Ebenso schwierig ist es, genau anzugeben, was es heißt, daß eine Anlage „zur Entwicklung komme“. Biologisch betrachtet, hat man es dabei mit dem Wachstum jener Gehirnzellen zu tun, welche die nervösen Erregungsprozesse erzeugen, aus denen die Trieb- und Interessenerlebnisse entstehen. Nach allem, was gegenwärtig über die Zusammenhänge zwischen Gehirn und Seelenleben bekannt ist, steht es außer Zweifel, daß jedem bewußten Erleben ein bestimmter Hirnvorgang zugrunde liegt, der das Vorhandensein bestimmter Gangliensysteme zur Voraussetzung hat. Das Erlebnis des Wissenstriebes oder des künstlerischen Darstellungsdranges kann nur entstehen, wenn die ihnen entsprechenden Hirnprozesse auftreten; diese können aber nur auftreten, wenn die entsprechenden Zellsysteme einen bestimmten Entwicklungsgrad erreicht haben. Sind solche Zellsysteme überhaupt nicht vorhanden, so kann es niemals zum Erlebnis des Wissensdranges oder Künstlertriebes kommen – auch dann nicht, wenn das familiäre

Milieu dafür viele Anregungen bieten würde; sind hingegen sehr viele Zellen dieser Art vorhanden, so werden sie auch ohne äußere Anregung, also in jeder Umwelt, zu hoher Entwicklung gelangen und dann eben die nervösen Prozesse hervorbringen, aus denen der Drang nach Erkenntnis oder nach künstlerischer Darstellung des eigenen Erlebens hervorgeht. Man sieht, daß man die Frage, ob der Einfluß der Umwelt sehr hoch oder sehr niedrig einzuschätzen sei, nicht allgemein beantworten kann; er kann außerordentlich wirksam oder äußerst geringfügig sein, je nachdem, was für Anlagen in einem Menschen vorhanden sind. Man muß sich dabei darüber im klaren sein, daß „Einfluß der Umwelt" nichts anderes bedeutet, als daß durch eine bestimmte Umgebung ein bestimmter Anlagenkomplex zu besonders hoher Entwicklung gebracht wird; in einer anderen Umwelt wären diese Anlagen vielleicht latent geblieben. Mit Recht kann man daher sagen, diese oder jene Persönlichkeitskomponente eines Menschen sei auf seine Umwelt zurückzuführen; sie wäre nicht entstanden, wenn der Mensch in einer Umwelt aufgewachsen wäre, von welcher keinerlei Anregungen zur Entwicklung dieser Komponente seines Charakters ausgegangen sind.

Charakter und Erziehung

Man könnte meinen, daß die obigen Ausführungen für die Lehrer und Erzieher recht entmutigend seien. Wenn es von den unabänderlichen Anlagen abhängt, ob und in welcher Richtung ein Mensch durch die Umwelt beeinflußt werden kann, dann ist durch die Anlagen auch bestimmt, ob und inwieweit die Erziehung wirksam wird. Trotzdem besteht kein Anlaß, die Hoffnung auf Erziehungserfolge aufzugeben; jedermann weiß, daß er ohne die Erziehung, die er in Familie und Schule genossen hat, nicht derjenige wäre, der er jetzt ist. Nur darf man nicht glauben, daß der Erzieher in jedem Menschen nach Belieben bestimmte Eigenschaften *erzeugen* könne; er kann nur das, was anlagemäßig gegeben ist, zur vollen Auswirkung bringen oder die Entwicklung unerwünschter Anlagen bis zu einem gewissen Grade unterdrücken. Hier – und wahrscheinlich nur hier allein – liegen die Möglichkeiten der Erziehung; ihre Wirkungsweise auf den Menschen besteht in der Förderung der Entwicklung vorhandener Anlagen (oder in der Hemmung dieser Entwicklung). Man kann sich diese Verhältnisse leicht an einem Beispiel aus dem Bereiche der körperlichen Entwicklung und Umweltwirkung klarmachen: wenn zwei Männer genau gleiche Anlagen zur Entwicklung ihrer Muskulatur hätten und der eine von ihnen auf einem Bauernhof bei harter Landarbeit aufwächst, während der andere in der Stadt lebt, studiert und schließlich Beamter wird, so wird die Muskelentwicklung beim ersten fast den höchstmöglichen Grad erreichen, beim zweiten hingegen kaum einen mittleren Grad. Genau dasselbe gilt für die Eigenschaften des Denkens, Fühlens und Wollens; der Grad, bis zu welchem sich die Begabung zum logischen Schließen, Rechnen, Kombinieren und zu zielsicheren Entschlüssen und konsequenter Durchführung oder auch zu künstlerischem Empfinden oder ethischen Urteilen entwickelt, hängt davon ab, ob und in welchem Grade diese Anlagen von der jeweils gegebenen Umwelt angeregt und zur Auswirkung gebracht werden. Es gilt hier offenbar ein Gesetz, das in der körperlichen Entwicklung eine entscheidende Rolle spielt: *Funktionen, die oft gebraucht werden, entwickeln sich bis zum höchstmöglichen Entfaltungsgrad; Funktionen, die selten oder nie gebraucht werden, verkümmern und bleiben unentwickelt (Aktivitätshypertrophie und Inaktivitätsatrophie).* Der Einfluß der Umwelt als Erziehungsfaktor ist gar nicht zu überschätzen; obwohl er sich nur innerhalb der anlagemäßig unabänderlich festgesetzten Grenzen auswirken kann, ist sein Spielraum immer noch sehr groß, wenn auch keineswegs bei allen Menschen gleich groß. Es gehört zu den wesentlichen Merkmalen eines Menschen, ob er durch die Umgebung in hohem oder niederem Grade beeinflußbar ist oder, noch besser gesagt, durch welche Umgebung er in hohem und durch welche er in niederem Grade beeinflußt wird. Daraus, ob und wie sein Charakter auf eine bestimmte Umwelt „anspricht“, kann man den Charakter selbst erkennen.

Dem erfahrenen Lehrer und Erzieher ist mit allen diesen Ausführungen nichts Neues gesagt. Er weiß, daß die intellektuelle Entwicklungsmöglichkeit der einzelnen Kinder ganz verschiedene Grade umfaßt und daß bestimmte individuelle Grenzen auch bei intensivsten Bemühungen nicht überschritten werden können; und er weiß ferner, in wie verschiedener Weise die einzelnen Kinder auf die Umwelt

„Schule" reagieren. Zu wenig Beachtung scheint jedoch von den Lehrern der Tatsache der Sonderbegabungen geschenkt zu werden. Es wäre zu wünschen, daß die Schulen in dieser Hinsicht nicht nur sorgfältigere Beobachtungen durchführen, sondern auch für die Pflege gefundener Sonderbegabungen mehr Sorge tragen. Außer dem Durchschnittsgrad der allgemeinen Bildung sollte die Erfassung und Pflege besonders entwicklungsfähiger Anlagen aller Art – von der Begabung für Kunst, Wissenschaft und Technik bis zu derjenigen für Handwerksarbeiten oder sportliche Leistungen – die Hauptaufgabe der Schule bilden.

Abschließend kann man sagen: der Einfluß von Umwelt und Erziehung besteht darin, daß vorhandene Anlagen zu hoher Entwicklung gebracht oder in ihrer Entwicklung gehemmt werden. Bei diesem Entwicklungsprozeß ist der Umwelteinfluß der entscheidende Faktor; er kann zwar nur innerhalb der Grenzen wirksam werden, die durch die Erbanlagen gesetzt sind, innerhalb dieser Grenzen aber ist er – von Menschen mit sehr starken Anlagen abgesehen – von entscheidender Bedeutung. Es ist jeder Mühe wert, aus den vielen Möglichkeiten, die im Charakter des Menschen liegen, durch planmäßige Steuerung und Beeinflussung die ethisch und intellektuell wichtigen Anlagen zu möglichst hoher Entwicklung zu bringen und dadurch den Menschen zu einer kulturell und sozial wertvollen Persönlichkeit zu machen.

In der Einleitung zu diesem Kapitel wurde erwähnt, daß die Behauptung, die Persönlichkeit des Menschen sei ausschließlich durch seine Erbanlagen bestimmt, bei vielen Menschen starkes Widerstreben auslöst. Tatsächlich ist die Persönlichkeit – außer bei sehr starken Erbanlagen – nur insofern durch die Vererbung bestimmt, als keine Eigenschaft, die anlagemäßig nicht vorhanden ist, erzeugt werden kann. Welche der Erbanlagen zur Auswirkung kommen und die Persönlichkeit bilden, hängt sehr weitgehend von der Umwelt ab. Diese Feststellung hat immer noch etwas Bedrückendes; wer von seinen Eltern starke asoziale Anlagen mitbekommen hat, ist dadurch gegenüber anderen ebenso benachteiligt wie derjenige, der in eine ungünstige Umgebung hineingeboren wurde. Im großen und ganzen ist es aber doch besser, daß die Erbgesetze auch für Eigenschaften des Charakters gelten; wäre es nicht so, so könnte man durch gleiche Umgebung und Erziehung alle Menschen gleich machen; es gäbe keine individuelle Persönlichkeit mehr. Dies wäre zweifellos das Ende jeder Kultur.

Zum Abschluß des Kapitels „Charakter und Vererbung" ist eine begriffliche Unterscheidung einzuführen, die viel zur Klarstellung der charakterologischen Probleme beiträgt und auch für die praktische Begutachtung von Bedeutung ist. Wenn der Einfluß der Umwelt darin besteht, daß sie einzelne Anlagen fördert, andere dagegen hemmt, so kann man bei jedem Menschen in jedem Stadium seines Lebens zwei Gruppen von Anlagen zu psychischen Eigenschaften unterscheiden: solche, die zu hoher Entwicklung gelangt sind, und solche, die fast oder ganz unentwickelt geblieben sind, aber bei entsprechenden äußeren Einflüssen immer noch zur Entwicklung kommen können. Seit vielen Jahren bezeichne ich die Gesamtheit der *entwickelten* psychischen Anlagen als die *„Persönlichkeit"* des Menschen, die Gesamtheit *aller* psychischen Anlagen – der entwickelten wie der unentwickelten – als seinen *„Charakter"*. Die Persönlichkeit eines Menschen ist dasjenige, was bisher unter dem Einfluß seiner Umgebung aus seinem Charakter entstanden ist; sein Charakter umfaßt alles, was er *überhaupt* in psychischer Hinsicht werden kann. *Persönlichkeit ist der Mensch in seiner jeweiligen Eigenart, Charakter die allgemeine psychische Eigenart des einzelnen Menschen.* Scharfe Grenzen lassen sich dabei freilich nicht ziehen; die unentwickelten psychischen Kräfte wirken wahrscheinlich immer wieder als dumpfe Triebregungen, geheime Wünsche, unklare Gefühle in die Persönlichkeit hinein. Begrifflich ist aber mit der Unterscheidung zwischen Charakter und Persönlichkeit viel gewonnen; denn sie macht es möglich, die psychische Eigenart des Menschen, wie sie gegenwärtig ist, von derjenigen, wie sie einmal in der Jugend war oder in späterem Alter sein wird, klar zu trennen. Weder die theoretische noch die praktische Charakterologie kann zu richtigen Ergebnissen kommen, wenn sie die Tatsache der Entwicklung unbeachtet läßt; der Entwicklung kann man aber mit einem starren Charakterbegriff niemals gerecht werden, weil sie ja gerade in fortschreitender Änderung besteht. Man muß daher zwei Begriffe zur Verfügung haben – einen, der die Veränderung der psychischen Eigenart unter dem Einfluß von Entwicklung und Umwelt erfaßt, und einen zweiten, der alle überhaupt gegebenen Möglichkeiten der psychischen Eigenart eines bestimmten Menschen zum Inhalt hat. *Die Persönlichkeit des Men-*

schen ist veränderlich, der Charakter ist unveränderlich; die Anlagen können nicht vermehrt oder verringert, sondern nur mehr oder weniger zur Entwicklung gebracht werden.

Es sei ausdrücklich betont, daß die vorgeschlagene Unterscheidung „Charakter ist die allgemeine, Persönlichkeit die jeweilige psychische Eigenart des Einzelmenschen" keineswegs den Anspruch erhebt, eine vollkommene Definition dieser beiden Begriffe zu geben. Eine solche ist gegenwärtig noch nicht möglich; „Persönlichkeit" und „Charakter" sind Ausdrücke, die heute zwar jeder Psychologe verwendet, von denen aber keiner genau sagen kann, was sie bedeuten. Der Amerikaner *Gordon W. Allport* hat sich die Mühe gemacht, aus der internationalen Literatur die wichtigsten Begriffsbestimmungen von „Person" und „Persönlichkeit" zusammenzustellen; es ergaben sich 49 Definitionen, zu denen *Allport* die 50. mit folgender Formulierung hinzufügte: „Persönlichkeit ist die dynamische Ordnung derjenigen psychophysischen Systeme im Individuum, die seine individuellen Anpassungen (adjustments) an seine Umwelt bestimmen"; dabei bedeutet „Ordnung" vermutlich ungefähr dasselbe wie der deutsche Begriff „Struktur", während das Wort „dynamisch" ausdrücken soll, daß die psychologischen Systeme, das sind psychische Eigenschaften oder Eigenschaftsgruppen, sich wechselseitig beeinflussen und Motive für die Handlungen darstellen, aus denen die Anpassung hervorgeht. Daß in *Allports* Definition die „Anpassung" an die Umwelt als die einzige Auswirkung der Persönlichkeit genannt wird, ist typisch amerikanisch gedacht; die meisten europäischen Psychologen dürften der Behauptung zustimmen, daß sich die Persönlichkeit des Menschen auch in rein „innerseelischen" Bereichen auswirkt, die allerdings nur durch die Methode der Selbstbeobachtung erfaßbar sind: z. B. in der Art des Fühlens und Denkens, in der Stellungnahme zu sich selbst, zu eigenen Schwächen oder Konflikten, im Erlebnis des Verantwortungsbewußtseins oder Schuldgefühls, in sozialen oder weltanschaulichen Einstellungen usw.

Es wäre natürlich falsch, aus der Tatsache, daß es noch keine allgemein anerkannte Definition von „Persönlichkeit" gibt, den Schluß zu ziehen, daß es daher auch keine Persönlichkeitsforschung geben könne; im Gegenteil – gerade weil auf diesem Gebiete über die grundlegenden Tatsachen und Begriffe noch keine Klarheit besteht, ist intensive Forschungsarbeit besonders notwendig. Wahrscheinlich wird man dabei mit einem einzigen Persönlichkeitsbegriff nicht das Auslangen finden; je nach dem Gesichtspunkt, von dem aus man einen Menschen betrachtet, ergeben sich verschiedene Begriffe von „Charakter“ und „Persönlichkeit“ (wobei alle *wertenden* Gesichtspunkte – z. B. in der Ausdrucksweise „er hat Charakter“, „er ist eine Persönlichkeit“ – von vornherein ausgeschaltet werden müssen). Berücksichtigt man z. B. die Tatsache, daß man eigene Triebe ablehnen und bekämpfen kann, so ergeben sich neue Begriffe von „Charakter“ und „Persönlichkeit“. Ein Trinker oder Morphinist, der gegen seine Sucht ankämpft, wird geneigt sein, die Tendenz zum Widerstand gegen die Sucht als Komponente seiner Persönlichkeit zu betrachten, während er die Sucht selbst als etwas erlebt, was seiner Persönlichkeit als gefährlicher Drang gegenübertritt und von ihr überwunden werden sollte; andererseits ist aber nicht zu bestreiten, daß die Sucht ebenfalls zu ihm gehört. Man kann dies zum Ausdruck bringen, indem man etwa sagt: zu seinem Charakter gehört auch ein starker Drang zu Genußgiften, gegen den seine Persönlichkeit trotz ehrlichen Bemühens nicht immer aufkommt. So ergibt sich, daß man von einer Persönlichkeit im engeren Sinn sprechen kann, die nur die zum jeweiligen „Ich“ gehörenden Komponenten umfaßt, während mit „Charakter“ *alle* in einem bestimmten Menschen wirksamen Kräfte gemeint sind. Mit diesem Beispiel ist auch gezeigt, daß man keineswegs von einer „Einheit der Persönlichkeit“ sprechen kann, wie es vielfach geschieht; es gehört zu den entscheidenden Unterschieden zwischen Mensch und Tier, daß der erstere zu seinen eigenen Triebregungen und Handlungen eine ablehnende Stellung einnehmen kann, die zu „inneren Kämpfen“ führt. Die Begriffe „Selbstbeherrschung“, „Selbstkritik“, „Selbstüberwindung“, „Selbstvorwurf“ bringen diese Zwiespältigkeit des Menschen sehr klar zum Ausdruck; setzt man den Begriff „Persönlichkeit“ dazu in Beziehung, so wird man darunter nicht den beherrschten, kritisierten oder überwundenen Anteil des eigenen Selbst verstehen, sondern denjenigen, der andere Anteile beherrscht, kritisiert oder überwindet. Zum „Charakter“ hingegen wird man auch diejenigen Komponenten zählen müssen, gegen die sich die ablehnende Stellung der Persönlichkeit richtet.

In der allgemeinen Definition, die in der Einleitung vorgeschlagen wurde, sind alle Möglichkeiten solcher zwiespältigen Erlebnisse und der daraus entstehenden Spannungen und Konflikte erfaßt: *der Charakter des Menschen besteht in der Art und Stärke der Erlebnisse, die sein Verhalten bestimmen.* In diesen Erlebnissen – und nur in ihnen – liegt seine individuelle psychische Eigenart. Es gibt keine andere Möglichkeit, die Begriffe „Charakter“ und „Persönlichkeit“ einigermaßen präzis zu bestimmen als ihre Rückführung auf das individuelle Erleben, aus dem sich das gesamte Verhalten des Menschen ergibt. Die psychische Eigenart des einzelnen Menschen besteht ausschließlich in der besonderen Art seines subjektiven Erlebens.

Für die praktische charakterologische Arbeit ergibt sich aus dem Gesagten, daß man mit den üblichen Hilfsmitteln (Tests, Ausdrucks- und Verhaltensbeobachtung) im allgemeinen nur die jeweilige Persönlichkeit des Menschen erfaßt. Die Lebenslaufforschung kann Aufschlüsse über frühere Persönlichkeitsstadien geben. Mit all dem ist aber noch keine Charakterbeschreibung möglich. Man kennt einen Menschen nicht, wenn man von ihm nur dasjenige weiß, was zu voller Entwicklung gelangt ist; man kennt ihn – und ebenso sich selbst – erst dann, wenn man ahnt, was noch unentwickelt in ihm steckt und bei entsprechenden äußeren Anlässen zur Auswirkung kommen wird.

Charakter und Geschlecht

Von allen charakterologischen Einzelproblemen ist die Beziehung des Charakters zum Geschlecht das ungeklärteste. Obwohl es an theoretischen und experimentellen Bemühungen, auch auf diesem Gebiete zu gesicherten Feststellungen zu kommen, nicht gefehlt hat, ist man heute noch weit davon entfernt, die entscheidenden Unterschiede zwischen männlicher und weiblicher Eigenart beschreiben zu können. Nicht einmal über den Grund der Erfolglosigkeit aller diesbezüglichen Untersuchungen kann man etwas Sicheres sagen; man hat ihn bald in dem Umstand gesucht, daß die weiblichen Eigenschaften infolge der männlichen Vorherrschaft nicht genug zur Geltung kämen, bald in einer allzu großen Verschiedenheit zwischen männlicher und weiblicher Eigenart, die dem Manne das Verstehen der weiblichen Psyche unmöglich mache, bald in einer besonderen Plastizität und Suggestibilität der Frau, infolge welcher sie in ihren Eigenschaften zum größten Teile nur das Produkt der sie beeinflussenden Umgebung sei.

Wie schlecht es um die Kenntnis der psychischen Geschlechtsunterschiede steht, beweist ein Überblick über die vorliegenden empirischen Untersuchungen, von denen man infolge ihrer Methodik das Sicherste, was sich auf diesem Gebiete sagen läßt, erwarten sollte. Die umfassendste Arbeit dieser Art ist allerdings alt (1917);sie stammt von *O. Lipmann.* Nach ihr sind die Knaben – die Untersuchungen wurden an Schulkindern angestellt – den Mädchen z. B. in Unterrichtsleistung und Interesse für Mathematik, Technik, Zeichnen, Geschichte, Politik überlegen, ferner im Erwerbssinn, im Streben nach Macht und nach Ehre – die beiden letzten Behauptungen sind von *G. Heymans* zugunsten der Mädchen bestritten worden –; schließlich sind die Knaben unartiger, fauler, unordentlicher, lügenhafter und unbescheidener, dafür aber witziger, mutiger und ernster. Die Mädchen sind den Knaben überlegen in Handfertigkeit, Phantasie, Rechenschnelligkeit, Begabung und Interesse für lebende Fremdsprachen, Neigung zu intellektueller und sozialer Tätigkeit sowie im Geschmacks-, Gehör- und Farbensinn; sie sind eitler, artiger, fleißiger, ordnungs- und wahrheitsliebender, furchtsamer, bescheidener, heiterer und impulsiver als die Knaben. Diese Resultate wurden erzielt durch Fragebogen an Lehrer, durch Feststellung der Lieblingslektüre, des Lieblingsspieles, der Beliebtheit der einzelnen Unterrichtsfächer, durch Fragen an die Kinder, welche Eigenschaften sie gerne besitzen bzw. nicht besitzen möchten oder welche Eigenschaften die „Idealperson", das ist diejenige, der sie am liebsten gleichen möchten oder die ihnen am besten gefällt, besitzen müsse, ferner aus der Zusammenfassung ausländischer Untersuchungen, z. B. einer großen Enquete von *Heymans,* und eigener Arbeiten von *Lipmann* aus 8 542 Vergleichsuntersuchungen. Viel ist mit solchen Ergebnissen nicht anzufangen. Die wichtigste Feststellung, die sich aus ihnen ergibt, ist diejenige, daß auf experimentellem Wege nur sehr geringe psychische Geschlechtsunterschiede konstatiert wurden. Der Autor kommt zu dem Schluß: „in weitaus den meisten Beziehungen liegen also keine oder nur minimale Geschlechtsunterschiede vor, und nur einige wenige Eigenschaften können als sekundäre Geschlechtsmerkmale betrachtet werden". Jüngere Untersuchungen haben nichts wesentlich Neues gebracht.

Thyen hat auf Grund der statistischen Auswertung von 19 000 Schulzensuren von Knaben und Mädchen gezeigt, daß die Reihenfolge der Leistungshöhe bei Knaben die Fächer: Geschichte, Mathematik, Deutsch, Fremdsprachen ergibt, während diejenigen der Mädchen mit Deutsch beginnt und über Fremdsprachen und Mathematik zur Geschichte als niedrigstem Leistungsfach absinkt; der Fleiß scheint bei den Mädchen erheblich größer zu sein als bei den Knaben. *Argelander* kam in einer zusammenfassenden Untersuchung zu der Meinung, daß die Erfassung der Außenwelt beim Knaben mehr auf dem Wege der Merkmalsabstraktion, beim Mädchen mehr im Sinne einer ganzheitlichen Auffassung vor sich gehe.

Experimentell gesicherte psychische Unterschiede zwischen Frauen und Männern kennt man in verschiedenen Bereichen der Wahrnehmung. Den Männern überlegen sind die Frauen nach einigen amerikanischen Untersuchungen im raschen Erfassen von Einzelheiten (was vermutlich auf schnelleren Wechsel der Aufmerksamkeit hinweist). Hingegen erwiesen sich die Männer besser in der räumlichen Orientierung, sofern es dabei darauf ankam, von irreführenden Eindrücken der Umgebung abzusehen; in den sehr bekannt gewordenen Experimenten von *Witkin* und seinen Mitarbeitern, in denen z. B. der Prüfling in einem nach allen Richtungen neigbaren Sessel sitzt, der sich in einem ebenfalls neigbaren Raum befindet, wurde die Aufgabe, Sessel und Raum gerade zu stellen, von den Männern besser gelöst (zit. n. *Anastasi* 1958).

In ihrem Bericht über die amerikanischen Untersuchungen zur Frage der psychischen Geschlechtsunterschiede betont *Anne Anastasi* besonders die Tatsache, daß die Frauen den Männern in sprachlicher Hinsicht überlegen sind. Die Mädchen lernen früher sprechen als die Knaben, ihr Wortschatz wächst schneller an (unter amerikanischen Kindern verstehen im Alter von 18 Monaten die Knaben durchschnittlich 14, die Mädchen 38 Worte, im Alter von 2 Jahren 49 bzw. 78). In Tests, mit denen sich die „Wortflüssigkeit" feststellen läßt, brachten es die Mädchen zu besseren Leistungen als die Knaben; ebenso waren in manchen Gedächtnistests (z. B. Bildgedächtnis und Gedächtnis für logische Zusammenhänge) die Testresultate der weiblichen Versuchspersonen signifikant besser als die der männlichen. *Anastasi* führt dies darauf zurück, daß solche Gedächtnisinhalte sprachlich formulierbar seien, so daß sie von den Frauen wegen ihrer höheren verbalen Begabung leichter behalten werden.

Mit allen diesen Resultaten ist über das Wesentliche der männlichen und weiblichen Eigenart recht wenig gewonnen. Andere Versuche, psychische Geschlechtsunterschiede festzustellen, gingen von einer Betrachtung des Anteiles der Männer und Frauen an den Kulturleistungen aus. Es ist oft genug betont worden, daß die großen Leistungen in der Philosophie, in der Musik, Bildhauerei, Architektur und Technik fast ausschließlich von Männern stammen und daß die weiblichen Leistungen auf manchen Fachgebieten der Wissenschaft spärlich sind, während auf anderen Gebieten und z. B. auch in der Kunst (Dichtung, Literatur, Malerei usw.) ebenso Leistungen von Frauen hervortreten. Wie groß der weibliche Anteil an der Politik ist, ist wohl eher eine Frage der jeweiligen gesellschaftlichen Möglichkeiten.

Einige Eigenschaften der weiblichen Eigenart werden auch von *Klages* in gelegentlichen Bemerkungen hervorgehoben. Vor allem sei die Meinung, die Frau habe weniger Verstand als der Mann, „gründlich verkehrt": „Die typische Frau hat einen anderen Verstand als der typische Mann, wovon eine wichtigste Ursache darin liegt, daß ihr Erfassen und Denken vorwiegend lebensabhängig ist, das des Mannes vorwiegend geistesabhängig." (Vgl. dazu die *Klagesche* Definition von „Geist" auf S. 88 ff.) Den Frauen kommt nach *Klages* ferner – entgegen einer verbreiteten Meinung – eine größere Objektivität in der Auffassung von Personen zu, und zwar gerade deshalb, weil das Vorwiegen der persönlichen Auffassungsrichtung, d. h. des Interesses für Personen und alles mit Personen Zusammenhängenden, eine weibliche, das Vorwiegen der sachlichen Auffassungsrichtung, d. i. des Interesses für bloße Sachverhalte wie Staat, Wissenschaft, Kunst, Politik usw. eine männliche Eigenschaft sei.

Die größere Objektivität der Frauen in der Beurteilung von Menschen, die sich darin äußert, daß sie „z. B. einen Mann leidenschaftlich lieben und gleichwohl ein scharfes Auge für seine Mängel haben kann", wird mit folgender Überlegung zu erklären versucht: bei der sachlichen Auffassungsrichtung, wie sie dem Manne zukommt, wird das ganze Denken vorwiegend durch generelle Gefühle, z. B. durch Gefühle für Wahrheit, für Recht, für staatliches Zusammenleben usw., bestimmt, in der persönlichen Auffassungsrichtung hingegen, wie sie die Frauen besitzen, sind personelle Gefühle – persönliche Neigung, Bewunderung, Liebe, Widerwille, Ekel – in erster Linie entscheidend. Entstehen nun in einem Manne starke persönliche Gefühle, so trachtet er, sie durch die in seiner sachlichen Gesamteinstellung angelegten Bewertung zu motivieren: „liebt er z. B. ein Mädchen, so ist etwas in ihm darauf aus, das Mädchen schön oder interessant oder herzensgut, kurz irgendwie vortrefflich zu finden". Bei der Frau hingegen stehen die sachlichen und allgemeinwertenden Gefühle von vornherein im Hintergrund, so daß das eben beschriebene Bedürfnis des Mannes, die besonderen persönlichen Gefühlserlebnisse mit seinen allgemeinen sachlichen Gefühlen in Einklang zu bringen, für sie nicht besteht: „ sie kann also jemanden lieben, ohne zu finden, er sei besonders schön oder interessant oder herzensgut; sein Wert besteht für sie darin, daß sie ihn liebt". „Liegt somit die mögliche Ungerechtigkeit des Mannes vorzugsweise darin, daß er seine Werturteile zugunsten seiner persönlichen Gefühle fälscht, so liegt die mögliche Ungerechtigkeit der Frau vorzugsweise darin, daß sie der Allgemeinwertung die Bedeutung und Verbindlichkeit unwillkürlich aberkennt und ihr persönliches Gefühl zum Maßstab alles Wertens macht."

Auf einige andere theoretische Versuche, zu einer Psychologie der Frau zu kommen, braucht nicht eingegangen zu werden, weil sie in ihren Ergebnissen so vielfach bestritten wurden, daß man sie nicht als gesichert gelten lassen kann. Die wichtigsten dieser Arbeiten stammen von *Heymans,* der alles aus der größeren Emotionalität der Frau erklärt, und von *Liepmann,* der diese größere Gefühlserregbarkeit auf die stärkere „Vulnerabilität" (Verwundbarkeit) der Frau, die sich schon in der Art ihres Körperbaues ausdrücke, zurückführt.

Was an experimentell oder historisch gesicherten Resultaten der vergleichenden Psychologie der Geschlechter übrigbleibt, sind ein paar Unterschiede in den Schulleistungen und vielleicht einige Begabungsmängel der weiblichen Psyche. Alles übrige ist Theorie; eine Tatsache, die deutlich genug zeigt, wie weit man heute von einer (vollkommenen) Charakterologie und Psychologie der Geschlechter noch entfernt ist.

Haben einige Philosophen und Psychologen biologischen Geschlechtsunterschieden eine große Bedeutung zugemessen und in ihnen eine Grundlage psychischer Unterschiede zu finden geglaubt, so werden diese angeblichen „natürlichen“ Wesensunterschiede von verschiedenen Anthropologen und Soziologen bestritten, welche die Definition männlicher und weiblicher Verhaltensweisen eher für milieu- und gesellschaftsabhängig halten.

Bei Beobachtung von „männlichem“ und „weiblichem“ Verhalten in verschiedenen Gesellschaften gelte das als typisch „männlich“ oder „weiblich“, was einige Zeit, aus welchem Grund immer, überwiegend von einem Geschlecht im Gehaben beansprucht worden sei. Diese Gewohnheiten verfestigten sich, hätten bald die Geltung von Normen und würden als „naturgemäß“ unreflektiert übernommen. In vielen Gesellschaften gilt es z. B. als normal, daß Frauen stark dominant sind (also Eigenschaften haben, die bei uns eher als „männlich“ gelten), während sich Männer mehr dem Putz, der Muße hingeben, eher unterwürfig sind (also Eigenschaften zeigen, die bei uns im allgemeinen als „weiblich“ gelten) (nach *Margaret Mead).*

Ob man also bestimmte soziologische Funktionsaufteilungen und psychische Unterschiede gegenüber dem anderen Geschlecht aus „naturgegebenen“, d. h. aus biologischen, oder aber die unterschiedliche Bewertung der Geschlechter aus vorwiegend soziologischen und ökonomischen Ursachen (bei denen die biologische Verschiedenheit nahezu unbedeutend wird) ableiten kann, ist vom heutigen Stand der Wissenschaft aus nicht klar zu entscheiden. Es ist anzunehmen, daß die zweifellos vorhandene Unterschiedlichkeit zwischen Mann und Frau auf psychischem und leistungsmäßigem Gebiet sowohl durch biologische als auch durch soziologische Faktoren und kulturelle Wertmaßstäbe bedingt wird.

Die psychologische Forschung hat auf diesem Gebiet jedenfalls noch große Aufgaben vor sich. Ihre Resultate hinsichtlich der geschlechtsspezifischen Differenzen sind vorläufig weder abgesichert noch weittragend. So wird oft festgestellt, daß Männer Frauen an produktiver Begabung, an abstraktem Denken überlegen sind, wie die Geschichte der großen Kulturleistungen zeige; aber auch hier kann man einwenden, daß die Frau noch immer eine untergeordnete Position gegenüber dem Mann einnimmt, so daß sie, zur Passivität gezwungen, auch heute noch stark in ihrer Entfaltung gehemmt ist.

Alle diese Ergebnisse kann man lediglich als Einleitung zu weiteren Forschungen betrachten (zit. nach *Konecny,* 1973).

Persönlichkeits-Theorien

Schichten-Theorien

In den Anfängen der Psychologie wurde oft die Unterscheidung „niederes" und „höheres" Seelenleben verwendet; es sollten auf diese Weise die Bereiche der Triebe, Bedürfnisse, Leidenschaften und Begierden dem geistigen Leben – Denken, Fühlen, Wollen – gegenübergestellt werden. Diese beiden „Schichten" der menschlichen Persönlichkeit wurden in präziserer und verfeinerter Form von vielen Autoren in den wissenschaftlichen Sprachgebrauch übernommen und zur Erklärung der seelischen Spannungen und Konflikte herangezogen. Eine entscheidende Rolle spielte diese „Schichten-Theorie" der Persönlichkeit in der Lehre von *Sigmund Freud*, der den unbewußt wirkenden Triebregungen das bewußt erlebende „Ich" gegenüberstellte, dem er schon in seinen ersten Schriften (1895) eine abwehrende Funktion gegenüber unlustvollen Erlebnissen zuschrieb; die zensurierende Instanz, in der die aus Erziehung und Umwelt übernommenen ethischen Forderungen enthalten sind, bezeichnete *Freud* später (1914) als „Ich-Ideal". Für die Gesamtheit der triebhaften Bedürfnisse übernahm er dann von dem Wiener Psychoanalytiker *G. Groddeck* im Jahre 1923 den Begriff „das Es" und ersetzte den Ausdruck „Ich-Ideal" durch die Bezeichnung „Über-Ich", dem nun eine selbständige richterliche Funktion zugewiesen wird; das „Über-Ich" entwickelt sich aus den Geboten und Verboten, die in der Kindheit von der elterlichen Autorität aufgestellt wurden, aber auch aus den Normen und Forderungen des sozialen Zusammenlebens, so daß es im bewußten Erleben die Rolle spielt, die man in der Alltags-Psychologie als „Gewissen" bezeichnet. Zwischen „Es" und „Über-Ich" steht das „Ich" – oft von beiden bedrängt, weil es zwischen den Forderungen der Triebe und denjenigen des Gewissens immer wieder zu Konflikten kommt.

Das „Es" und das „Ich" kehren wieder in *Erich Rothackers* Schichten-Theorie (1938), in welcher die „Schichten" als Teile der Persönlichkeit bestimmt werden, die eigenen Gesetzen unterliegen. Das „Es" – auch das „Tier in uns" genannt – umfaßt die vitalen Triebe und Gefühle (daher auch als „Vitalperson" oder „Tiefenperson" bezeichnet), während das „Ich" als kontrollierendes Zentrum aufgefaßt wird; dazwischen liegt nach *Rothacker* eine nur unklar definierte „Person-Schicht", die ebenso wie das „Ich" nur dem Menschen zukommt und die durch Erziehung und Lebenserfahrung entstandene Organisationsform der Persönlichkeit darstellt. Das Verdienst *Rothackers* liegt weniger in seiner Schichten-Lehre der Persönlichkeit, deren Grundidee durch das Bild „das Ich reitet auf dem Es" illustriert wird, sondern darin, daß er dabei phylogenetische und ontogenetische Gesichtspunkte anlegte und die Persönlichkeitsentwicklung in enge Beziehung zur Gehirnentwicklung brachte, wie dies allerdings schon vorher (1926) *Friedrich Kraus* mit seiner Unterscheidung zwischen „Tiefenperson" und „kortikaler Person" vorgeschlagen hatte.

Im gleichen Jahre wie *Rothackers* Schichten-Lehre veröffentlichte *Philipp Lersch* seine Theorie über den „Aufbau der Person",in welcher ebenfalls zwei Schichten unterschieden werden: der „ehdothyme Grund", der Lebensgefühl, Selbstgefühl, Affekte und Strebungen umfaßt, und der „rationale Oberbau", zu dem er den Willen und die intellektuellen Funktionen zählt. Aus dem Zusammenspiel dieser beiden Regionen versucht er in feinsinnigen Analysen den individuellen Charakter abzuleiten; zwischen den beiden Regionen besteht jedoch nach der Theorie von *Lersch* keine feindliche Spannung, sondern eher eine entwicklungsgeschichtlich begreifliche Ergänzung.

Eine Schichten-Theorie, aus der sich eine neue Auffassung – „Persönlichkeit als Prozeß" – entwickelte, vertritt *Robert Heiss,* der hierbei von der Gegensätzlichkeit zwischen Getriebenheit und Fähigkeit ausgeht. „Am Anfang des Lebens hat die Drangwelt die Führung, allmählich entwickelt und scheidet sich davon die Welt der Fähigkeiten, und es trennen sich beide Daseinsrichtungen voneinander. Wir verspüren erst dann das Werden der Persönlichkeit im Kinde, wenn beide Welten ihre Gestalt gewinnen." Daraus entsteht der „Lebenszwiespalt", aus dem sich in Spannung und Ausgleich die Persönlichkeit als „schwebendes Gleichgewicht" entwickelt. Der Schichtengedanke kommt in der Annahme einer „vitalen Tiefenpersönlichkeit" zum Ausdruck. Der Hauptwert dieser Lehre liegt in der Hypothese vom „Lebenszwiespalt", der mit seinen persönlichkeitsbildenden Krisen und Konflikten einen sehr fruchtbaren Grundgedanken darstellt, aber sicher nicht nur aus dem Gegensatz von Trieben und Fähigkeiten abgeleitet werden kann.

Struktur-Theorien

Viel älter als die Bemühungen, die einzelnen Charaktereigenschaften experimentell oder mit Hilfe von Tests zu erfassen und daraus die Persönlichkeit sozusagen Stück für Stück aufzubauen, sind die rein theoretischen Ansätze, die versuchen, die ganze Mannigfaltigkeit der menschlichen Individualität aus wenigen Grundeigenschaften abzuleiten. In den ersten Anfängen der wissenschaftlichen Psychologie machte man sich diese Aufgabe sehr leicht; man stellte einige wenige Charaktermerkmale zusammen und kombinierte sie unter verschiedenen Gesichtspunkten zu einfachen „Persönlichkeits-Strukturen".

William Stern führte schon im Jahre 1911 in seinem Buche „Differentielle Psychologie" nicht weniger als 15 „Strukturschemata" des Charakters an. Ihr praktischer Wert ist sehr gering; aber auch theoretisch sind sie ziemlich bedeutungslos geblieben, weil sie meist ohne empirische Grundlagen und ohne Rücksicht auf das wirkliche Leben am Schreibtisch ausgedacht wurden und daher abstrakte Spekulationen geblieben sind. Mit einigen wenigen Komponenten läßt sich weder eine Einzelpersönlichkeit erklären noch die Mannigfaltigkeit der menschlichen Charaktere auch nur annähernd erfassen. Nicht wegen ihres wissenschaftlichen Wertes, sondern mehr als Warnung vor solchen rein theoretischen Konstruktionen sind im folgenden die „Kreuzungs-Schemata" dargestellt, mit deren Hilfe *Wilhelm Wundt* und *Hermann Ebbinghaus* die vier Temperamente, die *Hippokrates* im Jahre 400 vor Christus aufgestellt hat, zu erklären suchten. *Wundt* kreuzte die Gegensatzpaare: starke und schwache, schnelle und langsame Affektanlage und kam dadurch zu dem Schema:

Tabelle 23.

	stark	schwach
schnell	cholerisch	sanguinisch
langsam	melancholisch	phlegmatisch

Ebbinghaus verband optimistische und pessimistische Lebenshaltung mit der Auswirkungsart der Gefühle (s. Tabelle 24).

Gegenüber diesen primitiven Ansätzen zu einer Theorie der Persönlichkeitsstruktur bedeuten einige neue Versuche, zu einem System der Charaktereigenschaften zu gelangen, einen sehr beträchtlichen Fortschritt. Obwohl sie nicht auf Experiment und Statistik aufbauen, sondern von allgemeinen, in der Selbstbeobachtung jedes Menschen feststellbaren Tatsachen ausgehen und unmittelbar verstehbare Zusammenhänge suchen (sie gehören daher in den Bereich der geisteswissenschaftlichen Psychologie), enthalten sie neue Gesichtspunkte, die der lebendigen Wirklichkeit entnommen sind und daher auch auf die Ergebnisse der naturwissenschaftlichen Charakterforschung übertragen werden können. Diese geisteswissenschaftlichen Systeme können hier leider nur skizzenhaft geschildert werden, weil sich ihre – meist der Alltagserfahrung, der Selbstbeobachtung oder den Charakterschilderungen der Dichter entnommenen – Begründungen nicht kurz darstellen lassen.

Worauf es der geisteswissenschaftlichen Charakterforschung ankommt, läßt sich mit der Begriffsbestimmung illustrieren, die *Albert Wellek* von der Charakterkunde gibt: ,,Charakterkunde ist eine Wesens- oder Seinswissenschaft, die nicht von psychologischen Phänomenen oder Erscheinungen, d. h. Bewußtseins- oder Erlebnisinhalten

Tabelle 24.

	mehr optimistisch	mehr pessimistisch
mehr affektartig (stürmisch und lebhaft)	sanguinisch	cholerisch
mehr stimmungsartig (verhalten und nachhaltig)	phlegmatisch	melancholisch

und -vorgängen (aber auch nicht von vor- und unbewußten Inhalten und Vorgängen – wie in der Regel die sogenannten Tiefenpsychologien annehmen) handelt, sondern eben vom seelischen Sein und Sosein (des Menschen und auch der Tiere)." Die Grundgedanken, die *Wellek* von diesem Standpunkt aus entwickelt, sind – in skizzenhafter Darstellung – folgende: es sei eine triviale Tatsache, daß der Mensch „gegensatzhaltig, ja widerspruchsvoll ist und unter (‚polaren') Spannungen steht"; ein wesentlicher Grund für charakterologische Fehlurteile und Irrungen liege darin, daß „fälschlich die schlechthinnige Einheitlichkeit ‚des' Charakters als eine Selbstverständlichkeit unterstellt wird". Hierin kann man *Wellek* nur restlos zustimmen; ebenso in seiner Behauptung, daß polare Gegensätze „nicht einfach bloß Gegensätze, sondern zugleich zusammengehörig, für- und durcheinander gefordert, aufeinander verwiesen sind". Sie sind „korrelativ" und „koexistent", man kann sie nur paarweise denken; „sie werden erst einer am andern lebendig"; „zu ihrem Wesen gehört, daß sie – ohne reine Negationen voneinander zu sein – von der Spannung gegeneinander leben, an diesem einander Entgegengesetztsein gerade ihre eigentümlichste Prägung erfahren". Was der Choleriker ist, wird daran deutlich, was der Phlegmatiker ist, und umgekehrt; ohne daß doch der Phlegmatiker bloß der Nicht-Choleriker oder der Choleriker bloß der Nicht-Phlegmatiker wäre – ja eben deshalb. Es besteht hier also ein polarer koexistentialer Zusammenhang zwischen bestimmten Formenkreisen menschlichen Seins, kurz gesagt: *„Polarität"*. Auf diesen Grundgedanken aufbauend, stellt *Wellek* drei Gruppen (Intensität–Extensität, Extraversion–Introversion, Eshaftigkeit–Ichhaftigkeit) von je sieben Gegensatzpaaren auf, insgesamt also 21 polare Eigenschaftspaare, die im einzelnen besprochen werden. Das Entscheidende an seiner Auffassung ist das „Polaritäts-Denken": man dürfe nicht fragen, ob eine Charaktereigenschaft vorhanden sei oder nicht, sondern es könne nur die Eigenschaft oder ihre Gegeneigenschaft vorhanden sein. Manche Polaritäten, die *Wellek* aufstellt, machen ein wenig den Eindruck schematisierter Abstraktionen; empirische Hinweise im Sinne der naturwissenschaftlichen Forschung fehlen. Man könnte einen solchen höchstens in der Tatsache sehen, daß die von den statistischen Persönlichkeitsforschern gefundenen Persönlichkeitsdimensionen ebenfalls vielfach polaren Charakter aufweisen.

„Persönlichkeit als Struktur" ist auch für *Hans Thomae* der einleitende Gesichtspunkt, den er mit einem entwicklungspsychologischen Aspekt „Persönlichkeit als Prozeß" (vorher schon von *R. Heiss* u. a. vertreten) verbindet. Seine Meinungen lassen sich in gedrängter Form nicht darstellen; es sei nur erwähnt, daß er drei „Kerngebiete" der Persönlichkeit unterscheidet, die er als „propulsive", „impulsive" und „prospektive" Sphäre bezeichnet. Die propulsive Sphäre umfaßt die formbar bleibenden Bereiche, die nicht in feste Verhaltensformen eingehen; die impulsive Sphäre enthält die verfestigten, habituell gewordenen Verhaltensweisen und Bedürfnisbefriedigungen; und die prospektive Sphäre ist der Bereich der planenden, auf die Zukunft ausgerichteten Erlebnisse. Bei verschiedenen Menschen dominieren verschiedene Sphären. Aus der individuell verschiedenen Entwicklung dieser Sphären entstehen die einzelnen Charaktere, die sich verschiedener „Daseinstechniken" bedienen. Die einzelnen „Charakter-Eigenschaften" gliedert *Thomae* in einem „Ordnungsmodell" ungefähr nach Antrieb, Anpassung, Stabilität, Gemütsbeteiligung und Beeinflußbarkeit auf. Das Ziel einer Persönlichkeitsbeschreibung mit Hilfe von Eigenschaften ist nach *Thomae* nicht eine „Summierung ... von formalen Eigenschaften", sondern „eine Schilderung der Art, wie ein Mensch in der Welt steht, wie er auf sie zugeht und ihre Einwirkungen beantwortet, was er von ihr erwartet und wie er Enttäuschung, Förderung, Erfolg, Erfahrung um Krankheit und Tod abfängt".

Ebenso wichtig und interessant wie der Inhalt der Lehren *Welleks* und *Thomaes* ist ihre Tendenz: sie wollen zu einer natürlichen Ordnung von Persönlichkeits-Merkmalen kommen, indem sie feststellen, welche Eigenschaften „zusammengehören". Genau dieselbe Aufgabe stellten sich *Jung, Kretschmer, Jaensch* und *Pfahler,* die aus solchen zusammengehörigen Eigenschaften ihre Typen konstruierten. Aber auch die psychologischen Statistiker in England und Amerika haben das gleiche Ziel; sie wollen aus Testergebnissen „zusammengehörige" Merkmale herausrechnen. Überall in der Welt arbeitet die Persönlichkeitsforschung am gleichen Grundproblem: an der Feststellung von Einzelmerkmalen, die „innere Zusammenhänge" aufweisen und daher ein „Syndrom" bilden. Es ist dasselbe Bestreben, das in der Medizin zur Auffindung von „Symptomen-Komplexen" für die einzelnen Krankheiten führte – von zusammengehörigen, charakteristischen

Merkmalen, die sich wechselseitig bedingen oder alle von einem Grundmerkmal hervorgebracht werden. Bekanntlich ist dieses Bemühen in der Psychologie schon alt; wenn man die Publikationen von *Wellek* oder *Thomae* nur oberflächlich durchsieht, wird man an die Schemata erinnert, die *Wundt, Ebbinghaus* u. a. um die Jahrhundertwende veröffentlichten: hier wie dort finden sich „Tabellen" und „Übersichten" von Charaktereigenschaften, häufig mit gleichen Bezeichnungen, nur anders geordnet. Wo liegt der Fortschritt seit der Jahrhundertwende – liegt überhaupt ein Fortschritt vor? Er liegt in den neuen Gesichtspunkten, unter denen die Charaktermerkmale zu neuen Gruppen vereinigt werden, vor allem aber in neuen Methoden, von denen man hofft, daß sich mit ihrer Hilfe die Struktur der Persönlichkeit in einzelne „Dimensionen" oder „Persönlichkeits-Sektoren" aufgliedern läßt. Diese Methoden führten zu den statistisch fundierten „Aufbau-Modellen" der Persönlichkeit, deren Grundprinzip kurz dargestellt werden soll.

Statistische Persönlichkeitstheorien

Die Begründer der charakterologischen Typensysteme suchten Merkmalsgruppen, die für die Typen charakteristisch sind und von denen angenommen werden konnte, daß die in ihnen vorhandenen Einzelzüge nicht zufällig zusammen auftreten, sondern daß zwischen ihnen „innere Zusammenhänge" bestünden. Es könnte z. B. sein, daß Eigenschaften wie Ablenkbarkeit und Umstellbarkeit davon abhängen, ob ein Mensch in seinem Vorstellungsverlauf zu Perseveration neigt. Starke Perseveration würde dazu führen, daß ein Erlebnisinhalt, sobald er einmal aufgetreten ist, fest im Bewußtsein verharrt, woraus es verständlich würde, daß sich neue Inhalte schwer dagegen durchsetzen, so daß die Umstellbarkeit gering sein würde. Wenn ein Erlebnisinhalt die Tendenz zum Verharren aufweist, so können auch äußere Reize nicht so leicht neue Erlebnisse erzeugen – daher wird auch die Ablenkbarkeit gering sein. Auf diese Weise wird es „verständlich", daß ein Perseverativer schwer ablenkbar und umstellbar ist – die Perseveration darf als „Grundmerkmal" aufgefaßt werden, aus dem sich die geringe Ablenkbarkeit und Umstellbarkeit als Wirkung von selbst ergibt.

Man soll den Wert solcher psychologischer Ableitungen nicht unterschätzen, weil sie oft der Ursprung neuer Gesichtspunkte sind; sie sind weder exakt noch auf ihre Richtigkeit hin bewiesen und stellen lediglich Folgerungen aus der spezifischen Art eines Erlebnisverlaufes dar: aus der „Natur" oder dem „Wesen" der Perseveration folgt von selbst, daß sie das Auftreten neuer, anderer Erlebnisse erschwert und dadurch die Merkmale „schwer umstellbar" und „schwer ablenkbar" hervorbringt. Man muß natürlich experimentell untersuchen, ob Menschen mit starker Perseveration tatsächlich schwer abzulenken sind und sich schwer umstellen können; in den bisher durchgeführten Versuchen hat sich dies bestätigt, so daß man von einem *„Merkmal-Syndrom"*, bestehend aus starker Perseveration, schwacher Ablenkbarkeit und schwacher Umstellbarkeit sprechen und dieses ganze Syndrom als charakteristisch für den schizothymen Menschen bezeichnen kann. Die oben skizzierte Ableitung wäre ein theoretischer Versuch, die inneren Zusammenhänge zwischen diesen drei schizothymen Merkmalen aufzuklären, wobei die Perseveration als das Grundmerkmal aufgefaßt wird.

Der exakte Naturforscher ist aber mit solchen Ergebnissen nicht zufrieden. Es stört ihn, daß dabei immer nur von „schwacher" Ablenkbarkeit und „schwacher" Umstellbarkeit gesprochen wird. Was soll „schwach" und „stark" bedeuten, solange man kein Maß hat, das sozusagen den Nullpunkt zwischen beiden angibt, von dem an die Ablenkbarkeit stark oder schwach ist. Man hat es mit sehr vagen quantitativen Angaben zu tun; es fehlen Grenzpunkte, es fehlen ziffernmäßige Größen, mit denen man graduelle Abstufungen durchführen könnte. Es gibt dabei immer nur den „Gegenpol" als Vergleich: der Schizothyme ist „stärker" perseverativ als der Zyklothyme und dieser „leichter" umstellbar als der Schizothyme; ohne diese Polarität verlieren diese Gradangaben ihren Sinn, denn niemand weiß, was eine „mittlere" oder gar „normale" Perseveration ist. Man muß daher Methoden verwenden, die quantitative Resultate liefern und überdies die Möglichkeit bieten, die Häufigkeit des gemeinsamen Auftretens zweier Merkmale genau zu bestimmen. Das erste Ziel erreicht man durch Experimente mit ziffernmäßig darstellbaren Resultaten, das zweite durch die früher erwähnte „Korrelationsrechnung".

Auf typologische Probleme wurde die Korrelations-Rechnung zuerst von dem österreichischen Psychologen *Othmar Sterzinger* angewendet; er berechnete 1931 die Korrelation zwischen *Kretschmer*-Typus und Aufmerksamkeitsleistung in den Versuchen *Vollmers* (s. S. 57), wobei sich ein Koeffizient von 0,59 ergab. In einer von *Sterzinger* angeregten Untersuchung über Korrelationen zwischen den typendiagnostischen Methoden von *Jaensch* fand *Eta Hummer* sehr niedere Werte, die durch spätere Arbeiten von *F. Mahlow* und von *F. Weissenfeld* bestätigt wurden; *Weissenfelds* höchster Wert war 0,37. Es ist leicht einzusehen, daß bei hohen Korrelationen ein neuer, präziserer „Typus"-Begriff entwickelt werden könnte: wenn es gelänge, eine große Zahl von Einzelmerkmalen festzustellen, die in sehr starker Häufung gemeinsam auftreten, so hätte man einen Merkmalskomplex, in welchem „zusammengehörige" Merkmale vereinigt sind – also einen „Typus" im statistischen Sinne. Erwünscht wäre, daß es gelänge, einen Komplex von vielen Merkmalen zu finden, von denen jedes einzelne nur mit den übrigen im gleichen Komplex vorhandenen Merkmalen, nicht aber auch mit anderen, nicht zum Komplex gehörigen Eigenschaften korreliert. Das wäre ein idealer „Typus" im Sinne der Merkmalsstatistik.

Die unerläßliche Voraussetzung für solche, außerordentlich mühsame Untersuchungen besteht in verläßlichen Tests, von denen man mit großer Wahrscheinlichkeit weiß, daß sie ein bestimmtes Merkmal „messen". Wollte man z. B. feststellen, wie Ablenkbarkeit, Umstellbarkeit und Perseveration miteinander korrelieren, so müßte man an vielen Personen Experimente über diese Merkmale durchführen (d. h. sie auf das Vorhandensein dieser Merkmale „testen") und dann berechnen, wie groß die Korrelationen zwischen geringer Ablenkbarkeit und starker Perseveration usw. sind; auf diese Weise läßt sich feststellen, ob eine deutlich überzufällige Häufigkeit des gemeinsamen Vorhandenseins von Stärkegraden dieser Merkmale besteht. Dazu muß man aber zuerst untersuchen, ob die verwendeten Tests überhaupt diese Eigenschaften genügend gut prüfen (was man nur dadurch herausfindet, daß man verschiedene Experimente, von denen theoretisch anzunehmen ist, daß in ihnen das gleiche Merkmal, z. B. die Ablenkbarkeit, eine Rolle spielt, durchführt und zwischen ihren Ergebnissen wieder die Korrelation berechnet). Ohne verläßliche Tests ist jede Berechnung von Merkmalskorrelationen sinnlos.

Mit all dem sind nur die wichtigsten Methoden und Probleme der statistisch-experimentellen Persönlichkeitsforschung angedeutet. Die Arbeit auf diesem Gebiete befindet sich in voller Entwicklung; es ist viel von ihr zu erwarten – allerdings nur innerhalb der Grenzen des testmäßig Faßbaren. Merkmale, für die es überhaupt keine oder keine zahlenmäßig auswertbaren Tests gibt, bleiben in statistisch fundierten Persönlichkeitstheorien unberücksichtigt.

Wie bereits bei den Intelligenz-Tests ausgeführt wurde, kann man mit Hilfe der „Faktoren-Analyse“ mit ziemlicher Wahrscheinlichkeit feststellen, ob den Ergebnissen verschiedener Testverfahren ein gemeinsamer „primärer Faktor“ zugrunde liegt. Das „Extrahieren“ solcher Grundfaktoren ist das Hauptziel der statistischen Intelligenz- und Persönlichkeitsforschung. Auf die komplizierten Rechenverfahren kann hier nicht eingegangen werden; in deutscher Sprache wurden sie von *Kurt Pawlik* ausführlich dargestellt *(Pawlik* 1968).

Die test-statistische Persönlichkeitsforschung ist in England und Amerika zu hoher Entwicklung gelangt. Der Londoner Psychologe *Hans Jürgen Eysenck* und die Amerikaner *Raymond B. Cattell* und *J. P. Guilford* sind Hauptvertreter dieser Richtung. *Eysenck* hat ein Persönlichkeitsmodell konstruiert, das auf rein experimentell-statistischen Grundlagen aufgebaut ist. Im Laufe dieser Arbeiten kam es zu einer Auseinandersetzung mit der Typologie *Kretschmers* und *C.G. Jungs. Eysenck* testete mit einer Serie von 20 Tests 100 Gesunde, 50 Schizophrene und 50 Manisch-Depressive (die Geisteskranken nicht in akuten Krankheitsphasen). Die Auswertung ergab zwei Faktoren, die sich sowohl bei den Gesunden wie bei den Geisteskranken fanden. *Eysenck* schließt daraus, daß der von *Kretschmer* behauptete fließende Übergang von seelischer Gesundheit zu den Geisteskrankheiten tatsächlich bestehe; allerdings kommt er dabei zu der Auffassung, daß die beiden Hauptformen der geistigen Erkrankungen Gradunterschiede desselben Kontinuums seien – die Manisch-Depressiven hätten den höchsten „Psychose-Faktor“, die Schizophrenen nehmen eine Mittelstellung ein und die Gesunden bilden das „normale“ Ende dieser kontinuierlichen Reihe. Ob *Eysenck* wirklich annimmt, daß die bisher von der Psychiatrie allgemein angenommenen qualitativen Symptomunterschiede zwischen Schizophrenen und Manisch-Depressiven nur Gradunterschiede seien oder ob seine Tests die qualitativen Symptome nicht erfaßten, ist mir nicht klargeworden. Jedenfalls kommt er im Bereiche der Gesunden zu keinem statistisch gesicherten Unterschied zwischen „schizothym“ und „zyklothym“ (auf Grund ziemlich niederer Korrelationen), so daß er die Existenz dieser Polarität bezweifelt, aber zugibt, daß eine andere Testauswahl vielleicht andere Resultate ergeben hätte.

Eysencks eigenes System kann hier nur kurz geschildert werden; es ist unmöglich, die komplizierten Berechnungen, die ihm zugrunde liegen, gedrängt darzustellen. Ein „Typus“ ist für *Eysenck* eine Gruppe korrelierender Charakterzüge; ein Charakterzug ist eine Gruppe korrelierender Verhaltensweisen oder Verhaltenstendenzen. Der Unterschied zwischen „Typus“ und „Charakterzug“ liegt nur im größeren Umfang des Typusbegriffes, der mehrere Züge umfaßt. Ein Beispiel für die „hierarchische Struktur“ eines Typusschemas nach *Eysenck* ist das von *Brengelmann* aufgestellte Diagramm in Abbildung 43, das die Struktur der Schizothymie wiedergibt. Das „spezifische Verhalten“ in der untersten Schicht, durch kleine schwarze Punkte dargestellt, soll Einzelhandlungen oder -reaktionen im täglichen Leben oder bei gelegentlichen Experimenten, also Gelegenheitsbeobachtungen andeuten, die nicht für die Persönlichkeit charakteristisch sein müssen und die nur einmal oder auch regelmäßig auftreten können. Unter ihnen werden diejenigen ausgesucht, die sich in gleichen Situationen wiederholen: nur diese, also nur spezifische Reaktionen, die wiederholt in gleicher Weise auftreten (z. B. bei Wiederholung derselben Tests zu gleichen Reaktionen führen wie geringe Ablenkbarkeit, Formsehen usw.), werden in die zweite Schicht „gewohnheitsmäßiges Verhalten“ oder „habituelle Reaktionen“ aufgenommen; auf diese Weise sind die wechselnden, unbeständigen und daher für eine Persönlichkeit nicht charakteristischen Verhaltenweisen in der zweiten Schicht ausgeschlossen. Man wird oft lange suchen oder testen müssen, bis man die wechselnden und die stabilen Verhaltensweisen voneinander geschieden und die letzteren mit so großer Wahrscheinlichkeit herausgefunden hat, daß man sie in die habituellen Reaktionen einreihen darf. Nehmen wir an, daß es sich bei den habituellen Reaktionen um Testergebnisse handelt, die bei Wiederholung des Tests bei den gleichen Personen sehr ähnliche Resultate ergeben haben, dann kann man diese Testresultate miteinander korrelieren, d. h. feststellen, welche von ihnen mit großer Häufigkeit zugleich vorhanden sind. Von diesen hochkorrelierenden habituellen Reaktionen kann theoretisch angenommen werden, daß sie aus einem gemeinsamen „Charakterzug" hervorgehen; zeigen z. B. Tests, mit denen Ablenkbarkeit, Abstraktion und Auffassungsart geprüft werden, eine hohe Korrelation bei den Resultaten: geringe Ablenkbarkeit, hohe Abstraktion, analytische Auffassung, so kann man annehmen, daß ihnen ein Charakterzug zugrunde liegt, den man z. B. als „gute Spaltbarkeit" bezeichnen kann. Aus solchen theoretisch angenommenen Charakterzügen bestehen die oben erwähnten „Grundmerkmale" oder „Gruppenfaktoren" der Persönlichkeit; *Eysenck* verlegt sie in seinem Schema in die dritte Schicht, in welcher beim Schizothymen außerdem die Züge Formsehen, starke Perseveration usw. angenommen werden. Der nächste Schritt besteht in der Untersuchung der Zusammenhänge zwischen den angenommenen Charakterzügen; mit Hilfe von Tests, die diese Züge mit hoher Wahrscheinlichkeit diagnostizieren, wird festgestellt, ob sie unter sich hohe Korrelationen aufweisen, also in überzufälliger Häufigkeit zusammen auftreten. Trifft dies zu, so kann man in diesen Zügen die Auswirkung einer allgemeinen „Persönlichkeits-Dimension" sehen, für die man einen Namen einführen kann, z. B. im

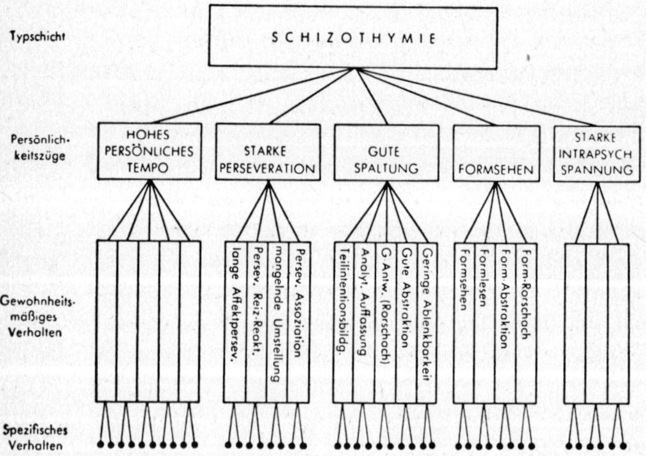

Abb. 43. Beispiel der Struktur eines Typus nach *Eysenck*. Erklärung im Text.

Diagramm „Schizothymie". Genauso kann man „Extraversion" konstruieren, indem man von den spezifischen Reaktionen ausgehend korrelations-statistisch aufbaut. *Eysenck* hält auf Grund seiner Untersuchungen die Dimensionen „Extraversion - Introversion", „neurotische Tendenz" und „psychotische Tendenz" für „die prominentesten und stabilsten Dimensionen innerhalb des Gesamtgebietes der menschlichen Persönlichkeit".

Zur Feststellung der ersten zwei Dimensionen hat *Eysenck* einen Fragebogen ausgearbeitet, der nach dem Maudsley Hospital in London benannt ist (Maudsley Personality Inventory, abgekürzt MPI); er enthält je 24 Fragen für Extra-Introversion und für Neurotizismus. Aus diesem Fragebogen ist dann von *Eysenck* eine „Kurz-Skala" entwickelt worden, die nur 12 Fragen enthält (sie wurden dem MPI entnommen; je 6 für jede der beiden Dimensionen). Um einen Begriff

Kurzskala des MPI von *Eysenck*:

1. Sind Sie am glücklichsten, wenn Sie in eine Aufgabe verwickelt werden, die schnelles Handeln verlangt?. Ja ? Nein
2. Sind Sie manchmal ohne Grund abwechselnd fröhlich und traurig? .... Ja ? Nein
3. Wandern Ihre Gedanken oft umher, wenn Sie versuchen, sich zu konzentrieren?........ Ja ? Nein
4. Machen Sie gwöhnlich den Anfang, wenn Sie neue Bekannte gewinnen?........ Ja ? Nein
5. Pflegen Sie schnell und sicher zu handeln?........ Ja ? Nein
6. Sind Sie leicht in Gedanken verloren, wenn Sie an einer Unterhaltung teilnehmen sollten?........ Ja ? Nein
7. Fühlen Sie, daß Sie manchmal von Energie überschäumen und das andere Mal träge und langsam sind? .... Ja ? Nein
8. Halten Sie sich für einen lebhaften Menschen?........ Ja ? Nein
9. Wären Sie sehr unglücklich, wenn Sie auf häufigen geselligen Verkehr verzichten müßten?........ Ja ? Nein
10. Sind Sie leicht verstimmt? .... Ja ? Nein
11. Wechselt Ihre Stimmung oft mit oder ohne ersichtlichen Grund? .... Ja ? Nein
12. Ziehen Sie das Handeln dem Pläneschmieden vor? .. Ja ? Nein

von dieser Art der „Schnelldiagnostik" zu vermitteln, sei die Skala wiedergegeben.

Die Fragen 1, 4, 5, 8, 9 und 12 dienen der Feststellung von Extra-Introversion, die restlichen von Neurotizismus. Jede Ja-Antwort wird mit 2 Punkten, jede „Unbestimmt"-Antwort (?) mit einem Punkt in der Auswertung berechnet, die Nein-Antworten mit Null, also überhaupt nicht. Je höher die Punktezahl für die Extraversions- bzw. Neurotizismus-Fragen ist, desto stärker ist die Anlage in dieser Richtung. Die MPI-Kurzskala ist statistisch mit allen üblichen Vorsichtsmaßnahmen gesichert. Trotzdem wird man daran zweifeln dürfen, ob man mit solchen Schnellmethoden, bei denen man ganz auf die Richtigkeit der Frage-Beantwortung angewiesen ist, zu verläßlichen Diagnosen kommen kann.

Guilford hat seine Faktoren ebenfalls aus Fragebogen-Erhebungen zusammen mit *Zimmermann* gewonnen. Die Tabelle 25 gibt eine Übersicht in der deutschen Übersetzung von *Thomae,* aus der man sieht, daß *Guilford* – im Gegensatz zu anderen Faktoren-Forschern – bemüht ist, zu einem System zu gelangen, in welchem die Einzelmerkmale auf polare Grundeigenschaften bezogen werden.

Eysenck hat bisher eine Dimension „schizothym-zyklothym" nicht gefunden, wohl aber die Dimension „Extraversion-Introversion", die gewisse Ähnlichkeit mit den von *Jung* intuitiv aufgestellten Polaritäten hat. Bei dem Amerikaner *Raymond B. Cattell* hingegen, der 16 „Wurzel-Merkmale" mit Hilfe der Faktorenanalyse feststellte, steht an erster Stelle der Faktor A, der „der klinisch erwiesenen, von *Kretschmer* als ‚cyklothyme-schizothyme Dimension' benannten Einheit" entspricht. Es folgen 11 weitere Persönlichkeitsfaktoren, unter denen als Faktor H „großzügige, unternehmungslustige Zyklothymie – gesperrter, zurückgezogener Schizothymer" und als Faktor L „vertrauensvolle Zyklothymie – paranoide Schizothymie", also Spezialformen der *Kretschmerschen* Typen vorkommen. Schon daraus sieht man, daß die englischen und amerikanischen Faktoren nicht übereinstimmen. Andere Faktoren *Cattells* sind: nachgiebig-selbstbehauptend, zurückhaltend-impulsiv, konservativ-radikal, gruppenabhängig-selbständig usw. *Cattell* hat in letzter Zeit diese und einige zusätzliche Faktoren von bisher unbekannter Bedeutung dadurch zu verifizieren gesucht, daß er sie nicht aus einem, sondern aus drei Bereichen –

Tabelle 25. Temperamentsfaktoren nach *Guilford* (nach *H. Thomae*)

Art der Dimension	Berührte Verhaltensbereiche		
	generell	emotionell	sozial
positiv – negativ	Vertrauen – Gef. d. Minderwertigkeit	Heiterkeit – Depression	Überlegenheit – Ängstlichkeit
anregbar – stumpf	Aufgewecktheit – Unaufmerksamkeit	Immaturität – Reife	Geselligkeit – Abschließung
aktiv – passiv	Impulsivität – Überlegtheit	Nervosität – Kontrolle (Zurückhaltung)	soziale Initiativität – soziale Passivität
kontrolliert – unkontrolliert	kontrolliert – unbekümmert	Stabilität – zykloide Disposition	Freundlichkeit – Feindschaft
objektiv	Objektivität – Überempfindlichkeit	Realitätssinn – egozentrische Haltung	Toleranz – Kritik

Verhaltensbeobachtung, Fragebogen und objektiven Tests (letztere sind Tests, deren Resultate nicht aus der Selbstbeobachtung entnommen sind, sondern aus Leistungen oder Verhalten in bestimmten Situationen – z. B. Konzentrationsleistungen bei Lärmbelästigung usw.) – ableitete, wobei sich die bisher gefundenen Faktoren bestätigen ließen.

Eine abschließende Beurteilung der statistischen Persönlichkeitsforschung ist gegenwärtig noch nicht möglich; man muß die weitere Entwicklung abwarten. Die Konstruktion von „Persönlichkeits-Dimensionen" nach dem Vorschlag von *Eysenck* wäre wahrscheinlich eine aussichtsreiche Methode, wenn sie praktisch verwirklicht werden könnte. Vorläufig fehlen noch verläßliche Tests zur Erfassung aller Persönlichkeitsdimensionen, abgesehen davon, daß bis heute sicher noch nicht *alle* Persönlichkeitsmerkmale, die bei Menschen vorkommen können, aufgefunden wurden. Auch über die rechnerischen Verfahren besteht noch keine Übereinstimmung zwischen den statistischen Psychologen; die Frage, wie hoch eine Interkorrelation zwischen verschiedenen Tests sein muß, damit man sie als sicheren Hinweis auf „innere Zusammenhänge" betrachten und zur Grundlage einer Faktorenanalyse machen kann, läßt sich ziffernmäßig nicht genau beantworten (die Interkorrelationen, aus denen *Eysenck* seine Dimensionen „herauszog", sind, soweit sie mir bekannt wurden, ziemlich nieder).

Ein Persönlichkeitsfaktor, der nach Alltagserfahrungen von besonders großer Bedeutung für das menschliche Verhalten zu sein scheint, wurde auf Grund experimenteller Untersuchungen und vergleichender Fragebogenerhebungen in England und Deutschland von *Johannes Brengelmann* vorgeschlagen; er nennt ihn „*Rigidität*". Die Medizin bezeichnet als „Rigor" einen pathologischen Zustand dauernder Muskelstarre. „Rigidität" ist ein schwer definierbares Persönlichkeitsmerkmal; es hängt nach *Brengelmann* mit Perseveration, geringer Umstellbarkeit, sorgfältiger Verhaltensplanung, hohen Qualitätsansprüchen, Prinzipientreue und Ausdauer zusammen. Hohe Arbeitsintensität und dadurch große Leistungen sind die praktischen Auswirkungen des Rigiditäts-Syndroms, das aber bei extremer Stärke zum Erstarren in eingefahrenen Denk- und Verhaltensbahnen führen kann – aus der Rigidität wird dann ein „rigor mentis", wie er aus schizophrenen Endzuständen den Kliniken wohlbekannt ist. Überraschend war, daß *Brengelmann* bei einem Vergleich von 141 Engländern und 200 Deutschen mit Hilfe eines Rigiditäts-Tests sehr große Unterschiede fand – die Deutschen erwiesen sich als viel rigider als die Engländer (*Brengelmann* 1960).

Von dem Idealziel der statistischen Persönlichkeitsforschung ist man noch weit entfernt. Dieses Ideal bestünde darin, daß man alle entscheidenden Persönlichkeitsfaktoren aus Test- und Versuchsresultaten herausrechnen und sie dann – wieder mit Hilfe von Tests – in ihrer Stärke „messen" könnte. Es ist klar, daß die unerläßliche Voraussetzung zur Erreichung dieses Zieles in der Entwicklung von verläßlichen Methoden besteht, mit denen sich die einzelnen bei Menschen überhaupt möglichen psychischen Eigenschaften oder Merkmale (die allerdings, wie oben erwähnt, sicher noch lange nicht aufgefunden worden sind) am einzelnen Menschen genau feststellen lassen. Solche Methoden sind bisher nur für wenige Persönlichkeitsmerkmale gefunden worden; nicht einmal für die viel leichter faßbaren Komponenten der Intelligenz, die am intelligenten Verhalten des Menschen beteiligt sind, konnten bisher aus den vorhandenen Tests alle Faktoren „herausgezogen" werden.

Man übersieht angesichts der vielen und teilweise sehr erfolgreichen Testmethoden oft, daß es wichtige Persönlichkeitsmerkmale gibt, über die man mit Hilfe von Tests nichts oder nur sehr wenig erfährt. Dazu gehört z. B. die sogenannte *„Instinktsicherheit"* – eine Eigenschaft, die ohne rationale, klarbewußte Überlegungen sofort zum situationsentsprechenden Verhalten führt und überdies in enger Beziehung zu den sozial überaus wertvollen Merkmalen steht, die man als „Takt" oder „Feingefühl" bezeichnet. Ein weiterer, gerade in kritischen Situationen ganz entscheidender Faktor ist die sogenannte *„Vitalität"*. An Beispielen kann man zeigen, was hier gemeint ist: zur Persönlichkeit gehört auch, wieviel ein Mensch aushält, bis er zusammenbricht; „wieviel" bedeutet dabei nicht nur, wie schwere Schicksalsschläge er erträgt, sondern auch, wie lange er unter drückenden Bedingungen leben kann, bis er zusammenbricht – ein solcher seelischer Zusammenbruch muß nicht zu Selbstmord oder Verbrechen führen, er kann auch im Aufgeben der bisherigen Lebensziele, im Abgehen von den bisherigen Ansprüchen an sich selbst oder von religiösen, ethischen oder ästhetischen Anschauungen bestehen. Den Charakter eines Menschen kennen, heißt wissen, was er in Krisen erlebt und wie er ihnen begegnet. Wie nimmt er es auf, wenn er erfährt, daß er unheilbar krank ist, daß er bald sterben wird; was erlebt er, wenn er eine schwere Schuld auf sich geladen hat, wenn ein Mensch, dem seine ganzen Gefühle gehören, nicht mehr existiert oder wenn die Grundlagen der wirtschaftlichen Existenz plötzlich zusammenbrechen. In solchen Fällen hängt das Verhalten des Menschen in hohem Grade von seiner vitalen Kraft ab, aber auch von seinem Selbstvertrauen, seiner allgemeinen Lebenseinstellung und auch von seinem geistigen Format – Eigenschaften, die wahrscheinlich nicht aus „Grundeigenschaften" abgeleitet und erklärt werden können. Trotzdem muß man sie erwähnen; nichts ist für den Fortschritt einer Wissenschaft gefährlicher als das Ignorieren von Tatsachen, die man nicht erklären kann.

Auf jeden Fall sieht man aus diesen kurzen Hinweisen, daß man das Problem des Charakteraufbaues ohne Berücksichtigung von „Vitalität" und anderen, noch kaum erforschten Merkmalen nicht lösen kann. Es spricht manches dafür, daß diese Eigenschaften die Energiequellen bilden, aus denen die Persönlichkeit die Kraft zum Bestehen kritischer Situationen bezieht. Man sieht aus diesen Andeutungen ferner, daß mit der bloßen Aufzählung von Trieben, Interessen, Gefühlen und Willenserlebnissen als dynamische Persönlichkeitsfaktoren das Problem des Charakteraufbaues keineswegs gelöst ist; die Stärke der Triebe und die Kraft, mit der sich eine Persönlichkeit im wirklichen Leben durchsetzt, hat Grundlagen, die erst die aufgezählten Merkmale zu erklären imstande wären. Von einer exakten *Erklärung* ist aber die wissenschaftliche Persönlichkeitsforschung derzeit noch ziemlich weit entfernt.

Physiologisch fundierte Persönlichkeitsforschung

Bei der Darstellung der Typologie *Kretschmers* wurde über Zusammenhänge zwischen Konstitutionstypus und einigen physiologischen Vorgängen berichtet (z. B. daß bei Leptosomen Blutdruck, Pulsfrequenz, Herzleistung und Grundumsatz niedriger sind als bei Pyknikern). Leider wurden diese Untersuchungen nach dem Tode

Kretschmers nicht fortgesetzt; auch andere, ebenfalls aussichtsreiche Bemühungen, zu einer physiologisch fundierten Typologie zu gelangen, sind in den ersten Anfängen steckengeblieben (z. B. die Untersuchungen des Wiener Internisten *Hans Eppinger*, der seine Patienten in „Sympathikotoniker" und „Vagotoniker" einteilte, also das Überwiegen einer der beiden Funktionen des vegetativen Nervensystems als Kriterium verwendete und dafür eine Reihe von Symptomen feststellte). Die physiologischen und klinischen Ansätze zu der Typologie von *Walter* und *Erich Jaensch* wurden ebenfalls nicht weiter verfolgt. Die Ursache für die Resignation lag vielleicht in der Schwierigkeit, mit Hilfe von physiologischen Tests, in denen es alle Übergänge zwischen den Extremen gibt – z. B. kann die Zahl der Pulsschläge jeden Wert zwischen 40 und 120 pro Minute aufweisen –, einigermaßen scharfe Differenzierungen zu erreichen.

Unabhängig von jeder Typologie wurde die physiologisch fundierte Persönlichkeitsforschung vor kurzer Zeit wieder aufgenommen, offenbar unter dem Eindruck, daß mit den feineren neuen Registriermitteln bessere Resultate als früher zu erzielen sein müßten. Die moderne Registriertechnik hat es möglich gemacht, schon außerordentlich geringe, subjektiv nicht bemerkbare Änderungen physiologischer Vorgänge zu erfassen, wobei man viele verschiedene Prozesse gleichzeitig auf demselben Registrierpapier fortlaufend aufzeichnen kann. Es bereitet, wie Abbildung 44 zeigt, keine Schwierigkeiten, Vorgänge wie z. B. den Lidschlag, die Mikrobewegungen der Muskulatur, die Aktionsströme des Herzens (EKG), den psychogalvanischen Reflex (PGR) und die von der Kopfhaut ableitbaren elektrischen Prozesse im Gehirn (EEG) gleichzeitig zu registrieren, wobei diese Registrierungen stundenlang ohne Unterbrechung durchgeführt werden können. Die Apparate, die man dazu benötigt, nennt man „Polygraphen"; sie enthalten außer einer Zeitmarkierung sowohl die elektronischen Verstärker für die sehr schwachen elektrischen Vorgänge, die vom Körper abgeleitet werden, wie auch die Schreibvorrichtungen (Schreibstifte oder Lichtstrahlen, die durch die hochempfindlichen Galvanometer gesteuert werden, denen die verstärkten elektrischen Ströme zugeführt wurden). Die am menschlichen Körper stattfindenden Bewegungen – z. B. Puls oder Atmung – werden durch besondere Geräte (Pick-ups) abgenommen, welche die Bewegungen in elektrische Impulse transformieren, die man elektronisch verstärken und dann registrieren kann.

Bei dieser bisher beschriebenen Art der physiologischen Registrierungen muß der untersuchte Mensch ruhig in einem Liegestuhl liegen, damit die an seinem Körper angeklebten Pick-ups und Elektroden, von denen Drahtleitungen zu den Verstärkern des Polygraphen führen, nicht verändert werden. Um solche Registrierungen auch bei der freien, natürlichen Bewegung oder während der Arbeit durchführen zu können, wurden telemetrische Systeme entwickelt, d. h. Pick-ups und Elektroden mit winzigen eingebauten Sendern, deren Signale auch noch in großer Entfernung aufgenommen und dann verstärkt und registriert werden können. Bei den Weltraumflügen werden mit solchen Miniatursendern die körperliche und psychische Belastung und der Gesundheitszustand der Astronauten von der Erde aus kontrolliert.

In der Psychologie wurden physiologische Registrierungen mit einfachen Geräten schon sehr früh verwendet, um die körperlichen Vorgänge bei Gemütserregungen zu untersuchen *(Mosso* in Italien 1870, *Lehmann* in Deutschland 1899). Bei Affekten, d. h. bei Gefühlserlebnissen von besonderer Stärke, z. B. bei Angst oder im Zorn, beginnt das Herz schneller zu schlagen, der Blutdruck steigt, Schweiß bricht aus und die Knie beginnen zu zittern. Diese physiologischen Prozesse, die bei entsprechenden Anlässen – Lebensgefahr, Schicksalsschlägen, Kränkungen usw. – in jedem gesunden Menschen auftreten, entstehen bei manchen Personen schon durch winzige Anlässe; es kann sogar ständig, ohne ersichtlichen äußeren Grund, ein leichter Grad von Dauererregung bestehen. Besonders die vom vegetativen Nervensystem beeinflußten Funktionen – Herztätigkeit und Puls, Blutdruck, Verdauung, Schweiß-Sekretion usw. – geraten bei solchen Menschen

Abb. 44. Gleichzeitige Registrierung mehrerer organischer Prozesse mit dem ▶ Polygraphen. a = Zeitmarke 1 Sekunde; b = EEG (Elektroenzephalogramm), Gehirnströme, abgeleitet von der Stirne zum Hinterhaupt; c = EKG (Elektrokardiogramm), Herzmuskelaktions-Ströme, abgeleitet von beiden Händen; d = MV (Mikrovibration), Mikrotremor als Auswirkung der Muskelaktivität, abgenommen vom Unterarm; e = PGR (psychogalvanischer Reflex), Hautwiderstandsmessung vom Daumenballen zum Mittelfinger; f = Lidschlag, Muskelströme der Augenlider. Originalaufnahme des Verfassers.

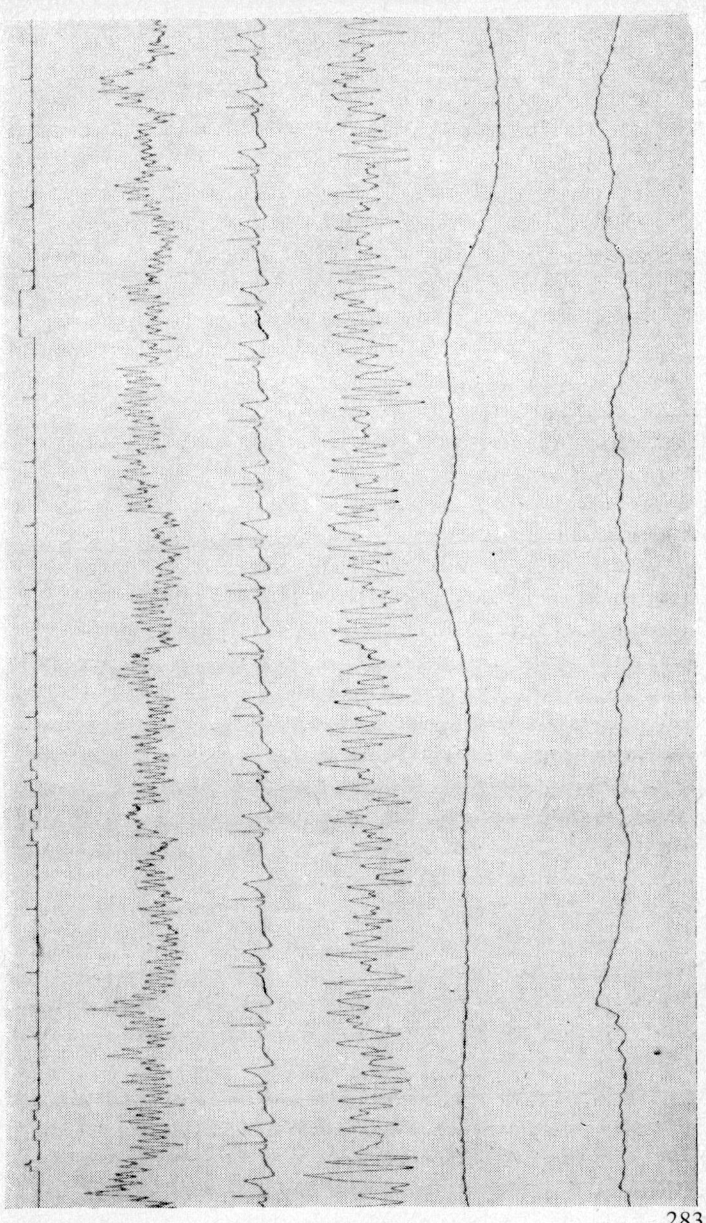

a
b
c
d
e
f

leicht ein wenig in Unordnung, wobei subjektiv Unruhe, Ängstlichkeit, Konzentrationsschwäche und ähnliche Zustände auftreten, die man früher in ihrer Gesamtheit kurz als „Nervosität“ bezeichnete, während heute oft der Ausdruck „vegetative Dystonie“ verwendet wird.

Auf Grund solcher Erfahrungen aus dem Alltag und aus der ärztlichen Praxis war die Hoffnung berechtigt, daß sich zwischen physiologischen Eigenschaften und Persönlichkeits-Merkmalen Beziehungen auffinden lassen. Es wurden in den USA zuerst von *M. A. Wenger* und dann von *R. B. Cattell,* in England von *H. J. Eysenck* und in jüngster Zeit in Deutschland von *Jochen Fahrenberg* – um nur die wichtigsten Namen zu nennen – sehr sorgfältige Untersuchungen durchgeführt, bei denen viele physiologische Daten den Ergebnissen von Persönlichkeitstestungen gegenübergestellt wurden. Da für solche Gegenüberstellungen nur physiologische Merkmale geeignet schienen, die ständig auftreten, mußte zuerst die Stabilität der einzelnen Meßwerte geprüft, d. h. festgestellt werden, in welchem Grade z. B. die Pulsfrequenz, der Blutdruck oder die psychogalvanische Reaktion innerhalb längerer Zeiten ungefähr gleichbleiben; solche Stabilitäts- (oder „Reliabilitäts-“)Kontrollen sind nicht leicht durchzuführen, weil man es dabei mit biologischen Prozessen zu tun hat, die auf äußere Einflüsse (z. B. auf die Versuchssituation im Laboratorium, auf das Verhalten des Versuchsleiters, ferner auf Tageszeit, Jahreszeit und Wetter) sehr empfindlich reagieren und außerdem in gewissem Ausmaß von Alter, Geschlecht, Körpergewicht, Konstitution und Typus abhängig sind. Verhältnismäßig hohe Stabilitätskoeffizienten (über 0,70) wurden in verschiedenen Kontrollen für die Puls- und Atmungsfrequenz, für den psychogalvanischen Reflex, für den Blutdruck, den Pupillendurchmesser und für die Menge der Speichelsekretion gefunden. Zwillingsuntersuchungen haben ergeben, daß Blutdruck, Pulsfrequenz und Körpertemperatur in hohem Grade anlagemäßig bestimmt sind; an je 13 ein- und zweieiigen Zwillingspaaren fand *Eysenck* bei den ersteren einen Übereinstimmungs-Koeffizienten von 0,93 gegen 0,72 bei den Zweieiigen.

Als Beispiel einer „psychophysiologischen Persönlichkeits-Untersuchung“ – so lautet der Fachausdruck für das geschilderte Verfahren – soll ein Versuch von *J. Fahrenberg* und *M. Myrtek* beschrieben werden, der an 90 Studenten durchgeführt wurde. Mit einem Polygraphen wurden Atmung, Puls, psychogalvanische Reaktion, Muskelaktivität (Myogramm), Elektrokardiogramm und Lidschlag-Frequenz in Ruhe und unter Lärmbelastung registriert; außerdem wurden Größe, Gewicht und Brustdurchmesser gemessen und eine Reihe physiologischer Reaktionen (Atemanhaltezeit, Intentionstremor, Nachbild-Dauer usw.) festgestellt. Zur Persönlichkeitsdiagnose wurden vier Fragebogen-Tests verwendet, darunter auch der „VELA" (Vegetativer Labilitäts-Test) von *Fahrenberg*, der in 56 Fragen funktionelle Beschwerden konstatieren soll. Es ergaben sich für jede Versuchsperson 159 testpsychologische und physiologische Einzeldaten („Variable"), von denen 72 im Deutschen Rechenzentrum auf jede mögliche Weise interkorreliert und faktorenanalysiert wurden. Das Ziel dieser Verrechnungen war die Beantwortung der Frage, ob zwischen physiologischen und psychologischen Einzelmerkmalen oder Syndromen Kovarianzen feststellbar sind, d. h. ob mit dem Größer- oder Kleinerwerden eines physiologischen Wertes sich auch ein Persönlichkeitsmerkmal verändert.

Die Resultate dieser sehr gründlichen statistischen Auswertung waren – wenigstens auf den ersten Blick – enttäuschend. Obwohl drei verschiedene faktorenanalytische Konzepte durchgerechnet wurden, ergaben sich nur sehr geringe Korrelations-Mittelwerte zwischen den körperlichen und psychischen Merkmalen oder den Syndromen, die sich aus einigen dieser Merkmale bilden ließen (0,10 bis 0,25). Die wichtigsten getesteten Persönlichkeitsfaktoren „Neurotizismus" und „Introversion-Extraversion" „zeigen nur geringfügige Ladungen in physiologischen Variablen" (*Fahrenberg* 1968).

Im großen und ganzen stimmen diese Ergebnisse mit den Resultaten der amerikanischen Untersuchungen überein. Statistisch gesicherte Zusammenhänge zwischen physiologischen Vorgängen und Persönlichkeitseigenschaften ergaben sich nur in geringem Ausmaße mit sehr niedrigen Korrelationskoeffizienten. Es scheint, daß entweder solche Zusammenhänge nicht bestehen oder daß die verwendeten Methoden zu ihrer Feststellung nicht geeignet sind. Die Entscheidung zwischen diesen beiden Möglichkeiten ist für jeden, der sich gründlich mit Persönlichkeitsforschung beschäftigt hat, ziemlich klar: die Methodik der beschriebenen Untersuchungen ist ungeeignet. Um es kurz zu formulieren: so einfach sind die menschlichen Persönlichkeiten nicht, daß man sie mit einigen Fragebogen auf Grund der Selbstbeurteilung erfassen könnte; und was die physiologischen Vorgänge betrifft, so sind als Korrelate zur Persönlichkeit vor allem diejenigen interessant, die sich unter dem Einfluß psychischer Prozesse leicht verändern; der Grad, in dem sie auf psychische Einflüsse reagieren, steht in Beziehung zu Persönlichkeitsmerkmalen wie Erregbarkeit, Gefühlsansprechbarkeit, Konfliktneigung, Spannungslösung, Selbstbeherrschung, Belastbarkeit usw. (Eigenschaften, über die mit Hilfe von Fragebogen nicht viel zu erfahren ist, weil ihre gradweise Abschätzung im Vergleich mit anderen Menschen große Schwierigkeiten bereitet und weil man überhaupt nicht gerne sich selbst in diesen Merkmalen beurteil.) Untersucht wurden aber gerade solche physiologische Prozesse, die bei einer Stabilitätsprüfung die Höchstwerte erzielt hatten, also die kleinsten Änderungen bei mehrmaliger Untersuchung aufwiesen. Es ist aber trotz der dürftigen Resultate ein echtes wissenschaftliches Verdienst, daß Untersuchungen von der Art der *Fahrenbergschen* Experimente durchgeführt werden, weil nur durch solche, mit modernsten technischen Mitteln und höchsten Auswertungsaufwand erzielten Resultate der Nachweis erbracht werden kann, daß man neue Wege der psycho-physiologischen Persönlichkeitsforschung suchen muß. Sie gehört sicher zu aussichtsreichen Verfahren der Zukunft.

Die geringen bisherigen Erfolge statistischer Untersuchungen zur physiologischen Persönlichkeitsforschung stehen in so scharfem Gegensatz zu den Erfahrungen des Alltags und der Kliniker, daß es unwissenschaftlich wäre, die Beweiskraft dieser Erfahrungen geringer einzuschätzen als diejenige der bisher durchgeführten Untersuchungen. Es liegt hier dieselbe Schwierigkeit vor, die schon bei der Typologie *Kretschmers* auftrat: was dem Kliniker unter seinen Patienten und dem aufmerksamen Beobachter im täglichen Leben an Zusammenhängen zwischen körperlichen und psychischen Eigenschaften auffällt und, einmal erkannt, sich immer wieder bestätigt, läßt sich statistisch sehr schwer verifizieren, weil dabei offenbar Persönlichkeitskomponenten eine Rolle spielen, die mit Hilfe der üblichen Tests nur ungenügend erfaßt werden können.

Die individualpsychologische Theorie A. Adlers

Ansätze zu Theorien über den Aufbau der menschlichen Persönlichkeit ergaben sich auch aus der Psychopathologie. Meist wurde dabei von der Annahme ausgegangen, daß alle Charaktereigenschaften von einigen wenigen Grundtrieben bestimmt würden. Ein gutes Beispiel für ein Aufbausystem, das zwar viele richtige Gedanken enthält, aber wegen des Bestrebens, alle Verschiedenheiten unter den Menschen auf eine einzige psychische Tatsache zurückzuführen, doch einseitig blieb, ist die *„Individualpsychologie“*, die der Wiener Arzt *Alfred Adler* (1870 bis 1937) begründete.

Von Beobachtungen an Körperbehinderten ausgehend – in der „Studie über Minderwertigkeit von Organen“ im Jahre 1907 zuerst veröffentlicht – gelangte *Adler*, der ursprünglich dem Kreis der Wiener Psychoanalyse angehörte, zu einer psychologischen Lehre, die im großen und ganzen auf der Auseinandersetzung des einzelnen Menschen mit seinen eigenen Mängeln und Unzulänglichkeiten aufbaut. Wenn ein Mensch zur Feststellung gelangt, daß er in irgendeiner Hinsicht (z. B. durch organische Mängel wie Schwerhörigkeit, geringere Körperkraft, sichtbare Mißbildungen der Gestalt usw.) den anderen Menschen unterlegen ist, so entsteht in ihm ein *„Minderwertigkeitsgefühl“* – das Gefühl, von vornherein im Nachteil zu sein. In jedem Menschen besteht aber auch ein Drang nach Geltung; Geltungsstreben und Minderwertigkeitsgefühl sind gegensätzliche psychische Kräfte. Um gegen das Minderwertigkeitsgefühl aufzukommen, sucht der Mensch aus seinem Geltungsstreben nach Möglichkeiten, es zu besonders hohen Leistungen zu bringen (entweder gerade auf dem Gebiete, auf welchem die organische Minderwertigkeit besteht – z. B. trotz eines Sprachfehlers ein großer Redner zu werden – oder auf anderen Gebieten – z. B. körperliche Schwäche oder Mißbildung durch besondere geistige Leistungen wettzumachen, zu kompensieren. Auf diese Weise wird der Mangel, der das Minderwertigkeitsgefühl hervorbrachte, häufig nicht nur ausgeglichen, „kompensiert“, sondern *überkompensiert;* was der Mitwelt als eine besonders hohe Begabung erscheint, ist in Wirklichkeit nach *Adler* oft nur die durch Überkompensation gesteigerte Leistungsfähigkeit und nicht eine angeborene Sonderbegabung. Man spürt bei *Adler* die Tendenz, den Menschen als das Produkt des Kampfes zwischen Geltungsdrang und Umwelt aufzufassen; daher wird auf die Einflüsse der Umwelt in der Erziehung der größte Wert gelegt und den Eltern und Lehrern höchste Sorgfalt in der Behandlung des Kindes zur Vermeidung von Minderwertigkeitsgefühlen empfohlen. Minderwertigkeitsgefühle sind ja Reaktionen der Persönlichkeit auf die menschliche Umwelt; und der Geltungsdrang (in seiner asozialen Form „Machttrieb“ genannt) ist direkt auf die Erreichung einer beherrschenden Stellung in der sozialen Umwelt gerichtet. So läßt sich die ursprüngliche *Adlersche* Lehre auf ein einfaches Reaktionsschema reduzieren: die Feststellung der Überlegenheit anderer Menschen erzeugt Minderwertigkeitsgefühle, gegen die der Geltungstrieb ankämpft, indem er besonders hohe Leistungen fordert; es werden alle Kräfte eingesetzt, um solche Leistungen zu erzielen, und dadurch wird sowohl das Minderwertigkeitsgefühl beseitigt wie der Geltungsdrang befriedigt.

Wegen dieses einfachen und sehr einseitigen Gedankens, der von einem einzigen Grundtrieb – dem Geltungsdrang oder Machttrieb – ausgeht und mit einem einzigen Schema – Reaktion des Machttriebs auf die Mitwelt – die Charakterentwicklung erklären will, wobei der Umwelteinfluß als der einzige entscheidende Faktor gilt, wäre die Individualpsychologie als Theorie der Charakterentwicklung nur von geringer Bedeutung. Ihren Wert gewann sie dadurch, daß sie viel mehr als jede andere Lehre die Einflüsse der Umwelt berücksichtigte, wobei dem sozialen Milieu eine besonders große Bedeutung zugeschrieben wird. *Adler* nennt vier Bereiche, mit denen sich der Mensch auseinandersetzen muß: Geschlecht, Beruf, die Stellung zu den Mitmenschen und das Irrationale (Religion, Kunst, Natur). Zu jedem dieser Bereiche steht der Mensch in Beziehung; dabei kann er sich bewähren oder er kann versagen. Versagt er, so kommt es nach der individualpsychologischen Theorie entweder zu Überkompensationen oder zu einer neurotischen Erkrankung, die im Prinzip nach *Adler* darin besteht, daß sich der Mensch ein Arrangement von Vorwänden (z. B. des Krankseins) aufbaut, das ihm sein Versagen erklärt und es entschuldigt; solche Menschen „machen etwas zur Ursache und lassen ihr die Folgen folgen“. Die Entstehung solcher fiktiver Arrangements ist oft verbunden mit Aktionen des Machtstrebens: der Kranke oder auch das Kind tyrannisiert die Umgebung durch seine Krankheit oder dadurch, daß die Angehörigen in ständiger Angst gehalten werden. Es wird ein Sicherungsapparat gegen die Umwelt ausgebildet – das Kind sichert sich durch Weinen, Nichtessen, Erbrechen usw. –, der eine Überkompensation des Machtstrebens darstellt; *Adler* spricht in solchen Fällen von „unechter Überkompensation".

Aus diesen Gedankengängen ist die Individualpsychologie zu einem zwar keineswegs systematisch durchgebildeten, aber in einem Punkte zweifellos sehr wichtigen Grundsatz gelangt: einen Menschen verstehen, heißt, ihn in seinen Zielsetzungen erfassen. Der „Lebensplan" des Menschen, der diese Ziele enthält, entsteht nach der Lehre *Adlers* schon in der frühen Kindheit, bei den ersten Auseinandersetzungen mit der familiären Umwelt. Benachteiligungen durch die Geschwister oder andere Kinder, die Teilung der Gefühle zwischen Vater und Mutter spielen dabei eine große Rolle. Die individuellen Zielsetzungen werden aus den Reaktionen des Machtstrebens auf die soziale Umwelt erklärt, sie sind das Ergebnis der Kompensation. Diese Kompensation soll nun von der Erziehung so gesteuert werden, daß sie in der Richtung des sozialen Gefühles erfolgt; es soll erreicht werden, daß der Mensch seine Schwächen und Mängel klarbewußt erkennt, daraus aber nicht zur Überzeugung seiner Minderwertigkeit gelangt, sondern in „direktem Angriff" sich um „echte Überkompensation" bemüht, die in der richtigen Einfügung in das soziale Leben besteht. Zu dieser offenen Einstellung gegenüber den eigenen Unzulänglichkeiten muß der Mensch durch Eltern, Erzieher und den Arzt ermutigt werden; „Ermutigung" dazu, sich selbst so zu nehmen, wie man von Natur aus ist, ist die Hauptmethode der individualpsychologischen Therapie.

Daß Kompensationen bei Organausfällen tatsächlich vorkommen, wurde oft nachgewiesen. So hat z. B. *Karl Heinz Seifert* an 38 taubstummen und 22 blinden Schulkindern festgestellt, daß ihre Leistungen bei der Beurteilung von verschiedenen Rauhigkeitsgraden von Papieren oder von Materialien wie Wildleder, Samt, Pelz, Wollstoff usw. beträchtlich besser waren als die Leistungen vollsinniger Kinder; *Seifert* betont aber, daß bei den Kindern mit Sinnesdefekten keineswegs immer ein Minderwertigkeitsgefühl entstehen muß und daher auch kein kompensatorisches Überlegenheitsstreben nachweisbar sei – die Kompensation, die in der höheren Leistung anderer Sinnesorgane tatsächlich zustande kommt, könne als biopsychische Regulationserscheinung aufgefaßt werden.

Charakter und Schicksal

Alles, was über die Beeinflussung des Charakters durch die Erziehung gesagt wurde, gilt in gleicher Weise für alle übrigen Umwelteinflüsse. *Ob* sie wirken, *wie* sie wirken und wie *sehr* sie wirken, hängt vom Charakter des Menschen ab; und wenn sie wirken, so kann man annehmen, daß sich am Bestand der Charakter*anlagen* nichts geändert hat, sondern nur einzelne Charakterzüge zugunsten anderer zurückgetreten sind. Durch die Umwelteinflüsse sind keine neuen Charakterzüge hinzugekommen und keine früheren weggefallen, es hat sich lediglich dadurch, daß einzelne Komponenten durch häufigere Auswirkung stärker entwickelt wurden, eine modifizierte Persönlichkeitsstruktur gebildet, bei der sich die Schwerpunkte der anlagemäßig möglichen Merkmale verlegt haben. Mit diesen Resultaten ist ein neues Problem gestellt: wenn es vom Charakter abhängt, ob und wie sehr etwas auf einen Menschen wirkt, so ist damit offenbar im Charakter der Bereich der wirkfähigen Umwelteinflüsse schon festgelegt; man müßte nur wissen, welche dieser wirksamen Umwelteinflüsse im Leben eines Menschen tatsächlich auftreten werden, und man könnte, vorausgesetzt, daß die Charakteranlagen des betreffenden Menschen genau bekannt waren, *sein Leben voraussagen.* Sobald man weiß, welche Reaktionen gewisse Ereignisse bei einem Menschen auslösen, müßte man nur noch wissen, welche von diesen Ereignissen wirklich eintreten werden, und man weiß, wie es diesem Menschen ergehen wird.

Damit ist vor allem die Bedeutung der theoretischen Charakterforschung noch einmal erwiesen. Wie der Chemiker voraussagen kann, was geschehen wird, wenn zwei Substanzen zusammenkommen, so könnte die Charakterkunde, wenn sie einen konkreten, genau untersuchten Fall vor sich hat, voraussagen, was geschehen wird, wenn dieser Mensch in eine bestimmte Situation gerät. In beschränktem Maße ist dies schon heute möglich: wenn man einen Menschen als reinen manisch-zyklothymen Typus erkannt hat, so kann man voraussagen, wie er auf eine Wahl zwischen geselligem und ungeselligem Verhalten, zwischen einer optimistischen und pessimistischen Weltanschauung, zwischen Form und Farbe usw. reagieren wird. Ebenso kann man für das Verhalten der Schizothymen in bestimmten Situationen und für die verhältnismäßig reinen Vertreter der *Sprangerschen* Typen Voraussagen machen. So sind von der charakterologischen Seite her einige, sehr bescheidene Bedingungen zur theoretischen Konstruktion eines Lebenslaufes bereits heute erfüllt; ganz unmöglich aber scheint es, auch die äußeren Ereignisse, die im Leben eines Menschen eintreten werden, im voraus anzugeben. Wir könnten nur sagen, daß dieser oder jener Mensch seinem Charakter entsprechend so und so reagieren wird, wenn er in diese bestimmte Situation gerät; *ob* er aber einmal in seinem Leben in diese Situation geraten wird, kann man nicht vorhersagen.

Alles dies ist nur richtig, wenn man absolut sichere Schicksalsvoraussagen verlangt. Begnügt man sich aber mit Wahrscheinlichkeiten, so ist diese Problemlage nicht mehr so ganz hoffnungslos; denn wir wissen zum mindesten einige der Situationen, in die ein Mensch einer bestimmten Kulturzugehörigkeit und Gesellschaftsklasse *wahrscheinlich* einmal kommen wird. Dies sind überdies gerade solche Situationen, die für seine weitere Lebensgestaltung von besonderer Wichtigkeit sind. So wird sich jeder Mensch einmal über seinen Beruf klar werden müssen, er wird mit anderen Menschen zusammenkommen und sich ihnen gegenüber irgendwie verhalten müssen, er wird zu Personen des anderen Geschlechtes in Beziehung treten und zu den Trieben und Gefühlen, die sie auslösen, irgendwie Stellung nehmen müssen; er wird sich zu den Bindungen, die von seiner Familie ausgehen, irgendwie einstellen müssen usw. So ergibt sich eine ganze Reihe von Situationen, mit deren Eintreffen jeder Mensch zu rechnen hat; aber auch die Charakterforschung kann damit rechnen und auf diese Weise zur *Schicksalsforschung* werden.

Für eine solche Schicksalsforschung bestehen gegenwärtig noch kaum Ansätze. Sie wird, wenn sie zu einer Wissenschaft werden will, mit charakterologischen Überlegungen allein nicht auskommen, sondern ihr Material aus dem Vergleich bekannter Lebensläufe gewinnen müssen. Einen sehr vielversprechenden Anfang hat in dieser Hinsicht *Charlotte Bühler* mit einer Arbeit gemacht, die auf Grund des genauen Studiums von 250 Lebensläufen gewisse Schicksals*typen* feststellen konnte. Derartige Untersuchungen sind außerordentlich wertvoll, denn sie stellen das unentbehrliche Material einer psychologischen Erforschung des Menschenschicksals dar; von praktischer Bedeutung werden sie allerdings erst dann sein, wenn man auch zeigen kann, *warum* das Leben dieses bestimmten Menschen in dieser bestimmten Form verlief. Dazu bedarf man aber der Charakterologie. Doch ist dies eine Aufgabe späterer Zeiten; vorläufig kann man nichts anderes tun als das, was *Charlotte Bühler* getan hat: möglichst viele Lebensläufe sammeln und miteinander vergleichen.

Die Kompliziertheit des Zusammenhanges zwischen Charakter und Schicksal wird besonders deutlich, wenn man bedenkt, daß es sehr auf die Art des Charakters ankommt, wie groß die Abhängigkeit des Schicksals vom Charakter im konkreten Falle ist. Es gibt Menschen, die sich ihr Schicksal weitgehend selbst gestalten: ein Cäsar oder Napoleon würde wahrscheinlich auch in unserer Zeit zu großer politischer Macht gelangen, Goethe würde auch heute ein Dichter, Schopenhauer ein Philosoph werden. Derartige starke Anlagen machen den Menschen (bezüglich dieser Anlagen) nahezu unabhängig von äußeren Ereignissen; sie erreichen ihr Ziel, wenn auch die Umweltverhältnisse noch so widrig sind. In solchen Fällen ist es leicht, von der Beziehung zwischen Charakter und Schicksal zu sprechen; in ihnen wird das Schicksal vom Charakter bestimmt. Gewiß können auch solche Menschen nicht verhindern, daß Ereignisse eintreten, die sie in der Erreichung ihres Zieles hindern; das Wesentliche ist aber, daß sie ihre Ziele trotz aller Widerstände erreichen.

Aber nicht nur für den Lebenslauf großer Männer ist der Charakter von Bedeutung; ist er dort der *entscheidende* Faktor, so ist im Dasein der übrigen Menschen die psychische Eigenart mindestens ein den Lebenslauf *mitbestimmender* Faktor. In erster Linie sind hier die *dynamischen* Komponenten des Seelenlebens maßgebend: die Art der Strebungen und Interessen bestimmt die Lebensziele, und ihre Stärke entscheidet darüber, wieviel Kraft und Ausdauer auf die Erreichung dieser Ziele verwendet wird. Bei ihrer Verfolgung gerät der Mensch fast immer mit den Interessengebieten anderer Menschen in Berührung und löst dadurch bei ihnen verschiedene, bald feindliche, bald freundliche Reaktionen aus; alle Handlungen des einzelnen sind für die übrigen Menschen „äußere Ereignisse", auf welche sie nun ihrerseits ihrem Charakter entsprechend reagieren, so daß das charakterbedingte Verhalten des einzelnen ein ebenso charakterbedingtes Verhalten anderer zur Folge hat, das wiederum für den einzelnen häufig entscheidende Reaktionen mit sich bringt. Weil nun der Lebenslauf des Menschen vor allem durch das Verhalten der Mitmenschen bestimmt wird, dieses Verhalten der Mitmenschen aber sehr weitgehend vom Charakter des einzelnen abhängt, so ist der Verlauf eines bestimmten Menschenlebens auch in dieser Hinsicht charakterbedingt. Man kann sich alles dies leicht an Beispielen klarmachen: man braucht nur daran zu denken, wie entscheidend unser Leben durch die Wahl des Berufes, durch unsere gesellschaftliche Umgebung, durch die Wirkung, die wir auf andere Menschen und andere Menschen auf uns ausüben, beeinflußt wird. Alle diese Reaktionen und menschlichen Beziehungen sind dadurch zustande gekommen, daß wir uns in dieser oder jener Weise verhalten haben; und wir haben uns deshalb so verhalten, weil unser Charakter dieses Verhalten verlangte.

Die persönliche Welt des einzelnen

Es gibt wenig psychologische Erkenntnisse, die man mit gutem Gewissen verallgemeinern darf. Besonders in der Charakterforschung, in der das Ausmaß der psychischen Verschiedenheit unter den Menschen deutlicher wird als in jeder anderen psychologischen Disziplin, wird man in dieser Hinsicht die Vorsicht und Zurückhaltung kaum übertreiben können. Und doch berechtigen gerade die Ergebnisse der Persönlichkeitsforschung zu einer Behauptung, von der man mit Sicherheit sagen kann, daß sie für alle Menschen zu allen Zeiten ihres Lebens in gleicher Weise Geltung hat: zu der Behauptung nämlich, daß *jeder Mensch jederzeit in einer eigenen Welt lebt.*

Gelänge es einmal einem Menschen, sich in vollkommener Weise in einen anderen Menschen, und wäre es sein Bruder oder sein intimster Freund, zu verwandeln, so würde er glauben, in eine ganz andere Welt geraten zu sein. Es ist sehr schwer, dies deutlich zu machen, weil die menschliche Vorstellungsfähigkeit nicht ausreicht, um solche Gedankenexperimente auch nur annähernd richtig und der Wirklichkeit entsprechend zu vollziehen; es ist ja in dieser Welt des einzelnen nicht nur seine charaktermäßige Anlage, sondern auch alles, was er bisher erlebt hat, irgendwie mitenthalten. Es ist jedenfalls niemals beweisbar, daß ein Mensch auch nur die gewöhnlichsten Gebrauchsgegenstände seiner nächsten Umgebung in derselben Weise wahrnimmt wie ein anderer; man braucht dabei nicht einmal an die Verschiedenheit der Sinnesorgane, der Farbentüchtigkeit, der Seh- und Hörschärfe usw. zu denken, man muß sich nur bewußt machen, daß jedes Ding für jeden Menschen einen anderen Erlebniswert besitzt, je nach seinen Interessen eine große oder kleine oder überhaupt keine Bedeutung hat, daß ferner der jeweilige seelische Allgemeinzustand, die Stimmung und Laune für die Art, in der man etwas sieht und hört, von größter Wichtigkeit ist. Derselbe Gegenstand ist anders, wenn wir ihn zum ersten Male, zum zweiten Male oder zum hundertsten Male sehen. Derselbe Raum ist ein anderer, wenn wir in ihm etwas Schönes erlebt haben oder wenn uns in ihm etwas Unangenehmes geschehen ist; vieles von unserer Umgebung wird am Morgen anders gesehen als am Abend, am Sonntag anders als an Werktagen, im Sommer anders als im Winter. Man wird einen Menschen so lange nicht annähernd verstehen können, solange man nicht einigermaßen weiß, wie die Welt aussieht, in der er lebt. Der große Biologe *v. Uexküll* konnte in Experimenten zeigen, in welcher Art gewisse Tiere ihre Umwelt sehen, was sie von ihr deutlich wahrnehmen, wie die Zeit für sie verläuft und worauf es in ihrer Welt ankommt. Ähnliche Forschungen beim Menschen anzustellen scheint zunächst unmöglich; und doch geben manche der dargestellten Experimente auch darüber schon einigen, wenn auch auf wenige Gebiete beschränkten Aufschluß. Die genaue, aber quantitativ beschränkte Auffassung der Schizothymen im Verhältnis zur ungenauen, aber quantitativ weiteren Auffassung der Zyklothymen, das starke Vorwiegen der Formbeachtung bei den Schizothymen und der Farbbeachtung bei den Zyklothymen usw. sind charakterologisch bedingte Verschiedenheiten des Umwelterlebens. Freilich ist damit nur etwas Allgemeines festgestellt. Im konkreten Fall kommt zu diesen Differenzen, die ja auch von der Aufmerksamkeitseinstellung, den Interessen, der Stimmung usw. abhängig sind, noch alles dasjenige, was aus der bisherigen Erfahrung des Menschen in seine Wahrnehmungsfunktionen eingegangen ist und nun unbemerkt in ihnen wirkt: die Gefühlsfärbung, die ein Gegenstand aus dem Erlebniskomplex, in dem er einmal eine Rolle spielte, mitbekommen hat, die Interessenbedeutung, die er durch den bisherigen Gebrauch oder dadurch, daß er als zweckdienliches Mittel oder als Hindernis aufgetreten ist, erhalten hat, schließlich auch der Wert, den er für andere Menschen darstellt, wobei dann wieder die Gefühlseinstellung zu diesen anderen Menschen von Bedeutung sein wird.

Besonders wichtig für den Aufbau der persönlichen Welt des einzelnen sind natürlich seine Triebe und Interessen. Man braucht nur an die Typologie von *Spranger* zu denken, und man wird zugeben, daß jeder dieser Typen nicht nur das ganze Sein und Leben anders auffaßt als die übrigen, sondern auch die einzelnen Gegenstände seiner Umgebung anders wahrnimmt: in einer beliebigen Umgebung wird der Ästhet die Dinge im Raum ganz anders erleben als etwa der Angehörige des ökonomischen Typus, der den Gegenständen vor allem ihren Handelswert ansieht, oder der Religiöse, dem sie vielleicht überhaupt ganz gleichgültig sind. Aber noch mehr: die verschiedenen Typen werden gar nicht die gleichen Gegenstände sehen, der eine wird solche beachten, die der andere gar nicht bemerkt, weil die verschiedenen Interessen für jeden Verschiedenes herausheben, so daß es in seiner Welt einen wichtigen Bestandteil bildet, während es in der Welt des anderen überhaupt nicht vorkommt.

So ergibt sich eine große Relativität der Welten, in denen die einzelnen Menschen leben. Nicht die objektiven Verhältnisse, sondern die subjektiven psychischen Beschaffenheiten spielen dabei die Hauptrolle. *Was in der Welt eines Menschen existiert und welche Bedeutung es darin hat, wird durch seinen Charakter bestimmt.* Daraus ergeben sich Folgerungen für die Erziehung: will man in den Erlebniswelten der einzelnen Menschen jenen Inhalten Existenz und Bedeutung verleihen, die für den kulturellen Fortschritt entscheidend sind – Religion, Erkenntnis, Gerechtigkeit, soziale Einstellung –, so muß man alles tun, um Interessen für diese Bereiche möglichst zur Entwicklung zu bringen; nur auf diesem Wege entstehen in der Welt des einzelnen „erlebte Werte“. Von diesem Standpunkt aus kann man behaupten: die weitere Entwicklung der Menschheit hängt davon ab, ob in genügend vielen Einzelmenschen genügend starke Interessenanlagen vorhanden sind und ob sie durch die Umwelt in genügendem Ausmaß zur Entwicklung gebracht werden. Die Anlagen sind der Macht des Menschen entzogen; die Gestaltung der Umwelt liegt in der Hand der Staaten und Völker.

Literaturverzeichnis

Ach, N.: Finale Qualität (Gefügigkeitsqualität) und Objektion, Erg.-Bd. II z. Arch. ges. Psychol., Leipzig 1932, 265, 333, 359.

Adler, A.: Menschenkenntnis, 5. Aufl. Zürich 1947 (1. Aufl. 1926).

Allers, R., u. *F. Scheminzky:* Pflüg. Arch. ges. Physiol. 212 (1926).

Allport, G. W.: Persönlichkeit, übers. v. *H. v. Bracken,* Stuttgart 1949 (S. 26, 590).

Amthauer, R.: Intelligenz-Struktur-Test, 2. Aufl. Göttingen 1955.

Anastasi, A.: Differential Psychology, 3. ed. New York 1958.

Antos, F.: Stildiagnost. Literaturunters. m. d. Aktionsquotienten, Wien. Arch. Psychol., Psychiat., Neurol. 3 (1953), 65.

Argelander, A.: Geschlechtsunterschiede in Leistung und Persönlichkeit des Schulkindes. Z. päd. Psychol. 1931, Heft 1.

Arnheim, R.: „Experimentell-psychologische Untersuchungen zum Ausdrucksproblem". Psychol. Forschung 11 (1928) 2–132.

Arnold, O. H., u. *Th. Kohlmann:* Wien. Z. Nervenheilk. 5 (1952), 1.

Arnold, W.: Der Pauli-Test, 3. Aufl. München 1960.

Arnold, Wilhelm: Person, Charakter, Persönlichkeit, 2. Aufl. Göttingen 1962.

Arrington, R.: Interrelations in the behavior of young children. New-York 1932.

Baier-Jünger, G.: Die Kretschmerschen Typen in ihrer Beziehung zum Arbeitsversuch von Kraepelin-Pauli. Unveröffentl. Diss., Wien 1949.

Bauer, H.: Über charakterologische Selbstbeurteilung. Wien. Z. Philosophie, Psychologie, Pädagogik 3 (1950), 60.

Baughman, E. E.: J. Proj. Techn. 15 (1951), 243.

Behr-Pinnow, C. v.: Begabungsvererbung in der Familie Bernoulli. Naturwissenschaften 22 (1935), 717; Arch. Rassen- und Gesellschaftsbiol. 27 (1933), 396.

Bellak, L. u. S.: Children's Apperception Test. New York 1949.

Berger, H.: Psyche (Jena) 1940.

Bobertag, O.: Ist die Graphologie zuverlässig? Heidelberg 1929.

Bokslag, I. G. H.: Ausdruckskunde 2 (1955), 34.

Bonaventura, M.: „Ausdruck der Persönlichkeit in der Sprechstimme und im Photogramm." Arch. ges: Psychol. 94 (1935) 501–570.

Bönisch, R.: Über den Zusammenhang seelischer Teilstrukturen. Neue Psychologische Studien 15, I (1939).

Bottenberg, E. G.. u. *H. Wehner:* Diagnostica XII (1966), 85.

Bouterwek, H., zit. n. *Legrün,* a. a. O.

Bracken, H. v.: Z. menschl. Vererb. u. Konstit.-Lehre 23 (1939).

Brengelmann, J. C.: Z. exper. u. angew. Psychol. 2 (1954), 455. Psychol. Rundschau 3 (1952) 31; 4 (1953), 33.

Brengelmann, Johannes C., u. *Leo:* Deutsche Validierung von Fragebogen der Extraversion, neurotischer Tendenz und Rigidität. Z. exper. u. angew. Psych. VII (1960), 291.

Brunswik, E., u. *L. Reiter:* Z. Psychol. 124 (1938).

Bühler, Ch.: Der menschliche Lebenslauf als psychologisches Problem, 2. Aufl. Göttingen 1959.

Burchard, E. M.: Physique an psychosis. Comp. Psychol. Monogr. 13 (1936).

Burt, C.: The genetik determination of differences in intelligence: a study of monozygotic twins reared together an apart, Brit. J. Psychol. 57 (1966), 137.

Busemann, A.: Stil und Charakter. Meisenheim 1948.

Buttersack, F.: Seelenstrahlen und Resonanz. Leipzig 1937.

Candolle, A. de: Histoire des sciences et des savants depuis deux siècles. Genf 1873 (deutsche Ausgabe von *W. Ostwald*. Leipzig 1911).

Carpenter, W.: Mental Psychology. London 1879.

Carter, H. C.: J. g. Psychol. 43 (1933), 312.

Castelnuovo-Tedesco, P.: A study of the relationship between handwriting and personality variables. Genet. Psychol. Monogr. 37 (1948), 167.

Cattell, R. B., u. *D. R. Saunders:* Z. exper. u. angew. Psychol. 2 (1954), 325.

Cohen, R.: Systematische Tendenzen bei Persönlichkeits-Beurteilungen. Bern-Stuttgart 1969.

Cohen, Rudolf: Die Psychodynamik der Testsituation. Diagnostica VIII (1962), 3.

Conrad, Klaus: Der Konstitutionstypus als genetisches Problem. Berlin 1941.

Copple, G. E.: Effective intelligence as measured by an unstructured sentence-completion technique. J. consult. Psychol. 20 (1956). 357.

Cronbach, zit. n. *Thomae:* Problem der Konstanz und Variabilität der Eigenschaften. Handbuch der Psychologie IV, S. 303, Göttingen 1960;

Czagan, Fr.: Die Verwendung lautlicher Ausdrucksmittel zur Wiedergabe von Körpereigenschaften. Z. exper. u. angew. Psychologie 6 (1959), 766.

Czerkauer, Hedwig: Der Aktions-Quotient von Busemann als Aktivitätsmaß. Unveröffentl. Diss., Universität Wien 1967.

Czurda, M.: Beziehungen zw. Lautcharakter u. Sinneseindrücken. Wien. Arch. Psychol. Psychiat. Neurol. 3 (1953), 73.

David, H. P.: Amer. Psychologist 6 (1951) 338.

Dearborn, G.: Blots of Ink in Experimental Psychology. Psychol. Rev. 4 (1897), 300.

Dobzhansky, Th.: Intelligenz-Vererbung und Umwelt. mgv-moderne Verlags GmbH, München 1973.

Drach, E.: Sprecherziehung. (1926).

Drach, E.: Die redenden Künste. (1926).

Ehrenstein, W.: Grundlegung einer ganzheitspsychologischen Typenlehre. Berlin 1935.

Eickstedt, v.: Grundlagen der Rassenpsychologie. Stuttgart 1936, S. 151 f.

Enke, W.: Z. angew. Psychol. 36 (1930).

Enke, W.: Die Affektivität der Konstitutionstypen im psychogalvanischen Versuch. Charakter 1932, Heft 3.

Enke, W.: Experimentalpsychologische Studien zur Konstitutionsforschung. Z. ges. Neurol. Psychiat. Bd. 114.

Enke, W.: Psychomotorik der Konstitutionstypen. Z. angew. Psych., Bd. 36 (1930), 237. Auch als Sonderdruck.

Erlenmeyer-Kimling, L., und *L. F. Jarvik:* Genetics and intelligence, a review. Science 142 (1963), 1477-1479.

Ewert, Otto. M.: Sematologie des Ausdrucks. Handbuch Psychol. V, Göttingen 1965.

Eysenck, H. J.: The scientific study of Personality. London 1952, S. 179 ff.

Eysenck, H. J.: Dimensions of Personality. London 1947.

Eysenck, H. J.: The Scientific Study of Personality. London 1952.

Eysenck, H. J.: The Structure of Human Personality. London 1953.

Eysenck, H. J. and *D. B. Prell:* The inheritance of neuroticism. J. ment. Sci. 1951.

Fahrenberg, J.: Psychophysiologische Persönlichkeitsforschung. Göttingen 1967.

Fahrenberg, J., u. *M. Myrtek:* Ein kritischer Beitrag zur psychophysiologischen Persönlichkeitsforschung. Z. exper. u. angew. Psychol. XIII (1966), 222.

Fischer, G. H.: Psychologische Testtheorie. Bern-Stuttgart 1968.

Fischer, G. H.: Zur faktoriellen Struktur der Handschrift. Z. exper. u. angew. Psychol. 9 (1964), 254.

Fisher, J.: The twisted pair and the prediction of behavior. J. consult. Psychol. 23 (1959), 400.

Fleiss, Ida: Experimentelle Untersuchungen über inhaerente Laut-Sinn-Beziehungen in der japanischen Sprache. Unveröffentl. Phil. Diss., Wien 1965.

Fosberg, I. A.: J. Cons. Psychol. 15 (1951), 43.

Frank, L. K.: Projective Methods for the Study of Personality. J. Psychol. 8 (1939), 289.

Franks, C. M.: Conditioning and personality: a study of normal and neurotic subjects. J. abnorm. soc. Psychol. 52 (1956), 143.

French, J. W.: The factorial composition of aptitude and achievement tests. Psychometric Monographs 5 (1951).

Freud, Sigmund: Die Abwehr, Neuropsychosen, Neurol. Zentralblatt 1894, 10.

Freud, Sigmund: Zur Einführung des Narzißmus, Jb. Psychoanalyse 1914.

Freud, Sigmund: Das Ich und das Es. Wien 1923.

Frijda, N. H.: Mimik. Handb. Psychol. V, Göttingen 1965.

Frischeisen-Köhler: Das persönliche Tempo. Leipzig 1933. Z. angew. Psychologie 37 (1930).

Fritz, Th., zit. n. *W. Kammel:* Beitrag zur Geschichte der Testforschung im 18. und 19. Jahrhundert, 17. Jahrb. f. christl. Erziehungswissenschaft, München 1926, S. 251 ff.

Furrer, W.: Der Lüscher-Test, in *E. Stern:* Die Tests in der klinischen Psychologie. Zürich 1955, S. 432.

Galton, Fr.: Hereditary Genius. 1896.

Geiger, M.: IV. Kongreß f. Psychologie. 1911.

Glueck, Sheldon u. *Eleanor:* Jugendliche Rechtsbrecher. Stuttgart 1963.

Goddard, H. H.: The Kallikak-Family. New York 1912 (deutsch v. *H. Wilker,* 1934).

Gottesmann, I.: Heritability of Personality. Psychol. Monographs 77 (1963), 9.

Gottschaldt, K.: Der Aufbau d. kindlichen Handelns, 2. Aufl., Leipzig 1954, S. 7 Z. Psychol. 1957 (1954), 3 ff.

Gottschaldt, K,: Das Problem der Phänogenetik der Persönlichkeit, in: Handbuch der Psychologie, IV, 222, Göttingen 1960.

Gottschaldt, K.: Handlung und Ausdruck in der Psychologie der Persönlichkeit. Z. Psychol. 162 (1958).

Graupe, S. R.: Die Veränderung der Faktorenstruktur eines Persönlichkeitsfragebogens unter dem Einfluß spezifischer Instruktionen. Unveröffentl. Diss., Phil. Fakultät Wien, 1969.

Grill, I.: Entwicklung eines unstrukturierten Intelligenztests. Z. exper. u. angew. Psychol. 7 (1960), 211.

Groddeck, G.: Das Buch vom Es. Wien 1923.

Guilford, J. P.: Personality. New York-Toronto-London 1959.

Häcker, V., u. *Th. Ziehen:* Über Erblichkeit d. musikal. Begabung. Z. Psychol. 88, 89, 90.

Haier, H.: Über die Abstraktion als geistiges Mittel zu Lösung von Aufgaben und in Beziehung zur Typologie. Unters. z. Psychol., Phil. und Pädag., hrsg. v. *N. Ach,* Bd. 9, Heft 5, Göttingen 1935.

Haring, O.: Kontrolluntersuchungen zum Lüscher-Farbtest. Unveröffentl. Diss., Wien 1956.

Hartel, U.: Laut und Sinn in der Sprache der Suaheli. Unveröffentl. Diss., Wien, 1969.

Hartge, M.: „Eine graphologische Untersuchung von Handschriften eineiiger und zweieiiger Zwillinge." Z. angew. Psychol. 50 (1936) 129–148.

Harvey, O. L.: The measurement of handwriting, Char. and Person. zit n. *Müller-Enskat,* Handb. d. Psychol. V, S. 566.

Heindl, R.: Der Berufsverbrecher. Berlin 1928.

Heiss, R., u. *H. Hiltmann:* Farbpyramiden-Test. Bern 1951.

Heiss, Robert: Die Lehre vom Charakter. Berlin 1936, 2. Aufl. 1949.

Hellpach, W.: Lehrbuch d. Sozialpsychologie. 3. Aufl., Stuttgart 1951.

Herkner, W.: Der Ausdruck der Klangfarben von Musikinstrumenten. Unveröffentl. Diss., Phil. Fakultät Wien, 1969.

Hermann, E.: „Messungen an Handschriftproben von Zwillingspaaren unter 14 Jahren." Z. Psychol. 147 (1939), 238–255.

Herzog, H.: „Stimme der Persönlichkeit." Z. Psychol. 130 (1935), 300–369.

Heymans, G.: Die Psychologie der Frauen, 2. Aufl., Heidelberg 1924.

Hippius, M. Th.: Z. angew. Psychol. 51 (1936).

Hofer, E.: Über den Rhythmus d. menschl. Ganges. Wien. Arch. Psychol. Psychiat. Neurol. 6 (1956), 2.

Hofstätter, P. R.: Das Denken in Stereotypen, S. 27. Vandenhoeck u. Ruprecht, Göttingen 1960.

Hofstätter, P. R.: Differentielle Psychologie. Alfred Kröner, Stuttgart 1971.

Hofstätter, P. R., u. *D. Wendt:* Quantitative Methoden der Psychologie, 2. Aufl., München 1966.

Högler, A.: Messende Untersuchungen an Zwillingshandschriften. Z. diagn. Psychol. 6 (1958), 39.

Hörmann, H.: Aussagemöglichkeiten psychologischer Diagnostik. Göttingen 1964 (Zitat S. 31).

Holicke, Gertrud: Sprachstilmerkmale gleicher Texte in drei verschiedenen Sprachen. Unveröffentl. Diss., Universität Wien, 1968.

Horst, L. van der: Experimentellpsychologische Untersuchungen zu Kretschmers „Körperbau und Charakter". Z. ges. Neurol. Psychiat. Bd. 93 (1924), S. 341.

Horst, L. van der: Experimentalpsychologische Untersuchungen zu Kretschmers „Körperbau und Charakter". Z. ges. Neurol. Psychiat. 93 (1924).

Hückstedt, Bärbel: Experimentelle Untersuchungen zum „Kindchenschema". Z. exper. u. angew. Psychol. XII (1965), 421.

Hummer, E.: Arch. ges. Psychol. 95 (1936), 15.

Husén, T.: Psychological twin research. Almquist und Wiksell, Stockholm 1960.

Jaensch, E. (u. Mitarbeiter): Grundformen menschlichen Seins, Berlin 1929.

Jaensch, E. (u. Mitarbeiter): Das Verhältnis der Integrationstypologie zu anderen Formen der Typenlehre, insbesondere zur Typenlehre Kretschmers. Z. Psychol., Bd. 125, S. 113 f.

Jaensch, E. (u. Mitarbeiter): Weiteres zur Auseinandersetzung der Integrationstypologie mit der Typenlehre Kretschmers. Z. Psychol. 126, S. 57.

Jaensch, E. (u. Mitarbeiter): Gemeinschaftsbildung und Lebensleistung, Bericht über den XIV. Kongreß f. Psychologie, S. 158, Jena 1935.

Jaensch, E. (u. Mitarbeiter): Tuberkulose und Seelenleben. Z. Psychol. 135 (1935), 1.

Jaensch, E. (u. Mitarbeiter): Das Verhältnis der Integrationstypologie zu anderen Formen der Typenlehre, insbesondere zur Typenlehre Kretschmers. Z. Psychol. 125, 113 f.

Jaensch, E. (u. Mitarbeiter): Ausführliche Darstellung bei *M. Krudewig.* Die Lehren von der visuellen Wahrnehmung und Vorstellung bei E. R. Jaensch, Maisenheim 1953.

Jaensch, W.: Grundzüge einer Physiologie und Klinik der psychologischen Persönlichkeit. Berlin 1926.

Jaensch, W.: Körperform, Wesensart, Rasse, Leipzig 1934.

Jäger, A. O.: Dimensionen der Intelligenz. Göttingen 1967.

James, W. T., in: *C. R. Stockard* (ed): The genetic and endocrine basis for differences in form and behavior. Philadelphia 1941, 525.

Jensen, A. R.: How much can we boost IQ and scholastic achievement? Harvard Educ. Rev. 31 (1969), 1-123.

Juda, A.: Psychiatr.-neurol. Wochenschr. 36 (1934).

Juda, A.: Allg. Z. Psychiatrie und Grenzgeb. 116 (1940).

Jung, C. G.: Contribution à l'Etude des Types psychologiques. Arch. de Psychologie 13 (1913).

Jung, C. G.: Psychologische Typen, 9. Aufl., Zürich 1960.

Kanizsa, G.: Arch. Psicol. Neurol. Psichiat. 14 (1953), 651.

Keilhacker, M.: Z. angew. Psychol. 59 (1940).

Kibler, M.: Experimentalpsychologischer Beitrag zur Typenlehre. Z. ges. Neurol. Psychiat. Bd. 98 (1925), 524.

Kietz, G.: Der Ausdrucksgehalt des menschlichen Ganges, 3. Aufl., Leipzig 1956.

Kietz, G.: Gang u. Seele, München 1968.

McKinley, J. C., u. *S. R. Hathaway:* Minnesota Multiphasic-Personality Inventory. University of Minnesota, Minneapolis 1942.

Kirchhoff, R.: Allgemeine Ausdruckslehre, Göttingen 1957.

Kirchhoff, R.: Handb. Psychol. V, Grundfragen d. Ausdruckspsychologie, Göttingen 1965.

Kirchhoff, Th.: Der Gesichtsausdruck und seine Bahnen. 1922.

Kirsch, E.: Aufmerksamkeit und Objektionsfähigkeit. Unters. z. Psychol., Phil. und Pädag., hrsg. v. *N.* Ach, Bd. 8, Heft 4, Göttingen 1934.

Klages, L.: Die Grundlagen der Charakterkunde, 5. und 6. Aufl., Leipzig 1928, S. 87, 156. Z. angew. Psychologie 63 (1942).

Kleinknecht, I., zit. n. *F. Reinöhl:* Die Vererbung der geistigen Begabung, 3. Aufl., 1935, S. 144.

Klineberg, O., H. A. Fjedl, J. P. Foley, zit. n. *Anastasi,* S. 169.

Klineberg, O., S. E. Asch, H. Block: An experimental study of constitutional types. Genet. Psychol. Monogr. 16 (1934), 3.

Koch, H. u. *F. Mjöen:* Die Erblichkeit der Musikalität. Z. Psychol. 99 (1926), 16 und 121 (1931), 104.

Köhler, W.: Psychologische Probleme. Berlin 1933, S. 153.

Köhn, W.: Die Vererbung des Charakters. Arch. Rassen- u. Gesellschaftsbiologie 29 (1935), 1; Arch. ges. Psychol. 88 (1933), 131.

Konecny, E.: Lehrbuch der Philosophie I. Teil (Psychologie). Wilhelm Braumüller, Wien 1973.

Kozeny, E. D.: Intelligenz, ihre morphologische Entsprechung und deren Entwicklungstendenz. Arch. ges. Psychol. 119 (1967), 191.

Kranz, H.: Lebensschicksale krimineller Zwillinge. Berlin 1936.

Krauß, R.: Über graphischen Ausdruck. Leipzig 1930 (Beiheft 58, Z. angew. Psychol.).

Kremenak, M.: Der Eindruckswert der Augengegend auf Grund schematischer Darstellungen. Unveröffentl. Diss., Wien 1950.

Kretschmer, E.: Körperbau und Charakter, 23. Aufl., 1961.

Kretschmer, E.: Geniale Menschen, 5. Aufl., 1958.

Kretschmer, E., u. *W. Enke:* Die Persönlichkeit der Athletiker. Leipzig 1935, S. 60 ff., S. 215 ff.

Kroh, O.: Experimentelle Beiträge zur Typenkunde, Bd. 1, Leipzig 1929, S. VI f.; Bd. III, S. VII ff., Leipzig; Bd. II, S. VIII ff., Leipzig 1934.

Krueger, H., u. *K. Zietz:* Z. angew. Psychol. 45 (1933).

Kühnel, E.: Über den Eindruckswert schematisierter Gesichter. Unveröffentl. Diss., Wien 1954.

Külpe, O.: Vorlesungen über Psychologie, hrsg. v. *K. Bühler,* 2. Aufl., Leipzig 1922, S. 187 ff.

Kürten, H.: Ein 18jähriges, eineiiges Zwillingsbrüderpaar. Arch. Rassen- u. Gesellschaftsbiol. 28 (1934), 38.

Lange, J.: Verbrechen als Schicksal. Leipzig 1929.

Lange, J.: Zwillingsbildung und Entwicklung der Persönlichkeit. Naturwissenschaften 21 (1933), 97.

Legrün, A.: Über die Handschrift erblicher Zwillinge. Z. menschl. Vererbungs- u. Konst.-Forschung 1938, 21, 704, 736.

Lehmann, H.: Aberglaube und Zauberei (1925).

Leitner, G.: Intelligenzschätzungen aus der isolierten Stimme u. Sprechweise. Unveröffentl. Diss., Wien 1956.

Lersch, Ph.: Gesicht und Seele, 5. Aufl., 1961.

Lersch, Ph.: Der Aufbau der Person. 8. Aufl., 1962.

Li (Lee), Mercedes: Laut und Sinn in der chinesischen Sprache. Unveröffentl. Diss., Univ. Wien, 1967.

Lienert, Gustav A.: Testaufbau und Testanalyse, 2. Aufl., Weinheim 1967.

Liepmann, W.: Psychologie der Frau, 2. Aufl., Wien 1922.

Liepmann, W.: Psychomotorische Studien zur Konstitutionsforschung. Z. Nervenheilkunde, Bd. 102 (1928), 136.

Linde, E.: Das psychogalvanische Reflexphänomen. Z. Psychol Bd. 115 (1930), S. 34.

Link, M.: Die Malerfamilie Tischbein. Arch. Rassen- und Gesellschaftsbiol. 27 (1933), 185.

Lipmann, O.: Psychische Geschlechtsunterschiede. Beiheft 14 z. Z. angew. Psychol. Leipzig 1917.

Lord, E.: Psychol. Monographs 64, Nr. 10 (1950).

Lorenz, K.: Die angeborenen Formen möglicher Erfahrung. Z. Tierpsychologie 5 (1943), 235.

Lorenz, K.: Ausdrucksbewegungen höherer Tiere, Naturwissenschaften 38 (1951).

Lottig, H.: Beiheft 61, Z. angew. Psychol. (1931).

Luhan, W.: Körpervibration bei vorgestellten Bewegungen. Unveröffentl. Diss., Wien 1953.

Lusso, A.: Arch. Psicol. Neurol. Psichiat. 15 (1954), 169.

Lutz, A.: Teilinhaltliche Beachtung, Auffassungsumfang und Persönlichkeitstypus in *Kroh,* Experimentelle Beiträge zur Typenkunde I., Leipzig 1929 (Erg.-Bd. 14 z. Z. Psychol.).

Mader, I.: Die Anwendbarkeit des Wartegg-Tests bei der Persönlichkeitsbegutachtung im Pubertätsalter. Psychol. Rundschau 3 (1952), 79.

Mahlow, F.: Z. Psychol. 155 (1943), 155.

Meili, R.: Hasard et psychodiagnostic. Arch. Psychol. 21 (1928), 136.

Meili, R.: Zur Kritik des Typenbegriffes. Schweiz. Arch. Neurol. Psychiat. 48 (1941), 82. Lehrbuch der psychol. Diagnostik, 4. Aufl., Bern 1961.

Mengarelli, C.: La costituzione nelle aristocrazie Italiane. Vita e pensiero, Milano 1935.

Merz, F.: Persönlichkeitsbeurteilung und soziale Beziehung, unveröffentl. Untersuchung 1960.

Meumann, J.: Testpsychologische Untersuchungen an ein- und zweieiigen Zwillingen, Arch. ges. Psychol. 93 (1935), 42.

Michel, L.: Der Rorschach-Test als Intelligenz-Diagnosticum. Rorschachiana 8 (1963). 129.

Mields, Jürgen: Möglichkeiten der Intelligenz-Diagnostik bei Teamwork. Diagnostica X (1964), 21.

Mierke, K.: Über die Objektionsfähigkeit und ihre Bedeutung für die

Typenlehre. Arch. ges. Psychol., Bd. 89 (1933), 1.

Mierke, K.: Psychol. Beobachtungen an eineiigen Zwillingen. Volk u. Rasse 9 (1934).

Mittenecker, E.: Eine neue quantitative Methode in der Sprachanalyse und ihre Anwendung bei Schizophrenen. Mschr. Psychiat. und Neurol., Vol. 121, Nr. 6 (1951).

Mittenecker, E.: Subjektive Tests zur Messung der Persönlichkeit. Handb. d. Psychol. VI, Göttingen 1964.

Mittenecker, E.: Planung u. statistische Auswertung von Experimenten, 5. Aufl., Wien 1965.

Mittenecker, E., u. *W. Toman:* Der P.-I.-Test (Ein kombinierter Persönlichkeits- u. Interessentest), Wien-Köln 1951.

Moede, W.: Experimentelle Massenpsychologie (1920).

Mohr, G., u. *R. H. Gundlach:* The relation between physique and performance. J. exper. Psychol. 10 (1927).

Mühle, G.: Bericht ü. d. 20. Kongreß d. Deutschen Ges. f. Psychologie, Göttingen 1956, 102.

Murray, H. A.: Thematic Apperception Test. Harvard University Press, Cambridge 1943.

Mussen, P. H., u. *S. R. Krauss:* J. abnorm. soc. Psychol. 47 (1952), 405.

Neeb, M.: Z. Psychol., Bd. 118 (1930).

Neweklowsky, K.: Z. angew. Psychol. u. Charakterkunde 56 (1939), 1.

Newman, H. H.: J. of Heredity. Vol. 20, 23, 24, 25 (1929 bis 1934); The American Naturalist 6 (1933).

Newman, H. H., F. N. Freeman, K. J. Holzinger: Twins, a Study of Heredity and Environment. Chikago 1937.

Nietzsche, F.: Unzeitgemäße Betrachtungen.

Nikolay, E.: Messungen an Handschriftproben von Zwillingspaaren über 14 Jahren. Arch. ges. Psychol., 105 (1940), 275–295.

Nossberger-Eidler, F.: Intelligenzschätzung nach dem Gesichtsausdruck. Psychologie u. Praxis 3 (1959), 281.

Oestlyngen, E.: Über erbliche und umweltliche Bedingtheit der Variabilität von Handschriften. Acta psychiat. et neurol. 20 (1945), 75.

Olechowski, R.: Experimente über den Stimm- und Sprechausdruck beim Lügen. Unveröffentl. Phil. Diss., Wien 1961.

Osgood, C. E., G. J. Suci u. *P. H. Tannenbaum:* The measurement of meaning. Urbana Univ. Press 1957.

Owens, W. A. J.: J. appl. Psychol. 38 (1954), 154.

Palme, H.: Versuch einer statistischen Auswertung des alltäglichen Schreibstils. Unveröffentl. Diss., Wien 1949.

Pawlik, Kurt: Dimensionen des Verhaltens. Eine Einführung in die Methodik und Ergebnisse faktorenanalytischer psychologischer Forschung. Bern 1966.

Pear: Voice and Personality. London 1931.

Peroutka, F.: Eindrucksmäßige Konkordanzbeurteilung an Zwillingsschriften. Pädag. Hausarbeit, Wien 1952 (unveröffentlicht).

Peters, W.: Vererbung geistiger Eigenschaften, Jena 1925.

Pfahler, G.: System der Typenlehre. Leipzig 1929.

Pfahler, G.: Vererbung als Schicksal. Leipzig 1932.

Pfahler, G.: Der Mensch und sein Lebenswerkzeug. Stuttgart 1954.

Pichler, H.: Stilanalytische Untersuchungen mit dem Aktionsquotienten. Unveröffentl. Diss., Wien 1949.

Piderit, Th.: Mimik und Physiognomik, 4. Aufl., Detmold 1925.

Pollnow, Hans: Historisch-kritische Beiträge zur Physiognomik. Jahrb. d. Charakterologie von *Utitz,* Bd. 5 (1928).

Popenoe, P.: J. Hered. 13 (1922).

Powers, E., zit. n. *C. S. Hall* u. *G. Lindzey:* Theories of Personality. New York 1957, S. 284.

Prandtl, A.: Die Einfühlung (1910).

Prelinger, E.: Persönlichkeitstypus und Lebenslauf, Wien. Z. Philosophie, Psychologie, Pädagogik 3, 14 (1950).

Prelinger, E.: Kleine Studie über die Verläßlichkeit des Szondi-Tests. Wien. Z. Nervenheilk. Bd. III (1950).

Prinzhorn, H.: Persönlichkeitspsychologie. Leipzig 1932.

Rauhala, S.: Rep. Psych. Inst. Helsinki, 1956.

Reed E. W., u. *S. C. Reed:* Mental Retardation, a Familiy Study. Philadelphia u. London 1965.

Reinöhl, F.: Die Vererbung der Intelligenz. Arch. Rassen- und Gesellschaftsbiol. 29 (1935), 26.

Reiter, O., u. *O. Sterzinger:* Aufmerksamkeit und Konstitution. Z. Psychol., Bd. 122 (1931), 115 ff.

Revers, W. J., u. *K. Taeuber:* Der thematische Apperzeptionstest. Bern 1968.

Ribot, Th.: Die Persönlichkeit (1894).

Rice, S. A.: „Stereotypes“: a source of error in judging human charakter. J. Person. Res. 5 (1926), 267.

Richter, H.: Z. Psychol. 157 (1954), 201.

Riedl, Ch.: Der P.-I.-Test bei Zwillingen. Unveröffentl. Diss., Wien 1950.

Rieffert, J. B.: Sprechtypen in: 12. Kongreß d. deutschen Ges. f. Psych. (1932).

Rieger, K.: Beschreibung der Intelligenzstörungen nebst einem Entwurf zu einer allgemeinen anwendbaren Methode der Intelligenzprüfung. Verh. phys. med. Ges. Würzburg 22 (1889), 65.

Rohracher, H.: Einführung in die Psychologie, 10. Aufl., Wien 1966.

Rohracher, H.: Die Arbeitsweise des Gehirns und die psychischen Vorgänge, 4. Aufl., München 1967.

Rom, R.: Kontrolluntersuchungen zum Farbpyramidentest von Heiss und Hiltmann. Unveröffentl. Diss., Universität Wien, 1968.

Roman-Goldzieher, K.: Beiheft 6 z. Schweiz. Z. Psychol. (1945), 29.

Rorschach, H.: Psychodiagnostik, 8. Aufl., Bern 1963.

Roth, Heinrich: Begabung und Lernen. Ernst Klett, 8. Auflage, Stuttgart, 1972.

Rothacker, Erich: Die Schichten der Persönlichkeit 1938, 5. Aufl., Bonn 1952.

Rundquist, E. A.: J. comp. Psychol. 16 (1933), 415.

Rutz, O.: Arch. ges. Psychol. 18 (1910).

Rutz, O.: Neue Entdeckungen der menschlichen Stimme (1908).

Sachers, W.: Der Aktionsquotient bei lateinischen Dichtern und Schriftstellern. Pädag. Hausarbeit, Wien 1954 (nicht veröffentlicht).

Sader, M., u. *W. Keil:* Bedingungskonstanz in der psychologischen Diagnostik. Arch. ges. Psychol. 118 (1966), 279.

Salzmann, F.: Vergleichsuntersuchungen mit dem I-Skore des P.-I.-Tests an Gesunden u. vegetativ Labilen. Unveröffentl. Diss., Wien 1952.

Sanguineti, I., u. *R. Sigurtà:* Arch. Psicol. Neurol. Psichiat. 12 (1951), 35; 13 (1952), 198.

Saudek, R., u. *E. Seemann:* „Identical twins reared apart: a comparative study of various tests of their intellectual, emotional and social attitudes“ Charakter and Personality, 1933, 2, 22–40.

Schaedeli, Rudolf: Untersuchungen zur Verifikation von Meilis Intelligenzfaktoren. Z. exper. u. angew. Psychologie VIII (1964), 213.

Schaie, K. Warner: Die Validität des Farbpyramiden-Tests. Diagnostica VIII (1962), 141.

Schenkel, R., zit. n. *R. A. Stamm:* Perspektiven zur vergleichenden Ausdrucksforschung, in: Handbuch f. Psychologie, Bd. 5, Göttingen 1965, S. 257.

Scherleitner, R.: Untersuchungen über den Stil von Wahrheit und Lüge. Unveröffentl. Diss., Wien 1954.

Schiller, M.: Z. Vererbungs- u. Konstitutionslehre 20 (1936).

Schlismann, A.: Sprach- und Stilanalyse mit einem vereinfachten Aktionsquotienten. Wien. Z. Philosophie, Psychologie, Pädagogik II (1948), 42.

Schofield, W.: J. clinic psychol. 8 (1952), 255.

Scholl, R.: Theorie und Typologie der teilinhaltlichen Beachtung von Form und Farbe. Z. Psychol. 101 (1927), 313.

Schorn, M.: Industr. Psychotechnik 4 (1927).

Schroedersecker, Fr.: Z. menschl. Vererb.- u. Konstit.-Lehre 23 (1939), 273.

Schulte, H.: „Experimentelle Prüfung der Rutz-Sieverschen Typenlehre.“ Arch. ges. Psychol. 70, 1929, 119–208.

Schulz, O.: Experimentelle Untersuchungen über Lüge und Charakter. Unters. z. Psychol., Phil. und Pädag., hrsg. v. *N. Ach,* Bd. 8, Heft 2, Göttingen 1934.

Seifert, K. H.: Kompensatorische Leistungsmöglichkeiten Mindersinniger im Bereich der Haptik. Z. exper. u. angew. Psychol. IX (1962), 55.

Seifert, K. H.: Über funktionale Kompensation. Bericht über den 22. Kongr. Psychol. Göttingen 1963.

Seiler-Tarbuk, L.: Die Eindruckswirkung der Gesichts- und Hauptbehaarung. Unveröffentl. Diss., Wien 1951.

Sheldon, W. H.: The Varieties of Human Physique. New York-London 1940.

Shields, J.: Monozygotic Twins. Oxford Univ. Press, London 1962.

Simon, M.: Z. diagn. Psychol. u. Persönlichkeitsforschg. 2 (1954), 195.

Smith, I. C.: Z. ges. Neurol. u. Psychiat. 166 und 168 (1939, 1940).

Sondergeld, W.: Affektive Erregbarkeit und Objektionsfähigkeit. Unters. z. Psychol., Phil. und Pädag., hrsg. v. *N. Ach,* Bd. 10, Heft 2, Göttingen 1935.

Spranger, E.: Lebensformen, 7. Aufl. Halle 1930, S. 442.

Spreen, O.: MMPI-Saarbrücken. Huber Verlag, Bern 1963.

Steinwachs, Fr:, zit. nach *Kretschmer:* Körperbau und Charakter, S. 260.

Stern, Paul: Z. Philosophie 115.

Stern, W.: Z. angew. Psychol. 11 (1916), 1.

Strehle, H.: Mienen, Gesten und Gebärden, Analyse des Gebarens, 4. Aufl. München 1966.

Stumpfl, F.: Die Ursprünge des Verbrechens, dargestellt am Lebenslauf von Zwillingen. Leipzig 1936.

Süllwold, F.: Ein Beitrag zur Analyse der Aufmerksamkeit. Z. exper. u. Angew. Psychol. 2 (1954).

Szondi, L.: Schicksalsanalyse, 3. Aufl. Basel 1966.

Thomae, H.: Persönlichkeit, 2. Aufl. 1955, S. 179.

Thomae, H.: Das Individuum und seine Welt. Göttingen 1968.

Thomas, D. S.: Social behavior patterns (1933).

Thompson, W. R.: The inheritance and development of intelligence, zit. n. *J. L. Fuller* und *W. R.* Thompson: Behavior Genetics. New York 1960, S. 213.

Thurstone, L. L.: Multiple-Factor Analysis. Chikago 1947.

Thyen, H.: Über Geschlechtsunterschiede der intellektuellen Leistungsfähigkeit auf Grund statistischer Erhebungen an höheren Koedukationsschulen. Langensalza 1929.

Thyen, H.: Über Geschlechtsunterschiede in den Schulfähigkeiten. Z. Pädagog. Psychol. 36 (1935), 325.

Tolman, E. C.: J. comp. Psychol. 4 (1924).

Trojan, F.: Der Ausdruck der Sprechstimme. Wien 1952.

Tryon, R. C.: Univ. of California Publ. in Psychology 4 (1929).

Urbantschitsch, V.: Über subjektive optische Anschauungsbilder. Leipzig und Wien 1907.

Wallner, Teut, zit. n. *Müller-Enskat:* Handb. d. Psychol. V, S. 566.

Wartegg, E.: Gestaltung und Charakter. Leipzig 1939.

Wechsler, D.: Die Messung der Intelligenz Erwachsener, hrsg. von *C.* Bondy, 2. Aufl. Bern 1961.

Wegeler, A.: Der Einfluß der Subjektivität des Versuchsleiters auf die Auswertung und die Ergebnisse der Rorschach-Tests. Unveröffentl. Diss., Wien 1954.

Weidenreich: Rasse und Körperbau. Berlin 1927.

Weinand, H.: Die Verläßlichkeit eines neuen Persönlichkeits-Interessentests. Unveröffentl. Diss., Wien 1950.

Weininger, O.: Geschlecht und Charakter, 21. Aufl. Wien 1920, S. 80.

Weiss, Rudolf: Schulleistung und Intelligenz. Linz 1964 (S.91).

Weissenfeld, F.: Z. menschl. Vererb.-Konstit.-Lehre 30 (1950-1952), 1.

Wellek, A.: Die Polarität im Aufbau des Charakters, 2. Aufl. Bern 1959, S. 24, 27.

Wewetzer, Karl Hermann: Die Arbeitsweise der diagnostischen Psychologie. Studium Generale 15 (1962), 113.

Winkler, M.: Der Ausdruckswert der Mundgegend auf Grund schematischer Darstellungen. Unveröffentl. Diss., Wien 1951.

Witkin, H. A., zit. n. *Anastasi:* l. c. S. 472.

Wittmann, J.: 13. Kongreß für Psychologie, 1933, 187–190.

Wolff, W.: Psycholog. Forschung 16 (1932).

Wolff, W.: Gang und Charakter, Leipzig 1931; Beiheft 58, Z. angew. Psychologie.

Zietz, K.: Z. Psychologie 135 (1935).

Zrzavy, A.: Ein neues Verfahren zur Validitätskontrolle von Persönlichkeits-Tests („Testdoppenlgänger-Methode") Z. exper. u. angew. Psychol. 5 (1958), 277.

Zulliger, H.: Der Zulliger-Tafeln-Test, 2. Aufl. Bern 1962.

Namenregister

Sachregister